ECHEC AU CRIME

30 ans « quai des Orfèvres »

PIERRE OTTAVIOLI

ECHEC AU CRIME

30 ans « quai des Orfèvres »

BERNARD GRASSET
PARIS

A Dominique et Marie-Hélène.

1

UNE MORT INUTILE

Paris, lundi 31 juillet 1978. Jacques Capela, inspecteur principal à la brigade criminelle, 36, quai des Orfèvres, reprend son travail après un mois de vacances. Ce soir, il doit fêter en famille l'anniversaire de son fils de deux ans.

René Plouy, inspecteur divisionnaire à la brigade de recherche et d'intervention, la brigade antigang, effectue sa dernière journée de service. Demain, il sera à la retraite.

Il est 10 heures. Il pleut sur la capitale. Dans une enclave très résidentielle du 16e arrondissement, rue de la Faisanderie, rue du Général-Appert, rue de Bénouville, sept gardiens de la paix montent la garde devant l'ambassade d'Irak, l'ambassade de Yougoslavie et devant le domicile du président de la République Valéry Giscard d'Estaing.

Le président est à l'Elysée et reçoit en ce moment même Son Excellence M. Mundhir Tawik Al Wandawi, l'ambassadeur de la république d'Irak en France, en visite protocolaire à l'occasion de la fin de sa mission dans notre pays. Il doit regagner Bagdad.

En cette quiète matinée parisienne, la police est sereine. Un air de vacances flotte sur la ville. L'insécurité elle-même semble en congé.

Soudain, explosion de grenades, crépitement d'armes automatiques jettent l'effroi à l'intérieur de l'ambassade d'Irak et tirent de leur vigilante rêverie les sept fonctionnaires qui, en un éclair, ont conscience qu'il leur appartient de réagir seuls et vite.

Comme d'habitude, c'est par surprise que le coup d'envoi vient d'être donné aux policiers. Sans transition, ils passent de l'état de paix à l'état de guerre. Les choses vont très vite. Des cris fusent : « Arrêtez-le! Assassin! »

Le temps de la réflexion réduit à rien, la riposte est immédiate.

Aussitôt des gardiens se présentent à l'ambassade, tandis que trois autres s'élancent à la poursuite d'un homme en fuite, les armes à la main, rue de la Faisanderie, en direction de l'avenue Foch.

Un passant, un jeune ouvrier yougoslave qui venait en sens inverse sur le même trottoir, tente d'intercepter l'homme en écartant les bras pour l'empêcher de passer. Deux coups de feu tirés dans sa direction le contraignent à se cacher derrière une voiture. Il voit l'individu qui a failli le tuer jeter peu après ses armes et courir de plus belle. Le fuyard ne sera jamais rattrapé. Il est jeune, grand, athlétique. Il a, dira le Yougoslave, « le teint mat, mais non basané ».

Ce terroriste est-il si peu entraîné ou maladroit? Est-il, au contraire, si sûr de soi qu'il a pu seulement désirer impressionner le courageux Yougoslave, sans vouloir l'atteindre? Il est peu probable que nous ayons un jour une réponse.

Il est 10 h 10 quand, par sa ligne téléphonique directe, Jean Ducret, directeur de la police judiciaire, m'appelle de son bureau. Il m'informe que, vraisemblablement, une prise d'otages vient d'avoir lieu à l'ambassade d'Irak.

Une fois de plus, c'est le départ vers l'inconnu.

Cinq minutes plus tard, ma voiture fonce dans les rues désertes d'un Paris en congé. A mes côtés, le commissaire Claude Cancès, patron d'une des quatre sections placées sous mes ordres, au total une centaine d'inspecteurs. Derrière nous suivent des voitures où sont les hommes de la brigade criminelle et de l'antigang.

La pluie redouble d'intensité. En arrivant rue du Général-Apper, déjà barrée par les policiers en tenue, j'aperçois un homme qui saute d'une fenêtre du rez-de-chaussée de l'ambassade. En chaussettes, chemise, cravate et gilet, une arme à la main, c'est un gardien des locaux diplomatiques. Nous l'interrogeons dans un car de police secours. Encore que, incompréhension ou défiance, ses réticences soient évidentes et agaçantes pour nous qui avons soif de savoir rapidement, nous apprenons les premiers éléments de cette affaire qui allait provoquer bien des remous.

Selon lui, vers 10 heures, peu après l'ouverture des bureaux, deux hommes entrent sous prétexte de demander des renseignements sur les formalités de visas. Immédiatement, ils jettent des grenades et ouvrent le feu. Les nombreux gardes du corps, armés en raison des multiples attentats déjà subis par les diplomates irakiens dans le monde, n'ont pas le temps de riposter. Un des terroristes s'enfuit, l'autre s'enferme dans une pièce, tenant en respect une dizaine d'otages. Il dispose de grenades et d'un pistolet mitrailleur. Un employé de l'ambassade serait gravement atteint. Le reste du personnel s'est réfugié au dernier étage de l'hôtel particulier. Impossible d'en savoir davantage pour l'instant.

Une prise d'otages dans une ambassade est un acte de guerre qui, par la fiction juridique de l'extraterritorialité, est censé se dérouler en territoire étranger. Il va de soi cependant que la police ne peut y demeurer indifférente et qu'elle a l'obligation, sauf opposition formelle des intéressés, de porter secours aux victimes quels que soient l'agresseur et ses motivations.

Revenu de l'Élysée, l'ambassadeur d'Irak est sur les lieux presque en même temps que nous. Entouré de gardes très musclés, il me remet, sur ma demande, une réquisition signée de sa main. Il ne nous autorise pas seulement à pénétrer dans l'ambassade, il nous en prie. Pour lui, la situation est claire : il n'est pas question d'accepter une quelconque condition imposée par les terroristes. Il ne cédera pas, alors que cette agression s'inscrit immédiatement à la suite de celle dirigée, il y a trois jours, le 28 juillet, contre l'ambassadeur d'Irak à Londres, attaqué à la grenade en pleine rue, dans sa voiture. Très déterminé, il ne souhaite que l'arrestation des terroristes. Et, en anglais, il ajoute :

– S'il y a des risques pour le personnel de l'ambassade, ce n'est pas l'essentiel. Ce serait regrettable, mais tant pis. J'accepte. L'essentiel est de maîtriser les assaillants.

A ce moment, des cris parviennent des étages. Des femmes paraissent aux fenêtres et hurlent. Très calme, l'ambassadeur les exhorte à rentrer à l'intérieur. Puis on entend des coups de feu, que nous ne pourrons jamais expliquer.

A nouveau interrogé, le gardien, qui s'échappait quand nous arrivions, fournit quelques explications complémentaires. Il pense pouvoir situer le lieu où se trouvent le ou les terroristes et les otages, vraisemblablement dans un bureau du premier étage.

Je remarque qu'après avoir parlé d'un seul terroriste resté dans l'ambassade, il pourrait y en avoir plusieurs.

Quoi qu'il en soit, une préoccupation envahit mon esprit : n'engager en aucune façon une action imprudente qui ferait courir des dangers inutiles aux personnes présentes et, en particulier, aux hommes qui m'accompagnent.

En ces circonstances l'idée de donner l'assaut est dangereusement séduisante. Je me dis qu'il ne faut pas jouer au petit soldat ou vouloir singer les grands capitaines. Il faut se décider lentement. Surtout, oublier la presse omniprésente qui vit l'événement en direct et pour laquelle, comme pour quiconque, il serait insensé de faire du spectacle.

Des informations, des informations, tel est l'impératif numéro un. Ah! si nous pouvions voir ce qui se passe à l'intérieur...

Vite, on établit la liaison téléphonique entre l'ambassade et le consulat, situé de l'autre côté de la rue, qui abrite aussi le Centre culturel irakien. L'ambassadeur, toujours très entouré, engage une conversation orageuse avec un homme qui prétend être le chef du commando, sans que nous puissions cependant reconstituer avec précision quelle est la situation. L'insurgé exige un avion pour gagner Londres et la libération d'une femme, membre de son organisation, le groupe Al Thair, « La Vengeance », arrêtée l'avant-veille dans la capitale britannique, alors qu'elle venait de lancer la grenade destinée à l'ambassadeur d'Irak à Londres. Ses exigences sont inacceptables, mais il importe de ne pas décourager l'homme qui tient dans sa main la vie d'une dizaine de personnes. Pour le moins, celles que nous avons vues aux fenêtres. Il faut attendre. A l'évidence, nous ne pouvons, pour l'instant, être maîtres de la situation et l'expérience nous indique que le temps joue contre les preneurs d'otages. Alors, patience...

L'une des conditions formulées n'engage pas l'avenir. Le terroriste demande à entrer en relations avec le représentant de la Ligue arabe à Paris. Ce dernier, M. Abdoun, accepte immédiatement de servir d'intermédiaire. En arabe, M. Abdoun, venu au consulat, obtient que le Palestinien – il se déclare tel – laisse sortir le blessé. C'est le premier résultat positif. Il y a près de cinq heures que nous sommes sur place.

Une porte s'entrouvre et le corps d'un homme est déposé sur le trottoir par une silhouette impossible à discerner. Un inspecteur en blouse blanche d'infirmier se précipite, prend le blessé dans ses bras et le transporte vers l'une des quatre ambulances qui stationnent au bout de la rue, derrière les forces de police dirigées par le commissaire chef du district et le commissaire de l'arrondissement.

La pluie a cessé. Il n'y a rien de tel que le soleil pour attirer les badauds. C'est maintenant une vraie foule qui s'écrase contre les barrières métalliques, à quelques centaines de mètres plus loin. Marchands de saucisses et de glaces sont au rendez-vous. Par la suite, j'ai appris qu'une jolie fille s'était mise à sa fenêtre. Pas pour hurler, mais pour exhiber ses seins nus dont les inspecteurs et les gardiens de la paix gardent un souvenir ravi.

Avec l'ambassadeur, le chef du protocole du ministère des Affaires étrangères, le directeur du cabinet du préfet de police, le substitut du procureur de la République et le patron de la brigade antigang, M. Marcel Leclerc, nous tenons un conseil de guerre auquel s'est joint, sur ma demande, le capitaine Prouteau, commandant GIGN[1], que j'avais déjà rencontré et dont je connaissais la détermination. Il est accompagné d'une vingtaine d'hommes remarquablement entraînés et équipés, très efficaces pour leur technique de pénétration dans les lieux[2].

Notre approche de la situation se fait plus précise. D'une part, le blessé évacué nous assure que le terroriste est seul, ce qui est une information de première importance. D'autre part, nous remarquons un certain faiblissement dans ses prétentions. On peut sentir qu'il n'ira pas jusqu'au bout. Néanmoins, il faut se préparer à une action de vive force. Sur les indications de gardiens de l'ambassade, j'entre dans les sous-sols, accompagné d'un inspecteur de l'antigang. Au rez-de-chaussée, le silence est total. Partout des traces de balles, des éclats de grenade et l'odeur caractéristique de la poudre. Arrivés au premier, en débouchant sur un couloir, une rafale de mitraillette nous accueille presque au niveau de nos têtes. Étonnant de sang-froid, c'est à peine si l'inspecteur marque un arrêt et aussitôt, pistolet mitrailleur tenu fermement en mains, prêt à la riposte, il regarde dans la direction d'où venait le tir. Je l'imite. Une fraction de seconde, nous apercevons le terroriste assis sur une chaise, bloquant l'entrée de la porte d'un bureau dans lequel il a enfermé ses prisonniers.

Le voici maintenant bien situé, mais nous n'intervenons pas. Nous ne sommes qu'en mission d'exploration et qu'il ait tiré dans notre direction ne change rien à l'affaire.

Ayant regagné le consulat, je suis de plus en plus convaincu que l'homme va se rendre. Il parle beaucoup trop. Ses menaces ont cessé d'impressionner. Nous sommes en liaison téléphonique quasi constante avec lui. Il accepte maintenant de dialoguer, en anglais, avec l'un de mes inspecteurs. Il ne demande plus la libération de sa jeune amie de Londres dont il a compris qu'elle ne dépendait pas de nous. L'atmosphère devient plus sereine. L'Ambassadeur qui, lors des premiers échanges, hurlait à l'adresse du terroriste qu'il voulait impressionner : « Nous sommes des lions! », est rasséréné. Il a fait apporter des boissons et victuailles. L'heure est à la détente.

A 18 heures, le terroriste accepte de se livrer exclusivement,

1. Groupe d'intervention de la Gendarmerie nationale.

2. Faiblesse du témoignage humain! Dans son livre *Missions très spéciales* le capitaine Barril relate les événements de l'ambassade d'Irak de façon très différente de ce que j'ai vu. J'ai réexaminé les photos et revu le film de la fusillade, avec le plus grand soin : force m'est de considérer que le capitaine doit figurer sur des documents inédits... Sur les miens il brille par son absence.

dit-il, à la police française et à condition d'être rapatrié selon ses ordres. Affirmer que je m'engage à respecter intégralement ce qu'il demande serait exagéré. La seule chose qui compte pour moi est qu'il se rende, mais il ne peut pas être question qu'il soit ensuite libéré, du moins immédiatement et alors que la décision ne m'appartiendra pas.

L'investissement des lieux est du domaine des fonctionnaires de la brigade de recherche et d'intervention. La reddition du terroriste aura lieu entre leurs mains. Je ne puis me résoudre à demeurer éloigné de l'opération. Avec l'assentiment du directeur, je les accompagne.

Nous constituons un petit groupe : le représentant de la Ligue arabe, Marcel Leclerc, Robert Broussard, son adjoint, dont les vacances ne s'achèvent que demain, mais qui, ayant appris l'affaire par les radios, est venu nous apporter son aide. Trois ou quatre inspecteurs sont avec nous quand nous pénétrons dans l'ambassade. Le Palestinien est en haut de l'escalier. M. Abdoun lui confirme qu'il ne sera remis qu'à la police française. L'homme immédiatement détourne le pistolet mitrailleur qu'il tenait braqué vers nous et se laisse désarmer. Voyant que la reddition se déroule sans incident, je redescends pour regagner ma voiture.

Pendant toutes ces longues heures, nous avions remarqué que des membres du personnel de l'ambassade, armés, restaient au pied de l'immeuble. Trop près... A plusieurs reprises, j'avais demandé à ce qu'ils rentrent dans l'ambassade ou le consulat. Ils obéissaient, mais ressortaient deux ou trois minutes plus tard, toujours armés. J'avais fini par contraindre Son Excellence à me faire part de ses intentions exactes à l'égard du Palestinien. Il m'avait répondu :

– Puisque je vous ai demandé de pénétrer dans l'ambassade, il n'est pas question que mes hommes interviennent. L'homme est à vous. Totalement.

Cette parole m'était suffisante, car j'avais noté que l'ambassadeur était un homme obéi. Son autorité était incontestable. Même s'il s'entretenait trop souvent avec un personnage mystérieux, le directeur pour la France de la Compagnie Iraqui Airways, venu sans qu'on sache trop pour quelle raison et dont les fonctions réelles étaient, sans doute, bien différentes de celles annoncées sur sa carte de visite.

18 h 30. Je prends place au volant de ma voiture, accompagné du commissaire Cancès. J'attends que le Palestinien soit installé à l'arrière. Il sort, encadré par deux inspecteurs de l'antigang. Arrivés à la R 16, ceux-ci sont relayés par Roland Segear et Jacques Capela, deux hommes de la criminelle. La prise d'otages

de l'ambassade d'Irak se termine après huit heures de discussions. Finalement, sans grandes difficultés.

Hélas! La suite tourne au drame. Imprévisible, inadmissible, la prise d'otages de l'ambassade d'Irak devient « l'affaire Capela ».

Je mets le contact de la voiture. A ce moment précis, j'entends les premiers sifflements de balles. Cela est si inattendu et invraisemblable que je dis à mon voisin, sûr de ne pas me tromper, mais espérant un impossible démenti :

– Mais ils nous tirent dessus, ces cons-là!

Il acquiesce...

De fait, une fusillade éclate. Impossible de déterminer qui tire ni dans quelle direction. L'inspecteur Capela, qui a ouvert la portière arrière droite, se glisse sur la banquette, tandis que l'inspecteur divisionnaire Segear fait le tour par la gauche. Le Palestinien est poussé dans la voiture par le policier placé dans son dos. Exactement comme l'a été le président Reagan par son garde du corps lors de l'attentat dont il a été victime. Nous formons une cible superbe. Au beau milieu de la rue, à l'arrêt, entre les deux immeubles de l'ambassade, sans même pouvoir avancer. L'intensité du tir autour de nous, les impacts de balles dans la tôle de la voiture ne laissent plus de doute.

Ce sont les gens de l'ambassade qui ont ouvert le feu sur nous à partir des trottoirs et des fenêtres. La confusion est totale car tout va très vite, mais le film de la télévision et les photos que j'ai examinés longuement par la suite montrent avec précision le déroulement de cette attaque surprise qui a duré quelques secondes.

Segear et le Palestinien sont touchés à l'intérieur de la voiture. Capela essaie de sortir de la R 16. Il est atteint et tombe face contre terre. Sur une photo particulièrement saisissante, on le voit, muscles bandés, pantalon et veste prêts à craquer, poussant sur ses bras et ses jambes pour se relever. C'est son dernier effort vers la vie...

Un autre inspecteur de la criminelle, Jean-Pierre Durand, qui se trouve à la hauteur de la portière avant droite, tombe en arrière sur les fesses. Par un extraordinaire réflexe, il se relève aussitôt, tenant déjà son arme en position de tir. L'inspecteur Antona et le représentant de la Ligue arabe sont eux aussi atteints. Simultanément, l'inspecteur principal Héritier, de l'antigang, a aperçu l'un des agents irakiens de la sécurité, Hyf Naif Kassim, qui devant lui, sans équivoque possible, est en train de vider son chargeur sur notre groupe. Il l'abat, faisant feu à trois reprises.

Souvent, à l'occasion de certaines affaires, la presse se demande, même si l'état de légitime défense n'est pas discuté, pourquoi le policier a tiré plusieurs fois et n'a pas cessé le feu dès qu'il a atteint son agresseur. C'est qu'il ne s'agit pas seulement de l'atteindre. Il s'agit de le mettre hors d'état de nuire, d'empêcher toute riposte. Quand le duel est engagé avec, pour enjeu, la survie, il ne peut s'achever que lorsque l'adversaire ne présente plus aucun danger. On ne terrasse pas définitivement à moitié...

René Plouy, qui doit prendre sa retraite le lendemain, l'achève l'arme au poing, au milieu du sifflement des balles, cherchant en vain un adversaire qu'il ne voit pas.

Il faut se rendre à l'évidence : les Irakiens, que nous avions côtoyés tout l'après-midi et dont certains avaient collaboré avec nous, les Irakiens continuent à nous tirer dessus!

Je sors de la voiture et m'en éloigne lentement. Courage ou inconscience? La question m'a trop souvent été posée, y compris par le ministre de l'Intérieur de l'époque, M. Christian Bonnet, pour que je ne tente d'y répondre.

Je conserve de ce moment un souvenir clair. A l'intense concentration du tir a succédé comme une accalmie. Les coups de feu semblaient s'éloigner et le danger aussi. En un éclair, sans avoir le temps de réviser mon jugement, j'ai acquis la conviction qu'il était trop tard pour tenter d'éviter une balle en courant et qu'il était donc vain de se hâter. Au surplus, sans risque supplémentaire notable, cette attitude avait l'avantage de me mettre en accord avec un sentiment de dignité et de fierté qui, plus fort que la peur, m'a envahi et m'a imposé de rester debout.

Devant moi, Hyf Naif Kassim, tombé assis sur le trottoir, achève sa chute sur le dos.

Je fais le tour de la voiture de gauche à droite. Segear, assis, appuyé contre la carrosserie, a reçu une balle derrière le cou, à moins d'un millimètre de la moelle épinière. C'est un athlète. Il répond avec une telle vitalité à ma question, lorsque je lui demande s'il a été blessé, que je ne m'attarde pas auprès de lui. Il est sidéré par mon apparente indifférence. Mais Capela...

Capela gît un peu plus loin sur le dos. Je m'approche et je me penche vers lui. Ses yeux grands ouverts me regardent sans ciller. Je n'y vois aucun reproche, aucune révolte, mais certainement une angoisse. J'ai l'impression qu'il cherche en moi une réponse à la gravité évidente de sa blessure ou peut-être ses yeux manifestent-ils son incompréhension à l'égard de tant d'injustice? J'ai tourné la tête et appelé les secours. Deux fois, les médecins essayent de lui faire respirer de l'oxygène, mais très rapidement, une couverture va être étendue sur son corps.

Il a été comme foudroyé. Je ne saurai jamais s'il m'interrogeait ou si, en fait, il avait déjà perdu connaissance lorsque j'ai été confronté à son regard étonné et insoutenable. Souvent encore, je me pose la question.

J'achève le tour de la voiture, à l'intérieur de laquelle est demeuré le terroriste palestinien, grièvement atteint. Les tirs ont cessé. L'agent irakien est mort, l'inspecteur qui avait revêtu une blouse d'infirmier a reçu une balle dans la main, le diplomate de la Ligue arabe est touché au mollet. Au total, deux morts et quatre blessés. Bilan terrible, alors que tout semblait terminé.

Je donne l'ordre d'arrêter tous les Irakiens qui ont été vus une arme à la main. Je suis convaincu que certains « diplomates », entendant mes instructions en même temps que mes hommes, se sont enfuis. Trois sont cependant arrêtés. Deux ont le statut de premier secrétaire, Ibrahim Al Sigab et Abdel Hamid Natik Tawfik. Monsieur Al Sigab n'est plus armé, mais il s'est débarrassé de son pistolet dans les locaux du consulat. Témoin, le substitut du procureur est formel : il a vu le « diplomate » nous tirer dessus. Et c'est dans le hall du consulat qu'il est appréhendé. Il se débat, refuse de sortir. Un inspecteur, un colosse de l'antigang, lui envoie un crochet à l'estomac. Le premier secrétaire plie les genoux. Menottes aux mains, il rejoint le car de police secours, où se trouve déjà son collègue et le troisième « diplomate », attaché d'ambassade, Khalil Al Windawi. Certes, en principe, ces trois hommes doivent être couverts par l'immunité diplomatique. Mais encore faut-il que je le vérifie et, sous ce prétexte, j'en profite pour les faire emmener.

D'ailleurs, l'ambassadeur ne proteste pas, ne dit rien. Il n'est pas le seul. Les hautes personnalités qui m'entourent – des Affaires étrangères, de la Justice, de la Préfecture – laissent faire également. On pourrait croire que toutes m'ont délégué leurs pouvoirs.

Furieux et accablé de regrets, je me dirige vers l'ambassadeur. Il me présente ses excuses...

– Monsieur le commissaire, pendant quelques secondes, j'ai perdu le contrôle de mes hommes. Je vous exprime mes regrets. Maintenant, les choses sont rentrées dans l'ordre. Nous n'avons plus de raisons de nous combattre.

Obligé d'accepter son explication et cette conclusion, je me dirige à nouveau vers ma voiture. Les blessés sont évacués sur l'hôpital Beaujon et l'hôpital Ambroise Paré, à Boulogne. Le corps de l'inspecteur tué est transporté à la Maison de santé des gardiens de la paix. Il faut absolument que je rentre au quai des Orfèvres. Une meute de journalistes m'oblige à stopper et, dans la cohue, je commets une erreur : après avoir répété les paroles de l'ambassadeur, j'annonce, à la télévision, que l'inspecteur Jacques Capela a été tué... alors que sa famille n'est pas encore prévenue. Son père apprendra la nouvelle en regardant le journal télévisé.

En roulant vers mon bureau, l'image de Capela m'obsède : il est mort. Brutalement, par traîtrise. Philosophe, il savait ce qu'il pouvait et ne devait pas attendre des hommes. Jamais il ne se départissait de sa profonde indulgence. C'était comme sa marque. Jamais non plus, il n'abdiquait. Lorsqu'on le rencontrait pour la première fois, on était surpris par son laisser-aller vestimentaire. Habillé à la diable, ne portant pas de cravate, il avait choqué un colonel de gendarmerie auprès de qui je l'avais adressé et qui s'était demandé s'il avait affaire à un policier. Mais, très vite, il avait prouvé que l'habit ne fait pas le moine. Il s'imposait dans tous les milieux. Dévoreur de livres, il alliait la sympathie d'un amateur de rugby né à Quillan, dans la haute vallée de l'Aude, à la finesse d'un aristocrate. Dire qu'il était de grande valeur est insuffisant. Il rayonnait et faisait son métier d'une manière exemplaire. Son contact était, au sens propre, irrésistible. Lorsqu'il interrogeait une personne, il parlait si doucement qu'on se serait cru en confession. Mais, capable d'une détermination farouche, rien ne l'impressionnait.

Il avait travaillé sur toutes les grandes affaires des années soixante-dix : le rapt de M. Hazan, l'affaire Thodoroff, l'enlèvement du banquier Mallet. Au cours de l'enlèvement du P.-D.G. de Fiat France, il était parvenu à s'assurer la collaboration des postiers et, grâce à lui, j'avais pu obtenir le concours de trois cents ingénieurs et techniciens des télécommunications.

Capela est le deuxième homme tué dans mes services. Le premier s'appelait François Costantini. Tué en 1971, il appartenait à la brigade de voie publique, la brigade de répression du banditisme.

Une radio annonce que j'ai été blessé, je rassure ma femme au téléphone. Le travail est loin d'être terminé. On commence les interrogatoires des trois Irakiens, mais pour vérifier leur statut diplomatique, c'est un peu tard. Il est 20 heures. Le quai d'Orsay ne répond pas. Le quai des Orfèvres fourmille. Les trois hommes reconnaissent s'être trouvés à l'intérieur des bâtiments, mais nient farouchement avoir participé à la fusillade. Abdel Hamid Natik affirme qu'il n'était armé que « dans l'éventualité où les policiers français auraient eu besoin d'aide ».

Nous savons maintenant, sans attendre le résultat des expertises balistiques effectuées par le professeur Ceccaldi, que la fusillade a été déclenchée simultanément depuis l'ambassade et le consulat. La synchronisation des tireurs exclut la fusillade accidentelle résultant de l'initiative personnelle d'un agent de la sécurité ayant mal apprécié la situation. De toute évidence, elle a été le fait d'instructions données en ce sens. Étranges « diplomates »...

Dans un petit deux-pièces du 11e arrondissement, un bambin tout blond, le petit Bastien Capela, s'apprête à fêter son anniversaire. Ce soir, il a deux ans. On n'attend plus que son papa pour souffler les deux bougies... J'aurai avec sa mère une entrevue difficile.

Le lendemain, à la première heure, j'obtiens confirmation que les trois hommes sont couverts par l'immunité diplomatique. En application des Accords de Vienne, ils doivent être remis en liberté immédiatement. Néanmoins, leur garde à vue est prolongée de vingt-quatre heures puis un arrêté d'expulsion leur est notifié. Que cette immunité diplomatique ait été accordée trop facilement et qu'elle serve de bouclier et d'alibi au gangstérisme politique est, précisément, une question politique. Mais au moment des faits, l'immunité existait et personne ne pouvait la remettre en question. La seule solution, c'est l'expulsion, solution froide qui exclut la colère et la vengeance. Je crois que c'est Paul Valéry qui avait noté que « la politique est l'art d'empêcher les gens de se mêler de ce qui les regarde ».

La colère éclate au quai des Orfèvres. Même si elle est juridiquement indéfendable, elle est compréhensible. Deux éléments importants sont venus grossir, s'il en était besoin, notre amertume. D'une part, cinq autorisations de port d'arme avaient été délivrées à l'ambassade d'Irak, dont une à l'ambassadeur. Le nombre d'Irakiens vus le pistolet à la main excède largement celui des autorisations attribuées. D'autre part, si dans la première phase de la fusillade, l'objectif des Irakiens a été d'abattre le terroriste, dans la seconde, les tirs ont été délibérément dirigés sur les policiers français qui masquaient le Palestinien. Il s'agissait, pour les Irakiens, de prouver à leurs agresseurs à venir que leur résolution était implacable, la loi du talion leur règle, même en prenant le risque de nous tuer. Frappés dans le dos par un terrorisme insaisissable, ils se devaient de montrer qu'ils étaient inflexibles.

Mercredi 3 août. Expulsés, les trois Irakiens quittent le quai des Orfèvres pour Orly, escortés par des militaires du GIGN qui les protègent de gilets pare-balles. Ce dispositif me paraît exagéré et insultant pour nous. Oui, le désir de venger Jacques Capela existe, pressant. Mais au prix d'une lâcheté, ce serait insensé. Sans doute peut-on expliquer cette mesure par la colère qui a explosé dans les colonnes des journaux, souvent en titres à la une : « Les assassins sont relâchés ! » *(l'Aurore)*, « La trahison » *(France-Soir)*.

Jeudi 4 août, à 10 h 30, dans la cour de la Préfecture de police, *la Marseillaise* résonne contre les murs et fait vibrer les vitres. En présence du ministre de l'Intérieur, du préfet de police, les directeurs des services de police, de justice et de la gendarmerie, des centaines de personnes sont fixées dans un garde-à-vous silencieux. Je reconnais des fonctionnaires de tous les commissariats de Paris et de tous les services de la région parisienne. Derrière un général, un peloton de sapeurs-pompiers s'associe aux obsèques. Elles sont nationales ou presque. Il y a même une dizaine de policiers belges, venus de Bruxelles, qui avaient collaboré avec l'inspecteur Capela. Et des Allemands. C'est dire si sa personnalité dépassait le cadre de son bureau.

Le ministre, après avoir assuré la veuve et le père de Jacques Capela de la sympathie gouvernementale et épinglé deux médailles sur un coussin de velours gris, souligne le caractère odieux, injustifiable de la fusillade et parle d'un « drame dont nous saurons tous ensemble tirer les conclusions qui en interdiront le retour ». Ceint d'une écharpe tricolore, je lis la citation à l'ordre de la Nation. Je l'avais déjà fait pour l'inspecteur Costantini, sept ans plus tôt.

Les mots, sobres, se forment difficilement dans ma gorge : « ... Monsieur Capela Jacques, inspecteur divisionnaire de police à la Direction de la Police judiciaire de la Préfecture de police. Jeune policier, dynamique, courageux, d'un dévouement absolu et d'une haute conscience professionnelle. A été mortellement blessé le 31 juillet 1978, dans l'accomplissement de la mission qui lui avait été confiée. Est tombé victime du devoir, en donnant le plus bel exemple de courage et d'abnégation ».

Le contraste est saisissant entre la simplicité de cet homme que nous pleurons et la dimension de ses funérailles, opposée à sa vraie nature.

Une gerbe de cinquante roses rouges est déposée sur le catafalque ; c'est celle du président de la République et ce geste marque la fin de la cérémonie officielle. Maintenant, vient l'heure de l'hommage populaire.

11 heures. A l'extérieur de la Préfecture de police une foule considérable s'est rassemblée. Le cortège, un fourgon et deux voitures encadrées de six motards, démarre dans un extraordi-

naire silence. Au pas, trois mille personnes suivent le cercueil recouvert d'une montagne de fleurs. Sur les trottoirs, sur les quais de la Seine en direction des Invalides, des femmes se signent, des ouvriers, des passants s'arrêtent, recueillis. Les automobilistes attendent patiemment. Certains même stoppent leur moteur. Le silence semble surnaturel.

Je rejoins mon bureau et continue à observer le cortège depuis ma fenêtre jusqu'à ce qu'il disparaisse à hauteur du Pont-Neuf.

C'est fini.

Pas pour longtemps.

A peine ai-je eu le temps de m'asseoir que le chef de la salle d'état-major de la Police judiciaire m'apprend qu'au 138, boulevard Haussmann, M. Ezzedine Kalak, représentant de l'Organisation de Libération de la Palestine à Paris, que j'avais eu l'occasion de rencontrer plusieurs fois dans nos services, vient d'être assassiné. Le Palestinien a été criblé de seize balles. Lors de sa dernière visite à nos bureaux, il avait dit à l'un de mes adjoints, le commissaire Patrick Riou : « Vous ne pouvez pas savoir ce que c'est que de vivre avec la certitude qu'un jour on sera abattu. Quand on sort de chez soi, qu'on monte en voiture, que l'on décroche le téléphone, que l'on vous demande un rendez-vous, à tous moments, à tout instant, on se méfie de tout. »

Deux terroristes, deux faux étudiants jordaniens, ont été arrêtés sur place.

La brigade criminelle est chargée de l'enquête. Avec le groupe de permanence, nous allons sur les lieux...

Au même instant, Jacques Capela est rendu à sa famille et à ses amis proches, neuf en tout, qui l'accompagnent pour son dernier voyage jusqu'en terre occitane.

A l'ambassade d'Irak, des policiers déposent sur le bitume une gerbe à l'endroit où la balle de 7,65 l'a transpercé. Sur le ruban violet, une phrase est gravée : « A notre collègue lâchement assassiné. »

Ces obsèques sont inoubliables. En province aussi, dans les commissariats, devant les préfectures, des manifestations silencieuses sont l'écho de notre adieu. Mais le plus révélateur reste le geste d'un membre du Front de Libération de la Corse impliqué dans un attentat et que Capela avait longuement interrogé. Il a envoyé, lui aussi, un télégramme. Nous l'avons fait déposer sur le cercueil comme le plus bel hommage qu'un hors-la-loi puisse rendre à un policier.

Le 13 septembre, un commissaire qui rentre de congé me dit :

– En allant en Espagne, je suis passé par Quillan sur la tombe de Capela. Toutes mes vacances ont été attristées... Il ne mourra pas, nous irons tous sur sa tombe, chaque fois que nous le pourrons...

Je ne sais quoi dire. Moi aussi, mes vacances ont été sombres et une partie de mon métier me laisse un goût amer.

La prise d'otages de l'ambassade d'Irak est pratiquement la dernière affaire d'importance dont j'aie été saisi comme responsable de la brigade criminelle. Curieusement, elle constitue une sorte de synthèse des difficultés et des pièges qui jalonnent notre profession. L'action, la réflexion, la patience, la confiance, l'influence de la politique, les réflexes, le poids de l'opinion, la mort stupide, tous ces éléments se sont mêlés, confrontés, additionnés. Tel est le pain quotidien du policier.

C'est à le faire partager que je voudrais m'employer tout au long des diverses étapes qui jalonnent une enquête de son point de départ à sa conclusion.

Si l'itinéraire est assujetti à des relais obligatoires, entre chacun d'eux les chemins sont d'une variété sans doute infinie. Aussi n'ai-je pas choisi de vous convier à suivre une enquête donnée mais de vous faire découvrir, à l'occasion de plusieurs d'entre elles, les éclairages et les points de vue qui m'ont paru les plus significatifs.

Tous les faits rapportés sont rigoureusement exacts. Tous ont connu, bien sur à des degrès divers, des développements publics. Cependant, si elles ne sont pas utiles à l'intelligence du récit, les identités véritables ne sont pas rapportées.

Cela ne pourra pas toujours être le cas. Certaines affaires, comme l'affaire Walter-Lacaze, l'attentat de l'Observatoire, l'attentat du Petit-Clamart, l'enlèvement de Mehdi Ben Barka, celui du baron Jean-Edouard Empain, l'assassinat de Jean de Broglie, seraient dénaturées si des noms véritables n'y figuraient.

Sur notre chemin, nous ne pourrons éviter la guerre des polices, et ferons des haltes avec le juge, l'avocat, le journaliste.

Nous terminerons par la peine de mort et la réforme de la police, toujours étudiée, jamais décidée.

2

MES DÉBUTS

Ma plus ancienne image de la police est celle de mon père : il était gardien de la paix, à Marseille, où je suis né. Avec un père et une mère corses, comment pourrais-je ne pas aimer la Corse ? J'y vais souvent, mais je me sens, d'abord, profondément français.

Un nom tel que le mien, une famille comme la mienne auraient dû, aux yeux de certains, me pousser à revendiquer mon identité corse avant ma nationalité française. Cela me sera toujours impossible car je ne vois pas comment on peut concevoir la Corse sans la France. Les autonomistes qui se sont assis dans mon bureau savaient que je suis attaché aussi bien au Continent qu'à l'île car, pour moi, France et Corse sont indissolubles, et l'indépendantisme une chimère méconnaissant les sentiments réels de notre très grande majorité. Qu'au surplus, ces idées soient défendues par les voies d'un terrorisme qui allie trop souvent la lâcheté au dérisoire me blesse.

Mon grand-père paternel, que j'ai bien connu, était berger. Il obéissait aux lois de la transhumance et passait d'un paysage éblouissant à un autre : Evisa et ses forêts, les impressionnantes gorges de la Spelunca, l'été; Partinello, le golfe de Porto, l'hiver. La vie était dure, très dure. La famille cultivait son blé – peu – sur un terrain abrupt, rocailleux, qui tombait dans la mer. Nous l'avons conservé.

Ma mère est de Tavera, *piazza nobile*, disait-on autrefois, à trente kilomètres d'Ajaccio, à cinq cents mètres d'altitude, au pied du Monte d'Oro qui culmine à deux mille cinq cents mètres.

Il y a tout. L'espace. Le soleil. Les sources fraîches. La rivière. Les vergers. La vigne. Le maquis. Les oliviers. Les châtaigniers. Sans oublier la neige, parfois dès le mois de novembre.

Évoquer la beauté de la mer ou de la montagne, la diversité et les parfums de ces sites me paraît vain. Il faut les voir, les sentir. S'enivrer.

A Marseille, nous habitions au 77 de la rue Clotilde, pas très loin du jardin du Pharo. J'allais à l'école en face de la maison, mais je me souviens surtout des leçons de ma mère, ménagère infatigable, au dévouement sans limites. Elle s'occupait constamment de ses enfants, de la maison, de son mari, suivant la bonne tradition corse qui veut que la femme soit l'âme du foyer.

En 1930, notre vie connut un changement profond; mon père venait d'obtenir le gardiennage d'un château sur la Corniche, la villa Valmer, au marégraphe, point zéro des altitudes de France, face au château d'If et aux îles du Frioul. Le phare du Planier, la nuit, éclairait nos chambres.

Les propriétaires ne faisaient que de rares et courts séjours au château. Aussi, avons-nous vécu pratiquement seuls dans ses dépendances. C'était assez surprenant comme style de vie : un gardien de la paix qui logeait sa famille en bord de mer, avec accès direct à la plage, au milieu d'un parc de plusieurs hectares plantés de pins et de palmiers! Parents et amis venaient souvent nous y rejoindre. Ce château étant inhabité, il fallait non seulement le surveiller, mais l'aérer.

Au début, y entrer seul m'impressionnait. J'avais huit ans et très peur. Peu à peu, je m'y suis habitué et, finalement, des caves au paratonnerre – j'allais me promener sur les toits – je n'ignorais plus rien de cette demeure qui, sur trois étages, comprenait cinquante-deux pièces.

Bâti en pierre de taille, de style Renaissance, de construction récente, le château, édifié sur une petite hauteur, permettait de découvrir le paysage jusqu'à la ligne d'horizon.

Je ne me lassais pas de me rendre sur l'une ou l'autre des deux terrasses des tours hexagonales qui parachevaient la façade.

Mon père parlait constamment de l'honnêteté, de la droiture, de faire son devoir. Il n'était pas autoritaire, mais au contraire compréhensif et généreux. Ses propos m'impressionnaient beaucoup. Dans le quartier, il était apprécié et respecté. Son « arme administrative », que je regardais en silence sans y toucher car il m'en avait expliqué les dangers, m'intriguait. Un petit 6,35, un jouet de salon plutôt ridicule face aux revolvers d'aujourd'hui, juste de quoi faire un peu de bruit ou, comme le disait un de mes amis en parodiant les tromperies conjugales au temps des Années folles, « une arme permettant à une femme honnête de venger son honneur »! Mais qu'elles soient grandes ou petites, je n'ai pas la passion des armes.

A la déclaration de guerre, j'avais dix-sept ans et voulais

m'engager. Mon père, qui savait ce que c'était, a tout fait pour m'en dissuader et l'arrivée, rapide, de la défaite, a découragé mes ultimes espoirs.

Obéissant à la détermination farouche de mes parents qui n'avaient reçu que peu d'instruction, mais connaissaient le poids et la valeur des études, je passai mon bac puis entrai à la Faculté libre de droit de Marseille, ce qui me permit d'obtenir un sursis jusqu'en 1943, pour le Service du travail obligatoire.

Je fus envoyé en Autriche, dans la grande banlieue viennoise : je vivais dans un lager, un petit camp près d'une usine où l'on fabriquait des scies. J'avais été recruté par hasard par le chef du personnel, en fonction, je pense, d'une certaine apparence de robustesse. Mais les Allemands n'allaient pas trouver en moi un très bon ouvrier : je mettais la plus mauvaise volonté du monde à travailler. Pour le moins, il ne s'agissait pas de ternir une certaine réputation insulaire... Évidemment, mal vu, repéré, je fus expédié vers une usine plus dure, à Florisdorf, où l'on construisait des locomotives. Les bombardements créaient la confusion; nous en profitions pour ne rien faire. Cela ne dura pas. On m'envoya creuser des tranchées antichars près du Danube... je me retrouvai à la frontière hongroise. Le froid, la faim... Je m'évadai grâce à une carte de travail de l'usine de locomotives, que j'avais conservée indûment. Je réussis à vivre dans une relative clandestinité. Chaque fois que j'étais interpellé, je présentais ma carte. Si on m'arrêtait la nuit, je répondais que je travaillais le jour et inversement.

Pour regagner Paris, je mis six mois, après une équipée invraisemblable avec nos libérateurs russes, à travers la Hongrie, les Carpates, les marais du Pripett, la Pologne, Varsovie, Berlin. Et lorsque, un matin, fin juillet 1945, je débarquai chez un de mes oncles qui habitait Bois-Colombes, il eut un moment de stupeur : j'étais habillé à la russe, avec une tunique ornée de la faucille et du marteau. Cela faisait partie des surprises de la Libération.

En 1947, je terminai ma licence en droit à Aix-en-Provence, tout en m'étant exercé durant quelques mois au *Méridional*, à Marseille, au métier de journaliste. Je tenais la chronique du port et relatais quelques faits divers. Mais là n'était pas ma vocation. En mars, mon père était mort, brutalement. D'une manière, disait-on, tout à fait inattendue. Pourtant, j'avais senti rôder la mort. Quelques mois auparavant, j'avais vu un drap mortuaire, recouvrant l'entrée d'un immeuble à trois cents mètres du nôtre. Plus tard, il y en avait eu un autre, dans la direction opposée, mais beaucoup plus près. Je ne sais pas pourquoi, je m'étais dit : « Un coup à droite, un coup à gauche... » et j'avais pensé que la mort risquait de toucher ma famille. L'enterrement de mon père m'a beaucoup frappé car tout le quartier était là. Il n'était pas célèbre, mais les gens les plus divers lui portaient une très sincère affection. Depuis longtemps, il me répétait : « Tu devrais entrer dans la police. » Je n'avais pas tellement envie de suivre ce conseil. Cependant, le jour où nous l'avons porté en terre, j'ai regretté de ne pas lui avoir laissé, au moins, un peu d'espoir à ce sujet.

Un cousin, administrateur civil à la préfecture des Bouches-du-Rhône, qui connaissait de nombreux magistrats et regrettait de ne pas être devenu l'un d'eux, me poussa à m'orienter vers la justice. Cela me séduisait davantage que la police. Le juge, à cette époque, jouissait d'une très grande considération. Dans l'ordre des préséances, la justice venait loin devant la police et, dans mon ignorance, j'ai failli laisser échapper la proie pour l'ombre : les hommes pour les dossiers.

Quoi qu'il en soit, présenté et appuyé par mon parent, le procureur général d'Aix-en-Provence accepta ma demande pour entrer comme attaché au Parquet de Marseille. Ainsi ai-je été affecté dans le cabinet correctionnel d'un substitut du procureur de la République auquel je devais, outre mes respects matinaux, la demi-journée de travail non rémunéré.

Ce substitut était un homme de grande courtoisie et compréhension. Je devais le retrouver quinze ans plus tard, avec sa même redoutable volubilité, comme chef de la section criminelle au parquet de Paris. Nous partagions le même vaste bureau, aux murs nus, chacun à notre table, face à face. Il y accueillait juges d'instruction et avocats qui avaient bien du mal à le faire changer d'avis.

Il fallait tenir un an, parfois deux, avant de recevoir une maigre indemnité et se présenter au concours de la magistrature. Le candidat devait être inscrit au barreau et, donc, obtenir d'abord le certificat d'aptitude à la profession d'avocat, nouvellement institué. L'examen subi et réussi, j'ai prêté serment devant la cour d'appel d'Aix-en-Provence. Je pouvais être avocat.

En attendant, suivant la formule toujours en usage, je réglais les dossiers du substitut. Il s'agissait de rédiger le réquisitoire définitif par lequel le procureur fait connaître son avis et formule ses conclusions à l'issue des investigations conduites par le juge d'instruction. Le réquisitoire comporte un résumé des faits et leur qualification juridique, c'est-à-dire indique les articles du Code pénal qui semblent avoir été violés et en demande l'application. C'est le rapprochement des faits et des textes.

Quasi immédiatement, j'ai appris que la stricte application de la loi n'était pas de mise. Base de la répression judiciaire, notre vieux Code pénal, inadapté aux besoins de notre temps, n'était utilisé que dans la mesure où il restait compatible avec la bonne marche de la justice.

Il s'agissait de réserver aux méfaits les plus graves la lourde et pointilleuse procédure de la cour d'assises prescrite pour un bien trop grand nombre de cas.

Le juge, tenu de se prononcer en droit, et n'ayant pas le pouvoir de modifier la loi, devait accommoder les faits à celle-ci.

Le procédé consistait, par exemple, à oublier que le malfaiteur était armé, ou avait agi de nuit, qu'il avait écoulé de faux billets de banque, crime passible de la cour d'assises, mais qu'il n'avait commis que le simple délit d'escroquerie, relevant du tribunal correctionnel.

Le règlement des dossiers d'instruction impliquait également l'oubli des violences policières dont se plaignaient les inculpés quand ils étaient passés aux aveux et entendaient les rétracter. La dénonciation de ces violences était, à cette époque, si fréquente que les magistrats fermaient les yeux sur ce qui n'était considéré que comme un fallacieux moyen de défense.

Il faut ajouter que ces accusations portées contre la police n'étaient qu'exceptionnellement assorties d'une plainte. Par une espèce de règle, non écrite, mais respectée, le malfaiteur semblait admettre que son arrestation comportât un légitime passage à tabac. La chose était dans les mœurs. La loi du milieu, qui interdisait à celui qui prétendait y appartenir de s'adresser à la justice, serait-ce pour faire valoir ses droits, allait de pair.

En l'absence de plainte, les protestations des avocats, quand ils en formulaient, apparaissaient ainsi de pure forme ou simplement destinées à faire montre de leurs talents oratoires. Les protestations oubliées aussitôt que formulées, la justice passait. Il m'a été rapporté, de bonne source, qu'aujourd'hui certains juges sont moins intéressés par les méfaits commis par l'inculpé que par les rapports qu'il a connus avec les policiers qui l'ont arrêté.

Ainsi marche le temps. Une partie de la justice est en révolte ouverte contre la police.

Cependant, il est vrai que la justice corrige parfois ce que peut avoir d'excessif l'attitude policière.

C'est ainsi que je ne puis oublier ce dossier qu'un jour – la Libération était encore proche – j'eus à régler. Il était dirigé contre un prêtre qui avait donné refuge à un condamné par contumace pour faits de collaboration.

L'homme ne pouvait sans doute nier avoir été hébergé au presbytère. Mais de là à ajouter qu'il avait mis son hôte au courant de la condamnation dont il faisait l'objet, il y avait un pas que, manifestement, il n'aurait pas franchi sans l'insistance particulière du policier qui l'avait appréhendé et concluait son rapport en indiquant que l'ecclésiastique « vivait de la charité publique ». Cet acharnement me conduisit à rédiger pour ce dernier un réquisitoire définitif de non-lieu et mon substitut et le juge se rangèrent à mon avis.

Tandis que le concours de la magistrature tardait à être annoncé et que je ne recevais toujours aucune rémunération, un jour d'octobre 1949, dans un couloir de la faculté de droit, je tombai en arrêt sur une affiche d'un autre concours, ouvert aux titulaires d'une licence, pour des postes d'officiers de police, c'est-à-dire de commissaires adjoints à Paris.

Je décidai de m'y présenter. L'écrit franchi, une épreuve redoutable attendait le candidat avant l'oral : la présentation aux membres du jury. Ceux-ci, érigés en tribunal, assis côte à côte derrière une longue table, sur une estrade, face à la porte d'entrée, attendaient le candidat, comme les *afficionados* le taureau dans l'arène.

Les questions étaient d'autant plus déconcertantes qu'elles étaient apparemment plus simples. Pourquoi voulez-vous entrer dans la police? Pourquoi à Paris?

Difficile d'expliquer qu'il s'agissait d'abord de trouver une situation et que, Paris ou une autre ville, peu importait.

C'était le « concours de binettes » qu'évoque Louis Jouvet dans le film *Quai des Orfèvres* et auquel, ayant été recalé une fois, il n'avait pas voulu se soumettre à nouveau.

Le jury faisait connaissance avec le candidat, jugeait de son physique, sa présentation, son allure, son contrôle, bref de ses qualités apparentes pour exercer les fonctions auxquelles il postulait.

A la fin de l'année 1949, définitivement admis au concours, j'informai le procureur de la république de Marseille que je renonçais à entrer dans la magistrature et que je quittai son parquet. Je montais à Paris...

Comme nous venons de le voir, c'était davantage nécessité que vocation. Encore était-il vrai qu'il n'existait pas d'antinomie entre le métier que je venais de choisir et ma conception des rapports humains dans une société responsable. J'étais pour l'ordre, non pour l'anarchie. Pour le réel, non pour la démagogie. Nous ajouterions aujourd'hui : pour les victimes d'abord, non pour les malfaiteurs.

M'attirait aussi le combat que le métier impliquait et ses risques.

Plus que de les accepter, je les souhaitais. Essentiellement par curiosité envers moi-même. Je voulais savoir comment je me comporterais et obéissais ainsi, en une certaine mesure, au narcissique « Connais-toi toi-même » de Socrate.

Sur ce modeste fond philosophique, j'entrai dans l'aventure du métier pour tenter d'y réussir.

Souvent, depuis, dans ma profession, j'ai questionné de plus jeunes pour savoir ce qui avait déterminé leur choix. Pour la plupart c'est l'opportunité de trouver un emploi. Il y a aussi les précédents familiaux, le conseil des anciens, l'influence du roman et celle du cinéma. Mais nous sommes là assez loin d'une vocation véritable. Cette vocation, je crois ne l'avoir décelée que deux fois. Il s'agissait de deux jeunes inspecteurs, anciens séminaristes, qui avaient quitté l'Église et ses ordres pour l'ordre tout court. Par idéal, pour venir en aide aux autres, pour le triomphe du bien contre le mal. Pour eux, il n'y avait pas de différence de nature entre leur quête initiale et leur choix actuel. Que leur vocation ait eu le sens religieux attribué à ce mot n'est pas pour étonner. Ils étaient demeurés dans le même esprit.

Souvent j'ai rencontré des gens qui auraient aimé être policiers. C'étaient des militaires, marins ou soldats, parfois officiers supérieurs, ou encore des professeurs ou médecins. Ce n'est pas un hasard. Il y a dans chacune de ces professions une action ou une démarche intellectuelle analogue à la nôtre.

Il s'agit d'aller au-devant de l'homme pour le connaître et, le cas échéant, s'y opposer. Ce qui est en jeu, c'est le respect de l'ordre tel qu'il apparaît nécessaire depuis des millénaires à la vie en société. Il est le fruit de l'expérience constante de nos prédécesseurs, à la recherche de la paix et de la tranquillité, et j'ai trouvé naturel d'y contribuer. C'est la soumission à l'intérêt général : la défense sociale.

3

DE LA THÉORIE À LA PRATIQUE

Comment oublier ce jour de décembre où, pour la première fois, je franchis la grosse porte du 36, quai des Orfèvres? Jusque-là, je n'avais passé que deux ou trois jours dans la capitale. Cette fois, je m'installe avec, d'abord, un problème d'intendance.

Très aimablement, le chef du bureau administratif de la Direction de la PJ me reçoit, paternel, comme il a reçu les autres lauréats, en particulier ceux débarqués de province.

– Où voulez-vous habiter?

– Dans un arrondissement où les loyers ne sont pas trop chers.

– Alors, il y a le 18ᵉ arrondissement...

Le 18ᵉ était un quartier raisonnable en ce qui concernait les prix, mais, je l'ai vite su, l'un des plus difficiles par les problèmes nombreux et variés qu'il posait à la police parisienne. Après quelques recherches, je m'installe dans un hôtel rue des Cloys, près de la rue Ordener. Il est modeste, mais bien tenu. J'y occupe, au sixième étage, une chambre située au nord, juste assez grande pour y recevoir un lit, un lavabo, une table et deux chaises. Heureusement, j'ai peu de bagages. L'armoire me servira de penderie et de bibliothèque.

Mon affectation est immédiate. En qualité d'officier de police adjoint, je rejoins le commissariat des Grandes Carrières – un nom à faire rêver des débutants, mais ainsi appelé en raison des carrières de plâtre qui y furent longtemps exploitées – rue Achille-Martinet, une rue typique de celles où étaient les commissariats de l'époque : la plus étroite, la moins bien éclairée, la plus mal pavée de ce quartier aux aspects, par ailleurs, parfois séduisants. Un décor sombre, sinistre, à rendre Simenon jaloux :

des murs noirs, des fenêtres grises. Pour toute vue, une usine désaffectée. Je me présente au commissaire, aimable mais débordé par des tâches plus urgentes que de s'occuper de mon arrivée et qui me conduit à l'officier de police titulaire dont je vais partager le bureau.

Le premier, la cinquantaine bien portée, d'apparence assez dynamique, élégant, exerce sur les Grandes Carrières depuis de longues années. Il a appris à fréquenter les artistes de la Butte Montmartre et tend à se forger une tête à leur image. Bientôt il portera une lavallière et laissera pousser ses cheveux grisonnants jusque sur les épaules.

Le second, le « chien du commissaire », de même âge que son patron, est de la race des dogues. C'est sur lui que repose la bonne marche du commissariat. Il n'a aucun temps à perdre. Bourgeoisement vêtu, mais sans affectation, toujours en mouvement, cet homme est aigri, fougueux, de manières rudes, pour tout dire, gueulard. Il fait régner la terreur. Heureusement, je ne devais partager son bureau que durant trois jours, toute ma promotion devant suivre les cours de l'École de police au 208, faubourg Saint-Honoré, dans les locaux de l'ancien hôpital Beaujon. C'est à cet endroit, trente-deux ans plus tard, que j'ai occupé mon dernier bureau en tant que contrôleur général, à l'Inspection générale de la Police nationale. Comme beaucoup de gens, je suis revenu à mon point de départ. Une longue traversée de Paris...

Me voilà donc, avec mes dix-neuf camarades de la promotion, de retour sur les bancs de l'école. Divers cours de droit, les techniques de l'enquête judiciaire, des éléments de médecine légale, psychiatrie, toxicologie, police scientifique, nous sont dispensés par des commissaires de police, des professeurs de faculté, des spécialistes dans chaque branche d'enseignement. Un peu de sport. Quelques séances de tir.

Les cours duraient trois mois. La déontologie y tenait une place importante. Elle consistait à rappeler les obligations auxquelles nous devions nous soumettre en tant que citoyens et fonctionnaires, et les règles qu'il fallait respecter en tant qu'hommes.

On s'en doute, pour les jeunes gens que nous étions, la mise en garde la plus écoutée avait trait aux liaisons que nous pourrions nouer avec les femmes rencontrées dans le cadre professionnel.

La suspicion était jetée sur celle qui venait solliciter l'établissement d'une carte d'identité, comme sur la fille publique. Leur passage par le commissariat rendait ces dames et ces demoiselles intouchables. Cela allait de soi pour les prostituées ou les femmes interrogées à l'occasion d'un délit. La méfiance s'imposait également à l'égard de certains témoins. De là à l'étendre à toutes nos administrées, je ne suis pas sûr que la leçon ait toujours été retenue.

De nos jours, la déontologie est devenue la tarte à la crème des syndicats policiers.

Tous voudraient voir adopter une série de prescriptions énoncées en la forme de Dix Commandements. Ce ne sont en réalité que des évidences.

Hier comme aujourd'hui, la formation a toujours eu pour seule prétention de rendre les élèves aptes à leurs futures fonctions.

D'aucuns voudraient y voir consacrer toujours davantage de temps. C'est le royaume de l'utopie. Les notions théoriques de base indispensables une fois acquises, il faut passer à la pratique. Les exercices de simulation, pour utiles et intéressants qu'ils soient, ne demeurent qu'une caricature de la réalité.

Alors, trois mois hier pour connaître les bases de notre métier? C'était insuffisant. Deux ans aujourd'hui? Cela l'est encore. Mais hier, à Paris, nous demeurions obligatoirement des adjoints pendant sept ans.

La meilleure préparation aux vérités de la vie en général, et d'un policier en particulier, se fait sur le terrain, aux côtés de gens d'expérience. Il est évident que c'est dans les grandes villes, où surviennent les événements les plus variés et les plus nombreux, que le policier s'instruit le mieux et le plus vite. Qu'il se rode. Qu'il se polit. Qu'il s'affirme. Cela vaut pour le gardien de la paix, comme pour l'inspecteur, l'officier de paix ou le commissaire. On pourra multiplier les mois et les années d'école. Si elles ne mettent pas en pratique des leçons apprises sur le tas, elles seront vite oubliées.

Aucune théorie n'apprendra à quiconque à nager s'il ne se jette à l'eau.

Ce qu'il faut comparer, ce sont les sept années de pratique d'autrefois et les deux ans de cours actuels.

Aujourd'hui, le nouveau promu reçoit immédiatement un commandement hors de proportion avec son expérience. Les jeunes commissaires qui ont été mes collaborateurs et savent en quelle estime je les tiens ne se méprendront pas sur ce que je veux dire. Ils savent qu'il est peu rationnel qu'un garçon de vingt-cinq ans soit appelé du jour au lendemain à exercer les fonctions de chef de service, diriger une section criminelle ou un groupe de répression du banditisme, muni de ses seules connaissances scolaires, sans avoir jamais, par exemple, déshabillé auparavant un cadavre! Et pour cause : il n'en a professionnellement jamais vu.

Malgré l'excellence de leurs études, l'avocat sans cause, le médecin sans malade, le policier sans affaire ne peuvent devenir de bons praticiens. A tous les niveaux, les meilleurs sont généralement les plus expérimentés.

C'est pourquoi demain, comme aujourd'hui, il y a gros à parier, tout issus de la même école qu'ils soient, que ce sont les commissaires des plus grands centres urbains et de Paris en particulier qui seront appelés aux fonctions supérieures de la police.

4

LES COMMISSARIATS

La pratique de la police judiciaire commençait par le tour des commissariats de quartier. Les traditions étaient solides : nous ne choisissions pas le commissariat qui nous plaisait. La Préfecture de police veillait à ce que nous apprenions Paris, ses villages, ses humeurs, ses rues, les différences de populations, de milieux, ses « clientèles » diverses. Une bonne façon de connaître les Parisiens. Les habitants du 16e arrondissement n'ont certes pas les mêmes réactions ni les mêmes habitudes que ceux de la Goutte d'Or. La grande ville ne devait plus avoir de secrets pour nous, la tournée nous faisant connaître de quinze à quarante commissariats de quartier.

Presque tout de suite, je reçois en dotation un pistolet 6,35 à canon basculant. Je n'ai jamais eu à m'en servir et reste persuadé qu'il ne pouvait tuer que par hasard. Je l'ai rangé dans le coffre de mon bureau et ne l'ai ressorti que pour la revue annuelle. Je ne l'ai jamais porté car, à moins d'être l'assaillant, c'est s'encombrer d'un objet inutile. Cela ne veut pas dire qu'inspecteurs et gardiens de la paix ne doivent pas être armés. Loin de moi cette idée. Mais, en ce qui me concerne, dans les fonctions que j'ai exercées, je n'ai éprouvé la nécessité d'être « habillé » – comme disaient certains truands – que deux ou trois fois. J'avoue même que, par un certain snobisme, cela m'a amusé d'être un policier sans arme.

Ma première véritable affectation fut celle du commissariat du quartier de Clignancourt, rue Lambert, à nouveau dans le 18e arrondissement. Les bureaux s'ouvraient par de hautes et belles fenêtres sur une voie très passante et assez agréable, la rue Custine.

Le patron, blessé de guerre à la face, arrivé dans ce quartier recherché peu avant la cinquantaine, était un parfait modèle du commissaire de la Ville de Paris. De belle allure, tiré à quatre épingles et jamais loin de son chapeau à bord roulé, il n'était ni sévère, ni autoritaire. Il était simplement distant, peu accessible, mais condescendait de temps en temps à bavarder avec ses adjoints. C'était un très bon policier, mais il avait peu de temps à consacrer aux affaires judiciaires, sauf si son attention était sollicitée par un cas particulier.

Au commissariat de Clignancourt, l'activité essentielle du commissaire était l'assistance aux huissiers, pour les saisies et les expulsions. Il était pratiquement à l'extérieur toute la journée et nous ne le voyions que lorsqu'il signait le courrier. Ce n'était pas rien : par une fiction juridique de l'époque, le seul officier de police judiciaire était le commissaire. Tout le courrier lui était donc adressé et était établi à son nom. Il devait endosser la responsabilité de ce qu'on écrivait pour lui. Il signait des procès-verbaux d'actes qu'il n'avait pas accomplis, d'auditions de personnes qu'il n'avait jamais entendues ou d'arrestations qu'il n'avait pas faites. Le même jour, à la même heure, il aurait dû recueillir le témoignage de plusieurs personnes à la fois et perquisitionner dans plusieurs appartements en même temps. Même Superman n'y serait pas parvenu.

Son adjoint s'était résigné à devoir le rester jusqu'à la fin de sa carrière, après plusieurs échecs au concours de commissaire. Tout en rondeur et souvent précieux, il liquidait les affaires. Je ne veux pas dire qu'il les négligeait, mais il travaillait à une vitesse stupéfiante.

Nous étions deux suppléants, mon « ancien », Lucien Marchand, à la puissance de travail hors du commun, grand sportif et mélomane, est devenu patron d'une BT [1]. Avec nous, une dizaine d'inspecteurs mais aucun gardien de la paix, aucun uniforme, sauf pour surveiller un détenu ou participer à des mesures de sécurité.

Nos bureaux étaient convenables, mais il y avait une grave anomalie : la salle de réception aboutissait d'une part aux guichets, d'autre part aux geôles. Un matin, alors que le gardien avait laissé la clef sur la porte de la cellule, un détenu a appelé une dame venue signaler la disparition de son chien :

– Madame, Madame! S'il vous plaît, mes copains m'ont fait une blague! Ils m'ont enfermé! Ça fait plus de cinq minutes, j'ai du travail! S'il vous plaît, tournez la clef!

La pauvre dame a tourné la clef. Le détenu lui a dit merci et s'est enfui... Le soir même, alors qu'il traînait à Pigalle, il était

1. Brigade territoriale.

repris. Par précaution, on l'a placé seul dans une pièce sous la surveillance d'un gardien et attaché avec une paire de menottes à un radiateur de chauffage central. Mais, habile comme le diable, il est parvenu à ramasser une allumette sur le sol, à la glisser entre les deux tenants crantés de son bracelet – qui n'avait vraiment pas de secret pour lui – et s'est retrouvé les mains libres. Le gardien chargé de le surveiller bavardait ailleurs avec des inspecteurs. En quelques secondes, l'homme a ouvert la fenêtre, sauté du premier étage et disparu dans la foule. On pouvait se demander si c'était un commissariat ou une passoire... Deux heures plus tard, le fuyard était repris et conduit au dépôt. Au commissariat, il y eut des blâmes et des remontrances plutôt que de vraies sanctions. C'est dans ce quartier, peu après, que j'ai connu ma première véritable affaire judiciaire.

Le commissariat ne peut traiter que les affaires simples dont les protagonistes sont connus dès le départ ou dont l'identification paraît aisée.

C'est autre chose ensuite d'établir les responsabilités. C'est le cas, par exemple, des accidents de la circulation, des accidents mortels du travail (les règles de sécurité ont-elles été respectées? Y a-t-il eu négligence, imprudence?), des coups et blessures réciproques. Que penser de cet incendie? De ce décès subit dans la rue, un jardin, un square?

Les questions peuvent être importantes, graves, même si elles ne font pas la une des journaux. D'autant que c'est toujours par l'intervention du commissariat que débute toute affaire judiciaire et que c'est à partir des informations qu'il fournira que sera désigné le service chargé de la poursuite de l'enquête.

Or, les premières investigations dans une affaire criminelle sont souvent décisives et les faux pas définitifs.

Il serait d'ailleurs inexact de penser que dès qu'il y a crime – crime de sang – les fonctionnaires du commissariat sont écartés. Tout au contraire, ils se trouvent associés aux constatations et aux premières décisions. Ce qui est vrai c'est que, tenus de répondre aux appels incessants du quartier, leur action est limitée dans le temps.

Le commissariat était ouvert de 9 à 22 heures sans interruption. L'adjoint du commissaire, ainsi que Marchand et moi, ses suppléants, assurions le service tous les jours, y compris le samedi, de 9 heures à midi, de 15 à 19 heures et un soir sur trois jusqu'à 22 heures. Les dimanches, un commissariat sur trois fonctionnait pour l'ensemble de l'arrondissement.

Malgré ces horaires déjà lourds, il faut croire qu'un supplément de travail ne nous rebutait pas.

Il advint qu'un des inspecteurs de la brigade territoriale, Carlier, détaché au commissariat, eut un renseignement sur un fait divers qui ne nous concernait pas, mais avait fait beaucoup de bruit : le vol du trésor de Notre-Dame de Paris, commis avant même mon arrivée à Paris, en septembre 1948.

J'étais disponible, c'était l'occasion, enfin, d'un contact sur le terrain. En effet, Carlier et Marchand étaient des fonceurs. Affaire de quartier ou non, ils n'avaient aucune envie de passer l'information à d'autres. Ils traiteront l'affaire eux-mêmes. Je n'ai rien contre cette idée et les suis.

Dans la 4 CV Renault de la brigade territoriale (au commissariat, il n'y a pas de voiture de service), nous nous rendons à Sceaux. La nuit est déjà tombée, le silence résidentiel n'est rompu que par des aboiements de chiens, mais des aboiements très gênants.

Une dame apparaît sur le devant de la porte de sa villa. Il ne faut pas faire de bruit. Je lui fais signe de se taire et tente de loin de lui présenter ma carte de police. Elle finit par comprendre et rentre. C'est le plus grand sujet d'hilarité de mon collègue Marchand qui, après trente ans, se moque toujours de moi et m'imite, index sur la bouche, insignes de la profession en main, quand il se remémore notre expédition.

Il s'agit d'entrer dans un pavillon où, d'après notre informateur, les auteurs du vol sacrilège sont rassemblés.

Avec des ruses de Sioux (ce n'est pas un cliché, nous avançons bien à quatre pattes), nous pénétrons dans le jardin. Sur l'arrière de la maison, une porte entrebâillée laisse passer une lueur. C'est l'entrée de la cuisine où les deux malfaiteurs achèvent de dîner. En quelques bonds, l'inspecteur Carlier, l'arme au poing, est sur eux. Ils n'ont pas le temps de dire un mot. Tout juste celui d'avaler leur bouchée. Je suis très attentif. Une première arrestation, c'est l'aventure. Je suis à la fois acteur et spectateur. Tout se passe si vite et si facilement que je suis presque déçu ! Nous revenons tout de suite au commissariat. Les deux hommes sont interrogés. Après quelques mensonges, ils avouent tout. Nous sommes en 1950. A Paris comme à Marseille, les méthodes sont les mêmes. Quelques claques, quelques coups de poing et nos deux lascars expliquent comment ils ont emporté calices, ciboires et ostensoirs.

L'un des voleurs, « Jojo », après avoir visité plusieurs fois le trésor de la cathédrale de Paris, s'était laissé enfermer dans la sacristie, peu avant midi, un sac de pommes de terre enroulé autour de la taille.

Une fois seul, il regarda, émerveillé. Sur la plaque d'un grand ostensoir, dit de Louis XVIII, il lut : « Ostensoir en or massif orné de pierres précieuses. » Il le mit dans son sac. Dans son sac aussi un deuxième ostensoir plus moderne mais non moins riche.

Pour sortir de la sacristie il dut forcer la porte, mais quitta ensuite l'église, son baluchon sur le dos, par l'entrée principale.

Avec son complice ils dessertirent trois mille deux cents pierres. Toutes étaient fausses. « Jojo » ne s'était emparé que de reproductions. Des objets sacrés, sans valeur, ne pouvaient que leur porter malheur. Ils jetèrent tout – c'est ce qu'ils disent – dans la Seine.

Ma surprise de débutant est qu'après leurs aveux « spontanés », les cambrioleurs n'en veulent pas aux policiers. Le paquet de cigarettes circule, les canettes de bière aussi. On bavarde. On discute. On plaisante même. Finalement, les voleurs, comme les fonctionnaires, semblent satisfaits que les choses se soient passées si vite.

Les policiers tiennent l'affaire qui leur avait été « donnée » et qu'ils voulaient réussir. Ils savent très bien que le « casse » de Notre-Dame est un travail de professionnels. De vrais spécialistes, chez lesquels on ne retrouve jamais rien. Ce sont des cambrioleurs qui, dès leur coup réussi, se rendent droit à l'arrière-boutique du receleur et se débarrassent tout de suite du produit de leur vol. A dix pour cent de la valeur des objets, mais qu'importe? Ils sont payés comptant et, en dehors des outils, ne conservent rien de compromettant... jusqu'à la fois suivante.

Faute d'éléments, les policiers ne peuvent aller au-delà. Et les malfaiteurs, mieux que personne, savent ce qui pourrait leur être reproché. S'ils ne rendent des comptes que pour le trésor de Notre-Dame, ils pourront s'estimer heureux. Ce sera lourd (« Jojo » fut condamné à deux emprisonnements), mais beaucoup moins qu'ils ne méritaient.

Évidemment, à la brigade territoriale, personne n'apprécie notre intervention. Nous ne sommes que les hommes d'un commissariat. L'inspecteur chargé des vols dans les églises au sein de la redoutable brigade de voie publique du quai des Orfèvres et que ses collègues appellent « Monseigneur » n'est pas content du tout. L'affaire du trésor de Notre-Dame, c'est son affaire. Nous la lui avons volée. Lui aussi est une victime... Il faut croire que son inconscient a su lui faire oublier son échec : lorsque je l'ai rencontré quelques années plus tard, il me raconta comment « il » avait arrêté les voleurs.

Une affaire de cette importance était exceptionnelle.

Le travail quotidien restait routinier, mais tout aussi délicat. Dans ce quartier très populaire où vivaient plus de cent mille personnes, les drames étaient courants. Les morts suspectes et les suicides constituaient une grande part de notre activité.

J'étais avec le patron, qui avait tenu à se déplacer en personne et à m'emmener avec lui, lorsque j'eus à faire à mon premier cadavre.

C'était un après-midi. Des voisins indisposés par l'odeur qui provenait d'un appartement avaient alerté police secours. Il avait fallu enfoncer la porte pour pénétrer.

C'était, dans un immeuble modeste, un logement quelconque. Le cadavre se trouvait dans la pièce d'entrée qui servait de chambre à coucher. L'odeur était insoutenable. Il fallut approcher. Il s'agissait d'un homme de grande taille, corpulent, qui s'était tiré une balle... dans la nuque, à plat ventre sur son lit. L'arme était retombée à droite de la blessure. La main pendait sur le côté.

La putréfaction du corps, déjà bien avancée, empêchait que l'on procédât à des constatations plus détaillées. Nous saisîmes et examinâmes l'arme. Une seule cartouche avait été tirée. Pour essayer de comprendre ce qui s'était passé, nous dûmes nous en tenir aux éléments connexes.

L'homme avait été découvert enfermé chez lui. Les clefs se trouvaient à l'intérieur, sur la serrure. Les fenêtres étaient closes. Il était donc mort seul.

Quand la conclusion apparaît aussi vite, le policier se félicite. Tant de fois, les choses sont moins évidentes ou, pis encore, sujettes à discussion...

En plus, il y avait une lettre « Pour le commissaire » – le cas est fréquent – dans laquelle la victime avait expliqué que, seul, malade, il ne pouvait plus faire face aux difficultés qui étaient les siennes.

Manifestement, il n'y avait pas de trace de lutte, de fouille, de vol. Nous pouvions faire parvenir au procureur de la République des procès-verbaux concluant au suicide.

J'ai gardé de cette première enquête-décès une impression aujourd'hui encore pénible. Depuis, j'ai vu des centaines de cadavres. Cela fait partie du métier, mais on ne s'y habitue jamais, même si toutes les situations ne sont pas aussi dures.

D'ailleurs le barème des frais de justice de l'époque prévoyait deux tarifs : l'un pour les manipulations considérées comme ordinaires, l'autre pour les manipulations réputées « difficiles ».

Elles pouvaient être si difficiles qu'un jour, le médecin légiste qui m'accompagnait refusa que nous entrions dans les lieux avant désinfection et enlèvement du corps. « Restez dehors si vous voulez éviter d'attraper une jaunisse », me dit-il.

Sacré métier. Tout cela pour pouvoir faire connaître notre sentiment au procureur de la République et permettre ou non l'inhumation du corps, sans autre forme de procès, c'est-à-dire sans pratiquer d'autopsie.

Pour cela, il fallait que nous puissions dire si la mort paraissait naturelle ou résultait d'un suicide. Nous le disions en fonction de nos constatations sur le corps et des éléments recueillis au cours de l'enquête.

La psychose de l'assassinat nous obsédait.

Bien que la solution fût souvent évidente, il s'agissait de ne pas commettre d'erreur, comme celle qui consiste à ne pas s'apercevoir qu'il y a eu meurtre parce qu'on aura jugé inutile de déshabiller complètement un cadavre ou, au contraire, de faire intervenir sans cause la brigade criminelle. Le second cas est moins grave que le premier et (d'expérience) se produit plus fréquemment le vendredi après-midi que les autres jours de la semaine. Pourquoi? Pour la raison bien simple qu'il arrive que des enquêteurs tentent ainsi de passer le « bébé » au service spécialisé, alors que le week-end arrive.

Ce n'est pas de pratique courante, mais nombreux sont ceux qui ont commis le péché...

Dans l'exemple qui va suivre, c'est moi qui ai commis l'erreur.

Au cinquième étage d'un immeuble modeste, un homme gisait dans sa chambre, sur le côté droit. Il était lié de pied en cap sur une chaise, un bâillon enfoncé dans la bouche, les poignets attachés dans le dos et reliés à un nœud coulant lui enserrant le cou. L'homme avait été trouvé ainsi par un camarade de travail inquiet de ne pas le voir à leur atelier, comme d'habitude.

Grande fut sa surprise, comme la nôtre, de constater que la victime, imposant gaillard d'une soixantaine d'années, était chaussée d'escarpins à talons hauts, portait une culotte, des bas et quatre chemises de femme l'une sur l'autre.

Il n'y avait pas de désordre apparent. Pas de trace de lutte. Son portefeuille avec quelque argent était dans la poche intérieure d'une veste accrochée derrière la porte. L'homme présentait une blessure ouverte sur le côté droit du crâne.

Que penser, sinon qu'il avait dû être frappé à mort par quelque partenaire au cours d'une scène dont le caractère érotique était manifeste? Mais quel partenaire?

Un mois durant, les inspecteurs interrogèrent tous ses parents et amis connus, les voisins, les commerçants. On finit par apprendre que l'homme avait déjà été aperçu habillé en femme dans la rue. Mais avec qui avait-il partagé sa dernière nuit?

Nous ne trouvions pas. Il fallut prospecter le milieu des homosexuels et des travestis. La brigade mondaine nous y aida et nous permit d'entrer en relation avec l'un d'eux, kinésithérapeute ayant pignon sur rue. Pour l'état civil, il était devenu du sexe féminin. Il connaissait ce genre de pratique et nous expliqua tout.

– L'homme, nous dit-il, devait se trouver assis sur une chaise placée à proximité d'un lit?

– Oui.

– Sur ce lit, devaient être rangés d'autres liens?

– Exact.

– D'autres vêtements féminins?

– Effectivement.

– Et les liens qui saucissonnaient la victime sur la chaise, des chevilles jusque sous les aisselles, n'étaient-ils pas accessibles par la personne même?

– Parfaitement, ils l'étaient.

– Avez-vous conservé les nœuds? interrogea-t-il.

Quelle question! Si nous n'étions pas experts en perversions sexuelles, du moins avions-nous la prétention de ne pas être assez sots pour les avoir détruits et empêcher ainsi toute possibilité de comparaison ultérieure. Les nœuds étaient bien là. Nous avions pris soin de les conserver en coupant au-dessus et au-dessous.

– Eh bien, ajouta-t-il, tous doivent comporter un brin permettant de les dénouer en exerçant une traction si infime soit-elle?

C'était vrai.

Notre affaire était résolue. Il n'y avait ni crime, ni délit. Et notre professeur occasionnel nous enseigna que quelques malheureux, à la limite de l'impuissance, recherchent le plaisir dans cette mise en scène fétichiste.

Vêtements féminins, liens ajoutés les uns aux autres et semi-strangulations successives, la chaleur et la sensation d'étouffement finissent par procurer l'orgasme au patient. Mais les accidents par perte de connaissance sont assez fréquents. L'homme doit pouvoir instantanément défaire le lien qui l'enserre, se recevoir sur une surface molle pour ne pas s'assommer et périr asphyxié.

Or, cette fois, la victime était tombée du mauvais côté : le lit était à gauche, le cadavre à droite!... Le scénario ne comportait pas de partenaire.

Dans ma carrière, j'ai connu deux autres cas semblables, mais plus simples. Ils ont été résolus sans nouvelle enquête criminelle. Ils présentaient cette particularité que les hommes, pour arriver à suffocation, avaient utilisé tout un appareillage de poulies et cordages et avaient placé devant leurs yeux, en guise de stimulation complémentaire, des photos de nus. L'une de ces deux affaires est demeurée secret d'État.

Il faut bien se rendre compte du travail des commissariats, souvent obscur, sans gloire, sans vedettariat, les vols de mobylettes succédant aux vols de voitures, aux cambriolages, aux accidents de la voie publique, les décès étranges aux disparitions. Ajoutez les bagarres, mêlées confuses, coups et blessures, le commissaire a souvent du mal à effectuer son travail.

Que décider, par exemple, en cas de violences entre époux? Une femme dépose plainte, certificats médicaux à l'appui. Mais quand l'enquête est terminée, elle vous supplie de tout oublier. Quelques jours plus tard, elle revient et tout est à recommencer. Plainte, retrait de plainte, le commissaire croit pouvoir donner un conseil, c'est à contretemps. Dans l'heure qui suit, les époux réconciliés ont le policier pour tête de Turc commune.

Il a l'habitude. Déjà ce matin, à 6 heures, il est allé frapper à la porte d'un logement sur ordonnance d'un juge, pour tenter de surprendre en flagrant délit l'épouse adultère ou le mari qui entretient une concubine au domicile conjugal.

C'étaient alors des délits. Il va de soi que le flagrant délit *stricto sensu* était irréalisable. Alors, il fallait examiner la literie, constater la place encore tiède de deux corps, noter les sous-vêtements mêlés sur une chaise, s'intéresser aux brosses à dents, rasoir, vêtements dans la penderie, etc.

Ces constats d'un autre temps, toujours commencés dans l'hostilité, se terminaient cependant parfois par une tasse de café.

Autre chose et pire que tout était l'obligation d'exécuter les décisions du juge des enfants ordonnant parfois – trop souvent – le placement d'un enfant hors de sa famille. Le bien-fondé de la mesure prescrite pouvait être indiscutable, mais son exécution posait généralement de graves problèmes. Un enfant en âge de comprendre, qu'il soit « moralement abandonné », mal soigné ou même victime de sévices, refuse obstinément qu'on le sépare de ses parents. Quant à ces derniers, ils s'opposent de toutes leurs forces au retrait. Alors, c'est le plus souvent dans les pleurs, les hurlements et les invectives que se déroulaient ces opérations. Une assistante de police était chaque fois présente. Elle avait beaucoup d'expérience et s'employait de son mieux à calmer les esprits, mais l'épreuve n'en restait pas moins toujours délicate et pénible.

Ils nous appartenait également d'intervenir à l'égard des

malades mentaux, soit qu'ils se trouvent en état de crise, soit qu'ils apparaissent comme étant, aux termes de la loi, « dangereux pour eux-mêmes ou pour autrui », état que nous devions apprécier en fonction des renseignements recueillis dans l'entourage et le voisinage du malade.

Il s'agissait alors de se saisir de leur personne pour les faire conduire à l'infirmerie spéciale du dépôt située dans une cour du Palais de justice, quai de l'Horloge.

La prise à corps de ces personnes parfois surexcitées pose toujours aux services de police des problèmes ardus. Le mieux est d'attendre que le malade sorte. Derrière sa porte, on ne sait jamais de quoi il est capable. Dans la rue, les choses sont plus simples.

Sans parler des cas où les aliénés font usage d'arme. Que faire aussi, comme cela m'est arrivé, lorsqu'un fou se précipite sur son balcon et hurle que, si vous continuez à avancer, il va se jeter dans le vide?

Il n'y a qu'au cinéma qu'un policier puisse rattraper un désespéré *in extremis*, par un pied, alors qu'il vient de passer par-dessus la balustrade. En fait, il faut parler, le calmer, éventuellement, savoir battre en retraite... et attendre une occasion plus propice.

Mais quand l'action est engagée et qu'il faut la poursuivre parce que les négociations échouent, parce qu'une femme, des enfants, des voisins sont sous la menace, les situations peuvent être dramatiques.

C'est ainsi qu'un soir vers 8 heures, un motard apporte au commissariat une note de la Direction de l'hygiène à propos d'un malade mental alcoolique grave qui avait été interné, puis autorisé à sortir, à condition de se présenter régulièrement chez le médecin. Première visite. Tout allait pour le mieux.

– Eh bien, monsieur, vous allez pouvoir rentrer à nouveau chez vous. Vous me semblez guéri.

– Oui, docteur, mais vous savez, de toute façon, je ne reviendrai jamais à l'hôpital. Je me tuerai ou tuerai tout le monde, plutôt!

Un langage qu'il vaut mieux ne pas tenir devant un psychiatre. Le médecin le laissa partir, mais nous reçûmes aussitôt l'ordre de le faire reconduire à l'infirmerie spéciale, « dans les plus courts délais ».

Accompagné d'un car de police secours, je me rends, seul policier en civil, sur-le-champ chez lui. Il occupe un petit logement de deux pièces donnant de plain-pied sur la rue. La première pièce sert de cuisine, de salle à manger et de chambre à coucher pour les enfants. La deuxième, de chambre à coucher pour les parents. C'est une pièce très étroite, sans ouverture directe sur l'extérieur. Un lit et deux chaises où sont posés les vêtements de jour en constituent tout l'ameublement.

Je sonne. Je suis dans l'encadrement de la porte avec des gardiens en tenue derrière moi. L'homme qui m'ouvre se rend immédiatement compte de la situation et s'enfuit en éteignant la lumière. On rallume, il est dans la chambre, un couteau ouvert à la main, dans la ruelle du lit opposée à l'entrée. Il hurle. Il veut tous nous massacrer. Sa femme crie... Trois enfants affolés pleurent. Je ne suis sûr que d'une chose : il est impossible de faire machine arrière. Il faut parlementer. Je suis dans l'entrée de la chambre, le lit nous sépare. J'explique :

– Je suis seulement venu vous demander comment s'était passée votre visite médicale de ce matin. Qu'a dit le médecin?

Il n'est pas rassuré, mais il parle.

Au bout de quelques minutes, au cours desquelles je ne cesse de m'interroger sur ce que je dois faire, son attention tombe, sa colère diminue, sa main armée s'abaisse, même si elle tient toujours le couteau. J'ai, dissimulée dans une poche, une petite matraque en caoutchouc. Je décide de tenter de lui en donner un coup sur la main pour lui faire lâcher prise et saute par-dessus le lit. Mais, dans un mouvement plus prompt que le mien, il a le temps de se baisser et se blesse à la poitrine. Dans un réflexe d'une étonnante rapidité, le gardien de la paix, qui est à ma hauteur dans l'encadrement de la porte et auquel je n'ai pas eu le loisir de faire part de mes intentions, plonge littéralement sur le déséquilibré et, avec sa pèlerine, lui enveloppe la tête en un tournemain. C'est de la belle ouvrage! De celle que l'on n'oublie pas!

Et l'homme, dont en définitive la blessure est légère, est reconduit à l'infirmerie...

De la place Pigalle à Barbès-Rochechouart, le quartier ne manquait pas de rues chaudes.

Nous n'avions à connaître que des délits de racolage, le proxénétisme sous toutes ses formes étant du ressort de la brigade territoriale ou de la brigade mondaine.

Le commissaire aurait souhaité rendre plus efficace la répression à l'encontre des formes les plus scandaleuses de l'exhibitionnisme professionnel.

C'était la tâche de gardiens de la paix qui exerçaient sans uniforme et qui, pour cela, étaient appelés les « bourgeois » ou les « en-bourgeois » ou encore plus simplement les « civils ».

Ils ne pouvaient établir de rapports que s'ils étaient retenus

« par gestes ou paroles ». Évidemment, les filles les connaissaient et il était impossible pour eux de dire qu'une prostituée les avait invités devant un hôtel avec l'usuel « tu viens chéri ». La surveillance de la prostitution était malaisée. Le délit de racolage – actif – n'était pas commis. Le commissaire avait donc fait admettre par le parquet de Paris la notion de racolage passif qui est entrée dans le Code pénal et qui se fondait principalement sur la tenue vestimentaire et l'attitude. Chaque jour nous pouvons observer que les meilleures intentions et les lois qui prétendent les mettre en œuvre n'ont en rien modifié la physionomie de nos rues. Personnellement, à l'époque, j'avais le sentiment que c'étaient toujours les mêmes filles qui étaient épinglées et qu'on abordait le problème de la prostitution par le tout petit côté des choses. Et n'y avait-il pas tellement à faire d'autre part?

Tellement même que, par la suite, dans les commissariats des quartiers Arsenal, Saint-Avoie, Gros-Caillou, Notre-Dame-des-Champs, Saint-Germain-des-Prés, Europe, je trouvai la vie assez facile.

Puis vint le « tour de banlieue » qui faisait également partie de l'obligatoire itinéraire de formation professionnelle du commissaire adjoint.

C'était mon premier poste en tant que titulaire. Jusqu'à présent, je n'avais été que suppléant.

Je fus affecté à Saint-Ouen où je demeurais. C'était en 1953. Je devais y passer un peu moins de deux ans. J'avais deux assistants.

En banlieue, où les maires avaient conservé quelques pouvoirs de police, le commissaire était à la fois le patron de la police judiciaire et de la sécurité publique et avait ainsi sous ses ordres, non seulement des inspecteurs de police, mais aussi des forces en uniforme.

En principe, son adjoint ne dirigeait que la police judiciaire, les agents et leurs brigadiers étant sous les ordres d'un officier de paix ou commandant. Les rapports entre les deux catégories de personnel étaient étroits et harmonieux. Il n'en allait pas toujours de même avec la municipalité communiste. Nous n'entretenions pas les meilleures relations. Cependant, elles étaient courtoises. Nous étions obligés de vivre ensemble car nous étions voisins.

Le maire tenait beaucoup aux petits faits divers locaux. Un hebdomadaire, *le Réveil de Saint-Ouen*, était l'instrument du dialogue. Quand les contacts étaient aimables, chaque semaine, une secrétaire du journal venait au commissariat prendre note des affaires les plus marquantes. Cela ne dépassait pas le stade des accidents, des petits incendies, des vols, mais on en parlait. Le marché aux puces, internationalement connu, les samedi, dimanche et lundi, grouillante ville dans la ville, occupait une bonne part de notre activité et donc de cette chronique.

Il arrivait, au hasard des défilés, grèves, manifestations, fêtes, que nous n'appréciions pas les initiatives de Monsieur le Maire. De son côté, ce dernier ne goûtait pas nos interventions. Alors, nous coupions la source des faits divers pour une semaine ou deux! Employés de la mairie et fonctionnaires de police se tournaient un moment le dos, puis les choses rentraient dans l'ordre.

– Mais, monsieur le commissaire, si vous m'aviez dit, affirmait un adjoint au maire, que ce drapeau (il s'agissait d'un drapeau vietnamien planté, au cours d'une fête, sur une baraque foraine derrière la mairie, au moment de la guerre d'Indochine) pouvait créer des difficultés, nous l'aurions retiré! C'est évident!

En attendant, il avait fallu aller l'enlever de vive force, et l'affrontement n'avait été évité que de justesse.

Ainsi allaient les jours.

Je quittai le commissariat de Saint-Ouen pour le poste de commissaire adjoint titulaire à la brigade criminelle et ne devais retrouver les commissariats de quartier de Paris qu'en 1960.

Je venais d'être nommé commissaire de police de la Ville de Paris. Je l'avais bien mérité. Ce n'est qu'à la cinquième reprise que j'avais réussi à remporter la victoire au concours, après avoir été terrassé quatre fois de suite. Il faut dire que l'épreuve comportait un bachotage intensif. Les plus malins des commissaires adjoints choisissaient des postes où ils pouvaient disposer du plus grand temps possible pour préparer les épreuves.

A la brigade criminelle où nous dressions les procédures véritables les plus complexes, nous n'avions pas le loisir d'en échafauder d'imaginaires et de les apprendre par cœur.

Petite revanche de la réalité sur la fiction : lors de mon sixième concours, j'étais membre du jury.

Le nouveau chef de service devait obligatoirement rejoindre la case départ et sa première affectation était toujours un commissariat parisien.

Il fallait ensuite – sauf rares exceptions – assurer un commandement en banlieue avant de pouvoir opter pour la Police judiciaire, la Police municipale ou les Renseignements généraux.

L'éventail des quartiers disponibles n'était pas très large, les plus anciens commissaires étant les premiers à choisir.

Les commissariats les plus intéressants étaient ceux où le nombre des vacations était le plus élevé : ceux des quartiers populeux ou situés dans des zones en cours de rénovation à cause des expulsions ordonnées par voie de justice.

Dans les possibilités qui s'ouvraient devant moi, les avantages financiers étaient assez similaires : médiocres. Je me prononçai alors pour le mouvement et obtins le quartier des Halles.

C'était un immense théâtre en plein air. Le spectacle y durait toute la nuit et se prolongeait tard dans la matinée. Étonnant!

Les marchandises débordant des pavillons sur les trottoirs et la chaussée formaient d'étroits couloirs de circulation où une noria de camions, camionnettes, taxis et voitures à bras se frayaient péniblement un passage dans un va-et-vient extraordinaire d'ouvriers et artisans de la nuit, forts des halles, vagabonds, agents de police, couche-tard.

Les filles faisaient partie intégrante de ce grouillement humain formidable qui donnait, avec l'amoncellement des victuailles, son caractère d'un autre âge au ventre de Paris.

Le commissariat était situé dans une cour classée de la rue des Prouvaires, qui date du XIIIe siècle et fut au Moyen Age, disent les historiens, une des plus belles voies de Paris.

Nous accédions à nos bureaux après avoir évité colis de poulets et chariots de têtes de veau et abats.

Le travail ne manquait pas.

Il y avait le marchand de fruits et légumes qui, après avoir acheté deux artichauts et trois choux-fleurs, partait avec la voiture à bras chargée de cageots payés par un autre; le spécialiste du chèque sans provision, de l'escroquerie; les bagarres entre clochards, voyous, noctambules et porteurs des halles. J'y ai connu le suicide d'un mauvais payeur qui, expulsé le matin de son logement, y pénétra à nouveau à midi pour se jeter par la fenêtre.

Tout était loin d'être idyllique, mais jamais je n'ai rencontré pareille chaleur et spontanéité humaines. Sans doute n'est-ce pas un hasard si je suis devenu très ami avec un mandataire, Robert Pradeaux, « sûr de soi et dominateur », dont j'admire la clairvoyance et la franchise. Nos familles, depuis, sont devenues très proches.

J'ai passé dix mois dans ce cœur battant de la capitale avant d'aller rue Sarrette, au quartier du Parc Montsouris, dans le 14e arrondissement.

Je ne sus résister à la proximité de notre nouveau domicile.

Le contraste était saisissant. Oubliée la circulation automobile du boulevard des Maréchaux, de la porte d'Orléans et du Lion de Belfort; nous étions en province.

On entrait au commissariat comme au confessionnal. Tout y était feutré, en demi-teinte. Beaucoup venaient pour y bavarder. Le plus assidu était un jeune pharmacien installé non loin, avec lequel nous refaisions le monde, quand il ne parlait pas de ses chasses. Les relations étaient également très courtoises avec les propriétaires de la brasserie Dumesnil dont les installations, aujourd'hui disparues, se trouvaient juste en face de notre immeuble. Une forte odeur de houblon s'étendait parfois sur le quartier et incommodait le voisinage. Pour se faire pardonner, la brasserie distribuait alentour force canettes de bière et le personnel du commissariat et celui du poste de police n'avaient pas à se plaindre.

Cela évitait aux inspecteurs d'accumuler les ardoises dans les « annexes », ces bistrots qui entourent tous les commissariats et où les fonctionnaires obtiennent des crédits de consommation s'ils savent faire preuve de compréhension à l'égard des démarches administratives incessantes pour lesquelles ils sont sollicités et qu'ils peuvent rendre tracassières ou acceptables.

En 1961, le « complot de Paris », en liaison avec l'affaire algérienne, devait rapidement mettre un terme à mon expérience des quartiers parisiens.

La brigade criminelle avait besoin d'aide. Je ne pouvais ni ne voulais la refuser. Pendant un temps, je fus moitié au Parc Montsouris, moitié au quai des Orfèvres.

Il nous faut revenir en arrière.

5

LA CRIMINELLE

Le 11 mai 1955 est, pour moi, une date inoubliable : je suis affecté à la brigade criminelle... Pour ceux qui y appartiennent, ces deux mots n'en font qu'un seul : la criminelle, ou même, la « crim ». Et c'est aussi une médaille. Avec, côté pile, un homme qui étrangle un serpent et, côté face, un chardon et cette devise : « Qui s'y frotte s'y pique. »

Il avait fallu vaincre quelques concurrents. Mes origines corses ne m'avaient pas facilité l'accès au tabernacle. Les insulaires étaient nombreux qui aggravaient la tâche du service. Les règlements de compte étaient souvent de leur fait et les statistiques des affaires élucidées ne s'en trouvaient pas améliorées. Elles ne le sont d'ailleurs que très rarement en cette matière.

Il existait incontestablement un ostracisme pour ne pas dire un racisme du Nord de la Loire à l'égard du Sud et plus particulièrement des départements méditerranéens.

Est-il bien mort?

Ne raille-t-on pas toujours le prétendu manque d'ardeur au travail des « genss » du Sud? Aujourd'hui encore, n'écrit-on pas dans les procès-verbaux de police : « de type méditerranéen »? Comme s'il n'y en avait qu'un? C'est un autre problème que de savoir si ce racisme est à sens unique.

Si je pris le dessus, c'est que j'avais déjà dans la place deux collègues de promotion, deux amis, Sudistes modérés. L'un Toulousain, René Barre. L'autre Bordelais, André Bégué.

L'un et l'autre plaidèrent pour moi. Le premier auprès du directeur de la Police judiciaire. Le second auprès de celui qui allait devenir mon patron, Max Fernet.

Ni René Barre, ni André Bégué ne devaient poursuivre leur carrière en police judiciaire, ce qui n'empêcha ni l'un ni l'autre d'accéder à de hautes fonctions directoriales auxquelles la politique du changement mit fin en 1983.

36, quai des Orfèvres. A gauche dans la cour, qui continue de s'enfoncer avec les ans, s'ouvre le célèbre escalier A, qui dessert deux chambres de la cour d'appel au rez-de-chaussée, ainsi que le SATI (Service des archives et du traitement de l'information). Il permet de communiquer avec l'ensemble du Palais de justice et conduit au deuxième étage aux bureaux de la Direction de la Police judiciaire avec son état-major et ses services généraux. A partir du deuxième étage également et jusqu'au cinquième, sont logés aujourd'hui la brigade des stupéfiants et du proxénétisme, la brigade de répression du banditisme, la brigade criminelle et, la dernière-née, la brigade de recherche et d'intervention, l'antigang.

L'escalier du 36 est surtout connu à partir du premier étage. Tant et tant de malfaiteurs y ont été photographiés le montant ou le descendant et tant et tant de films l'ont montré dans des scènes prises sur le vif ou simulées.

Il faut dire que ce vieil et bruyant escalier en bois semble avoir été conçu par un metteur en scène qui y aurait prévu les champs et les plans nécessaires aux prises de vue cinématographiques.

La cage, très vaste, est de forme rectangulaire. Les plafonds hauts. Trois ou quatre personnes peuvent, les jours de presse, les jours de rafle, emprunter les marches de front.

L'escalier, aux deuxième, troisième et quatrième étages, débouche directement sur les couloirs qui forment paliers et desservent les bureaux. C'est à partir de la rampe de ces paliers que s'observent les va-et-vient de la direction.

Parfois jusqu'à quarante ou cinquante journalistes et photographes s'y trouvent réunis. Chacun choisit sa place ou son angle, ce qui n'empêche pas, quand le témoin important, le suspect ou le présumé coupable apparaissent, que ce soit la ruée.

La réputation de la brigade criminelle est telle qu'on ne peut pas ne pas être fier d'y être admis. Elle est l'héritière de la 2ᵉ division de la Préfecture de police, créée en février 1800 par le Premier consul, et qui était chargée des assassinats, des vols, des escroqueries. Pour être plus précis, on peut dire que la brigade criminelle existe dans son organisation actuelle depuis 1912.

En 1955, Max Fernet, chef de la brigade, a quarante-cinq ans. C'est le technicien et le théoricien de la Police judiciaire.

Yeux perçants, calvitie précoce. De taille moyenne et se croyant petit, il en profite pour faire un complexe de supériorité à l'égard des grands dadais. Il est d'allure élégante et sportive autant que réservée. Fin, rusé, vif, passionné de grande musique et nourri de belles-lettres, l'esprit caustique, Max Fernet a des nerfs d'acier et chacun veut voir en lui un diplomate. Non, il fait de la police judiciaire, mais la fait avec maestria.

C'est une fête de l'intelligence. Si forte qu'elle obscurcit toute spontanéité. Quand il est ému aux larmes et que cela est vrai, peu le croient. Cela lui vaut d'ailleurs d'être surnommé « Max le Menteur ».

Avec lui, de 1955 à 1970, nous pûmes traverser de redoutables tempêtes.

Comme tout homme, il n'était cependant pas infaillible. Trahi par ceux qu'il voulait sauver, ses hésitations au début de l'affaire Ben Barka hâtèrent la fusion de la Sûreté nationale et de la Préfecture de police au sein de la nouvelle Police nationale.

Avec une curiosité mêlée d'inquiétude, j'arrive donc le 11 mai 1955 dans mon nouveau bureau. Il est au troisième étage, et mitoyen avec celui du commissaire divisionnaire, chef de service. La vue sur la place Dauphine et la Seine jusqu'au Pont-Neuf est admirable. C'est mon prédécesseur qui me reçoit. Naturellement, il me présente en premier la relique de la brigade : le fauteuil des visiteurs, en noyer, recouvert de velours vert élimé, siège en partie défoncé, où des assassins parmi les plus célèbres se sont assis depuis plus de cinquante ans. Le docteur Petiot y a pris place.

Pour être franc, en pénétrant dans le service, j'ignore tout de son organisation et de son fonctionnement. Je n'ai pas le temps de me poser des questions : à 9 h 5, le jour même de mon arrivée, l'état-major de la Police judiciaire, qui est informé de tous les faits intéressant la Direction, nous fait savoir qu'un hold-up vient d'être commis rue de la Pierre-Levée, dans le 11ᵉ arrondissement. Il y a eu des coups de feu, et nous sommes chargés de l'enquête.

Mais, curieusement, il ne se passe rien. Le patron n'est pas arrivé. Une mauvaise langue souffle qu'il est peut-être en train d'achever une partie de tennis...

Jean Ducret, sous-chef, mis au courant par un inspecteur divisionnaire, vieux routier de la grande maison, ne bouge pas non plus. Pourtant, un hold-up, à l'époque, c'est une affaire! Un hold-up avec des coups de feu, un événement. Mais non... Par respect de la hiérarchie, tous les hommes prêts à foncer attendent. Je suis stupéfait! Comment? C'est cela la criminelle?

Nous restons là près d'une heure. Personne ne se serait permis d'agir sans instructions préalables. C'était exagéré. L'autorité qui paralyse perd son sens.

Quoi qu'il en soit, dès son arrivée, M. Fernet saute sur l'occasion de tester le nouvel adjoint :

– Je prends cette affaire, dit-il. Ottavioli, nous y allons ensemble...

Les faits paraissent simples : des encaisseurs de la Sécurité sociale ont été attaqués à leur descente de voiture par trois hommes armés. Posément, le chauffeur, qui est resté à son volant et a vu la scène, descend, sort son pistolet, s'accroupit et ouvre le feu. Les agresseurs ripostent. Personne n'est touché et les trois malfaiteurs disparaissent à bord d'une traction avant, avec la sacoche contenant six millions.

Témoignages imprécis, renseignements mensongers fournis par de prétendus indicateurs qui ne savent rien, l'enquête ne donne aucun résultat.

Mais, quelques mois plus tard, une nuit, des gardiens de la paix motocyclistes avisent trois hommes qui urinent contre un mur du 19ᵉ arrondissement, tandis qu'un quatrième attend au volant d'une traction avant.

Papiers, contrôle d'identité, un coup d'œil dans le coffre. Apparaissent dans les reflets d'une torche électrique les canons de trois pistolets.

Les quatre hommes qui n'essaient ni de se défendre, ni de s'enfuir, sont arrêtés.

La balistique identifiera les armes comme étant celles qui avaient servi à l'agression.

Reste à établir qui les a utilisées.

Les quatre hommes se retrouvent dans les locaux de la criminelle. Ils n'ont rien de débutants. Selon l'expression, ils sont « connus des services de police ». Un petit gros, qui est le chef de la bande, comprend très rapidement que s'ils sont chez nous, ce n'est pas uniquement à cause d'un port d'arme illégal, mais parce que leurs armes ont été reconnues. Elles ont « parlé ». De plus, ses complices, moins malins, expliquent qu'ils en disposent « depuis longtemps, depuis plus de dix mois » (les armes changent vite de mains dans le milieu et, le plus souvent, disparaissent), ce qui revient à dire qu'elles étaient en leur possession au moment de la fusillade. En fin de soirée, le petit gros admet que « les choses ont pu se passer comme ça ». Mais il ne le dit pas encore. Il veut d'abord rencontrer ses comparses, leur parler, les convaincre. Il affirme que jamais il ne se « mettra à table » s'il n'a pas leur accord.

Mon collègue direct, Roger Poiblanc, me regarde. Nous sommes perplexes. Évidemment, laisser des suspects communiquer entre eux, se consulter, est contraire à toutes les règles, à tous les usages. Après avoir pesé le pour et le contre, le pour l'emporte : nous sommes dans une impasse et, alors que l'issue ne semble pas loin, nous n'avançons plus. A 19 heures, sans rien dire au patron – nous le lui avouerons plus tard – nous enfermons les suspects dans la même cellule. Une seule condition : qu'ils fassent vite. Mais les minutes s'écoulent et nous n'entendons toujours pas le signal convenu. Un peu inquiet, je m'avance vers le violon [1]. Le petit gros me fait signe que ce n'est pas fini et demande de poursuivre. J'attends encore. Enfin, de grands coups font résonner les barreaux.

Le petit gros sort le premier de la cellule et dit :

– C'est d'accord...

Après un silence, il ajoute :

– Et puis... on en a fait un autre...

Les interrogatoires séparés recommencent. L'argent? Envolé quatre jours après l'agression. Par une sorte de folle morale, le hasard du jeu avait tout repris aux voleurs. En quatre jours, ils s'étaient retrouvés sans un centime, les veilles clandestines avaient tout absorbé. Devant le juge d'instruction, M. Chapar, nos trois malfaiteurs sont encore plus bavards : ils avouent... un troisième hold-up... Et ce genre d'aveu dans le cabinet du juge est tout à fait exceptionnel. Ah! il est heureux, M. Chapar, d'avoir fait mieux que la criminelle! Nombre d'avocats ne professent-ils pas que l'instruction ne sert qu'à défaire ce que la police a déjà établi? Devenu par la suite conseiller à la Cour de cassation, il n'a jamais oublié l'une de ses réussites les plus marquantes dans le domaine du banditisme.

Il y a belle lurette que la brigade criminelle n'est plus chargée d'enquêter sur les hold-up. Leur prolifération les a banalisés. Aujourd'hui, ils sont à Paris de la compétence des brigades territoriales et pour les plus graves, de la brigade de répression du banditisme. En province, ce sont des sûretés urbaines ou des brigades de gendarmerie et quelquefois des services régionaux de police judiciaire (SRPJ) qui s'en occupent.

A l'énumération de ces divers services, chacun pouvant être également compétent pour un même type d'infractions, je conçois bien que le lecteur se demande comment se reconnaître dans cette cour des miracles.

Il nous faut prendre du recul et oublier une forêt de détails si touffue qu'y pénétrer serait presque aussi difficile que suivre le cours du Rhône pierre à pierre!...

Arrêtons-nous cependant un instant. La police, au sens large, a pour finalité de contribuer à sauvegarder la paix publique.

1. C'est sous la Révolution qu'on a commencé à appeler « violon » la cellule d'un poste de garde où des gens arrêtés le soir passent la nuit et sont relâchés le lendemain matin. Les barreaux sont assimilés à des cordes.

Elle est exercée, qu'ils soient en civil ou en uniforme, par des fonctionnaires de statut civil, au sein de la Police nationale et par des personnels de statut militaire au sein de la Gendarmerie nationale.

Les uns et les autres relèvent de l'autorité civile : préfets (commissaires de la République) et maires en ce qui concerne la police administrative, magistrats de l'ordre judiciaire pour ce qui est de la Police judiciaire, même si les gendarmes dépendent du commandement militaire pour leur carrière.

Placée sous l'autorité du ministre de l'Intérieur, la Police nationale assure ses fonctions dans les villes de 10 000 habitants et plus, tandis que dans les villes et bourgs de moindre importance et dans les campagnes, c'est la gendarmerie qui est compétente.

L'action de cette dernière « s'exerce toujours en tenue militaire » et « dans aucun cas, ni directement, ni indirectement, elle ne doit recevoir de missions occultes ».

La Police nationale, au contraire, dispose à la fois d'effectifs en uniforme (80 000 hommes environ en 1984) et en civil (20 000 hommes environ à la même date).

Aux premiers, dont 15 000 (les CRS) sont des forces de police mobile, incombent essentiellement le maintien de l'ordre et la protection civile; aux seconds les missions de renseignement et d'enquêtes qui s'accommodent mieux de l'anonymat et de la discrétion.

La complexité de l'organisation de la police tient à la variété de ses missions – renseignement, prévention, assistance, répression – et à leur interdépendance; aussi, à la diversité de ses implantations locales parfois superposées – quartier, arrondissement, circonscription, secteur, district, division, département, région – comme à ses indispensables spécialisations – économique, financière, criminelle, contre-espionnage, informations politiques et syndicales, police des jeux, police de l'air et des frontières, protection du chef de l'État et des hautes personnalités – et enfin, à ses directions centralisées dans le cadre de la Direction générale de la Police nationale à Paris.

Je n'aurai garde d'oublier Interpol, l'Organisation internationale de police criminelle dont le Secrétariat général a son siège à Saint-Cloud, aux portes de Paris.

Cette organisation, à laquelle cent vingt pays ont adhéré, est née de la nécessité d'une coopération internationale pour lutter contre certaines formes de banditisme itinérant et faciliter les relations entre les divers services de police dont la complexité peut n'avoir rien à envier à ce qui existe chez nous.

A qui s'adresser pour demander un renseignement, communiquer une information, faire procéder à une arrestation? Dans chaque pays membre existe un Bureau central national qui est seul à même de faire parvenir le message à qui de droit et chaque pays membre a son représentant au Secrétariat général, qui est le trait d'union entre tous.

Mais les policiers d'Interpol ne sont pas des James Bond à compétence internationale, sautant d'un avion dans un autre, présents partout et disposant de moyens à l'échelle du monde. Ce sont des agents de liaison entre les pays demandeurs et destinataires. A quoi il faut ajouter qu'il ne suffit pas à un malfaiteur de se réfugier dans un pays non membre d'Interpol pour échapper à une arrestation et même une extradition. Il existe parfois dans ce cas des lignes aériennes directes que certains États n'hésitent pas à utiliser – sans autre forme de procès – pour se débarrasser d'un brigand recherché par son pays d'origine et dont ils n'ont que faire. C'est arrivé!

Avec ses cent fonctionnaires, la brigade criminelle est bien peu de chose. Cependant, dans la pratique, « il y a deux personnes dont on parle dans la police », me disait un ami journaliste, « le ministre de l'Intérieur et le patron de la criminelle à Paris ».

Les affaires traitées par la criminelle ressemblent à des détournements d'avion : on ne retient que les cas spectaculaires. Pourtant, supposer que l'on va automatiquement jouer les grands policiers et attirer l'attention de la presse quand on est à la criminelle est non seulement prétentieux, mais faux. Si retentissantes que soient certaines affaires, la plus grande part de l'action du service se déroule dans l'anonymat.

En revanche, ce qui est vrai, c'est que la criminelle intervient dans tous les milieux, depuis les allées du pouvoir jusqu'aux bas-fonds de Paris. Elle connaît le luxe, le prestige, comme la misère et la déchéance. C'est l'assassinat de la baronne, comme l'incendie de poubelles. Elle s'intéresse d'aussi près au témoignage du général de Gaulle recueilli par mon collègue, Roger Poiblanc, après l'attentat du Petit-Clamart, qu'au déshabillage d'un vagabond frappé à mort sur un terrain vague de la périphérie de Paris.

Il faut passer sans cesse du plus haut au plus bas. Il n'est pas de meilleure leçon d'humilité. Et puis, je l'ai dit, les ambassades ne sont pas toujours des lieux plaisants à fréquenter...

Comme adjoint, comme sous-chef ou comme patron, j'ai passé près de quinze ans à la brigade criminelle. J'y ai connu, dès la fin de 1955, les premiers mitraillages et les premiers sacs de bars nord-africains, dans la lutte que se livraient alors les partisans du

MNA et ceux du FLN. Mes premiers règlements de compte, les faux billets de mille francs, les faux tableaux. Des meurtres, des assassinats, politiques ou de droit commun. La lutte contre la rébellion algérienne. Le complot de Paris. Les attentats de l'OAS, ceux des autonomistes basques, corses ou bretons. Le terrorisme international, les prises d'otages, les détournements d'avions, les enlèvements.

L'un de ces anciens patrons qui avait le sens de la formule, disait de la brigade criminelle : « Sa spécialité, c'est la difficulté. » Il est vrai qu'incombent à ce service les faits les plus graves, comme ceux dont on peut prévoir qu'ils nécessiteront de longues et minutieuses investigations qui n'auront de chance d'aboutir que si elles sont conduites par des fonctionnaires spécialisés, c'est-à-dire rompus à des méthodes et techniques héritées de leurs prédécesseurs.

La criminelle, c'est d'abord une tradition. Une tradition de qualité. Ici, il est nécessaire de se demander pour quelles raisons ce service a acquis et conservé depuis des lustres un prestige et une notoriété jamais démentis.

La réponse simple se situe aux antipodes du nivellement par la base, du laisser-aller et de l'anarchie. Elle est fondée, tout au contraire, sur la sélection, la discipline et la hiérarchie, mots qu'un certain langage moderne et syndicaliste voudrait ignorer.

La sélection, c'est d'abord le choix des meilleurs. Dans tous les services, nécessairement, il est des fonctionnaires qui rapidement se distinguent des autres par leurs qualités. Cela se sait. Leurs patrons, jalousement, désirent les conserver et se séparer des autres.

Autrefois, les brigades de la Direction (la brigade mondaine, la brigade de voie publique, la brigade de recherches et d'intervention, comme la brigade criminelle) pouvaient faire valoir, pour attirer les meilleurs, des perspectives d'avancement plus rapides.

Au fil des ans, cela est devenu de moins en moins vrai par l'institution de carrières planes ou qui s'aplanissent. L'ancienneté tend à prévaloir sur le mérite et le travail.

Aujourd'hui, le grade le plus élevé d'inspecteur divisionnaire peut être atteint par un inspecteur en onze ans et six mois, c'est-à-dire approximativement au tiers de sa vie professionnelle.

Si certains n'avaient le goût de la chose policière, tous pourraient se considérer en roue libre à partir de trente et quelques années.

La possibilité donnée à un plus grand nombre d'être promus au choix dans le corps des commissaires de police à partir de l'âge de trente-huit ans était susceptible de faire renaître une tonique émulation.

La démagogie de certains et la démission de la haute administration ont ôté presque toute valeur à ces perspectives d'avancement pourtant indispensables.

Des mesures transitoires qui n'en finissent pas font bénéficier de cette promotion des fonctionnaires de cinquante-trois ans qui se trouvent à la retraite d'office deux ans plus tard et libèrent leurs postes dans le moindre temps. Ceci permet chaque année à un nombre plus élevé d'inspecteurs de se prévaloir d'une nouvelle « carte de visite ».

L'ineptie de cette politique se trouve tout entière dans l'obligation pour ces commissaires, avant de pouvoir exercer leurs fonctions, de suivre deux ans de cours et de stages. C'est-à-dire qu'ils terminent leur carrière à l'école par un enseignement qu'ils n'auront jamais à mettre en pratique.

La promotion sociale devient ainsi une farce.

Les plus méritants qui occupent les postes les plus difficiles et les plus contraignants, bien que connus de tous, doivent, pour être distingués, faire preuve d'une longue patience.

La sélection devenue plus ardue subsiste autant que faire se peut au sein du service où, à valeur égale, l'ancienneté est prise en compte mais peut être oubliée s'il paraît nécessaire.

Il va de soi aussi que ne demeurent à la criminelle que ceux qui en adoptent l'esprit et en acceptent les contraintes.

Encore que par sa position à la Direction de la Police judiciaire, le service ait la possibilité de retenir une affaire si cela lui paraît utile, en principe la brigade criminelle ne se saisit jamais de son chef d'une enquête.

En gros, les commissariats traitent les affaires du jour ayant pris naissance dans leur quartier; les brigades territoriales, celles de leur secteur qui demanderont des recherches plus longues; la brigade criminelle, celles pour lesquelles le temps n'est pas pris en compte.

Les mêmes personnes ne peuvent être à la fois disponibles pour le quotidien, le moyen terme et l'indéterminé.

Que les affaires qui durent soient également souvent les plus complexes, personne ne s'en étonnera. Cependant, il n'y a pas de subordination hiérarchique d'un service vis-à-vis de l'autre. Tous trois, à Paris, appartiennent à la Direction de la Police judiciaire et c'est le directeur de la Police judiciaire, d'un commun accord avec le procureur de la République, qui désigne le service saisi [1].

1. Autrefois territorialement compétente pour Paris et le département de la Seine, la brigade criminelle l'est aujourd'hui pour la capitale et les trois départements limitrophes ayant chacun son tribunal. Mais les règles de saisine demeurent les mêmes.

Le fonctionnement du service trois cent soixante-cinq jours par an, vingt-quatre heures sur vingt-quatre bien sûr, est, je crois, unique au monde. On ne l'expose jamais sans susciter l'étonnement. Souvent, c'est l'incompréhension. Et il est connu que certains patrons de la criminelle l'ont quittée sans avoir compris son mécanisme.

C'est que le roulement de la permanence des groupes qui forment la brigade criminelle et le mode d'affectation des affaires sont organisés en sens inverse l'un de l'autre.

Chaque groupe est à tour de rôle de permanence dans la journée et de « doublure » les vingt-quatre heures suivantes, de 19 heures à 19 heures.

Tandis que la permanence est chargée de l'expédition des affaires courantes qui ne peuvent empiéter de façon notable sur le temps à venir (courrier, renseignements, démarches administratives, recherches à la demande d'autres services, français ou étrangers, compléments d'enquête), c'est à la doublure précédente que toute enquête nouvelle est confiée.

Ses effectifs, qui pourront alors demeurer indisponibles des jours, des semaines, parfois des mois, sont *ipso facto* relayés par ceux qui avaient achevé leur tour la veille sans avoir été sollicités et si ce n'est pas le cas, par ceux de l'avant-veille et ainsi de suite toujours en remontant dans le temps.

Jamais il n'est fait appel aux inspecteurs qui assurent la permanence et doivent obligatoirement être disponibles la nuit suivante et le lendemain.

Il est évident que, la brigade criminelle comprenant douze groupes, on ne peut aller au-delà de douze affaires prises coup sur coup sans toucher aux effectifs présents et à venir. Mais, d'expérience, cela n'est jamais arrivé.

Cette organisation, qui implique une disponibilité totale, a toujours fait l'objet de tentatives pour alléger les servitudes. Des expériences ont été tentées. Jamais une solution plus satisfaisante n'a été trouvée et ainsi se perpétue le système dit « de la permanence et de la doublure », doublure que l'on « remonte » successivement, en fonction des besoins. En d'autres termes, cette permanence peut subir d'importantes rallonges, ignorant les jours, les nuits, les dimanches ou les jours fériés, d'autant que lorsque le navire a quitté le quai, il faut poursuivre la traversée jusqu'au bout. C'est très astreignant. Une sorte de fatalité fait démarrer de nombreuses affaires la veille du jour où, en principe, on sera de repos. Les crimes sont comme les rages de dents ou les pannes de voiture : on les dirait abonnés aux jours de congé, aux vacances. Peu importe, il y a toujours quelqu'un à la brigade criminelle. De 8 à 20 heures au siège même où la permanence occupe un vaste bureau donnant sur la place Dauphine. Y sont rassemblés les téléphones, cartes et tableaux d'informations destinés à tous et la liaison directe radio avec nos voitures. Lorsque les événements le permettent, c'est le dernier bureau où l'on se rencontre.

A la « crim », l'homme seul n'existe pas. C'est toujours une équipe. Avec le patron ou son adjoint, elle comprend huit personnes : commissaire de police chef de section, procédurier (c'est l'écrivain), inspecteur divisionnaire, chef de groupe, inspecteurs principaux et inspecteurs.

Quand une affaire naît, quand la criminelle « dérouille », tous se retrouvent sur place. Tous doivent avoir une vue personnelle des choses et tous prennent connaissance des premiers éléments recueillis par les fonctionnaires intervenus avant eux. C'est à partir de ces bases que le patron donnera ses instructions de départ.

Le plus souvent, c'est la chasse aux témoins : l'enquête de voisinage. C'est aussi la photographie détaillée des lieux et la recherche des traces et indices par les spécialistes de l'identité judiciaire; ce sont en même temps les premières tentatives pour essayer de comprendre ce qui s'est passé. Il s'agit de reconstituer quel a été le déroulement vraisemblable des faits. C'est parfois très simple. Parfois insoluble.

De toute façon, faute de pouvoir figer à jamais les choses telles qu'elles sont et faute de pouvoir tout saisir et mettre sous scellés, il faut faire des choix.

Au théâtre de la vie, on ne rencontre jamais deux fois la même scène.

L'expérience du policier lui permet seulement d'éviter les faux pas et surtout d'admettre qu'il peut ne pas avoir compris, qu'il peut ne pas savoir et que c'est à compléter son information que souvent il doit d'abord s'appliquer.

Il faut non seulement savoir, mais être persuadé, que la vérité n'apparaît pas toujours au premier coup d'œil.

Revenir, revoir, recommencer, constituent pour les enquêteurs des démarches indispensables. Ce qui ne veut pas dire naturelles. C'est à la hiérarchie, qui doit savoir qu'il n'y a pas nécessairement faute ou négligence, qu'il appartient alors de les exiger.

C'est pourquoi, à la criminelle, on ne mène pas une enquête à sa guise. Chacun reçoit une mission et en rend compte. Du haut en bas de l'échelle et dans les deux sens, intervient un échange constant d'informations. C'est la mise en commun des éléments recueillis au fil des heures et des jours, la critique et la confrontation des idées.

En police judiciaire, la hiérarchie admet la discussion. Mais il va de soi que la décision finale lui appartient.

Ce n'est sans doute pas un hasard si le quai des Orfèvres peut s'enorgueillir, depuis des décennies, de n'avoir pas connu d'erreur judiciaire. Cela tient à son organisation et à ses méthodes. La faute de l'un serait la faute de tous. Il y a moins de chances de se laisser emporter par la passion si elle doit être commune à plusieurs.

C'est aussi la raison pour laquelle l'inspecteur qui a arrêté un suspect n'est jamais celui qui sera chargé de l'interroger.

L'arrestation est source de tant de difficultés, d'attente, parfois d'angoisse et d'émotion – celles que connaissent bien chasseurs et pêcheurs – que le policier peut perdre de son objectivité, de son impartialité.

Comme à la justice, la collégialité est nécessaire à la police.

6

L'INVENTEUR

Je parle de la police réelle, non de celle imaginée et souvent travestie par le roman ou le cinéma. Non que je veuille faire fi de personnages comme Sherlock Holmes ou le commissaire Maigret dont, au contraire, l'intelligence et la perspicacité rendent tout un chacun admiratif et jaloux. Mais tous deux appartiennent à un monde mythique où, si la vérité trouve parfois place, ce n'est que dans la mesure où elle conforte un récit ou pour le moins ne le dérange pas.

Si indispensables que nous soient le rêve et la fiction, ils n'entrent pas dans mon propos.

La vérité contient suffisamment de difficultés. Il y en a avec les inventeurs d'abord, les victimes (vraies, parfois fausses) ensuite, les témoins, les indicateurs, les suspects, les coupables, les collègues parfois, les juges de plus en plus souvent, les avocats par habitude, les journalistes. Sans oublier la cacophonie syndicale ou politico-syndicale.

En terme de droit, l'inventeur n'est pas celui qui crée quelque chose de nouveau, mais celui qui découvre le premier une chose préexistante. Par exemple, un trésor – c'est rare –, ou pourquoi pas un cadavre – cela arrive. C'est la personne par qui tout commence et à laquelle la police va s'intéresser en priorité pour l'éliminer aussi vite que possible du champ de ses investigations ou, tout au contraire, l'y enfermer.

Quand l'inventeur est étranger à l'affaire et que sa découverte ne le gêne pas, ce qui est le cas le plus fréquent, sauf le temps perdu, les choses se passent bien.

Mais, si pour des raisons personnelles, familiales ou professionnelles, il ne tient pas à faire savoir pourquoi à tel moment il se trouvait là et non ailleurs, le policier qui, en la matière, se considère volontiers comme un médecin ou un confesseur, a du mal à admettre les réticences dont on fait preuve à son endroit. On lui cache quelque chose, il n'aime pas ça. On le contraint à chercher plus au fond. Le doute s'installe dans son esprit. Mieux vaut rapidement éclairer sa lanterne : l'incursion qu'il fera dans l'intimité du témoin sera souvent préférable à la suspicion née de ses cachotteries.

Certes, il n'est pas naturel d'étaler devant un étranger sa vie privée, ses petits secrets, ses faiblesses ou travers. Mais, en présence d'une affaire criminelle, masquer en tout ou partie les circonstances dans lesquelles elle a été découverte, est une entreprise pleine d'embûches et à l'origine de bien des complications. L'inventeur ne doit pas avoir d'imagination.

En voici un exemple. Cela se passe, un après-midi d'été, dans un quartier élégant de Paris où les devantures des boutiques de mode, salons de coiffure, parfumeries, sont nombreuses. Un homme s'arrête devant un magasin. Son regard se fixe sur le corps d'une femme étendue à l'intérieur. Manifestement, elle a été assassinée. Il fait ce qu'il doit. Il donne l'alerte. La police arrive. Il explique : loin de son domicile, de son lieu de travail, il venait, dit-il, rendre visite à une amie employée dans une maison voisine quand, sur son chemin, il a aperçu le cadavre, une flaque de sang, un désordre anormal. La victime ne donnait plus signe de vie. Il a pensé tout de suite à un crime. Il n'est pas entré. N'a touché à rien, n'est au courant de rien.

Hélas! Vérification faite, l'amie à laquelle il allait soi-disant rendre visite avait cessé toute activité dans le quartier depuis plusieurs années. L'homme mentait. Garde à vue. Interrogatoire. Perquisitions. Tout ce qu'il voulait cacher est sorti de l'ombre. Il avait menti, n'ayant osé avouer, comme il le fera plus tard, que, poussé par un « désir irrésistible », il était tourmenté « par le besoin de regarder de jolies femmes en espérant voir des parties nues de leur corps ».

Ainsi allait-il durant des heures, de boutique en boutique, connaissant bien celles où un escalier intérieur lui permettait de voir les jambes des clientes ou des employées ou « même mieux », si leur jupe ou leur blouse était mal fermée, chaque pas trahissant de cruelles beautés. Il aimait aussi contempler les gorges dégagées. Pour la satisfaction de ses yeux, le plaisir de voir.

Mais, marié et père de famille, il considérait cette occupation comme une maladie honteuse, d'autant, il est vrai, qu'il lui arrivait de se caresser à travers la poche décousue de son pantalon.

C'est pour cacher ses turpitudes qu'il avait prétendu avoir

rendez-vous avec une amie dont, en réalité, il n'avait plus de nouvelles depuis fort longtemps. D'autres témoignages le mirent hors de cause. Il n'en avait pas moins été détenu pendant près de quarante-huit heures, suspect d'avoir tué une femme qu'il ne voulait que regarder.

Pour le policier dont on brouille les cartes et dont les éléments d'appréciation au début d'une enquête sont le plus souvent réduits, le témoin devient très vite le suspect numéro un.

Autre cas, tout aussi significatif. C'est celui de ce ponctuel et consciencieux ouvrier d'une grande entreprise, homme de quarante ans, dans la force de l'âge qui, un matin, nous fit ainsi le récit de sa nuit hallucinante.

Appelons-le Denis et écoutons sa confession.

– Je travaille dans l'automobile, à la périphérie de Paris et habite en très grande banlieue. Hier soir, après avoir quitté l'atelier, je me suis attardé avec Raoul, un camarade de travail et, sur son invitation, ai décidé de ne pas rentrer chez moi et de passer la nuit à son domicile beaucoup moins éloigné que le mien. Cela m'était déjà arrivé trois ou quatre fois durant ces dernières années. Il était près de deux heures du matin. Avant de nous coucher nous avons écouté un peu de musique, bu un verre, puis avons partagé son lit. Il n'y en a qu'un dans le logement. Nous étions nus.

Je dormais depuis environ une heure quand j'ai été réveillé par des coups provenant de l'entrée. Je me suis levé. Raoul m'avait précédé et remettait son slip. Je l'ai imité et suivi. Les coups continuaient, très violents. Raoul a demandé qui frappait. J'ai nettement entendu : « Brigade antigang. » Sans hésiter, Raoul a ouvert. Trois hommes se sont alors engouffrés dans le logement avec une telle précipitation qu'il a reçu la porte sur le nez et a commencé à saigner. J'ai voulu protester. L'un des hommes a braqué sur moi un revolver et crié : « Toi, la ferme ». Poussé dans la cuisine, j'y suis resté sous la surveillance d'un de ses collègues, également armé. Mais, de la porte restée ouverte, je pouvais suivre ce qui se passait. Raoul était interrogé. Les policiers croyaient qu'il détenait de la drogue et voulaient savoir où il l'avait cachée. Chaque fois qu'il répondait n'en avoir jamais eu, on le battait. J'entendais ses gémissements, mais aucune protestation. De mon côté, j'étais persuadé que les policiers ne trouveraient rien. Jamais je n'avais entendu Raoul parler de stupéfiants. Je voulais intervenir, mais je n'osais pas. Ils ont fouillé l'appartement de fond en comble, renversé les tiroirs, tout jeté à terre. Puis ils ont ramené Raoul à la cuisine. Celui qui paraissait être le chef, un jeune homme grand, mince d'à peine trente ans, s'est adressé à moi : « Regarde. Tu vas assister à la mort de ton copain. » J'ai pensé qu'il ne parlait pas sérieusement, que c'était impossible. Cependant, l'homme a sorti un couteau à cran d'arrêt, en a dégagé la lame et s'est mis à piqueter Raoul sur le devant du corps, sans trop appuyer. Il lui demandait quelles étaient ses impressions avant de mourir. Manifestement, comme moi, Raoul n'y croyait pas. Il a même défié l'homme, convaincu que celui-ci n'oserait pas aller plus loin. Mais soudain, d'un seul coup, l'homme a enfoncé la lame en pleine poitrine de mon camarade et l'a retirée aussitôt. Raoul est tombé sur les genoux, face contre terre, les deux mains sur sa blessure. Il râlait. L'homme qui venait de le frapper a alors léché le couteau et l'a passé à mon gardien, lui disant : « A toi, achève-le. » L'autre qui, jusqu'alors, m'avait paru très calme, s'est déchaîné et s'est mis à porter des coups à Raoul, comme un fou, sur tout le corps. Il ne s'est arrêté que lorsque la lame du couteau est restée fichée dans la mâchoire de mon ami. Il a dû mettre un pied sur sa tête et tirer de toutes ses forces en arrière avant de parvenir à l'extraire. Raoul ne donnait plus signe de vie. Durant toute la scène, je n'ai pas bougé, je n'ai rien dit. J'étais paralysé, dépassé par ce que je voyais, convaincu que je n'échapperais pas au même sort, si je faisais le moindre geste, élevais la moindre protestation. J'avais pris le parti d'obéir et c'est sur leurs ordres que j'ai remis mes vêtements, me suis habillé, ai quitté l'appartement avec eux et suis monté dans une voiture, une DS, qui était en stationnement à proximité. Ils m'ont déposé à Paris, près d'un poste de police, après m'avoir fait jurer de ne rien dire. Je n'y suis pas entré. Je ne savais où aller, que faire et surtout, ce que je serais amené à dire. J'ai erré ainsi jusqu'à ce que j'aperçoive deux motards de la police qui venaient dans ma direction. Je leur ai fait signe. Je leur ai dit que je venais d'être relâché par des automobilistes qui m'avaient kidnappé et j'ai été conduit dans un commissariat. Là, j'ai raconté ce qui s'était passé chez Raoul, mais je n'ai pas osé avouer qu'il était mort. Deux inspecteurs m'ont accompagné : Raoul était bien décédé. Maintenant que son cadavre a été découvert, je n'ai plus rien à cacher. Tout ce que je viens de vous dire est la vérité. Si j'ai dissimulé jusqu'ici en partie ce dont j'avais été réellement le témoin, c'est que je n'arrivais pas à ressaisir mes esprits.

De ce récit, je ne croyais pas un mot.

Qu'était-ce que cette histoire de policiers de la brigade anti-gang, pénétrant à trois heures du matin au domicile d'une personne, pour y rechercher de la drogue, précisément la nuit où, par extraordinaire, la victime n'était pas seule chez elle, mais en compagnie du témoin?

Comment, de cette intrusion à grands coups frappés dans la porte de Raoul par des hommes criant qu'ils appartenaient à la brigade antigang, n'obtenions-nous aucune confirmation? Dans l'immeuble pourtant très sonore, personne n'avait rien entendu, rien remarqué.

Comment Denis et Raoul auraient-ils pu aussi croire, jusqu'à l'irréparable, qu'ils avaient affaire à de vrais inspecteurs?

Comment imaginer un comportement aussi bestial, sans mobile apparent, même de la part de voyous? Et pourquoi avoir laissé Denis en vie?

D'une personne seule, la folie meurtrière est d'espèce courante. Mais que se soient trouvées conjuguées au même moment la froide démence du chef, l'hystérie de son lieutenant, l'indifférence du troisième, la paralysie consternante du témoin et la soumission sacrificatoire de la victime pour aboutir à cette mise en scène absurde et dramatique, c'était plus qu'invraisemblable : inconcevable.

Le policier est petit-bourgeois. Tout ce qui est exceptionnel suscite sa méfiance. Il aime le raisonnement analogique, les lois, les règles qui s'appliquent à tous. Le récit de Denis nous conduisait au-delà des normes. Nous ne pouvions pas le suivre.

Et pourtant, il insistait. La scène, disait-il, avait duré une heure. Il avait bien vu les trois hommes. S'ils étaient arrêtés, il était sûr de les reconnaître et il les dénoncerait.

Que ne s'accusait-il lui-même? N'était-il pas, de façon évidente, le seul meurtrier?

Un dialogue terrible s'engagea, Denis protestant de son innocence, tandis que je l'accusais sans détour.

Comme je lui signifiais qu'il était pour moi le seul coupable et que je ne chercherais pas ailleurs, il me répondit :

– Ça alors! Vous! La police! Vous n'allez pas chercher des assassins?

Son étonnement, qui me surprit, ne semblait cependant pas feint. Comment un homme, au demeurant assez fruste, pouvait-il jouer aussi parfaitement la comédie?

Je n'avais pas de réponse, mais passai outre. Le récit que je venais d'écouter et réentendre était si grossièrement invraisemblable que je n'hésitai pas. Je fis conduire le meurtrier auprès du procureur de la République qui l'estima lui aussi coupable et fit désigner un juge d'instruction. Ce magistrat, après avoir écouté Denis, le fit conduire à la maison d'arrêt.

Un de mes inspecteurs ne partageait pas notre conviction. Il estimait ne pouvoir se prononcer qu'après avoir vérifié toutes les déclarations de Denis.

Ces précautions allaient de soi. Denis avait notamment affirmé qu'avant de prendre place dans la voiture et quitter les lieux, l'un des agresseurs avait pénétré dans un immeuble proche et que ses compagnons l'avaient attendu quelques minutes.

Que serait-il allé faire dans cet immeuble? Nous n'allions pas tarder à prouver qu'il s'agissait d'une nouvelle affabulation.

Eh bien, non! Denis avait dit vrai et l'inspecteur avait raison. Quarante-huit heures plus tard, les trois assassins étaient arrêtés. Trouvés en possession de quelques menus objets appartenant à la victime, ils reconnaissaient les faits tels que nous les connaissions.

Ils n'étaient pas des policiers de la brigade antigang ou d'un autre service, mais de petits malfaiteurs, un peu proxénètes, vivant en communauté chez un voisin de Raoul qui avait eu des mots avec lui. Ce voisin avait persuadé les trois hommes de se rendre chez Raoul en expédition punitive, ce qu'ils avaient fait. Le chef, qui était le plus excité, expliqua qu'après avoir abandonné Denis et être rentré avec ses amis dans leur caravansérail, il avait réveillé sa femme, fait l'amour et dormi.

Ayant avisé l'épouse de Denis que son mari n'avait été effectivement que le témoin de faits incroyables, il fallut nous demander pourquoi nous avions côtoyé l'erreur d'aussi près.

Certes, il y avait les variations et dissimulations premières de Denis, l'extravagance de faits dont nous ne pouvions comprendre la finalité, ce jeu macabre et gratuit, l'indifférence totale des voisins de Raoul à son sort et leur volonté délibérée d'y demeurer étrangers en refusant tout témoignage.

Nous avions des circonstances atténuantes, mais une fois de plus, il fallait admettre que le vrai peut quelquefois n'être pas vraisemblable. Le grand guignol qui nous était proposé comme explication des faits ne nous avait pas convaincus.

L'apparente sincérité de Denis quand il m'avait répondu : « Ça alors! Vous! La police! Vous n'allez pas chercher des assassins? » avait été insuffisante pour renverser le processus accusateur dans lequel nous étions engagés.

Heureusement, la vérité a la vie dure. Nous mîmes deux jours de plus qu'il n'aurait été souhaitable pour la découvrir, mais l'essentiel était d'y être parvenu et, j'en suis convaincu, elle devait plus ou moins rapidement s'imposer à nous. Notre erreur essentielle avait été de fonder notre opinion, non sur des éléments matériels ou des témoignages dont nous aurions pu apprécier la valeur, mais sur des considérations négatives dont toute l'expérience acquise nous avait enseigné la fragilité.

« Hâte-toi lentement. » La maxime grecque est toujours d'actualité. Je l'avais un moment oubliée. J'étais allé trop vite.

C'est à une situation diamétralement opposée que je fus un jour confronté. Les dires du témoin unique de cette affaire étaient incompatibles avec nos constatations matérielles.

Le docteur Sabre était âgé de soixante-cinq ans et sa femme de trente-cinq, quand leur fille unique, Martine, vint au monde.

Martine avait à peine atteint ses dix ans, que son père rédigeait à son intention des lettres ambiguës, dont la lecture laissait une impression de malaise tant elles ressemblaient davantage aux billets d'un amant à sa maîtresse, qu'à des missives d'un père à son enfant.

Martine était lycéenne et avait seize ans, quand le drame éclata.

Un lundi soir d'hiver, la mère dut s'absenter. Elle avait été appelée au chevet d'une parente malade en province et partit par le train à 20 heures. Sa visite terminée, elle passa sa deuxième nuit en voyage et revint à Paris le mercredi matin.

Ces faits furent établis de façon incontestable. Durant trente-six heures, madame Sabre avait été absente.

Quand elle rentra chez elle, à la périphérie de Paris, il était 8 heures 20. A 9 heures, elle se rendit chez une voisine et l'informa que son mari avait été assassiné, leur fille violée et assassinée.

Le commissaire de la localité en avisa l'état-major de la Police judiciaire et la brigade criminelle fut chargée de l'enquête.

Durant près de sept heures d'affilée, nous restâmes sur place pour tenter de saisir les éléments qui pouvaient concourir à la compréhension des faits.

Les choses n'étaient pas aisées. Le père et sa fille avaient été tués par balles sur le lit conjugal. Il n'y avait aucune arme dans le logement, coquette villa comportant un rez-de-chaussée et un étage dans un jardin clos par un muret surmonté d'une grille. La maison fut fouillée de fond en comble, de la cave au grenier. La chambre du crime était située au premier étage. Le docteur était mort à la place qu'il occupait habituellement dans son lit, à gauche, allongé sur le dos, sur la couverture. Il était vêtu, mais son pantalon était largement ouvert, laissant apparaître l'extrémité de son sexe. Une combinaison de sa fille et deux serviettes hygiéniques étaient nouées autour de son cou et une cordelette assez lâche réunissait ses chevilles. Il présentait une blessure par balle à la tempe droite.

La jeune Martine occupait le côté droit du lit, à la gauche de son père. Elle était entièrement nue sous un édredon, les deux jambes écartées, chaque cheville attachée par de la ficelle au pied correspondant du lit. Ses poignets étaient réunis par une serviette de toilette et, comme son père, elle avait deux serviettes hygiéniques autour du cou. Tous ces liens étaient distendus et n'avaient laissé aucune trace sur le corps. Il en était de même d'une cordelette, sans utilité apparente, flottant autour de la cuisse gauche. A hauteur de l'entrejambe, la couverture était souillée par une tache légèrement sanglante. La jeune fille présentait deux blessures par arme à feu au-dessus du sein gauche, au niveau du cœur, les coups de feu ayant été tirés au travers de l'édredon qui était pris de quelques centimètres sous la fesse gauche du père, ce qui indiquait qu'il s'était couché en dernier. Ses vêtements, y compris son manteau et ses chaussures, étaient dans la ruelle du lit. Aucun ne présentait de déchirure ou marque de violence. Dans l'ensemble de la villa, on ne notait aucune effraction, aucune trace de lutte ou de fouille. Rien qu'un léger désordre très naturel, comme le cartable de Martine, contenant quelques livres et cahiers, sur une chaise, dans la salle à manger.

La déclaration faite par Mme Sabre était la suivante.

Arrivée chez elle à 8 heures 20, venant de la gare, elle avait trouvé les portes du jardin et de la villa normalement fermées et avait pensé que son mari et sa fille étaient déjà partis, lui pour faire une visite, Martine, au lycée.

Sans se rendre à l'étage, elle avait préparé son petit déjeuner, qu'elle avait pris dans la cuisine où la vaisselle de la veille était lavée et rangée sur l'évier.

Ce n'est qu'après avoir perdu ainsi une trentaine de minutes qu'elle s'était rendue dans sa chambre et s'était trouvée en présence des cadavres de sa fille et de son mari, manifestement assassinés.

Sans toucher à rien, elle s'était aussitôt précipitée chez sa voisine et, de là, avait avisé la police.

Son hypothèse était qu'un cambrioleur s'était introduit dans la chambre et, surpris par le mari, l'avait bâillonné, lui avait lié les chevilles et l'avait tué d'un coup de revolver dans la tempe. Sa fille, survenant à ce moment, aurait été également saisie, bâillonnée, liée, violée et tuée.

Pour Mme Sabre, le crime devait avoir été commis peu après le retour de Martine du lycée, vers 17 heures 30, les volets du bas n'ayant pas encore été fermés. Elle pensait que le malfaiteur avait dû pénétrer sans effraction dans la villa, la porte ayant pu se trouver mal tirée.

Pour elle, un fait était certain, son mari et sa fille avaient été tués par balles et il fallait admettre qu'aucune arme ne se trouvait auprès d'eux, ni d'ailleurs dans la maison.

Son mari avait possédé un revolver, mais il y avait de longues années qu'elle ne savait plus où il l'avait placé, s'il ne s'en était pas débarrassé.

Cette vue des choses était en complète contradiction avec l'état des lieux où, nous l'avons dit, aucune trace de lutte ou de violence n'existait. Les liens qui enserraient les victimes n'étaient pas de nature à les immobiliser, mais d'évidence, faisaient partie d'une mise en scène à caractère érotique.

Ni le père, ni la fille n'avaient opposé la moindre résistance. On ne relevait sur leurs corps aucune lésion de défense, aucune ecchymose.

Si les volets du bas n'avaient pas été fermés, ceux de la chambre du crime, au contraire, l'étaient.

Enfin, l'enquête de voisinage avait permis d'apprendre que Martine avait acheté un litre de lait, la veille à 20 heures. Ce litre de lait bouilli était intact dans sa casserole. Ni le père, ni la fille, ni même la mère, comme elle le prétendait, n'y avaient touché.

Mme Sabre n'avait donc pu croire que sa fille était déjà partie au lycée, d'autant plus que sa serviette était demeurée bien en évidence dans la salle à manger.

De même, il n'était pas vraisemblable que Mme Sabre ait pensé que son mari effectuait une visite auprès d'un malade. Le stylo et les lunettes du médecin étaient sur sa table de travail, dans une pièce où elle était nécessairement passée, et, en entrant, elle avait dû remarquer sur le dossier d'une chaise sa veste de sortie et son cache-nez.

Il apparaissait également incontestable que dans la chambre, le docteur avait ôté lui-même ses chaussures. Le malfaiteur n'avait eu aucune raison de prendre soin de la literie et de le déchausser avant de le pousser sur le lit, le bâillonner et le tuer.

Les conclusions des experts n'allaient pas davantage que nos constatations dans le sens voulu par le témoin principal.

C'est ainsi qu'ils avaient identifié sur la couverture, à l'endroit même où reposait le bas du corps de la jeune Martine, des traces de sperme pouvant provenir du père, mais également des poils de pubis, blancs ou en voie de décoloration très avancée, d'une personne âgée. Les médecins révélaient également que Martine était déflorée et que cette défloration était ancienne.

Mise au courant de ces constatations, Mme Sabre dut reconnaître qu'il lui était difficile de soutenir son scénario.

A ce point de l'enquête, on pouvait affirmer qu'aucun tiers, aucun malfaiteur n'était intervenu au domicile de la famille

Sabre et qu'avant de mourir, le père et la fille avaient connu un rapprochement sexuel complet, sans contrainte, dans une mise en scène empreinte de sadisme et de fétichisme.

La monstruosité du tableau, cette enfant écartelée, offerte nue à son vieillard de père dissimulé sous ses oripeaux, la soudaineté et la force accablante de l'irréparable ignominie étaient apparues avec une telle intensité et une telle clarté à Mme Sabre qu'elle n'avait pu supporter la vérité. Ou plutôt, elle voulait demeurer seule à la connaître.

En un éclair, elle avait compris que si le revolver disparaissait, la folie de son mari, la souillure de leur fille ne seraient jamais connues que d'elle seule. Les conditions de la mort ajoutent, nous le savons, à l'horreur de celle-ci. Trop, c'est trop. Mme Sabre ne pouvait en plus y associer la honte.

Elle avait donc choisi de mentir et elle l'avait fait avec une détermination à la mesure de sa souffrance, sans céder jamais, sinon sans faiblir parfois.

Face à l'étendue de ce drame, le problème policier n'avait l'intérêt que de mettre fin à des investigations aussi vaines qu'inutiles et cruelles.

Tout témoins de son martyre que nous étions, il fallut accuser Mme Sabre d'avoir modifié l'état des lieux, la mettre en état de garde à vue, l'interroger, rappeler les évidences, accuser les invraisemblances, en un mot, faire devant elle l'insoutenable autopsie des faits d'une part et de ses affirmations, d'autre part.

Je n'avais qu'un désir, voir la troisième victime de cette tragédie quitter mon bureau, et qu'une obligation, ne pas la suivre dans son mensonge si humain et si compréhensible qu'il fût.

Chaque argument que nous devions avancer était un nouveau coup que nous nous sentions contraints de porter à cette suppliciée, comme d'ailleurs nous le portions à nous-mêmes. Et pourtant, comment ne pas retenir entre autres que la mère de Martine avait dit tout de suite à sa voisine : « Mon mari a été assassiné. Ma fille a été violée et assassinée », alors que le corps de Martine était couvert d'un édredon et que seuls apparaissaient sa tête et ses pieds? C'était impossible. Nous, enquêteurs, avions longtemps hésité avant de conclure, alors que le rideau était levé, que la scène était là, complète, sous nos yeux, tandis que Mme Sabre, qui était censée n'avoir touché à rien et donc pratiquement, n'avoir rien vu, avait instantanément tout compris.

Que d'hésitations, de scrupules, d'efforts avant que de formuler une question : nul ne saura le dire s'il n'a vécu pareils déchirements.

Mme Sabre tint bon. Mais nous l'avions fait suffisamment reculer pour que la vérité apparaisse au grand jour. Petit à petit, sa « compréhension des faits » avait pris le pas sur son obstination à les dissimuler. Plus tard, le juge rendit une ordonnance de non-lieu. Le revolver n'avait jamais été retrouvé. Pourtant, ce magistrat admit le suicide du père, éteignant du même coup l'action de la justice.

La campagne de presse soulevée et alimentée par l'avocat de Mme Sabre et à laquelle nous avions pris l'engagement de ne jamais répondre malgré les accusations d'impéritie dont nous étions abreuvés, tourna court.

Le non-lieu qui rétablissait la vérité fit l'objet d'un écho en trois lignes à comparer avec les colonnes et colonnes de commentaires, interrogations et suspicions qui l'avaient précédé.

Mais jamais, pour nous défendre, nous ne crûmes devoir révéler la réalité.

7

VRAIES ET FAUSSES VICTIMES

La victime est au policier ce que le malade est au médecin. Ils se rencontrent tous les jours. Et comme le médecin ne peut prendre en charge toutes les maladies de ses patients, le policier est contraint de garder ses distances avec les malheurs d'autrui. Encore que, toujours comme le praticien, il soit de son devoir de tenter de les comprendre et d'en réduire les conséquences.

Les victimes sont si nombreuses qu'il semble rebutant de vouloir en dresser le catalogue : la personne assassinée, sa famille, celui ou celle à qui on a volé ses économies, la mère du voyou, son épouse, ses enfants, etc. Tous, à des titres divers, peuvent être classés parmi les victimes.

Le policier a affaire à toutes. Il doit toutes les écouter. Souvent même, il sera contraint d'aller de l'une à l'autre pour mener à bien ses recherches.

Le policier se penchera d'autant plus sur la victime que le coupable lui paraîtra plus éloigné. Il s'agit de trouver s'il existait un lien entre les deux. Ce lien est parfois si fort que l'identification de la victime conduit tout droit à l'auteur des faits. Le cas des malles sanglantes abandonnées dans les trains ou dans les consignes des gares en est un exemple. L'énigme est pratiquement résolue quand le cadavre est reconnu. Le coupable est toujours un familier.

Si le crime parfait est celui dont les auteurs ne sont jamais découverts, le plus souvent, il ne s'agit pas du crime le plus astucieusement perpétré, mais de celui commis par des individus qui n'avaient aucun rapport avec leurs victimes.

En ce cas, une fois établies les conditions dans lesquelles le forfait a été consommé, il ne reste à l'enquêteur que peu de ressources pour remonter jusqu'aux coupables.

Il en est ainsi non seulement des affaires de sang, mais de la totalité des crimes et délits qui, chaque année, sont commis de par le monde et qui demeurent sans solution.

Quand, à la sortie du métro, vous vous apercevez que votre portefeuille a quitté votre poche, vous pouvez considérer qu'au moins l'argent qu'il contenait est définitivement perdu.

Quand, durant votre absence, un cambrioleur visite votre appartement, vos chances ne sont meilleures que si des objets reconnaissables peuvent un jour être identifiés et des filières reconstituées.

Les possibilités de réussir sont pour le policier d'autant plus grandes que les liens entre la victime et les malfaiteurs sont plus étroits. C'est pourquoi les pourcentages les plus élevés d'affaires élucidées concernent les homicides et les plus faibles sont du domaine des vols simples, trop fréquents et de moindre importance.

En contrepartie, l'intérêt que le policier porte à la victime, en vue de découvrir le coupable, est parfois fort mal accueilli.

Quand les nécessités de l'enquête vous conduisent précisément, pour mettre au jour les rapports susceptibles d'avoir existé entre les agresseurs et la victime, à commencer vos recherches par des auditions, parfois fort longues, de sa famille, de ses proches, de ses relations ou par des perquisitions à son domicile, à son lieu de travail, à sa banque le cas échéant, il arrive que ces investigations soient mal accueillies.

Souvent apparaissent au grand jour des travers, des faiblesses, voire des fautes que les victimes ne pardonnent jamais au policier d'avoir mis au jour.

Quand ce qu'il a découvert n'apporte rien pour la suite de ses investigations, le policier sait se taire.

Mais ce n'est pas toujours possible. Au cours des perquisitions, par exemple.

Avec un total approximatif de trois millions d'infractions signalées chaque année – et beaucoup ne font pas l'objet de plaintes – le nombre des victimes est considérable. Il est question aujourd'hui de mieux les indemniser. Sans doute, d'abord, faudrait-il se préoccuper de faire en sorte qu'il y en ait moins. C'est toute la politique criminelle qui est ici en cause. Qu'elle se caractérise par son laxisme – mot insupportable précisément à ceux qui s'y abandonnent – pourrait en dire long sur notre masochisme. A moins que n'existe, en arrière-pensée, l'idée de s'emparer plus facilement d'un électorat éduqué à l'école de l'irresponsabilité. La Rochefoucauld l'avait déjà observé. N'a-t-il pas écrit dans ses *Maximes* : « La clémence des princes n'est souvent qu'une politique pour gagner l'affection (nous dirions aujourd'hui les suffrages) des peuples? »

C'est ainsi que l'on veut donner à croire que les coupables sont innocents. Que seule la société est responsable. Autrement dit que nous sommes tous coupables sauf les malfaiteurs. Comprenne qui peut et revenons aux victimes.

La victime est la personne face à laquelle le témoin se fige, le policier enquête, tandis que le juge se pose des questions. L'expérience m'a donné la conviction que le plus grand nombre des victimes se trouve – la démagogie n'a rien à voir à l'affaire, je ne suis candidat à rien – parmi les plus faibles et les plus démunis.

Les plus faibles, physiquement d'abord, ce sont les enfants, les femmes, les personnes âgées. Il n'est pas besoin d'insister. Ils remplissent chaque jour la rubrique des faits divers. Les plus démunis qui, possédant peu, n'ont pas les moyens de se prémunir et, rentrant le soir chez eux, constatent que leur chambre sous les combles, leur modeste logement, a reçu la visite de monte-en-l'air. Quelques riens, des souvenirs, de maigres économies ont disparu.

Les deux sources essentielles du banditisme sont la lâcheté et la facilité.

C'est un fait que les plus puissants, qui ont la volonté légitime de se défendre et de protéger leurs biens, sont à même de le faire avec plus d'efficacité. Devant plusieurs possibilités, le malfaiteur choisit presque toujours la plus simple, même si elle n'est pas économiquement la plus intéressante.

L'exemple des banques est à cet égard révélateur. Quand le nombre d'attaques dont elles font l'objet a commencé à augmenter, les employés se sont légitimement inquiétés. Les syndicats ont alors donné pour instructions au personnel des banques, des bureaux de change, des caisses d'épargne, des bureaux de poste, de n'opposer aucune résistance aux agressions. Et les choses ont empiré. Les hold-up sont devenus monnaie courante.

Je ne parle pas de résistance physique, ce qui va de soi – on n'oppose pas son courage à une arme à feu – mais du refus d'utiliser les alarmes mises en place, sous prétexte que personne ne peut connaître quelle sera, dans ce cas, la réaction du malfaiteur.

La théorie soutenue consiste à considérer qu'aucun risque ne doit être pris pour sauver quelque somme d'argent que ce soit.

Cette doctrine a abouti à ceci, qu'au cours d'un hold-up, un caissier a conseillé au malfaiteur de lâcher la liasse piégée (dont les numéros des billets étaient relevés) qu'il avait en main et de s'emparer des voisines qu'il allait oublier.

C'est sans nul doute un cas extrême.

Mais quand, sans véritable nécessité (il ne s'agit pas de jouer les héros), on encourage la victime à se faire complice du malfaiteur, on peut se demander si l'enseignement de la soumission est le meilleur service à rendre à la société.

Je suis convaincu en effet que la multiplication des agressions constitue à elle seule une cause d'aggravation générale des risques de tous.

Au cours d'une attaque à main armée, indépendamment des intentions des auteurs qui n'ont, c'est exact, aucun intérêt à ouvrir le feu inutilement, nombre de facteurs circonstanciels peuvent survenir qui déclenchent le tir.

Le plus souvent, un rien, le manque de sang-froid, – ne voit-on pas des agresseurs commettre un hold-up une arme tremblante à la main? – sont à l'origine d'accidents graves, parfois mortels. Le nombre de ces bavures est d'autant plus élevé que les agressions deviennent chaque jour plus nombreuses, alors qu'elles ne rencontrent aucune opposition.

De 1970 à 1974, chef de la brigade de voie publique, j'ai défendu ce point de vue chaque fois que l'occasion m'en a été donnée, au cours de réunions interprofessionnelles où les représentants des divers syndicats concernés étaient présents.

Pas un malfaiteur ne s'emparera de la moindre somme d'argent s'il est persuadé qu'il va être arrêté sur-le-champ, le magot en poche. Dans l'ordre des préséances, la liberté est toujours la première des valeurs.

J'ai essayé de démontrer, chiffres à l'appui, que chaque fois que le signal d'alarme avait été déclenché – cela arrivait encore à l'époque – les malfaiteurs s'étaient enfuis aussitôt, non seulement Gros-Jean comme devant, mais également sans utiliser leurs armes.

Toujours en vertu de cette constante que l'agresseur, si mal intentionné soit-il, agit pour en tirer profit et non pour aggraver son cas à titre gratuit.

Certes, on a vu des malfaiteurs, malgré le hurlement des sirènes, se faire conduire à la salle des coffres au sous-sol, contraindre le responsable à ouvrir la chambre forte de la banque, remplir leurs sacs et ne prendre la fuite qu'après s'être emparés du butin escompté. Ce n'est pas de tous les jours. C'est même, pour moi, un exemple unique.

Mais, à contrario, un individu a déclenché le feu et blessé un caissier, la sonnerie du téléphone ayant retenti à ses côtés.

Un autre, après avoir blessé un employé, s'est excusé, disant qu'il ne l'avait pas fait exprès, que le coup était parti tout seul. Il était si nerveux qu'en sortant de l'établissement il a appuyé une seconde fois par erreur sur la détente de son arme.

Tout hold-up étant dangereux en lui-même, c'est à en limiter le nombre que tous les efforts doivent tendre.

Le parti pris de reconcer à toute défense va exactement à l'opposé de ce souci. La société permissive suscite des vocations criminelles et sécrète ses victimes.

Qu'un individu isolé pense d'abord à lui, est dans l'ordre naturel des choses. Cela paraît moins compréhensible quand il s'agit, pour une association professionnelle, de défendre les intérêts de tous ses membres. Ce n'est pas en leur ouvrant la voie, mais en plaçant des embûches sur leur route que l'on diminue l'ardeur des malfaiteurs, et donc, le danger qu'ils représentent.

C'est pourquoi les fréquentes réactions de défense des bijoutiers qui, il est vrai, protègent leurs biens, vont dans le bon sens.

Oui, il y a des blessés. Oui, des morts sont à déplorer. N'y en a-t-il pas dans les établissements bancaires? Reste à savoir si, en ouvrant les portes de leurs boutiques et en se laissant dépouiller, les risques encourus auraient été moins grands? Si le nombre de victimes aurait été moins important? Je ne le pense pas.

Quand, sans trouver de résistance, il sait n'avoir qu'à se servir, le malfaiteur est toujours au rendez-vous. En présence d'obstacles, il préfère s'adresser ailleurs.

Quelques-uns, cependant, ne craignent pas la difficulté. Las d'aller de caisse en caisse, toujours moins généreusement alimentées tant les agressions sont devenues fréquentes, ils ont pensé se reconvertir dans l'industrie du rapt.

Mais nous atteignons là les sommets du crime.

Faisons abstraction des enlèvements d'enfants, à classer sans hésiter dans la famille des crimes atroces.

Les enlèvements d'adultes le sont-ils moins?

C'est dans la catégorie des grands patrons que les kidnappeurs choisissent le plus volontiers leurs victimes.

Ces hommes, par leur tempérament, leur éducation, leur travail, sont plus souvent des chênes que des roseaux. Nous les verrons cependant plier.

Quelles que soient les décisions prises à titre préventif en conseil d'administration par nombre de ces responsables pour opposer, quoi qu'il leur arrive, une fin de non-recevoir à toute demande de rançon, ces résolutions ne résistent pas à l'événement.

Je me suis toujours posé la question de savoir d'où les kidnappeurs tiennent leur technique. De leur instinct? De leur intelligence? De leurs modèles? Toujours est-il que tous incluent dans leur programme la soumission absolue de l'otage à leur volonté. Il doit participer à la dynamique du chantage pour convaincre sa famille et son entourage de satisfaire aux exigences de ceux qui le séquestrent.

Au traumatisme de l'enlèvement proprement dit perpétré par des hommes au visage dissimulé par des cagoules, armes au poing, succèdent en effet de rudes épreuves.

Arrestation, enchaînement, panier en osier, coffre de voiture, trajet dans et vers l'inconnu, yeux bandés, fouille, déshabillage, l'enfermement commence.

Avec lui, les sévices et les menaces.

Le scénario est pratiquement toujours le même.

J'ai gardé une grande considération pour le premier otage libéré que j'ai connu, le directeur de la Banque de Bilbao à Paris, M. Balthazar Suarez. Enlevé le 3 mai 1974 au matin, en quittant son domicile de Neuilly pour son bureau, par trois hommes armés, il fut séquestré durant vingt jours.

L'enquête nous permit d'assister à la remise de la rançon de deux millions de francs et d'arrêter, aussitôt après la libération de M. Suarez, la quasi-totalité des auteurs. Certains étaient espagnols. Le caractère en partie politique de cette affaire n'était pas douteux.

Encore sous le coup de la détention qu'il venait de subir et des menaces dont il avait fait l'objet, M. Suarez me dit aussitôt : « Quelles que soient les mises en garde que j'ai reçues, concernant aussi bien ma femme que mes enfants ou moi-même, pour me contraindre à ne fournir aucun renseignement à la police, je ne cacherai rien de ce que j'ai pu retenir. Ce sera pour moi une règle d'honneur. »

Effectivement, quand nous avons cru découvrir sa « prison » et sommes revenus avec lui pour qu'il tente de la reconnaître, après une courte défaillance physique – il plia sur ses jambes et faillit tomber à la renverse dès les premières marches de l'escalier en bois de l'immeuble dont il lui sembla se remémorer le bruit – il se reprit et, méticuleusement, rassembla ses souvenirs pour nous en faire part. Le cauchemar qu'il avait vécu était revenu d'un seul coup à sa mémoire.

Les témoignages que je devais recueillir par la suite sur la peur et l'angoisse des otages sont impressionnants.

Je me rappelle celui de M. Louis Hazan, P-DG de la société Phonogram, qui fut enlevé le 31 décembre 1975. Enfermé dans un placard de cuisine, il passa tout son temps à méditer pour savoir quelle serait la meilleure façon de mourir, si ses geôliers décidaient de mettre leurs menaces à exécution. Heureusement –

qu'il me pardonne cette remarque –, sa détention ne dura pas plus de sept jours.

Je me souviens aussi des extraordinaires confessions de M. Lucchino Revelli-Beaumont, P-DG de la société Fiat-France, enlevé à Paris le 13 avril 1977 et libéré par ses ravisseurs le 11 juillet suivant. Détenu durant près de trois mois dans la cave d'un pavillon, il dut comparaître devant un prétendu tribunal du pseudo-CVSR, « Comité pour la vérité socialiste révolutionnaire ». Bien entendu, il avait été condamné à mort pour « avoir vendu son cerveau à Fiat » et avoir été ainsi « l'instrument de la domination capitaliste dans le monde ».

Plus d'un an plus tard, M. Revelli-Beaumont me disait avoir conservé une blessure profonde du cauchemar qu'il avait vécu et auquel il n'arrivait pas à croire.

Cette maison dans laquelle il avait été gardé et qu'il n'a jamais vue, il l'imaginait « dans une forêt, à cause de l'odeur et de l'impression qu'il avait que les mêmes oiseaux étaient toujours là : le rossignol, le coucou, une pie ».

Abreuvé de discours politiques et quotidiennement menacé de mort durant deux mois, ses geôliers, qui se disaient des ouvriers tenant un patron, « s'amusaient à le regarder manger sa viande avec les mains ». Par la suite, ils lui donnèrent à lire des ouvrages de Gorki, Tolstoï et deux livres sur la Commune de Paris.

Quand il les appelait *señores,* ils protestaient : « Pas *señores,* mais *compañeros.* »

Enfermés comme dans une forteresse, se relayant nuit et jour ces hommes ne cessaient de manipuler des armes. Le prisonnier était soulagé quand il les entendait rire et les sentait moins nerveux.

De même était-il rasséréné quand lui parvenait de l'étage au-dessus la voix d'un enfant, deux ans peut-être, auquel ses geôliers parlaient français « avec un accent qu'il ne pouvait identifier ».

Sinon, c'étaient les menaces, les décisions irrévocables, les bombes qu'ils disaient devoir faire éclater aux terrasses des cafés, même s'il y avait des enfants « prenant une glace avec leur maman ». « Qu'importe s'il s'agit de bourgeois? »

Pour ne pas revivre cette peur, M. Revelli-Beaumont, « quoique chrétien », souhaitait disposer d'une capsule pour mourir.

Quel fut son étonnement quand je lui appris le luxe dans lequel vivaient ses geôliers à Paris et à Marbella en Espagne. Incontestablement, il lui fallait faire effort pour me croire.

Comment, en effet, imaginer que les mêmes personnes puissent avoir un comportement aussi différent de leurs discours continuels? Le luxe et la vie facile étaient leur lot.

Selon le P-DG de Fiat et comme l'indiquait la lecture des communiqués dont ils ont exigé la publication dans la presse, la culture politique des malfaiteurs n'était pas à la hauteur de leurs autres prétentions... deux millions de dollars.

A se demander si, de cette politique, ils n'avaient pas seulement retenu les contradictions qu'elle sous-tend, tolère ou accepte.

Si, en France, Lucchino Revelli-Beaumont connut la plus longue détention, celle du baron Édouard-Jean Empain, qui dura soixante-trois jours, du 23 janvier au 26 mars 1978, reste la plus implacable.

Nous y retrouvons tous les ingrédients déjà rencontrés.

Kidnappé au moment où il sortait de chez lui, Édouard-Jean Empain, P-DG de Schneider SA et administrateur de nombreuses autres sociétés, est un homme jeune et athlétique.

Assis à l'arrière de sa voiture, il ne peut rien contre ces hommes, visages dissimulés par des passe-montagne, qui, braquant sur lui des pistolets automatiques et des pistolets mitrailleurs, arrachent le chauffeur de son siège, tandis que lui-même est contraint de s'écraser sur le plancher. On lui enfile une cagoule sur la tête. Ses pieds et ses poings sont liés par des menottes. Quelques minutes plus tard, il est placé dans le coffre d'une deuxième voiture qui le conduit où? Il ne peut déjà plus le dire. Pas très loin. Dans un garage privé où il est sorti du coffre, placé sur le siège avant et où on lui administre au travers des vêtements une piqûre « pour dormir ». Il somnolera seulement.

A la nuit tombée, à nouveau enfermé dans le coffre, il est emmené par une route sinueuse dans une forêt. Là, les chevilles déliées, sans rien voir, conduit par ses gardiens, il emprunte un sentier étroit. A tout instant, des branches d'arbustes lui fouettent le visage. Tandis qu'il marche, il entend, sur sa gauche, un petit ruisseau couler. Après être, en rampant, passé sous un mur, c'est par une ouverture à peine plus large que son corps qu'il arrive dans une bâtisse où il restera plus d'un mois. Il a conservé le sentiment qu'elle était en ruine. Tous ses vêtements lui sont retirés. A leur place, il reçoit un survêtement de sport et un pull-over.

Les ravisseurs ont tout prévu, tout calculé. Rien de la psychologie de l'enlèvement ne leur échappe. Pour faire vite, il faut frapper un grand coup. Impressionner. Pas de vagues menaces. Des actes. On saura de quoi ils sont capables. Dans la meilleure tradition calabraise, ils tranchent au couteau la première phalange de l'auriculaire gauche du baron et la font parvenir à sa famille avec sa carte d'identité.

Et pour être sûrs que l'otage ne s'échappera pas et lui faire entendre qu'il devra les assister, ses geôliers le placent sous une tente de camping, des menottes autoserrantes aux poignets, une chaîne autour du cou, solidement amarrée à un crochet et, sait-on jamais, des chaînes aux pieds également.

Étendu sur un matelas pneumatique, qui se dégonfle constamment, il dispose de la liberté de s'asseoir ou de se coucher.

Pas de chauffage, peu de nourriture. Pour ses besoins, un seau.

Heureusement, deux fois, il changera de résidence et les conditions seront moins dures.

Transféré, toujours avec ses harnais et son pot de chambre dans une grange ou un silo à grains, la chaleur est étouffante, mais la nourriture de la ferme est meilleure. Quelques jours après, il sera conduit dans la cave d'un pavillon de banlieue. Il coopère franchement pour obtenir sa libération. Il demeure enchaîné sous sa tente, mais il dispose de la télévision, d'un jeu de cartes, de livres.

A sa libération, il a perdu vingt kilos et est incapable de demeurer debout, droit. Je le regarde s'affaisser progressivement, presque à perdre l'équilibre, sans qu'il paraisse s'en rendre compte. Il est comme désarticulé. Quelle réponse à ceux qui ont formulé l'hypothèse qu'il aurait pu avoir lui-même organisé son enlèvement!

Plusieurs années après, dans le box, nous avons affaire à des accusés qui, disent-ils, n'ont assuré leurs fonctions de geôliers qu'à leur corps défendant, pour rendre service, sans connaître les raisons pour lesquelles leur prisonnier était si intimement gardé. Ils n'avaient aucune raison de lui en vouloir. Ils ont toujours été pleins d'attentions, de prévenance, de gentillesse.

Leur hôte ne leur était-il pas cher? Quatre-vingts millions de francs – huit milliards de centimes – contre sa liberté.

Comment n'auraient-ils pas été aux petits soins?

Ceci doit nous rappeler que nous avons beaucoup plus de chances de rencontrer le bon, le doux, le tendre voyou dans les romans et les films que dans la vie de chaque jour.

Dans la réalité, ce sont des monstres, même si, apparemment, ils nous ressemblent.

Il est nécessaire de juger par soi-même.

Lettre à son père, prénommé Tsatcho, de Guy Thodorof, enlevé le 4 février 1976 et qui devait être libéré trente-quatre jours plus tard, le 10 mars, après versement d'une rançon de dix millions :

Papa, j'ai été enlevé. C'est très grave pour nous. Je te supplie de faire ce qu'on te demandera. Tout d'abord, ne préviens pas la police, *sous aucun prétexte,* cela menace ma vie. On menace de t'envoyer un doigt coupé ou autre chose. Il faut un milliard en billets neufs ou anciens. On te dira comment les donner. Il en va de ma vie...

On te donnera rendez-vous. Si la police est à un des rendez-vous, on me coupera l'index. Avec ma carte d'identité tu le recevras. Après on me tue. Ils disent qu'ils sont obligés de voir la police. Ils sont très bien organisés. Ils savent tout sur nous. Ils sont très dangereux.

Papa, pitié pour moi.

La police aura la responsabilité de ma mort. Je te supplie d'arranger tout au mieux. Papa, sauve-moi.

Si la police prend l'un d'entre eux, ce dont ils doutent, ils te préviennent qu'ils sont tous cloisonnés. Ils sont persuadés que la police va te suivre. Alors sauve-moi. Je n'en peux plus. Ils vont me torturer.

Un petit détail. Que la police ne fasse pas intervenir des appareils qui émettent des sons pour suivre. Ils connaissent. Il faut que tu sois seul face à eux.

Ce sont de vrais professionnels, très dangereux. Ils ne veulent prendre aucun risque.

C'est pourquoi il faut tout mettre en œuvre pour que la police soit totalement en dehors de cette affaire.

Ils disent traiter cette affaire en hommes d'affaires. Ils veulent de l'argent contre ma vie. Ils ne toléreront aucune insertion d'éléments étrangers en aucun cas. Ils réagiront violemment et sans pitié. Que cela ne soit pas mis en doute.

Puis les ravisseurs s'adressent directement au père de la victime, qui approche de ses quatre-vingts ans.

Tsatcho,

Voici les ordres pour notre dernière tentative de remise de rançon. Tsatcho, attention, pas de conneries. Nous serons constamment en surveillance sur le trajet. *Donc, pas de police,* sinon tant pis. Il n'y aura pas de rebelote. Pour nous, bien ou mal, on a décidé de conclure cette affaire. Ce qui veut dire en termes clairs : *l'argent dans notre poche ou Guy deux balles dans la tête sur un trottoir.* Ne dis pas qu'on ne t'a pas averti.

Salut Tsatcho.

Ci-joint les instructions à ne remettre à T. et à la gonzesse qu'au moment du départ :

Opération Poniatowski (nom de code de l'opération).

Et encore :

(on a l'air de se répéter, mais c'est afin que tu comprennes bien) :

Avertissement : si la police te suit, arrête tout et retourne chez toi. Car ni toi ni la police n'avez aucune chance de nous baiser. De toute façon c'est mieux pour Guy.

Si la police te précède, c'est que tu es de connivence avec elle. On ne prendra pas de risques, tu retrouveras son cadavre sur un trottoir parisien.

Si elle te suit, on le mutile (si elle te suit de près ou de loin; volontairement ou non).

On enverra les preuves de la mutilation à un journal étranger afin que la censure ne puisse jouer et que le public en soit informé.

Nous y tenons.

Bandes d'enc..., on attend aucun cadeau de vous. Jouez au con et vous verrez le cadeau qu'on vous déposera dans la rue.

Les menaces adressées à la famille et aux dirigeants du groupe Empain-Schneider étaient tout aussi féroces.

Les premières instructions furent adressées à l'un des directeurs du groupe, choisi pour devoir être le payeur.

Instructions concernant le payeur, M. J.J.B.

Vous avez été désigné par l'otage pour la remise de l'argent. NUL NE DEVRA SE SUBSTITUER A VOUS POUR RÉALISER CETTE OPÉRATION.

Vous devez impérativement respecter toutes les instructions qui vont suivre à la lettre, même celles qui pourraient vous paraître saugrenues, exemple : vous déshabiller entièrement dans un endroit et mettre les vêtements qui s'y trouveraient...

N'oubliez pas que vous serez constamment sous notre surveillance, et si nous constatons que, sous une forme ou sous une autre, vous collaborez avec la police, nous possédons le moyen de vous éliminer immédiatement et définitivement.

Gardez votre sang-froid constamment et agissez sans précipitation, mais sans perdre de temps.

INSTRUCTIONS

Votre nom de code est désormais « ANJOU ». Le nôtre est « FOCH ». Seuls ces deux noms seront employés durant l'opération de remise de l'argent.

A partir du JEUDI 26/1 à 1 h (une heure) du matin, vous ne devez plus quitter votre domicile.

Vous avez trouvé ci-joint cinq sacs que vous devez remplir comme suit :

– Un sac contenant *dix millions de francs français* en coupures de cinq cents francs (500).

– Un deuxième sac contenant dix millions de francs français en coupures de cinq cents francs (500).

– Un sac contenant deux millions de dollars US en coupures de cent dollars.

– Un second sac contenant deux millions de dollars US en coupures de cent dollars.

– Un sac contenant vingt millions de deutschemarks en coupures de mille deutschemarks.

TOTAL APPROXIMATIF : QUATRE-VINGTS MILLIONS DE FRANCS FRANÇAIS. *Tous les billets doivent être usagés. Les séries ne doivent pas se suivre. Nous n'acceptons pas les contrefaçons.*

L'OTAGE NE SERA LIBÉRÉ QUE SI LA TOTALITÉ DE LA SOMME EST PRÉSENTÉE, ET QU'APRÈS VÉRIFICATION DES SACS, EXPERTISE ET COMPTABILISATION DE L'ARGENT.

Les sacs sont prêts chez vous; le plein de votre voiture est fait. VOUS DEVEZ ÊTRE EN POSSESSION :

– d'argent de poche,

– d'une montre réglée sur l'horloge parlante,

– d'une tenue sportive,

– de quoi prendre des notes (bloc, crayon),

– vous devez vous procurer un coupe-file, ou tout autre document administratif vous permettant de ne pas être retardé par un éventuel contrôle de police.

Enfin, à partir du moment où nous vous contacterons, vous ne devrez plus avoir *de rapport avec quiconque, sauf avec ce nom : FOCH.* La vie de l'otage repose entre vos mains : tâchez d'en tenir compte...

Dans le même envoi, suivaient les instructions générales suivantes :

INSTRUCTIONS GÉNÉRALES
(CONCERNANT LA FAMILLE ET LES AUTORITÉS)

Le prisonnier est entre nos mains, ci-joint les preuves... *A titre d'avertissement* nous lui avons coupé un doigt pour bien faire comprendre :

– à sa famille,

– à la police,

– à toutes personnes intéressées par cette affaire, qu'en aucun cas nous ne transigerons, pour quelque motif que ce soit, sur les instructions suivantes :

1. Silence total presse/radio/télé concernant cette affaire (pas d'appel à la délation...) *Ceci jusqu'à la libération éventuelle du prisonnier.*

2. Tout subterfuge destiné à gagner du temps, ou à entrer en contact avec nous, ou encore à retarder l'opération du genre :

– nous voulons une preuve qu'il est encore vivant,

– nous n'avons pas eu le temps de réunir la totalité de la somme...

– je me suis trompé dans les instructions (ou je ne les ai pas bien comprises...)

– le téléphone ne marche pas...

– la police, ou les autorités s'opposent à...

etc.

sera considéré comme un refus de coopérer, et nous vous indiquerons plus bas la réponse que nous vous donnerons...

3. En ce qui concerne la police : elle ne doit en aucun cas tenter de faire du zèle... C'EST POURQUOI :

– Toute filature (sophistiquée ou classique) voiture, moto, mobylette, piéton(s) suspect(s), etc. FERA ARRÊTER INSTANTANÉMENT L'OPÉRATION.

– Toute tentative de quadrillage ou de contrôle policier, d'une zone ou d'une autre.

– Tout moyen radio-électrique de communication ou de filature à distance employé AURA LES MÊMES CONSÉQUENCES.

Si une seule de ces instructions n'est pas respectée À LA LETTRE, LE PRISONNIER SERA DE NOUVEAU MUTILÉ *DE FAÇON IRRÉPARABLE :* NOUS VOUS ENVERRONS ALORS UN PIED OU UN ŒIL, ACCOMPAGNÉ DE NOUVELLES INSTRUCTIONS ET D'UNE PÉNALITÉ.

Nous attirons votre attention sur le fait que le prisonnier souffre beaucoup et n'est pas soigné, les conditions d'hygiène étant restreintes.

NOUS AVONS COUPÉ LE PREMIER MORCEAU, À VOUS DE VOIR POUR LE SECOND...

N.B. Dans le cas où vous vous conformeriez à nos instructions strictement, l'otage sera libéré 48 h après la remise de l'argent.

Dans le cas contraire, *IL SERA DÉCOUPÉ JUSQU'À CE QUE MORT* S'ENSUIVE.

A l'occasion d'un rendez-vous pour la remise de la rançon qui devait avoir lieu à Megève, les ravisseurs faisaient parvenir le message suivant à la famille :

J'écris cette lettre sous la dictée de mes ravisseurs :

Jusqu'à présent, nous n'avons pas posé d'ultimatum sur la vie du baron Empain.

Cette lettre en est un, car cette affaire est bien entendu une affaire d'argent mais nous en faisons aussi une affaire de principe. C'est pourquoi si M. V. n'est pas mercredi 22 à l'hôtel Le Mont d'Arbois à Megève, le baron Empain sera exécuté le jour même et nous ne rendrons pas le corps.

On estime avoir suffisamment dansé. Que chacun fasse comme il veut.

Mes ravisseurs.

Ainsi que l'a simplement déclaré, lors du procès de ses geôliers, en décembre 1982, le baron Empain : « Je ne savais plus où était le bien ou le mal, qui étaient mes amis ou mes ennemis.. »

Exactement comme Patricia Hearst qui, dans son livre *Voyage en enfer*, relate à la suite de quelles humiliations et monstruosités elle devint la complice de ses ravisseurs et dut être arrêtée pour hold-up et emprisonnée avant de se ressaisir.

Il est un niveau de contrainte où toutes les valeurs reconnues deviennent caduques. Où les proches sont si loin que les ennemis qui vous torturent sont les seuls en qui espérer. Non avec l'ambition de les vaincre, mais peut-être celle de les faire fléchir. Quand toutes les voies sont fermées, comment ne pas s'engager dans la seule qui paraisse entrouverte? Comment ne pas ramer de concert avec les bagnards qui vous entourent si vous êtes naufragé avec eux sur une embarcation de fortune? Ce n'est plus une question de choix, mais de nécessité.

Dans ces conditions, la soumission aux exigences des ravisseurs paraît la seule solution envisageable aux familles et aux prisonniers.

Les proches, harcelés par écrit, au téléphone, finissent par considérer que la réalisation de la menace est imminente et dans tous les cas inévitable s'ils ne versent pas la rançon.

Comme l'otage, ils donneraient tout ce qu'ils possèdent et même ce qui ne leur appartient pas.

Dans cette atmosphère où les victimes vont au-devant des exigences des malfaiteurs, j'ai été amené, un matin, à apprendre au fils de M. Revelli-Beaumont que nous venions d'appréhender un ami de la famille que nous pensions être proche des ravisseurs.

Des ravisseurs auxquels le jeune homme considérait qu'il ne fallait pas toucher de près ou de loin.

Nous étions assis dans le salon familial. A l'annonce de cette arrestation, il poussa un cri et de toutes ses forces, du plat de la main droite, il fracassa un cendrier qui se trouvait sur un guéridon à ses côtés. L'invective à la bouche, il se leva et donna un coup de pied d'une violence insensée dans une table basse qu'il projeta sur le divan voisin. Je laissai passer l'orage.

Tenu, pour les besoins de l'enquête, à venir à mon bureau l'après-midi, il arriva, marchant en s'aidant d'une canne, le pied plâtré.

Il va de soi que je n'adressai aucun reproche à ce fils dont la fureur n'était que la conséquence d'une attente angoissée, longue déjà de près de deux mois. Mais voilà, je crois, un exemple des tensions et de l'hostilité dans lesquelles le policier est parfois tenu de se frayer un chemin.

Les comportements ne sont certes pas toujours aussi vifs. Mais les situations tragiques deviennent si familières au policier que, quelle que soit son émotion, quels que soient ses sentiments, il doit passer outre. C'est ce que nous verrons lorsque nous parlerons des arrestations.

Mais continuons avec les victimes. Il n'y a pas toujours conflit entre elles et le policier. Tel ce couple d'Américains vivant chaque année plusieurs mois à Paris et chez qui je dus me rendre à la suite d'un cambriolage.

Au cours de l'enquête, quand je quittais leur appartement du sixième étage et sortais de l'immeuble, jamais une fois la maîtresse de maison n'a manqué de me jeter des pétales de roses de son balcon.

Cela était-il destiné à m'inciter à chercher avec plus d'ardeur les bijoux disparus? C'est possible. Mais, si inhabituelles et sympathiques qu'aient été ces marques d'attention, elles ne purent pallier l'absence de données d'enquête suffisantes.

La gentillesse ne trouva pas sa récompense.

Mais il n'y a pas que de vraies victimes. Il y en a aussi de fausses. Faux incendies accidentels, faux cambriolages sont fréquents. Le policier doit être constamment sur ses gardes.

Ces deux affaires ont défrayé la chronique et déchaîné les passions.

La première s'est déroulée dans la haute société parisienne. La deuxième à un niveau élevé de la politique.

Toutes deux ont en commun des contrats homicides non exécutés.

Avec le commissaire divisionnaire Georges Clot, vieux routier du quai des Orfèvres, ancien patron de la voie publique, qui avait succédé à Max Fernet, nous nous étions rendus 2, rue du Cirque, petite rue qui, entre l'avenue Gabriel et le faubourg Saint-Honoré, débouche à quelques mètres du ministère de l'Intérieur, à proximité de l'Élysée.

Mme Dominica Walter avait souhaité ardemment habiter ce quartier. Elle y était parvenue. Avec Georges Clot, nous étions chez elle pour l'« Affaire » qui, selon les Anglais, oubliant la chute de la IVe République et l'avènement de la Ve, avait le plus marqué l'année 1958 en France : l'affaire Walter.

Cela avait commencé dès notre arrivée. Introduits par le valet de chambre dans le somptueux salon où nous devions attendre la maîtresse de maison, je posai – sans m'asseoir – ma serviette sur une chaise.

Le valet de chambre se précipita aussitôt pour la retirer, cachant mal son indignation :

– C'est une chaise d'époque, Monsieur, me dit-il. Louis XV si ma mémoire est fidèle.

Sur ces préliminaires, il fallut expliquer à Mme Walter que

nous étions chargés d'enquêter à la suite des accusations formulées par un commandant, héros de la Résistance. Il déclarait avoir reçu treize millions pour un « contrat » dans lequel il s'engageait à tuer et faire disparaître Jean-Paul Guillaume, « Paulo », lieutenant parachutiste, fils adoptif de Mme Walter.

Le contrat, disait le commandant, lui avait été proposé par le médecin de Mme Walter sous prétexte que le jeune lieutenant avait eu une attitude, durant son service en Algérie, de nature à nuire aux intérêts de la famille Walter en Afrique du Nord.

Ces intérêts – matériels et moraux – étaient considérables et le jeune lieutenant était accusé d'avoir fait montre de trop de zèle alors qu'il participait aux combats contre le FLN algérien. Il aurait pu aussi ternir l'honneur de la famille en contractant quelques petites dettes auprès d'autres officiers.

Ces mobiles n'emportaient pas la conviction de façon instantanée et Mme Walter ne se privait pas de nous le faire remarquer sur tous les tons.

D'autre part, Paulo était bien vivant et pour faire croire à sa mort, le commandant avait dû le mettre au courant du projet d'assassinat formé contre lui, et lui demander de lui confier son portefeuille afin de convaincre le médecin, le commanditaire, que la mission avait été conduite à bonne fin. Le commandant était censé s'être emparé du portefeuille après l'exécution de Paulo.

De nombreuses hypothèses pouvaient être formulées quant aux mobiles réels du médecin qui aurait pu aller au-devant des souhaits intimes de la famille ou désirer se débarrasser du fils adoptif pour rester seul auprès de la très fortunée Mme Walter.

Ce n'étaient que suppositions, même si le passage, dans l'immédiat, de treize millions entre les mains du commandant pouvait être établi, alors que le médecin semblait bien incapable d'avoir pu disposer d'une somme pareille.

Alors, fallait-il considérer que le médecin avait agi à l'instigation des proches de Mme Walter ou de cette dernière elle-même?

Il ne s'agissait plus de démontrer seulement la culpabilité d'une personne, le médecin, mais d'au moins une seconde, Domenica Walter, ou de quelqu'un de son entourage.

Le problème était d'importance. Le juge d'instruction acharné. Mais la solution difficile. Mme Walter, Domenica pour les intimes, ne descendait pas d'une grande famille mais avait acquis à Paris par son charme, son raffinement, sa fortune et son autorité, une place prééminente.

Veuve d'un très grand marchand de tableaux, Paul Guillaume,

puis d'un très important architecte, Jean Walter, qui avait découvert et mis en exploitation les mines de Zellidja au Maroc et était mort dans un accident de la circulation, elle recevait chez elle les personnalités les plus en vue des arts, des lettres, du barreau, de la médecine, de la politique.

Son appartement était à lui seul un musée où l'on pouvait voir une magnifique collection de tableaux de maîtres. Des Douanier Rousseau – pas les moindres, *la Noce, la Carriole du père Junier* étaient là – Renoir, Van Gogh, Vlaminck, Utrillo, Soutine, Picasso, Lorjou, « Lorjou, plus grand que Van Gogh », disait-elle. C'était un régal des yeux.

Mais cela n'aidait pas à trouver le fil d'Ariane qui conduisait à la vérité.

Nous pouvions reprocher au commandant d'avoir agi sans prévenir la police en temps utile et de s'être contenté d'avoir circonvenu le jeune Jean-Paul Guillaume, de telle sorte que la preuve de ce qu'il avançait ne tenait pratiquement qu'à ses propres dires. Mais l'on ne voyait pas davantage l'intérêt de porter des accusations mensongères à l'encontre de personnes qui, jusque-là, lui étaient étrangères. Et puis il y avait les treize millions.

Autrement dit, de quelque côté que nous regardions, nous ne rencontrions aucune certitude, ni même aucune explication satisfaisante.

Cela dura des mois.

L'état de santé de Domenica Walter ne lui permettait pas de se rendre de façon habituelle à nos bureaux. Il fallait aller l'entendre chez elle. J'appris à boire du whisky, mais aussi à manger des biscuits sans laisser tomber trop de miettes. Elle ne le supportait pas et se précipitait sur la moindre poussière. Elle s'enorgueillissait de pouvoir faire visiter sa cuisine comme l'ensemble de son appartement. Tout y était d'une propreté méticuleuse.

Mais, visite après visite, témoignage après témoignage, l'affaire, mal engagée au départ – ce n'était pas notre faute –, ne devait pas progresser de façon marquante.

Au quai, nous ressassions entre nous les éléments en faveur d'une thèse ou de l'autre, sans jamais totalement nous convaincre.

Comment interpréter que, dès le premier jour, tandis que M. Clot et moi lui posions des questions, Mme Walter m'ait dit :

– Vous, monsieur, qui rédigez ce procès-verbal, je vous parie un Utrillo contre un franc que vous ne démontrerez jamais rien de la fable que vous me contez.

De fait, toutes les personnes qui pouvaient être impliquées dans l'affaire, ou qui étaient seulement concernées par elle, s'inscrivaient complètement en faux contre les assertions du commandant.

Comment aussi ne pas me rappeler qu'à toute force, quand je ne disposais pas d'un véhicule, Domenica Walter aurait voulu que je rejoigne le bureau ou rentre chez moi, dans la banlieue ouvrière de Saint-Ouen, accompagné par son chauffeur et la Rolls?

C'était insensé et dénotait une femme désemparée.

Nous étions cependant très loin d'arguments à charge!

Quant à la « victime », jeune homme en pleine santé, elle ne pouvait formuler d'opinion, et devait se contenter de rapporter ce que lui avait dit le commandant. Ce n'était pas le moindre paradoxe de cette affaire que la fausse victime, présente, ne puisse en rien nous servir à résoudre l'énigme.

Une affaire de subornation de témoin vint se greffer sur la tentative d'assassinat. Faute d'avoir fait disparaître Paulo physiquement, la famille fut soupçonnée d'avoir voulu le liquider juridiquement en espérant obtenir la révocation de son adoption « pour cause d'ingratitude ».

Jean Lacaze, le frère de Mme Walter, accusé d'avoir monnayé le faux témoignage d'une prostituée contre son neveu adoptif, Paulo, en l'incitant à déclarer qu'elle subvenait à ses besoins, fut emprisonné.

L'affaire Walter devint l'affaire Walter-Lacaze.

Le médecin, de son côté, fut emprisonné durant plusieurs mois.

Tout s'écroula quand nous réussîmes à démontrer qu'au moins sur un point important la prostituée avait menti. Elle désignait comme témoin d'une entrevue un homme incapable d'y avoir assisté. Rien de ce qu'elle avait dit ne pouvait plus être tenu pour vrai.

Le frère de Mme Walter fit l'objet d'un non-lieu.

Quant au médecin, la Cour de cassation résolut le problème en faisant observer que, si le commandant n'avait jamais eu l'intention d'assassiner Paulo et n'avait jamais accompli le moindre geste en ce sens, il n'y avait eu ni assassinat, ni tentative d'assassinat et qu'il était vain, par conséquent, de rechercher une complicité pour un fait qui n'avait pas existé.

Lumineux. Que n'avait-elle été consultée plus tôt?

Sauf à nous placer dans une société de type inquisitorial et hors les cas d'incriminations spécifiques comme, par exemple, les atteintes à la sûreté de l'État – les complots – les seules intentions criminelles échappent au Code pénal.

Quand il fut saisi de cette enquête, le 16 octobre 1959, Georges Clot dirigeait la brigade criminelle depuis quatre ans. Nous nous connaissions mieux. Calme, méticuleux, prudent et généreux, sauf pour les fautes d'orthographe (avant d'être policier il avait été instituteur), il en avait déjà tellement vu qu'il était difficile de l'étonner. Quels que soient ses sentiments profonds, il ne manifestait jamais d'indignation, de colère, mais faisait preuve d'une constante détermination.

Ce matin-là, quand je le vois au bureau, il a passé la plus grande partie de la nuit dehors avec le commissaire Poiblanc et le groupe d'enquête de permanence.

Georges Clot est soucieux et s'interroge. Que faut-il penser du récit qu'il a écouté, il en est sûr, avec l'attention la plus parfaite? Rien ne lui a échappé! L'Homme est au-dessus de tout soupçon. Et pourtant, Clot ne comprend pas. Plus, même, il est sceptique.

Manifestement, il souhaiterait ne pas avoir à se poser de questions.

Il ne tient pas du tout à ce que l'hypothèse qui se forme dans son esprit se révèle exacte. Il trouve la charge d'identifier les auteurs de la tentative d'assassinat bien moins lourde que celle d'avoir à mettre en doute la véracité des déclarations qui viennent de lui être faites.

J'écoute.

A 0 h 30, un homme, dans la force de l'âge, quarante-trois ans, quitte des amis à hauteur de la célèbre brasserie Lipp, boulevard Saint-Germain, et reprend seul sa voiture, une Peugeot 403, pour rentrer chez lui. Il demeure 4, rue Guynemer. A cette heure-là, dans deux, trois minutes, il sera rendu. Il est à mi-chemin, rue de Tournon, quand une Renault Dauphine, avec trois ou quatre hommes à bord, arrive à sa hauteur sur la gauche, comme pour le dépasser, puis ralentit et se replace derrière.

Que penser à cette heure-là, dans un cas pareil?

Que les inconnus croyant rejoindre un ami, après s'être rendu compte de leur erreur, n'ont pas insisté?

Que le chauffeur ayant mal évalué – la voie est courte – ses possibilités de doubler la 403, a tenté de le faire puis y a renoncé?

Non. L'Homme est aussitôt convaincu que la manœuvre le concerne, et que c'est à sa personne qu'on en veut.

Il faut qu'il en ait le cœur net.

Au carrefour, rue de Vaugirard, en face, c'est le Sénat. Pour aller à son domicile, s'il prend son itinéraire normal, à droite, et que l'autre voiture tourne à gauche, instantanément lui sera donnée la réponse à la question qu'il se pose.

Si la Dauphine le suit, et il y a une chance sur deux pour qu'il en soit ainsi, l'expérience devra être poursuivie.

Quelle meilleure tactique que celle de faire le tour d'un ou deux pâtés de maisons pour éventuellement revenir rue de Tournon? Dans un instant il sera édifié, nul mieux que lui ne connaît la topographie de ce quartier où il demeure depuis plus de dix ans et où, aujourd'hui, l'essentiel de ses activités se trouve concentré.

Mais la manœuvre du chauffeur de la Dauphine a provoqué un tel émoi chez l'Homme qu'il décide de ne pas rentrer directement chez lui.

Il entreprend de faire le tour du jardin du Luxembourg fermé et où il n'y a plus âme qui vive, alors que, remarque Georges Clot, dans la direction opposée, vers l'Odéon ou le boulevard Saint-Michel et le boulevard Saint-Germain, l'animation des rues est encore très importante et les possibilités de refuge ou de secours incomparablement plus faciles.

D'un côté, c'est la vie; de l'autre, c'est la nuit. L'Homme, « c'est anormal », choisit l'obscurité et se retrouve dans la partie la plus mal éclairée, la plus déserte du quartier, au jardin de l'Observatoire, face aux grilles infranchissables du Luxembourg.

C'est Gribouille qui se jette à l'eau pour ne pas se mouiller. Ce sont des choses qui arrivent. Mais tout de même, de la part d'un ancien ministre, de surcroît ancien ministre de l'Intérieur et ancien garde des Sceaux?

Décidément, Clot n'arrive pas à comprendre.

D'autant que, quelques mois auparavant (c'est le ministre lui-même qui le lui apprit), il est arrivé à cet ancien ministre d'être longuement suivi par deux automobilistes. Pour savoir de quoi il retournait, il s'est arrêté devant le poste de police de la place Saint-Sulpice, proche de chez lui et a fait contrôler l'identité des deux importuns.

Pourquoi n'a-t-il pas fait de même, ne cesse de s'interroger Clot? Alors que le commissariat était tout voisin?

Clot ne peut douter que le ministre ne dise vrai.

Mais il ne pouvait être plus mal inspiré.

Plus mal inspiré, puisque, en fin de compte, il avait vu juste. En un éclair il avait compris que les automobilistes, qu'il ne connaissait pas, avaient de mauvaises intentions à son égard.

L'intuition était fulgurante. La réaction piteuse. Qu'elle ait eu pour résultat de lui sauver la vie, en abandonnant sa voiture et en sautant la clôture et la haie du jardin de l'Observatoire, juste avant qu'une rafale de pistolet mitrailleur ne soit lâchée, à bonne hauteur pour tuer, c'est la prime offerte à l'intelligence, sinon au sang-froid.

Les faits sont les faits. Ils nous contraignent tous.

Quelques jours plus tard, une lettre recommandée adressée à un huissier, postée quelques heures avant les événements, vient expliquer, sinon dans le détail, du moins dans ses grandes lignes comment devait se dérouler le faux attentat.

Les enquêteurs sont de plus en plus perplexes.

Que l'auteur de cette lettre soit un ancien député, au passé peu significatif et peu convaincant, ne simplifie pas la tâche.

Mais, là aussi, il faut s'incliner. La lettre a bien été écrite avant l'agression. Le ministre est contraint de reconnaître que sa prémonition résultait d'une information préalable.

S'il a eu la vie sauve, c'est vrai qu'il le doit à l'auteur de la lettre. Ce dernier, chargé de l'exécuter, n'a pas voulu être un assassin et l'a prévenu. Il a bénéficié de son indiscrétion, mais l'attentat n'en était pas moins réel. Cela, il l'affirme hautement.

Pendant six ans, le député dira le contraire. Il jure que l'agression a été simulée à la demande de l'ancien ministre qui voulait reconquérir une place prééminente dans la vie politique.

Et puis vient le temps des élections présidentielles de 1965. Il faut remettre les pendules à l'heure. Il faut que les Français sachent. Le député à ce moment-là est à Lausanne et, pour des raisons personnelles, ne tient pas à rentrer en France.

Son avocat parisien effectue le voyage, le rencontre au buffet de la gare, en Suisse, et le convainc de dire la vérité.

Le député comprend. Depuis, il n'existe plus qu'une seule version de la genèse de l'attentat [1]...

1. Cette visite d'un avocat au député en Suisse a fait l'objet, après une information parue dans le quotidien *Présent*, daté du 27 février 1984, d'articles publiés par l'hebdomadaire *Magazine Hebdo* les 6 et 20 avril 1984. Le député Robert Pesquet indique qu'alors qu'il se trouvait « dans une misère matérielle et morale tragique »; « à l'époque de l'affrontement de Gaulle-Mitterrand aux élections présidentielles », Me Isorni lui dicta de bout en bout une lettre « destinée à atténuer le plus possible la responsabilité de Mitterrand dans la minutieuse mise au point du faux attentat ».

« En remerciement de mon geste, ajoute Robert Pesquet, il me fut distribué quelques deniers... » De son côté, Me Isorni a fait savoir : « Je raconterai tout cela dans mes mémoires. »

8

TÉMOIGNAGES D'ADULTES ET D'ENFANTS

– O monsieur Ottavioli, ne vous occupez pas de ça!

Ainsi m'accueillit cet homme, d'âge mûr, auquel je rendais visite.

Il était hospitalisé, après avoir été blessé ce matin même de deux décharges de chevrotines destinées à l'exclure du monde des jeux où il était passé maître.

Il n'y avait nul défi dans son propos. Pas davantage manque de considération, mais seulement désir de voir la police demeurer étrangère à ses affaires.

Il reconnaissait avoir des ennemis. C'est bien lui qui était visé. Cela, il ne le contestait pas, mais il considérait que la police avait tant à faire ailleurs qu'il préférait tenter de régler ses problèmes lui-même.

Loi du silence : la victime ne voulait ni déposer plainte, ni même témoigner.

Et les investigations menées d'autre part ne devaient pas nous permettre d'avancer.

Différend avec l'un de ses anciens associés, a-t-on dit par la suite.

Ce n'est pas impossible. Celui-ci n'a-t-il pas échappé également par miracle, quelque temps plus tard, à un attentat, sa voiture étant piégée?

Sur ces bases-là, la démarche policière se trouve bien mal assurée. Quand la victime elle-même refuse de fournir le moindre renseignement, qu'attendre du témoignage des autres?

Encore que l'opinion publique s'émeuve peu des règlements de compte entre malfaiteurs, c'est cependant l'un d'eux que je voudrais évoquer dans la mesure où ce type de crime est à la police ce que le théâtre est à la vie, une représentation hypertrophiée de l'événement de tous les jours.

S'ajoute en effet aux difficultés habituelles l'indifférence des témoins qui pensent que les rivalités entre gens du milieu ne les concernent pas. Plus même, si les malfaiteurs règlent leurs différends entre eux, ils font en même temps œuvre de salubrité publique et d'aucuns considèrent que c'est très bien ainsi, à condition que les tiers ne pâtissent pas de ces guerres.

Pourquoi prendre des risques pour des gens qui n'en valent pas la peine? Qui ne veulent pas qu'on s'occupe d'eux, qui ne souhaitent pas que la vérité soit recherchée? Des gens dangereux, qui peuvent être prêts à user de méthodes expéditives.

Pour les policiers, les choses se présentent différemment. Si les règlements de compte ne les émeuvent pas, ils ne peuvent s'en désintéresser pour autant.

En vertu du principe que nul n'a le droit de se faire justice soi-même, si un truand a été abattu et que le tueur puisse être démasqué, le policier aura le sentiment arithmétique que d'une pierre, il aura fait deux coups.

Alors, pourquoi ne pas essayer de faire en sorte qu'il en soit ainsi.

Cette affaire prit naissance le vendredi 20 janvier 1956, rue Tardieu, dans le 18e arrondissement, à une encablure de la place Pigalle.

Il est minuit et demi. Le cirque Médrano, tout proche, vient de fermer. Le spectacle est fini. Un autre, d'un autre genre, commence.

Sous un porche voisin, un jeune clown entame avec sa dernière conquête le parcours de la carte du Tendre. Il habite tout près. Gentillesse, hardiesse, baisers volés... Sera-t-il assez convaincant?

Soudain, à l'angle de la rue Tardieu et de la rue des Trois-Frères, presque en face d'eux, s'arrête une Renault Frégate, claire, immatriculée dans les Alpes-Maritimes, que le chauffeur bloque contre le trottoir de gauche, dans le sens de la pente. Cinq hommes en descendent, six peut-être. Ils remontent légèrement la rue des Trois-Frères et, empruntant la rue Tardieu, disparaissent immédiatement de la vue de nos deux tourtereaux.

A cette heure, dans cette rue si peu fréquentée, l'obscurité de cette encoignure de porte semble un refuge idéal pour cette halte si pleine de promesses.

La voiture, les hommes sont tout aussitôt oubliés. Le clown revient à sa belle. Un baiser leur fait perdre la tête. Puis, un, deux, trois, dix, vingt, trente coups de feu, une fusillade interrompt leurs caresses.

Ils ne sont pas blessés, mais terrorisés. Ils veulent fuir.

Ils n'en ont pas le temps. Les hommes vus tout à l'heure reviennent en courant, s'engouffrent dans la Frégate, claquent les portières et demeurent sur place. Aux mouvements qu'il fait avec son volant, le clown comprend que le chauffeur ne réussit pas à débloquer la roue avant gauche du véhicule qui appuie trop fortement sur le trottoir. Ces hommes ne peuvent attendre. Ils s'impatientent et partent en courant vers le boulevard de Clichy, abandonnant là la voiture...

Je suis au plus profond de mon sommeil et n'entends rien. C'est ma femme qui me réveille. Le téléphone sonne. C'est un inspecteur de l'état-major de la Police judiciaire qui m'appelle. Il me semble comprendre : « fusillade... rue Tardieu... deux morts. Le patron, M. Clot, se rend sur place. Vous le rejoignez. Je me charge de prévenir l'Identité judiciaire. Les inspecteurs qui sont de permanence avec vous... », etc.

Il est une heure. J'étais couché depuis peu. Il faut partir à toute allure. J'habite Saint-Ouen. Mon patron, dans le 17e arrondissement. Nous sommes aussi près l'un que l'autre de notre point de rendez-vous. Qui arrivera le premier? C'est lui. Il a dû être prévenu avant moi, car je ne vois pas comment il aurait pu me précéder autrement.

Sur ce, commencent des investigations qui devaient durer des mois.

7, rue Tardieu.

Inutile d'être guidé pour trouver où les faits se sont déroulés. Le quartier est aux fenêtres ou dans la rue, malgré le froid. A cette heure, dans cette voie que j'apprendrai à connaître, si calme, malgré la proximité du Gay Paris, les gens veulent savoir. La guerre semble être passée par là.

Là, c'est-à-dire dans ce studio, situé au fond de la cour de l'immeuble, où les premiers policiers, ceux de police secours, n'ont pas eu pratiquement à intervenir. Les choses sont claires. Un homme et une femme viennent d'être abattus, nus, dans leur logement, et la mort est certaine. Tous les voisins, déjà consultés, ont entendu, mais n'ont apparemment rien vu.

Pour l'heure, il n'y a que deux témoins intéressants. Un employé du cirque Médrano, le clown et la jeune femme qui était en sa compagnie. Ils se connaissaient depuis peu. Tout juste avaient-ils échangé leurs prénoms? Lui, André. Elle, Mireille. Ils ont été séparés et placés chacun dans une voiture.

Au cinéma, les témoins font leurs déclarations l'un devant l'autre, en public. A la police et à la brigade criminelle en particulier, jamais.

Pour cette nuit, finie pour eux leur aventure amoureuse. Il

faudra qu'ils expliquent, chacun de son côté, une fois, dix fois, ce qu'ils ont vu et entendu : les policiers doivent comprendre que la Frégate qui les a dérangés est celle avec laquelle les tueurs sont arrivés et ont tenté de s'enfuir.

Voiture volée sans doute. Cela ne conduira pas loin. Mais qu'importe. L'information telle quelle, déjà considérable, paraît à la une des journaux, l'après-midi, avec des titres énormes : « Triple meurtre, rue Tardieu. »

Car les morts n'étaient pas au nombre de deux, mais de trois.

Après avoir recueilli les premiers renseignements, Georges Clot et moi « procédons à constatations », comme nous disons dans notre jargon. Autrement dit, nous essayons de voir et appréhender tous les éléments utiles à la compréhension des faits et à la poursuite de l'enquête.

Un coup d'œil sur les deux cadavres. Le premier est effectivement celui d'une jeune femme, nue sur son lit, dans la salle de séjour, tuée de deux balles. Le deuxième, celui d'un homme, jeune également, qui gît nu dans la salle de bains, présente de nombreuses blessures par arme à feu.

Examen de la porte d'entrée. Pas de trace d'effraction. Pas de bouton extérieur. Elle n'a pu être ouverte que de l'intérieur. Chaises et tables renversées, traces de sang, balles et douilles de tous côtés. La description de l'état des lieux va prendre du temps. Si longues que les recherches doivent être, il est hors de question de vouloir couper court. Il faut procéder avec ordre et méthode. Dans le studio, il n'y a pas d'ouverture sur la droite, nous commençons donc nos investigations de ce côté-là, dans le sens inverse des aiguilles d'une montre.

Un portemanteau est fixé au mur, tout près de l'entrée. Des vêtements y sont accrochés, parmi lesquels des manteaux qui arrivent à dix ou quinze centimètres du sol. Nous les écartons. Ils cachent, couché sur le côté, face contre le mur, tout habillé et portant notamment une gabardine de couleur noire, un homme dont la mort ne peut faire de doute. C'est le troisième cadavre. Personne ne l'avait vu jusque-là.

Fouille, déshabillage, constatations sur les vêtements, examen des blessures, ce troisième mort est Paul Nanci, né à Marseille, vingt-sept ans et, nous le saurons très rapidement, sorti de la prison des Baumettes deux mois auparavant.

Il a été atteint de plusieurs coups de feu. Deux – je n'ai vu cela qu'une seule fois dans toute ma carrière – n'ont fait qu'un seul orifice au-dessus du mamelon droit. Le médecin légiste – alors célèbre, mort depuis de longues années – qui caressait, sans que cela paraisse indécent, les fesses des jeunes femmes et leur parlait pendant qu'il les découpait : « Alors ma cocotte, ma chérie, tu vas bien? », n'en conviendra qu'à la vue des vêtements que portait le cadavre. Au niveau de la blessure, la gabardine était percée de deux trous distants de trois centimètres environ. L'écartement, qui n'était plus que de deux centimètres sur le veston, allait ainsi en diminuant jusqu'à devenir nul sur le tricot de corps et la peau. Reprenant son autopsie, le médecin fait très honnêtement son *mea culpa* en décrivant deux trajectoires différentes qu'avaient faites les deux balles dans le corps de la victime.

La jeune morte, plutôt jolie, depuis que, nous l'apprendrons, elle s'était fait refaire le nez, est la locataire en titre du studio, Yolande Lasuni. Elle n'est sans doute pas un modèle de vertu et vit de quelques largesses masculines, mais n'est pas véritablement une prostituée. Elle a été atteinte d'une balle dans le thorax et d'une autre, tirée à bout touchant, en pleine tête. Une exécution froide, délibérée, pendant qu'elle était couchée dans son lit.

Est-elle à l'origine de la fusillade ou seulement un témoin gênant? Au moment où l'enquête commence, la question effleure à peine nos esprits. Il faut continuer nos observations.

Le deuxième homme, celui de la salle de bains, est rapidement identifié grâce aux papiers trouvés dans ses vêtements. Il s'agit de René Senapo, colosse de trente ans. Comme Paul Nanci, il a été à la prison des Baumettes où Nanci est allé l'attendre à sa sortie il y a quinze jours. C'est un racketteur notoire. Il est certainement à l'origine des traces et traînées de sang qui, à hauteur d'homme, tantôt vers la droite, tantôt vers la gauche, maculent le papier peint du mur face à l'entrée où sont concentrés les impacts de balles. Il est clair que Senapo, surpris nu par ses agresseurs, s'est d'abord enfui vers le fond de la pièce, puis s'est réfugié dans la salle de bains, où il a été achevé. Plusieurs coups de feu ont été tirés à travers la porte.

Les balles et les douilles sont de calibres divers.

Le clown avait compté cinq ou six hommes. Les examens balistiques nous indiqueront plus tard que cinq armes en effet ont tiré.

Pour l'heure, nous nous contentons d'examiner et saisir la copie d'un dossier de justice se trouvant sur un meuble du studio et concernant un proxénète, ni Nanci, ni Senapo, mais Jean Moutier, alias Mario Graziani. Il a été condamné pour avoir vécu des subsides que lui fournissait une prostituée, Jeanne Courtoise. Il a achevé sa peine depuis quelques mois. Son témoignage devrait être intéressant, tout comme celui du propriétaire de la Frégate qui, au moment des faits, n'était pas encore signalée volée. Ce dernier s'appelle Ange Casa. Est-ce un hasard? – il s'agit également d'un proxénète.

Domicilié à Nice, Ange Casa a été interpellé, il y a quelques jours, au cours d'un contrôle d'identité, par les inspecteurs de la 4e brigade territoriale. Ils l'ont surpris dans un café-restaurant de la porte Saint-Martin, en compagnie de trois autres souteneurs : Jean Lori, Alphonse Guen et Francis Capra, alors qu'ils étaient en train de dîner.

Ainsi, nous n'avons pas encore atteint midi que déjà huit noms apparaissent. Ceux des trois victimes et ceux de cinq repris de justice. Plus il y a de noms, plus nos chances s'accroissent.

Vers midi, je rentre chez moi. Il n'y a aucun temps à perdre. Toilette, repas expédié en quelques minutes et retour au bureau.

Les choses vont vite, trop vite. Les noms s'ajoutent les uns aux autres. Il faut ordonner, classer les renseignements. La seule consultation des archives, des fiches d'hôtel, des services spécialisés, nous projette de toutes parts. Nous sommes littéralement débordés, bien que nous ayons remonté la « doublure » et que d'ores et déjà deux groupes d'inspecteurs travaillent sur l'affaire. Pour combler le handicap temps, une seule méthode, nous coucher plus tard. C'était la technique de ce remarquable coureur automobile qu'était Stirling Moss et qui répondait quand on lui demandait : « Comment faites-vous pour aller plus vite que les autres? – Je freine après. »

Samedi 21 janvier, 3 heures du matin, le troisième étage du 36 quai des Orfèvres connaît l'activité caractéristique des « jours avec ».

Alors que des recherches sont lancées partout pour retrouver Ange Casa, à Paris, Nice, Marseille, en Corse, je suis informé qu'il vient de se présenter dans un poste de police du 9e arrondissement. Sans hésitation, je demande à ce qu'il soit conduit immédiatement à mon bureau.

Il a lu les journaux, dit-il, et ainsi appris que sa voiture pourrait avoir été utilisée par les auteurs d'une fusillade rue Tardieu. Il ne demande qu'à s'expliquer, étant totalement étranger aux faits. Sa voiture, s'il s'agit de la sienne, n'a pu que lui être volée, alors qu'il l'avait laissée avant-hier soir, jeudi, vers 22 heures, en stationnement, à proximité du restaurant de la porte Saint-Martin, où il a ses habitudes. Il ne l'a prêtée à personne. Voilà les clefs. Il les a avec lui.

Un mètre soixante-dix, fin, distingué, habillé élégamment, sans rien de clinquant, comme le plus souvent les proxénètes, calme, courtois, langage châtié, d'apparence Ange Casa est aux antipodes de l'homme que nous avions imaginé à la lecture des dossiers déjà nombreux qui le concernent. C'est un voyou ordinaire dont la panoplie est banale : exercice du métier de souteneur, vols, violences, ports d'armes.

Habituelle aussi sa réponse à l'une de mes premières questions : son domicile est celui de ses parents. Quand il est à Paris, comme c'est le cas, il partage le logement d'une femme mariée. Il va de soi qu'il ne peut en donner ni le nom ni l'adresse, même si son mutisme, il en est très conscient, risque de lui causer des ennuis.

L'interrogatoire ne sortira jamais de ces bases-là. Casa explique, explique tout. Mensongèrement, mais tout.

Il était convaincu, me dit-il, qu'en se présentant à la police, il serait passé à tabac. « Mais, ajouta-t-il, j'en avais pris mon parti. Vous n'auriez pas tiré un seul mot de moi. Au contraire, dans cette sorte de conversation mondaine que nous avons eue, j'ai parlé. Cela va me coûter cher. »

Il ne croit pas si bien dire. Au terme de ses explications, il n'est pas relâché, mais incarcéré par le juge d'instruction. Bien que jusqu'au procès et à la fin des débats, il ait maintenu que sa voiture lui avait été volée, il sera condamné aux travaux forcés à perpétuité.

Dimanche, 0 h 15. L'éventail des vérifications à effectuer à la suite des déclarations d'Ange Casa a encore accru notre tâche. Elle est si considérable que, commissaires et inspecteurs, nous sommes encore tous là. Fait inattendu, la troisième nuit s'ouvre, j'allais dire s'éclaire, devant Prosper Moutier, alias Mario Graziani, celui dont le dossier de proxénétisme se trouvait dans le studio de la rue Tardieu. Le voilà qui se présente à son tour à nos bureaux.

Lui aussi a lu les journaux. Il sait que nous avons dû remarquer son dossier et il tient à s'en expliquer.

Ceux qui connaissent les gens du milieu sauront ce que je veux dire : Prosper Moutier se présente comme l'archétype du truand ayant une bonne mentalité. D'intentions pures, mais de malhonnêteté foncière, il est trop aimé pour qu'il lui soit nécessaire de travailler. Conscient de ses responsabilités vis-à-vis de tous et bien entendu, d'abord à l'égard de ses pairs, il est franc et droit, mais doit respecter la loi du silence. Se faisant appeler Mario Graziani, et commençant à parler un peu corse, car l'on ne peut être souteneur à Pigalle si l'on n'est corse, il est une lucide crapule malgré lui.

Moutier a partagé durant cinq ou six jours le studio de Yolande Lasuni et a eu le tort d'y abandonner quelques affaires personnelles. Il s'est effacé à la demande de son hôtesse pour laisser la place, une nuit ou deux, à Paul Nanci et René Senapo et ne peut fournir d'autres éclaircissements. Il ajoute cependant qu'il a reconnu les victimes sur les photos publiées par la presse pour les avoir aperçues à l'Alpage, un bar-restaurant de la rue Gabrielle, à Montmartre, où il se trouvait en compagnie de Yolande l'avant-veille du crime.

Il paiera ce dernier renseignement de vingt ans de réclusion criminelle.

A la suite de sa déclaration et pour l'heure, il reste détenu en vertu d'un mandat d'arrêt dont il fait l'objet pour attentat aux mœurs – risque qu'il n'ignorait pas en venant nous voir, mais dont il a pris son parti.

En attendant, nous recherchons les amis d'Ange Casa.

L'un, Alphonse Guen, désirait nous rencontrer, Ange Casa ayant indiqué avoir passé toute la nuit de la fusillade en sa compagnie à Pigalle et Montparnasse. Il se devait de confirmer cet alibi.

Effectivement, après avoir eu la délicatesse de nous laisser passer notre première nuit, depuis le début de l'affaire, dans notre lit et non devant une machine à écrire, il se présente lui aussi spontanément pour tout nous expliquer.

A l'heure de la fusillade, dit-il, il jouait aux cartes dans un bar à hôtesses de Pigalle en compagnie de Casa, du patron et de la tenancière de l'établissement. Une partie de cartes, cela ne tire pas à conséquence. Ils avaient joué dans l'arrière-salle, installés à la table située immédiatement dans l'angle droit en entrant. C'était fâcheux! Le patron et la tenancière affirmaient, eux, qu'ils étaient restés dans la salle pour surveiller leurs pensionnaires et leurs clients...

Casa avait dit avoir eu le patron pour partenaire, mais Guen le revendiquait également. Dans ces conditions, il ne pouvait plus y avoir d'équipe gagnante. Pour un peu, ils auraient payé chacun pour soi. C'était sans doute la raison pour laquelle la tenancière avait préféré régler les enjeux constitués par le montant des consommations. Quel montant? Quelles consommations? En réalité, si les quatre personnes étaient convenues de dire qu'elles étaient ensemble dans le bar, à l'heure du crime, elles n'avaient pas songé aux détails. Tout le récit tournait court.

Tellement court que l'alibi mal préparé vola en éclats. Alphonse Guen, dont la responsabilité au moment de la fusillade n'apparut jamais totalement, fut tout de même condamné à cinq ans d'emprisonnement.

Autant dire qu'il ne ressortit pas tout de suite et que Jean Lori et Francis Capra, compagnons habituels de Casa et de Guen, disparurent de leur domicile et s'abstinrent de nous rendre visite à leur tour, bien que leurs noms et leurs photographies, largement diffusés par la presse, n'aient pu laisser aucun doute sur notre volonté de les rencontrer.

Tous deux s'enfuirent en Amérique du Sud. Ils furent condamnés à mort par défaut. Jean Lori ne purgea jamais sa contumace, Francis Capra, quant à lui, dut s'y résoudre huit ans après les faits.

Comme il était devenu l'amant de la fille de l'un des directeurs de la police d'une importante ville sud-américaine, il advint que ce haut fonctionnaire apprit sa véritable identité et, alors qu'aucune convention judiciaire en matière d'extradition n'existait entre son pays (où la peine de mort n'était pas en vigueur) et la France, il fit conduire, sans autre forme de procès, Francis Capra au départ d'un avion de la compagnie Air France pour Paris. Il attendit que l'avion ait décollé pour câbler au ministère de l'Intérieur que le passager démuni de pièce d'identité qui allait débarquer à Orly nous intéresserait certainement si nous savions qu'il s'agissait de Francis Capra.

Ce dernier, appréhendé au pied de la passerelle, sur la piste, nous relata qu'il s'était battu comme un forcené pour ne pas prendre place dans l'appareil et que, devant sa résistance, son « beau-père » avait sollicité les services d'un médecin qui lui avait fait une piqûre « à cause de laquelle le voyage lui avait paru très court »...

Sa condamnation à mort fut commuée en vingt ans de réclusion criminelle.

Entre-temps, je me dois d'être complet, un aubergiste, de nationalité française, installé à Buenos Aires, était venu passer quelques jours à Paris en famille.

Devant rejoindre sa ville d'adoption, pour se rendre également à l'aéroport d'Orly, il prit un taxi avec une jeune femme à laquelle, tout au long du trajet, il parla à voix si basse que le chauffeur de taxi, qui n'avait rien pu comprendre, s'était mis dans la tête que le « vieux » (le restaurateur) conduisait manifestement l'une de ses protégées à l'avion pour l'Argentine et se livrait à la traite des Blanches. Révolté, le prix de la course sitôt encaissé, le taxi alla trouver deux CRS auxquels il rapporta « ce qu'il avait entendu ».

L'homme, qui ne put prendre son avion, fut conduit à la police de l'air et, de là, à la brigade mondaine où, interrogatoires et vérifications permirent de le mettre totalement hors de cause : la jeune femme n'était autre que sa belle-fille qui l'accompagnait à l'aéroport, mais en aucune façon ne devait se rendre à Buenos Aires.

Les choses en seraient restées là si, au cours de la fouille dont il fit l'objet, l'homme, Robert Auffray, n'avait été trouvé en possession d'une coupure de presse, en langue espagnole, relative à la fusillade de la rue Tardieu.

Le chef de la brigade mondaine nous avisa et je fis venir Auffray dans mon bureau. Il m'expliqua qu'il avait conservé sur lui cet article parce qu'il avait eu comme clients dans son restaurant de Buenos Aires Jean Lori et Francis Capra.

Avide de nouvelles, je ne me lassai pas de détails.

Pendant que j'enregistrais sa déposition, l'inspecteur-chef Poirier entrait, sortait, revenait sans dire un mot. Son manège m'agaçait, mais je fus assez vite convaincu que Poirier ne pouvait agir de façon aussi insolite sans raison.

Il finit d'ailleurs par me faire discrètement savoir qu'il connaissait l'homme qui était en face de moi. Il lui fallait rassembler ses souvenirs.

Il y parvint enfin et, plaçant devant les yeux d'Auffray sa photographie anthropométrique, il lui dit :

– Je savais que je te connaissais. Tu es Collar René. L'autre ne put qu'acquiescer. Il avait été condamné quatre ans auparavant, par contumace, par la cour d'assises de la Seine (aujourd'hui de Paris) à vingt ans de travaux forcés pour contrefaçon de billets de banque.

Comment étions-nous arrivés à ces résultats?

Certes, les arrestations avaient été on ne peut plus faciles et nous avaient été quasiment offertes : Casa, Moutier, Guen s'étaient présentés spontanément à nos bureaux, pensant, à n'en pas douter, que les choses seraient plus simples. Francis Capra, qui avait pris ses distances avec la police française, eut le tort de défier nos homologues sud-américains par l'intermédiaire de la fille de l'un d'eux.

Ce fut tout de même une rude bataille.

Tout partit de l'indication de Moutier selon laquelle il avait aperçu Nanci et Senapo au bar-restaurant l'Alpage, à Montmartre, en compagnie de Yolande Lasuni, et de cette information capitale fournie par Guen qu'il avait fait la connaissance de Senapo dans ce même établissement quelques jours avant la tuerie.

Nous fîmes défiler le patron, l'animatrice, le maître d'hôtel, le serveur, le cuisinier. Les mémoires étaient d'autant plus courtes que personne ne voulait parler des jeux clandestins qui s'y étaient tenus, mais tous ne manifestaient pas de défaillances aux mêmes points. Chaque témoin apportant sa pierre, nous devions apprendre que Casa, Lori et Capra s'étaient trouvés dans le même établissement la veille de la fusillade, tout comme Moutier.

Il nous fallut un mois, jours et nuits, d'auditions successives pour reconstituer l'emploi du temps de chacun des protagonistes de l'affaire.

Mais ainsi, peu à peu, finirons-nous par savoir que, non seulement les deux groupes d'hommes se sont rencontrés autour du même « tapis » le jeudi, la veille de la fusillade, mais qu'ils s'y sont opposés. Pis que Senapo et Nanci, les Marseillais jouaient les caïds et avaient insulté publiquement et gravement Casa, Lori, Guen et Capra. Les premiers exhibaient leurs armes. Les autres, qui n'en avaient pas, avaient dû subir des outrages « inimaginables ».

Il y a peu d'hommes forts devant une arme. Nos quatre compères doivent s'incliner devant un aréopage de voyous discrètement goguenards. Le Tout-Paris du milieu va apprendre que les quatre proxénètes, hommes de poids considérés et respectés par leurs congénères (Lori n'utilise-t-il pas une somptueuse voiture américaine Cadillac pour ses déplacements d'un bar à l'autre?), que ces seigneurs des trottoirs parisiens se sont fait sortir d'un de leurs établissements préférés « comme des loufiats », ce qui signifie « comme des valets » dans la bouche d'un souteneur.

A l'égard de Moutier, Nanci et Senapo ne s'y étaient pas trompés : ils avaient exigé non seulement que Moutier leur cède la place dans le studio de Yolande Lasuni, mais également qu'il leur apporte et leur serve une bouteille de champagne qu'il dut acheter et payer de sa poche à l'Alpage. Moutier dira qu'il avait dû se résoudre à cette humiliation « pour sauver la vie de Yolande ».

Car Moutier, également, finit par relater les événements qui, de l'Alpage à la rue Tardieu, conduisirent au triple assassinat.

Il y eut d'abord « les injures inimaginables » des deux Marseillais à l'égard des Parisiens et sa propre mortification. Ensuite, une longue traque qui devait conduire, dès le lendemain, les cinq offensés à rechercher leurs ennemis, les blasphémateurs d'idoles.

Le premier qu'ils repérèrent fut Nanci qui, en fin de soirée, le jeudi 19 janvier, se trouvait dans un bar de la rue Neuve-de-la Chardonnière dont le patron était surnommé « Pastis » en toute simplicité puisque, du matin au soir, il buvait de cette boisson, sans jamais l'additionner d'eau. Du moins, telle était sa réputation.

Surpris au comptoir par les cinq hommes, Nanci avait été

désarmé... et interrogé comme savent le faire les voyous. Il s'agissait de savoir où se trouvait son camarade. Sans doute était-il rue Tardieu? Encore fallait-il être sûr et surtout pénétrer dans la place. Nanci dut se résoudre à servir de mouton.

C'est ainsi que, jeté dans la Frégate, il accompagna les Parisiens au studio et revolvers dans le dos, passa devant. Dès que Senapo eut ouvert la porte, Casa, Lori et Capra ouvrirent le feu. Nanci, qui barrait le passage, faisait écran et Senapo eut le temps de crier en provençal :

– Ne faites pas les cons!

Trop tard. Tandis que Nanci s'écroule tout de suite à droite sous le portemanteau, Senapo s'enfuit le long du mur du fond et Moutier racontera qu'il recevait balle sur balle et se pliait à chaque fois davantage mais, nouveau Raspoutine, refusait de tomber. Il réussit même à se réfugier dans la salle de bains, dont la porte ne fut qu'un bouclier illusoire. Lori et Capra continuèrent à tirer au travers, Lori, un pistolet dans chaque main.

Casa, de son côté, réglait le compte de Yolande Lasuni, innocente, mais témoin de faits dont il fallait qu'elle ne puisse jamais parler.

Pour faire ce récit, Moutier n'avait pas craint d'avouer qu'il avait fait partie de l'équipée, tout comme Guen qu'il prétendait avoir perdu de vue dans des conditions qui ne lui permettaient pas de dire quel avait été son rôle. Avait-il ou non fait usage d'une arme? Il ne savait pas.

Mais lui, Moutier, bien sûr, n'avait été qu'un spectateur : Lori lui avait, disait-il, arraché son pistolet.

Une gabardine lui appartenant et dont la poche gauche était trouée – alors qu'il était gaucher – fut retrouvée chez un blanchisseur. Bien qu'elle fût déjà nettoyée, le laboratoire de police scientifique put déterminer que le fond de cette poche recelait encore des traces de sang, de sang humain. Malheureusement, il était impossible de déterminer à qui il appartenait, les traces étant insuffisantes pour permettre des comparaisons.

L'identification de ces taches nous aurait permis de mieux apprécier la valeur des déclarations de Moutier. Mais n'était-il pas déjà important de savoir qu'alors qu'il n'avait présenté aucune blessure, l'intérieur d'une poche de son vêtement était taché de sang?

Étant le seul à reconnaître avoir été présent au moment de la fusillade, force fut de nous en remettre à ses aveux. Il les réitéra devant le juge d'instruction, notamment au cours d'une reconstitution des faits qui fut entièrement filmée par les photographes de l'Identité judiciaire.

Des inspecteurs tenaient le rôle des meurtriers et des victimes et Moutier, seul metteur en scène possible, fit refaire à chacun d'eux les faits et gestes dont il avait été le témoin.

Comme acteur, sa part était des plus minces. N'avait-il pas été désarmé? On le vit seulement pleurer sur une robe de Yolande quand il relata comment, alors qu'il était au bord du lit et s'était approché d'elle pour la rassurer, Ange Casa, qui était derrière lui, la tua de deux balles.

Les jurés ne furent pas totalement convaincus par le film qu'il avait inspiré et qui, à la vérité, était très mauvais. Il n'était qu'une succession de photos des différentes scènes racontées par Moutier. Sa valeur probante était insignifiante. La seule réponse qui sonnait juste était celle de la fuite des cinq malfaiteurs. Hélas pour Moutier, elle n'était que simulée.

Il dut réintégrer sa prison et y rester encore longtemps.

Pourquoi son avocate a-t-elle continué à lui rendre régulièrement visite après qu'il fut condamné? Comment s'est-elle laissé prendre à ses discours? Comment n'a-t-elle pas été avisée qu'un jeune prisonnier dans sa cellule est nécessairement le plus aimable et (verbalement?) le plus fougueux amant qu'il puisse être donné à une femme de rencontrer? Comment n'a-t-elle pas compris que l'amour à ce point de contrainte n'était que jeu trompeur et vanité?

Quand je l'ai rencontrée, bien longtemps après, je n'ai pu lui poser aucune de ces questions. Elle avait épousé Moutier durant sa détention. Elle avait quitté le barreau. Il avait dilapidé ses biens. Elle était ruinée. Ils divorçaient.

Juste compensation, ou éternel retour du fléau de la balance – je n'invente rien –, la prostituée qui, au moment des faits, œuvrait pour Moutier, eut un jour pour client un garde mobile qui s'éprit d'elle. Après l'avoir convaincue d'abandonner le métier et de cesser son assistance au prisonnier, il l'épousa.

Cette affaire a été pour moi l'exemple typique de la progression des témoignages. Des premières déclarations dont on ne tire presque aucun élément, c'est petit à petit que la vérité se dessine. Lorsqu'on confronte les premiers et les derniers procès-verbaux d'un témoin, se mesure le chemin qu'il a fallu parcourir.

Des heures et des heures, face à chaque témoin pour l'amener à reconnaître ce qu'un autre a déjà dit; des heures et des heures, cette confirmation obtenue, pour décrocher un détail complémentaire; des heures et des heures à parler pour ne rien dire et revenir à la seule question qui importe :

– Qu'avez-vous vu ou entendu? Que savez-vous de plus?

Ces longues confrontations de policiers et de témoins sont

inoubliables. Comment amener des personnes, dont vous savez qu'elles connaissent tout ou partie de la vérité, à vous faire part de ce qu'elles savent et qu'elles veulent taire?

Qu'elles veulent taire parce que cela met en cause un parent, ou un ami qu'elles estiment ne pouvoir trahir, ou un voyou dont elles ont peur.

Comment faire pencher la balance de notre côté?

Un jeune et remarquable inspecteur, décédé prématurément, le même qui, contre tous, ne voulait pas admettre la culpabilité de Denis, me dit un jour :

– Le témoignage, on l'obtient au béguin.

Nous parlions des enquêtes de voisinage. Un fait criminel vient d'avoir lieu. Il faut rechercher les témoins, rendre visite aux personnes qui demeurent à proximité, aux commerçants.

Première visite. C'est à peine si l'inspecteur réussit à se faire entendre. De toute façon, la personne interrogée ne sait rien, absolument rien. La porte est quasiment claquée au nez de l'inspecteur.

Deuxième visite. Le témoin n'aurait-il pas appris, depuis, quelque chose? Rien.

Troisième visite. Le témoin ne peut en dire davantage? Mais il s'étonne. Tant d'entêtement... Tant d'opiniâtreté. Voilà un inspecteur qui s'accroche!

– Au revoir, monsieur.

Quatrième visite :

– Encore vous?

Le témoin et l'inspecteur se connaissent. Ils se saluent et commencent à bavarder. De la pluie... du beau temps, des enfants, de tout, de rien.

– A propos, pour votre affaire, j'ai réfléchi, je ne sais pas si cela peut vous être utile, mais...

L'enquêteur a gagné. Le témoin se dégèle. Peu à peu la mémoire lui revient. Il parle, remonte dans ses souvenirs, échafaude des hypothèses et finit, s'il le peut, par donner son avis. Il devient un allié. Parfois, les choses durant, un ami. Dans cette évolution des témoins, le policier doit raison garder et savoir jusqu'où ne pas aller trop loin. Un peu de béguin? Pourquoi pas? Mais, point trop n'en faut.

Les pièges s'ouvrent vite. Le policier est souvent comme un funambule. Qu'il penche tantôt à droite, tantôt à gauche, il ne doit pas perdre de vue que son objectif est de demeurer sur le fil pour achever sa traversée. Le faux témoin insidieux et sournois existe.

Le cas des femmes est particulièrement intéressant. D'expérience, la femme est la principale difficulté du policier. Dans les milieux de la délinquance ou qui en sont proches, la femme engagée, fidèle à son homme, liée à son groupe, constitue l'obstacle majeur. Quand l'une d'elles a décidé de ne faire aucun bout de chemin avec la police, mais, au contraire, se fait une obligation de protéger celui ou ceux à l'égard desquels on essaie d'en savoir davantage, elle reste déterminée jusqu'à l'obstination, étonnée – ou feignant merveilleusement de l'être – que l'on puisse douter de la véracité de ce qu'elle dit. Quand elle ment, la femme ne se contente pas de mentir, il faut que l'on croie en son mensonge. Dans ce cas, il ne s'agit pas pour elle d'être l'égale de l'homme, elle veut lui être supérieure. Nulle logique ne peut l'ébranler : elle persiste et signe. A l'inverse, si elle décide d'aider l'enquêteur, elle peut faire montre d'une témérité folle. Par exemple, cette secrétaire d'une équipe d'escrocs qui avaient éliminé l'un d'entre eux, et qui après quelques longs bavardages en tête à tête, s'était engagée, ayant d'abord tout nié, à relater les tenants et aboutissants de l'affaire. Elle enfreignait la loi du silence et risquait sa vie, mais rien ne la retenait plus.

Les femmes sont donc particulièrement redoutables, qui demeurent vos ennemies irréductibles ou éventuellement vous font haleter au rythme de leur enivrante respiration.

Les tentations peuvent être grandes, mais le policier risque de se faire « mener en bateau » et ce ne sera pas l'embarquement pour Cythère.

Trouver son chemin est difficile. Faire sauter un verrou, parfois œuvre gigantesque. Le lecteur pourra penser que tout cela est exagération. Et pourtant? Une longue patience, une saturation de mots, tels sont les secrets du témoignage.

Souvent. Non toujours. Heureusement, il est des personnes pour qui les choses sont ce qu'elles sont et ont à cœur de les retracer avec fidélité. Il est des gens pour qui la solidarité sociale est un devoir auquel ils ne songent pas à se soustraire et qui n'hésitent pas à rapporter ce qu'ils savent, ont vu ou entendu.

A ces témoins de bonne foi, le policier rend volontiers grâce. C'est une autre question de savoir s'il suffit de croire pour être dans le vrai. Chacun connaît la réponse : jamais le même fait n'est perçu de façon totalement identique par tous. J'en eus un exemple caractéristique lors de ma première affaire à la brigade criminelle, le hold-up de la rue Pierre-Levée.

Les témoins étaient nombreux. Deux me sont toujours présents à la mémoire.

Le chauffeur de la voiture de transport des fonds, dès qu'il se rendit compte de l'attaque dont était victime le convoyeur, sortit de son véhicule et, comme à l'exercice, jambes écartées et pliées, corps en retrait, épaules et bras tendus en avant, se mit en devoir de faire feu sur les agresseurs.

A une trentaine de mètres de l'endroit où il se trouvait, avec un pistolet de petit calibre, la meilleure volonté du monde n'était pas suffisante pour qu'il puisse atteindre qui que ce soit, sauf hasard ou malchance. Les malfaiteurs qui ripostèrent en sa direction ne l'atteignirent pas davantage.

Ceci étant, ce chauffeur auquel le danger n'avait pas fait perdre sa lucidité, nous décrivit deux des malfaiteurs qu'il avait le mieux observés avec une apparente grande précision.

Sommairement parlant, l'un, le plus grand, très grand, filiforme, avait arraché la serviette du convoyeur, tandis que le deuxième, qui se tenait en arrière et protégeait l'opération, était très petit et corpulent. Le plus grand, trente, trente-cinq ans. Le plus petit, son aîné d'une bonne dizaine d'années.

Ils ne pouvaient être plus dissemblables.

Une passante nous présenta ces deux mêmes personnages comme étant de même âge, même taille, même corpulence.

Seul le chauffeur avait vu juste.

N'épiloguons pas. Tout a été dit sur la faiblesse du témoignage humain, même quand il est donné en toute bonne foi. Reste que des personnes sont plus crédibles que d'autres.

Une nuit, dans un bar de Montparnasse, alors que la fête battait son plein, la porte s'ouvrit et un homme vida le chargeur de son arme sur un client assis à une table près de l'entrée.

L'échantillonnage des témoins était très vaste. Comme d'habitude, il y avait ceux qui étaient mal placés pour voir et ceux qui, malgré leurs efforts, n'en pouvaient mais.

L'un fut étonnant. Sur un procès-verbal, il traça avec minutie le portrait de l'homme qu'il avait vu en train de tirer.

Bien plus tard, un suspect fut arrêté et il ne put faire autrement que de se reconnaître dans le dessin que nous avait remis le témoin, artiste-peintre et portraitiste...

Comment parler du témoignage sans évoquer celui des enfants ?

C'est une règle policière élémentaire que celle de les recueillir avec les plus grands soins et la plus grande prudence. Aussi est-il insensé de penser que des enquêteurs d'abord, des juges ensuite, puissent fonder leurs convictions et éventuellement leurs accusations sur les seules déclarations d'un enfant, comme cela se dit et s'écrit trop souvent, en donnant à penser que policiers et magistrats ne se complaisent que sur le chemin de l'erreur.

Feint-on d'oublier que si un enfant a subi des sévices graves, les traces qui en restent seront examinées et décrites par des médecins légistes adultes?

Ou voudrait-on purement et simplement considérer comme nulle et non avenue toute déclaration faite en dessous d'un certain âge?

Ce serait sans doute une excellente mesure pour alléger les charges de la justice pénale.

En réalité, au moment des condamnations, si se pose la question des responsabilités, les faits sont généralement incontestables.

Moins que personne, le policier, qui a bien d'autres chats à fouetter, ne tient à s'engager dans des procédures incertaines et, quoi qu'il en soit de sa conviction, quand il y a le moindre doute, c'est le suspect qui en bénéficiera. C'est la règle qu'il doit suivre, qu'il suit et qui, éventuellement, lui serait imposée s'il pensait pouvoir passer outre. Jugez plutôt.

Le drame éclata il y a de longues années déjà, en banlieue parisienne, à Sceaux et se déroula en deux épisodes.

D'abord, il y eut la déclaration du père qui, un vendredi de la mi-septembre, vint déclarer au commissariat que son fils Gilbert, onze ans, avait disparu.

L'enfant avait quitté le domicile familial en début d'après-midi pour se rendre à la bibliothèque de l'école et restituer les livres qu'il avait empruntés pour ses vacances.

Le lundi, à la rentrée scolaire, il devait aller en pension dans un nouvel établissement. Il n'était pas content du tout. Avait-il fait une fugue? Ce n'était pas invraisemblable.

Il était huit heures le dimanche quand deux amis, deux pêcheurs qui avaient jeté leurs lignes dans une mare en forêt de Sénart, eurent leur attention attirée, ils ne pouvaient commettre d'erreur, par de faibles gémissements.

Après quelques recherches, ils découvrirent Gilbert vêtu, étendu sur le sol, blessé à la tête.

A l'hôpital, les médecins durent retirer des plaies ouvertes que l'enfant présentait à la tête des larves d'insectes qui indiquaient que ses blessures n'étaient plus toutes récentes. L'état de l'enfant était grave, mais il put cependant relater son aventure.

Comme ses parents le lui avaient demandé, le vendredi vers 15 heures, il avait été à la bibliothèque de l'école.

A pied, il revenait à la maison, quand un automobiliste lui avait demandé sa route et l'avait invité à monter dans la voiture.

Gilbert avait oublié un instant qu'il devait rentrer directement chez lui. Il suivit l'homme qui lui parla beaucoup d'Orléans et lui offrit des caramels et des bonbons Kréma qu'il avait placés dans la boîte à gants.

C'est ainsi qu'ils parvinrent dans une forêt où ils mirent pied à terre. L'enfant ajouta que « à un croisé », il avait voulu s'enfuir, mais qu'il avait été rattrapé et ne se souvenait plus de rien.

Les constatations médico-légales permirent d'établir qu'il n'avait subi aucune agression de caractère sexuel. Il avait été assommé et laissé pour mort, le crâne fracturé.

Aux dires de son père, Gilbert connaissait parfaitement les voitures et s'il affirmait avoir pris place à bord d'une Peugeot 404, de couleur claire, nous devions être assurés qu'il ne se trompait pas. Comme il ajoutait que le numéro d'immatriculation de la voiture se terminait par EG 78, il ne restait plus qu'à identifier tous les propriétaires de voitures Peugeot 404 correspondant à ces données.

Une centaine de noms apparurent. Gilbert avait ajouté que la clef de contact était attachée à deux porte-clefs, dont l'un était de forme ronde et sur lequel il avait vu un V majuscule.

Toutes les personnes identifiées furent convoquées dans la cour du 36, quai des Orfèvres avec leur voiture.

Deux porte-clefs à la clef de contact étaient plus fréquents que je n'avais pensé. Des bonbons, caramels, friandises dans la boîte à gants, très courants. Les deux indices réunis chez le même conducteur ne constituaient pas encore un élément d'appréciation suffisant. Nous commencions à douter du succès de nos recherches, quand vint le propriétaire d'une voiture figurant sur notre liste et qui se présenta non seulement avec les deux porte-clefs et des gourmandises de la marque indiquée par Gilbert, mais l'un des porte-clefs était de forme ronde et supportait le dessin d'un chalet dont le toit fortement souligné suggérait un V majuscule renversé.

Etait-ce notre homme? Son signalement correspondait assez bien à ce que nous avait dit, par référence à son père, Gilbert de son agresseur : plus jeune que son père, âgé de quarante ans, un peu plus grand, plus mince, cheveux bruns coiffés en arrière.

Etions-nous sur la bonne piste? Comment n'y serions-nous pas, alors que, interrogé sur son état civil, l'homme, François K., nous révéla qu'il avait effectué son service militaire à Orléans?

Une perquisition à son domicile fut décidée. Elle devait nous permettre de découvrir une quantité impressionnante de photographies de jeunes garçons de neuf à douze ans environ, quelquefois vêtus, plus souvent déshabillés.

Au-dessus du lit de François K., sur le papier peint recouvrant les murs d'angle dans lequel le lit était poussé, de petites mains avaient pris appui et avaient laissé d'écœurantes empreintes grasses.

Interrogé, François K. répondit très habilement. Oui, il était attiré par les jeunes garçons, non pas les petits garçons, mais « les garçons formés ». Comme Gilbert : plutôt grand pour son âge, bien découplé, le visage poupin. Il trouvait en eux une beauté qu'il appréciait, disait-il, « au sens artistique ». Il aimait les garçons « dans leur essence ». Il éprouvait une vibration, une joie intérieure à la vue de certains d'entre eux, selon leur apparence physique. Oui, il avait connu des rapports sexuels avec certains... mais jamais en France, parfois en Italie. Sur le territoire national, quelques caresses, des attouchements... mais il y avait de longues années.

Cette attirance pour les garçons était indépendante de sa volonté et remontait, disait-il, à ses premières années. Il se rappelait qu'à cinq ou six ans, il avait aimé intensément un camarade d'école et ne cacha pas que c'est en raison de ses goûts qu'il avait appartenu à divers mouvements de jeunesse et avait été moniteur de colonies de vacances.

Brutalement, il fit même cette réponse :

– J'ai des glandes. Le récit d'un malheur arrivé à une fille ne m'émeut pas, tandis que je suis atteint au plus profond de moi-même au récit identique concernant un garçon.

Quant aux faits du vendredi, il y était bien entendu complètement étranger. Entre 14 et 16 heures, il était à Mâcon, à quatre cents kilomètres de Paris, dans une entreprise industrielle où il avait été en rapport avec plusieurs personnes qui pourraient attester qu'il disait vrai.

S'il avait traversé la forêt de Sénart, c'était vers 21 heures, alors que par la RN 6 et la RN 5, il était revenu à Paris.

En attendant que son alibi soit vérifié, avec l'autorisation des médecins et l'accord de la famille de Gilbert, nous conduisîmes François K. à l'hôpital où dans le hall il fut présenté à la jeune victime, parmi un groupe de neuf inspecteurs soigneusement choisis pour leur ressemblance avec le suspect (taille, corpulence, âge, tenue vestimentaire).

Chacun portait une pancarte numérotée de 1 à 10. Hors la présence de Gilbert et de moi-même, François K. avait reçu le numéro 3. Une photographie destinée à être jointe à la procédure fut prise.

Rassuré par son père, mis en garde par nous-mêmes qu'il ne devait surtout pas se croire obligé de désigner quelqu'un car il se pouvait très bien que son agresseur ne se trouve pas dans le groupe, sans hésitation décelable, Gilbert désigna le 3.

Ainsi se trouvaient réunies en François K. d'une part toutes les données objectives et signalétiques fournies par Gilbert qui l'accusait dans des conditions que nous pouvions considérer comme suffisamment sûres et d'autre part un mobile puisque François K. ne cachait pas son attirance pour les jeunes garçons.

Tous ceux qui connaissaient les éléments de cette affaire étaient convaincus que François K., malgré ses dénégations, était le coupable. Aucun doute n'était possible.

Pourtant, cinq témoins dont la bonne foi était certaine nous expliquèrent dans quelles conditions ils avaient eu affaire, entre 14 et 16 heures, à François K. dans leur usine à Mâcon, le vendredi qui nous intéressait et pas un autre. Les travaux qui avaient été effectués et avaient demandé une longue préparation excluaient toute possibilité d'erreur sur la date et l'heure. François K. ne pouvait être dans la région parisienne au moment de l'enlèvement de Gilbert.

Il fallut revoir ce dernier.

Qu'avait-il fait après avoir quitté la bibliothèque de l'école? Pleurant de ne pouvoir retrouver lundi ses camarades et contraint d'entrer en pension dans un nouveau collège, n'avait-il pas un moment songé à ne pas rentrer chez lui? N'avait-il pas tenté de se rendre à pied chez sa grand-mère qui demeurait à Créteil, ce qui l'aurait amené à traverser la nationale 5 à l'heure où François K. pouvait lui-même y être passé? C'est alors ce que je pensais.

Gilbert ne voulait rien entendre. Les faits s'étaient déroulés comme il l'avait dit, à la sortie de l'école, vers 15 heures 30. Il n'avait pas fait de fugue. Il n'avait rien à changer à ses déclarations et il ne changea rien.

François K. fut remis en liberté. Quelques mois plus tard, il était arrêté en flagrant délit d'attentat aux mœurs sur un autre jeune garçon, dans un champ.

Gilbert, questionné à nouveau, ne se rappelait plus que François K. – qu'il continuait à accuser lorsqu'on lui montrait la photo anthropométrique – lui avait aussi été présenté dans un groupe d'hommes à l'hôpital. Il n'avait plus aucun souvenir de cette confrontation. Cette défaillance nous interdisait de conclure.

L'affaire fut classée. Une deuxième (?) victime avait été nécessaire à la condamnation de François K.

Quand des accusations de pédophilie sont présentées par des suspects comme l'aboutissement des machinations judiciaires et policières, ne conviendrait-il pas de se poser d'autres questions? Ne pourrait-on se demander, par exemple, si les incontinences rectales dont les victimes sont atteintes ne proviennent pas plutôt de l'excès d'amour que des guérisseurs trop dévoués veulent prodiguer aux enfants?

Cela ne ressort plus des affabulations enfantines, mais devient du domaine des constatations médico-légales et devrait faire apparaître que, comme chacun sait, il est des remèdes pires que le mal.

Très au-delà des raisonnements et démonstrations purement intellectuels qui ne sont pas toujours désintéressés, il appartient à la justice de rappeler ces notions élémentaires.

La confusion que d'aucuns voudraient entretenir entre amour et perversions, encore que tous les déséquilibrés sexuels ne présentent pas, loin s'en faut, un caractère aussi dangereux, m'incite à relater ce cas qui mérite réflexion.

Julien B. approchait de ses quatorze ans quand il fut surpris par son père alors qu'il tentait de pénétrer par-derrière sa petite sœur âgée de deux ans.

Assistantes sociales, médecins, policiers, juge des enfants, enquêtes, expertises, examens psychiatriques, Julien B. resta en liberté et le dossier fut oublié.

Quinze ans plus tard, Julien B. se trouve dans le vaste bureau du chef de la brigade criminelle, Georges Clot, où, suivant la méthode habituelle, il est présenté à l'unique témoin d'un des crimes les plus retentissants de l'époque, le double assassinat de la rue Ordener, commis près de deux ans avant.

Le 5 novembre 1955, Mme Blanche Gilbert, fleuriste, et sa fille Danielle étaient trouvées dans le studio qu'elles partageaient, lardées chacune de quinze coups de couteau.

Le docteur Paul, qui pratiqua l'autopsie, nous montra en outre les déchirures non équivoques que présentait Danielle, qui avait été sodomisée.

Nous enquêtons longuement sans résultat quand une lettre anonyme nous met sur la piste de Julien B. Cette lettre paraît si documentée que nous consacrons toute notre énergie à l'identification de l'auteur.

De toute évidence, l'expéditeur a reçu des confidences de la femme de Julien B. C'est donc dans l'entourage de cette dernière que commencent les investigations.

D'une collègue de travail à une autre, d'une concierge à une voisine, d'une voisine à un commerçant, d'un commerçant à une autre concierge – cette dernière connaît très bien Mme Raymonde B. Toutes deux sont de même âge, même milieu, modeste mais apparemment sain. Elles se voient souvent, ont ensemble de longues conversations, mais jamais, affirme Juliette, la concierge, Raymonde ne lui a fait part de doutes ou pressentiments à l'égard de son mari au sujet de malhonnêtetés ou actes graves qu'il pourrait avoir commis.

Juliette ne voit aucun inconvénient à écrire sous notre dictée plusieurs phrases de la lettre anonyme. La similitude d'écriture est totale, certaines lettres semblent décalquées l'une sur l'autre et les mêmes fautes d'orthographe entachent les mêmes mots.

Nous demandons l'avis d'un expert. En un long rapport, le graphologue démontre, tous rapprochements effectués, que la lettre anonyme et celle de comparaison ont bien été écrites par Juliette.

Convoquée à nouveau, la concierge ne veut rien entendre. Raymonde B. ne lui a rien dit et, en larmes, elle jure qu'elle n'est pas l'auteur de la lettre. Elle ne peut nier la ressemblance des écritures ni les fautes d'orthographe, mais, n'étant au courant de rien, elle n'a rien à dire.

Nous convoquons le mari, jeune, vigoureux, lucide, et lui présentons les documents.

Il est atterré et se convainc instantanément que sa femme est bien l'auteur de la missive anonyme. Il ne comprend pas comment elle a pu rédiger et nous adresser pareille correspondance, mais pas davantage il ne peut admettre qu'elle nie. Il lui demande d'avouer, insiste, se fâche. Si ce modeste employé n'était maître de ses réactions, Juliette pourrait avoir des craintes : la correction qu'elle mérite, elle la recevrait, avec les policiers pour témoins.

Rien n'y fait. Aucune supplication, aucune menace n'ébranle Juliette. L'expert peut affirmer qu'elle est le corbeau de cette affaire, elle ne l'avouera jamais : elle ne se reconnaît pas en ce rôle.

Au milieu de la nuit, Juliette et son mari quittent nos bureaux. Nous n'aurons plus besoin de les revoir, sauf pour rassurer le mari.

Dès le matin, l'inspecteur principal, André Morin, « grand, bien découplé, élégant, visage énergique et séduisant », disent les journalistes, fait reprendre les recherches.

Quelques jours de patience et est conduite à mon bureau une deuxième concierge, Germaine, également amie de Raymonde B. Même scénario, mêmes dénégations, même dictée, mais aussi même écriture et mêmes fautes.

Ces coïncidences sont déconcertantes. Sans doute ressortent-elles d'un niveau d'instruction analogue. Allons-nous rencontrer les mêmes difficultés? Non! Germaine avoue rapidement. C'est elle qui nous a adressé la lettre après les confidences de Raymonde B. qui lui a raconté qu'elle et son mari faisaient partie des relations de Mme Gilbert et de sa fille et que le soir de l'assassinat, Julien était rentré après l'heure à laquelle, selon les journaux, le crime avait été commis. Elle avait remarqué le visage profondément griffé de son mari et sa canadienne était tachée de sang.

Le lendemain, sur l'insistance de sa femme, Julien s'était rendu chez un médecin pour se faire soigner, tandis que Raymonde donnait à nettoyer le vêtement dans une blanchisserie.

Julien lui avait expliqué avoir échangé des coups avec un chauffeur de poids lourd comme lui et, à la suite de ce qu'il avait lu dans la presse, lui avait demandé, pour simplifier, de dire, si elle était interrogée, car ils étaient amis des victimes, qu'il était rentré plus tôt qu'en réalité, vers 20 heures.

De plus, Raymonde avait appris que son mari avait imposé des relations contre nature à plusieurs de ses amies (dont aucune cependant n'avait déposé plainte), quelquefois après les avoir menacées à l'aide d'un couteau. Aussi avait-elle acquis la certitude que Julien était l'auteur du double assassinat de la rue Ordener.

L'affaire n'était pas pour autant résolue. Julien niait. Raymonde, quand elle apprit que son mari ne reconnaissait pas les faits, revint sur ce qu'elle avait dit. Germaine, la concierge, devant les dénégations de Raymonde, fut moins affirmative. Le médecin qui avait soigné Julien se retrancha derrière le secret professionnel pour refuser d'indiquer les motifs pour lesquels Julien était venu à son cabinet le 6 novembre 1955. La canadienne tachée de sang avait disparu.

Restait, pour aboutir, la confrontation que nous organisions entre Julien et une locataire de l'immeuble de la rue Ordener qui, à n'en pas douter, avait croisé l'assassin dans les escaliers au moment de son départ. Le spectacle offert par Julien, qui avait choisi sa place dans le groupe d'inspecteurs et portait devant lui, comme eux, une pancarte numérotée suspendue par une petite ficelle passée autour du cou, était saisissant.

Petit, mince mais athlétique, le front bas, les yeux enfoncés dans leurs orbites, les joues creuses, Julien B. était sous l'empire d'une émotion à son comble.

La pancarte – carré de vingt centimètres de côté en carton assez épais – se détachait de la poitrine, repoussée de deux ou trois centimètres, au rythme des pulsations cardiaques.

Le spectacle était impressionnant. Comme d'habitude, nous avions recommandé au témoin de ne manifester aucun avis immédiatement, mais, la présentation terminée, de réfléchir et nous faire part seulement ensuite de ses conclusions.

– Juré, c'est promis, je ferai comme vous me dites.

Et la voisine fait le contraire. Elle passe devant les hommes qui forment le groupe. A chaque fois, devant chacun d'eux et devant Julien B. également, elle a le même signe de dénégation de la tête par lequel elle indique clairement qu'elle ne reconnaît pas celui qui est devant elle.

C'est fini. Comprenant de façon évidente qu'il n'est pas et ne pourra plus être désigné, Julien B. se calme. La pancarte ne se soulève plus de sa poitrine. Il reprend de l'assurance. Il demande une cigarette que nous lui offrons. Il est soulagé.

L'interrogatoire que nous poursuivrons pour ne pas reconnaître notre défaite sera inutile.

Julien B. ne sera pas inculpé et, à quelques semaines de là, il narguera ouvertement dans un café l'un des inspecteurs chargés de l'enquête qui jugera préférable de faire comme s'il n'avait rien vu.

Julien B. n'est pas guéri.

Comme François K., sa perversion, maîtresse de ses facultés, l'amènera à comparaître quelques années plus tard en cour d'assises. Non pour un meurtre car on ne put prouver qu'il en était l'auteur, mais pour recel de cadavre, du cadavre qu'il avait tenté d'incinérer.

Onze ans de réclusion.

Peut-être aujourd'hui est-il à nouveau libre. Je ne sais. Justice a été rendue, dit-on. Mais quelle justice? Celle qui a consisté à châtier un malfaiteur pour son dernier forfait connu? Sans doute. Mais que dire de celle dont la mission première devrait être de mettre hors d'état de nuire des criminels-nés, dont la liste des victimes ne cessera pas de s'allonger si aucune mesure n'est prise?

Cela, bien sûr, ne saurait être la charge des seuls magistrats. Mais l'on peut s'interroger sur la nécessité de créer des institutions chargées éventuellement, hors de tout esprit de condamnation, d'empêcher les personnes les plus dangereuses de commettre leurs crimes. Aujourd'hui, ni le juge, ni le médecin n'assurent cette protection.

Il faut choisir entre ceux qui ont été, sont et demeureront des coupables et leurs futures victimes.

Parlons clair. Si Julien B. avait fait, à l'âge de quatorze ans, l'objet de mesures de prophylaxie sociale appropriées à l'acte qu'il avait voulu commettre, combien de victimes auraient été épargnées?

Qu'il ait été irresponsable, sans doute! Mais, à quel moment, dans la période de son existence que nous connaissons, a-t-il eu un comportement normal? Quand pourra-t-il être considéré comme définitivement sain d'esprit?

Quelles évidences sont nécessaires pour établir un diagnostic de l'état dangereux? Ou faut-il admettre que ces cas exceptionnels inhérents à la vie en société et inévitables doivent être acceptés?

La réponse n'est affirmative que lorsque nous ne sommes pas directement concernés.

Le témoignage des enfants, le plus dangereux de tous, est aussi parfois le plus spontané, le plus authentique.

Ne serait-ce que pour rendre hommage à ces deux fonctionnaires, inspecteurs divisionnaires au dévouement exceptionnel et qui avaient la passion de leur métier, je vais relater cette affaire dont ils furent les héros.

Alfred Courchamp et Maurice Gouny étaient aussi différents que possible. Le premier, taillé dans la masse, mordait dans la vie à pleines dents, sans jamais être fatigué. L'autre cultivait son élégance par le travail, l'ascétisme et le sport.

Ils avaient en commun une soif de vaincre jamais démentie. Comme, en outre, c'était à qui des deux en ferait le plus, leur association était redoutable d'efficacité.

Cette fois-là, ils enquêtaient sur un meurtre commis dans le quartier de la Goutte d'Or-La Chapelle, enclave essentiellement africaine et nord-africaine dans le 18ᵉ arrondissement. Ils font du porte-à-porte en vue de rencontrer des témoins.

Ils sont dans une petite épicerie voisine du lieu où le crime a été commis et interrogent la commerçante.

– Oui, son magasin était ouvert. Oui, elle sait qu'une dame qu'elle connaissait vaguement a été assassinée à proximité de chez elle, mais elle n'a, dit-elle, rien remarqué, rien entendu qui puisse aider les enquêteurs. Absolument rien. Elle ne peut fournir aucun renseignement.

Son fils, neuf ans, est là et écoute. Il ne comprend pas. Sa maman a-t-elle perdu la mémoire? Ce n'est pas possible. Tous les deux n'avaient-ils pas précisément noté la sortie de deux hommes de race noire de l'immeuble, peu avant qu'ils n'apprennent qu'un crime avait été commis?

– Mais oui, maman, tu te rappelles bien, c'est toi qui les as vus la première. Tu m'as même dit : « D'où ils viennent ceux-là? Qu'est-ce qu'ils font? » Tu les as regardés partir et tu les as trouvés bizarres.

Comment faire comprendre au fils qu'il doit se taire? La maman tente de le persuader qu'il confond, qu'il se trompe. Rien n'y fait. L'enfant insiste. La maman ne peut l'éloigner. Les inspecteurs sont là qui écoutent, intéressés.

De la mère ou du fils, lequel dit la vérité?

Mais qui sont ces deux Noirs dont le garçon parle?

– Maman, tu sais bien, on les a déjà vus. Ils viennent dans les cafés, là, à côté.

Force est à la maman d'admettre que son fils peut avoir raison et, avec son aide, elle trace pour les inspecteurs un portrait des suspects.

Courchamp et Gouny ne perdent aucun temps. Avec les signalements qu'ils viennent de noter, ils vont questionner l'un de leurs indicateurs, un Nord-Africain habitué du quartier.

Il pense savoir qui sont les hommes recherchés et s'offre à prospecter avec les inspecteurs les cafés et restaurants à la clientèle exclusivement noire et maghrébine qu'ils fréquentent couramment.

Rendez-vous est pris pour le soir même. Courchamp arrive maquillé, le teint basané. Il pénétrera dans les bars avec l'indicateur tandis que Gouny attendra dehors à proximité.

Et ainsi, les trois hommes vont d'établissement en établissement.

Dans l'un, brusquement, tout change. Courchamp a remarqué que le comportement de l'informateur n'est plus le même. Peut-être l'un des suspects est-il là et va-t-il l'arrêter? Il doit vite déchanter. Le voilà entouré par un, deux, trois, quatre Nord-Africains qui, manifestement, n'ont pas de bonnes intentions à son égard. La bataille s'engage. Gouny se précipite à son aide. Tous deux réussissent à se placer dans un angle du café où ils tentent de faire face à la dizaine de personnes qui les agressent. Ils ne peuvent tout éviter. Ils donnent, mais ils reçoivent des coups. Leur situation est difficile et Gouny, le premier, remarque un homme à la stature impressionnante qui se dirige vers eux.

Gouny a vite fait de saisir que si ce colosse s'en mêle, lui et Courchamp ne pèseront pas lourd. Impossible de reculer. Impossible de fuir. Il faut faire front. Gouny, qui a le sens et la pratique de l'autorité, s'adresse alors directement au nouvel arrivant et crie à son adresse : « Tu ne vas pas faire le con toi aussi? »

L'homme personnellement interpellé sort de son anonymat. Non seulement il s'arrête, mais il s'adresse à ses coreligionnaires, les calme, s'interpose.

Courchamp et Gouny sont tirés d'affaire. Ils récupèrent leur indicateur qui les avait certainement trahis et s'en vont, tout en mettant de l'ordre dans leur tenue et en faisant l'inventaire de leurs horions.

Soudain, Courchamp se rend compte qu'il a perdu sa pipe.

– Où? dit Gouny.

– Dans le café. J'en suis sûr. Je retourne.

Gouny a beau faire, Courchamp a déjà fait demi-tour et les

voilà à nouveau pénétrant dans l'établissement pour le plus grand effarement de leurs récents antagonistes.

Que veulent à nouveau ces policiers?

– J'ai perdu ma pipe, dit Courchamp.

Et tous, inspecteurs, garçons de café, tenancier, clients, de se mettre à chercher sous les tables et les chaises. La bouffarde est retrouvée et, tandis que le tenancier du bar la restitue, comme s'il s'agissait du calumet de la paix, il dit :

– Venez manger un couscous avec nous demain. Je vous invite.

Courchamp et Gouny avaient autre chose à faire. Tellement autre chose qu'ils passèrent les coups reçus à leur compte « profits et pertes » et qu'ils n'établirent aucun rapport, contre aucune personne, comme s'il s'agissait d'un incident ordinaire du métier. Ils continuèrent à prospecter.

Quelques jours plus tard, les deux Noirs furent arrêtés et reconnus par la mère et son fils.

La vérité sort de la bouche des enfants, dit-on. Ce n'est pas toujours le cas, mais il serait imprudent de l'oublier.

9

LES INDICATEURS
LA BRIGADE MONDAINE

Dans leur livre *Enquête sur les « affaires » d'un septennat,* Jacques Derogy et Jean-Marie Pontaut, journalistes « fait-diversiers », que je ne pouvais pas ne pas rencontrer, écrivent dans le chapitre consacré à l'imbroglio de Broglie : « Le commissaire Ottavioli qui, lui, possède un radar antiscandale très perfectionné, a toujours refusé de rencontrer l'indic. »

C'est parfaitement vrai. Peut-être, d'ailleurs, est-ce moi qui l'ai dit à l'un d'eux. Mais, si avantageuse que j'aie trouvée la formule, elle semble vouloir dire que c'est grâce à un don inné que j'aurais refusé tout contact avec l'informateur pour demeurer à l'abri de tout reproche.

Ce n'était ni intuition, ni prescience, mais expérience.

Au moment de l'affaire de Broglie, en 1976, il y avait six ans que j'avais quitté la brigade mondaine dont j'avais été le chef de 1965 à 1970.

Ce service, aux attributions multiples, passionnantes autant que délicates, constituait une véritable agence du traitement des indicateurs et de la délation.

Qu'il m'en soit resté quelque prudence était bien le moins.

Pour les hommes, pour qui un secret est un secret, un ami, un ami, une trahison, une infamie, le spectacle de l'indicateur est toujours empreint d'incompréhension, d'étonnement, parfois d'effroi.

Le tout premier cas dont je me souviens est celui d'un jeune homme de moins de trente ans, sans travail, vivant aux dépens de sa famille. Tous les jours, il vient au commissariat de Saint-Ouen et accuse son entourage d'une foule de petits délits qui nous obligent à intervenir. Larcins, couteaux à cran d'arrêt, emprunts (ou vols) de bicyclette, violences, longtemps ces accusations se trouvent plus ou moins vérifiées. D'intervention en intervention, les accusations de l'indic deviennent de moins en moins intéressantes pour finir par être totalement inventées.

Nous l'accueillons de plus en plus mal. Rien n'y fait. Le jeune homme revient tous les jours avec une histoire nouvelle, rapportée avec conviction et acharnement.

Il fallut un jour l'expulser *manu militari* pour nous en débarrasser.

Sans doute était-ce un pervers, mais j'ai toujours pensé que, plus que par méchanceté, ce qui le poussait à cette collaboration gratuite avec la police devait être le sentiment de trouver ainsi un exutoire et une justification à son désœuvrement.

Il est des leçons qu'il est impossible de ne pas retenir. Celle-ci, je la reçus de plein fouet. Ce fut à l'occasion du hold-up contre les convoyeurs de fonds de la Sécurité sociale de la rue de la Pierre-Levée, ma première affaire à la brigade criminelle, dont j'ai déjà parlé.

Le soir même, un inspecteur d'une brigade territoriale, connu et estimé, nous apprit qu'un informateur lui avait donné les noms et les adresses des auteurs du hold-up.

Cet indicateur se doublait d'un témoin. En effet il avait assisté personnellement, prétendait-il, au partage des six millions de francs, peu après le vol, dans la chambre de l'un d'eux.

C'était trop beau pour être vrai. Et pourtant, il ne pouvait y avoir de doute. Arrêter ainsi les malfaiteurs, leur agression à peine commise... C'était l'euphorie... J'y croyais peu, mais cela ne pouvait pas ne pas être.

A 6 heures du matin, nous débarquions chez ces individus... pour nous couvrir de ridicule. Les quatre hommes, des ouvriers du bâtiment, n'avaient rien à voir avec cette affaire. Il fallut se rendre à l'évidence. A l'heure du hold-up et du partage, ils étaient sur leur chantier et non ailleurs. Il ne resta plus qu'à les relâcher en vitesse...

J'avoue être rentré au quai des Orfèvres très perplexe. Comment l'indicateur s'était-il trompé à ce point? Était-il imaginable qu'il ait pu sciemment induire en erreur son correspondant? N'ayant eu aucun contact personnel avec l'informateur, je n'ai jamais pu savoir s'il était mythomane, s'il était devenu fou ou si, pour des raisons diverses, il avait voulu se venger des hommes du chantier auxquels nous avions fait la surprise de nous présenter à l'heure du petit déjeuner.

Nous avions perdu une demi-journée, mais, pour moi, quelle expérience! Balzac notait : « Jamais la police n'aura d'espions comparables à ceux qui se mettent au service de la haine. » C'est une grave erreur. Balzac, cet immense romancier, s'est trompé. Quel sentiment plus que la haine peut faire perdre tout sens critique, négliger toute objectivité et rendre le renseignement sans valeur?

C'est une chance d'avoir abordé le monde des indicateurs par le pôle négatif. Cela incite à la prudence. Et même à la méfiance. C'était la doctrine de la brigade criminelle de ne jamais rechercher d'informateur mais d'utiliser éventuellement leurs services.

L'indicateur n'était pour moi qu'un personnage mythique dont tous les dires, sujets à caution, ne méritaient que l'on ne s'y arrête que par acquit de conscience.

C'est à la 4ᵉ brigade territoriale, dont la compétence s'étendait sur le 9ᵉ et le 18ᵉ arrondissements, les quartiers de Pigalle et de La Chapelle-Goutte d'Or, où je fus affecté au début d'octobre 1964, que je pénétrai vraiment dans la faune incroyable de la délation. Vendeurs de mignonnettes (reproductions, format de poche, de tableaux du Louvre, vendues aux touristes français et étrangers sous le manteau et au prix fort, comme étant des photographies pornographiques interdites), aboyeurs des établissements de strip-tease, prostitués des deux sexes, joueurs de bonneteau, organisateurs de jeux clandestins, receleurs en tous genres, cabaretiers et hôteliers marginaux, l'échantillonnage était déjà très complet.

Autant dire qu'aucun policier du service ne pouvait faire un pas dans le secteur sans qu'immédiatement la nouvelle ne soit connue et propagée. La « balance » jouait dans les deux sens. Au policier lui-même démasqué, le correspondant faisait part de ce qui concernait le commerce des autres, à moins qu'il ne s'agisse de se défaire d'un concurrent trop envahissant ou d'un nouveau venu auquel on refusait le droit de cité.

Les contacts avaient souvent lieu sur la voie publique, au vu et au su de tous les intéressés, dans des conditions qui parfois m'exaspéraient. Je ne pouvais supporter ces conciliabules sur la place Pigalle et le boulevard, entre ces marchands à la sauvette et certains de nos fonctionnaires : « Et je te raconte ceci et je te raconte cela », comme s'il était nécessaire que tout le monde sache qui était qui.

Cette rencontre flagrante de l'inspecteur et de l'indic, je dirai cette osmose presque constante qui existait entre eux, donnait cependant à leurs échanges un aspect folklorique et bon enfant assez étonnant.

Pigalle était comme leur place de village.

Les informations utiles, encore que d'intérêt divers et parfois médiocre, avaient pour résultat de faire du quartier allant de Barbès-Rochechouart à la place Clichy, une sorte de territoire réservé aux seuls affidés.

Les choses plus sérieuses ne se passaient bien entendu pas dans la rue, mais au siège de la brigade, rue Achille-Martinet, ou dans des lieux soigneusement dissimulés, certains de nos collaborateurs inavoués ne voulant pas perdre leur réputation « de bonne mentalité » en se montrant dans nos bureaux.

Obséquieux jusqu'au ridicule, un patron de jeux clandestins, mort depuis longtemps (de sa belle mort), autorisé par le service des jeux des Renseignements généraux, en partie en raison de l'intervention de mon service – mais il avait plusieurs cordes à son arc – me sortait par les yeux. Je ne pouvais le supporter. Le malheureux, contraint d'apporter sa moisson d'informations, pour continuer son commerce, devait me rendre visite de façon assez régulière. Disons tous les quinze jours ou tous les mois. J'étais tenu de le recevoir. Si ses renseignements, en raison des joueurs qui fréquentaient son établissement, étaient parfois intéressants, sa façon de les donner et la satisfaction évidente qu'il éprouvait à remplir son contrat, en vomissant lentement ses informations, m'étaient physiquement insupportables.

Je le recevais avec une froideur si incoercible qu'un jour, il s'oublia dans ses pantalons. Il faisait décidément un sale métier, mais je devins plus compréhensif.

Ne l'étais-je point avec cette prostituée, fort élégante, dont le souteneur était un gros bonnet du banditisme et qui venait m'apporter ses renseignements parée de ses plus beaux atours? Comme client, je ne l'aurais pas impressionnée. Et si elle avait fait des efforts aussi importants que pour sa toilette, peut-être même n'aurais-je pas été déçu! C'est en tout cas par la *vox populi* que j'appris que ses confidences m'étaient faites sur l'oreiller.

La mise en application d'instructions du préfet de police relatives aux expulsions de certains étrangers du territoire français devait engendrer de façon imprévue une nouvelle lignée de mouchards.

1964-1965. La guerre d'Algérie était encore toute proche. La rébellion avait, qu'on le veuille ou non, conduit nombre d'Algériens à vivre de façon marginale. Pour beaucoup, de politique, le racket était devenu alimentaire.

Les mauvaises habitudes étant prises, pourquoi ne pas poursuivre dans une France, à leurs yeux au moins, défaite, ce qui avait été possible durant les hostilités? La délinquance nord-africaine battait son plein et atteignait des taux records. Si le nombre d'Algériens ne dépassait pas 200 000 dans la région parisienne, la très grande majorité œuvrant sur nos chantiers et dans nos usines, quelques milliers d'entre eux étaient à l'origine de près de cinquante pour cent de crimes et délits dénombrés dans la capitale.

Le préfet de police avait fait diffuser dans les services une note rappelant les conditions légales dans lesquelles les étrangers pouvaient faire l'objet d'une mesure d'expulsion. Je décidai de tenter de la mettre en pratique.

Elle comportait un certain nombre de restrictions relatives aux Algériens dont les liens qu'ils avaient ou pouvaient avoir avec la France interdisaient de leur appliquer purement et simplement le droit commun.

Le droit d'expulsion concernait les étrangers sans pièce d'identité, sans travail, sans domicile, sans ressources, sans famille en France et, de surcroît, les malfaiteurs déjà condamnés. Un administrateur de la Préfecture de police était chargé de l'étude des dossiers, cas par cas. Encore fallait-il les lui soumettre.

J'en parlai avec mes deux collègues chargés de la police municipale sur les 9e et 18e arrondissements.

Le premier donna des instructions pour que soient conduits au service tous les étrangers interpellés auxquels la note du préfet de police pouvait paraître applicable.

A la brigade, nous examinions plus avant la situation de chacun. Dans les cas douteux, nous prenions langue avec l'administrateur désigné et, si les conditions semblaient remplies, faisions conduire l'étranger au dépôt en vue de son expulsion.

C'était l'application stricte des instructions préfectorales.

Qu'à Pigalle elles aient touché essentiellement des Algériens, malgré les considérations particulières retenues en leur faveur, est un fait qui tenait à leur plus grand nombre.

Après quelques exemples, très rapidement ceux qui se savaient en situation d'être expulsés désertèrent le 9e arrondissement.

La courbe des délits connut une chute spectaculaire. Le cas le plus remarquable fut celui des vols dans les voitures qui, dans le 9e arrondissement seul, de plus de cent par mois, tombèrent au printemps 1965 à moins d'une dizaine, pour atteindre le chiffre zéro. Je dis bien zéro.

Si le 18e arrondissement bénéficia des mesures d'assainissement prises sur l'arrondissement limitrophe, la baisse de criminalité y fut beaucoup moins nette.

Comme le malfaiteur surpris en flagrant délit tente souvent de monnayer sa liberté en échange de renseignements, les étrangers, en instance d'expulsion, n'avaient besoin de faire l'objet d'aucune sollicitation pour offrir leurs services.

Ils juraient de nous apporter dès le soir même ou le lendemain les preuves de leur reconnaissance, si nous leur donnions – seulement pour une heure ou deux, disaient-ils – la possibilité de sortir et chercher les éléments qui leur manquaient encore pour nous apporter des renseignements complets.

Il était bien entendu hors de question d'accepter ce marché de dupes, mais quelquefois... l'étranger obtenait un sursis jusqu'à la fois suivante.

Ce n'était pas affaire de sentiments, ni bons, ni mauvais. C'était affaire d'ordre public.

On parle beaucoup aujourd'hui du problème des immigrés. La police est souvent accusée d'en faire sa cible favorite.

La police n'a pas de temps à perdre. Chasser l'immigré en tant que tel serait aussi odieux que stupide. Mais elle peut le traquer de façon plus constante si les chances d'arrêter ainsi des malfaiteurs sont plus élevées.

Si les vols à la tire dans le métro sont pour leur très grande majorité commis par des hommes au teint basané, la police ne peut que le constater et en tirer les conséquences.

Il en est de même dans certains quartiers où les revendeurs de drogue au détail sont presque exclusivement originaires d'Afrique du Nord. Ils ne sont pas interpellés parce qu'ils appartiennent à telle ou telle nationalité, mais comme trafiquants de stupéfiants.

Ce qui ne saurait dire que la ratonnade, la violence raciste, lorsqu'elles se manifestent, ne doivent être sanctionnées durement.

Encore faut-il prouver avant de dénoncer.

La force employée pour maîtriser un compatriote peut l'être également à l'égard d'un immigré. Ou entend-on qu'échappent à la loi française ceux qui ne sont pas originaires du terroir? Car, à force de dire et d'écrire que les étrangers sont plus maltraités que les Français, certains finissent par le prétendre sans raison.

Pris la main dans le sac, des malfaiteurs tentent de faire oublier l'acte commis et soutiennent n'être arrêtés qu'en raison de la couleur de leur peau. Ils ameutent les chalands, accusent les policiers, retournent les témoins à leur avantage.

Ce n'est pas en dénonçant des fautes de façon outrancière et abusivement généralisée que les oppositions s'effaceront.

On l'a compris, si le service entretenait avec des indicateurs de longues (trop longues?) relations, la majorité étaient des collaborateurs occasionnels.

A leur égard, la politique était simple : si le contrat était accepté, l'échange devait être immédiat.

Pour les autres, la situation est parfois plus délicate.

Primo, on ne peut tolérer d'un indicateur qu'il commette de son côté des actes plus graves que ceux qu'il dénonce.

Secundo, il faut se défier de toute provocation. Pour un délateur, la question se pose peu de savoir si le malfaiteur qu'il s'apprête à dénoncer est un récidiviste aguerri ou un petit truand en puissance. Volontiers il lui passerait commande. Pis encore, il se propose de l'accompagner et de l'aider. Dans ces cas, il n'y a pas de doute que l'indicateur devient un complice et que le policier doit savoir déjouer de tels procédés.

En droit pénal français, la provocation n'est pas admise. Ce n'est pas au commissaire ou à l'inspecteur de l'y introduire.

D'ailleurs, quand bien même ils le souhaiteraient, ils n'y parviendraient pas, sans voir heureusement se déchaîner contre eux le ban et l'arrière-ban de leur hiérarchie, de la défense, des magistrats, des médias.

Il y a quelques années déjà, courant 1980, nous avons tous pu lire dans la presse la relation des circonstances dans lesquelles un policier se faisant passer aux États-Unis pour l'envoyé d'un émir, a réussi à remettre des pots-de-vin à des membres de la Chambre des représentants pour obtenir des autorisations administratives qui constituaient en fait des passe-droits.

Affaire d'Amérique, direz-vous? Ce qui m'a le plus surpris, c'est l'indifférence dans laquelle ce fait divers a été accueilli dans notre pays.

Un seul journaliste, à ma connaissance, a osé écrire que la méthode utilisée – pour efficace qu'elle ait été – lui paraissait moralement contestable.

Démontrer la corruption d'un élu dans de telles conditions est irréalisable en France. La dissuasion pénale ne peut aller jusque-là. A fortiori, est-elle incapable de rivaliser avec les faramineuses machinations policières du roman et du cinéma où l'imagination ne connaît pas de limites.

Tertio et sans ambages, un policier ne peut faire état d'un renseignement confidentiel avant d'en avoir apprécié la valeur. Il ne peut écrire qu'il a appris qu'une personne est un receleur, un escroc, un proxénète ou un trafiquant de stupéfiants, en se fiant aux seules déclarations d'un délateur. Qu'il puisse ou non en apporter la preuve est une chose; qu'il ait au moins pris le soin de se forger une opinion personnelle est une obligation.

Je demeurai moins d'un an à la tête de la 4ᵉ brigade territoriale avant d'être appelé à diriger la brigade mondaine devenue aujourd'hui la brigade des stupéfiants et du proxénétisme.

A l'occasion de ma nomination, je fus reçu par M. Maurice Papon, préfet de police, et M. Roger Frey, ministre de l'Intérieur, qui voulurent bien m'accorder leur confiance. Chargé du service durant plus de cinq ans, je devais retrouver non seulement le problème des indicateurs avec en complément le funeste enlèvement de Mehdi Ben Barka, mais également pénétrer dans le monde du vice, de la prostitution et des stupéfiants. Ce fut aussi le temps des événements de Mai 1968.

Quelques jours avant la signature de l'arrêté me désignant, j'allai rendre visite à mon prédécesseur, M. André Simbille, homme au bon sens inégalable et aux qualités de cœur incomparables et qui devait faire par la suite l'objet de si injustes suspicions qu'il en mourut prématurément [1].

Quand je me présentai à son bureau et alors qu'il me faisait part de son expérience à la place que j'allais occuper, Simbille me dit :

– Excuse-moi, mais j'ai un rendez-vous avec un informateur. Je vais le recevoir. Entre les deux portes capitonnées qui séparent mon bureau de celui de l'adjoint, tu pourras tout entendre.

Je n'ai jamais eu le goût de coller l'oreille aux portes, pourtant je pris place et j'écoutai. Il s'agissait de projections clandestines de films pornographiques, un délit qui faisait, à cette époque-là, courir les inspecteurs chargés de la répression des outrages aux bonnes mœurs.

Nulle équivoque. Nulle imprécision dans le dialogue. On ne pouvait en conter à M. Simbille qui exigeait des faits clairs et précis. Aucune ambiguïté non plus dans les relations. En échange de ses « tuyaux », l'informateur reçut l'autorisation d'organiser quelques séances de films interdits à son profit.

C'était faire la part du feu à l'égard de délits qui n'avaient

1. A la suite de l'enlèvement de Mehdi Ben Barka, le commissaire Simbille fut suspecté d'avoir entretenu des relations amicales avec les malfaiteurs, auteurs du rapt. Une serveuse de restaurant où ces derniers avaient leurs habitudes affirmait l'avoir vu de nombreuses fois en leur compagnie. La presse s'était fait l'écho de l'information. Une confrontation devait avoir lieu dans le cabinet du juge.

Quelques heures auparavant, un homme dont les attaches avec les trafiquants de stupéfiants étaient bien connues vint me trouver pour me faire part de sa certitude que la personne vue au restaurant en compagnie des ravisseurs n'était pas Simbille, mais un repris de justice qui lui ressemblait.

Avant la confrontation, le juge présenta alors au témoin accusateur les photos anthropométriques du truand et du policier (tous fichés à l'Identité judiciaire) et la serveuse désigna, sans hésitation aucune, le premier. La dénonciation contre Simbille faisait long feu. Il n'empêche...

aucun caractère de gravité et ne mettaient en jeu la sécurité de personne, même si l'ordre public, dans sa conception de l'époque, était quelque peu bousculé.

La licence donnée plus tard aux films classés X obligea la mouche à changer de secteur d'activités. Elle se lança dans le proxénétisme et en mourut.

Aujourd'hui, moins qu'hier encore, la police n'a la capacité de réprimer toutes les infractions commises quotidiennement par une multitude de délinquants. Elle ne peut avoir d'autre ambition que de limiter les dégâts. La concurrence qui dresse parfois les malfaiteurs les uns contre les autres constitue incontestablement l'un de ses moyens d'action.

C'est ainsi que, durant longtemps, la brigade de voie publique eut pour informateur un pilleur de troncs dans les églises. Son expérience était telle qu'il savait immédiatement si un tronc avait été visité entre la tournée du curé et la sienne. Le spoliateur ne pouvait supporter ce manque à gagner, informait son antenne à la brigade, organisait ses propres surveillances et dans les jours qui suivaient, permettait aux spécialistes des vols dans les paroisses d'intervenir en flagrant délit.

Il assura ce service durant des années moyennant un prélèvement mesuré, à son profit, d'une dîme sur les deniers du culte.

En vertu de quelle morale? Je n'en ai pas trouvé. La seule justification des policiers était dans la limitation permanente du nombre de pilleurs de troncs conforme aux vœux de l'église et des paroissiens.

L'intermède porno-cinématographique achevé, M. Simbille me remit une note manuscrite sur laquelle étaient portées les adresses des hôtels qui, au jour dit, faisaient l'objet d'une tolérance avec, en regard, le nom des demandeurs.

Sur, approximativement, trois cents hôtels de passe, c'est-à-dire recevant habituellement des prostituées, pour parler le langage du Code, trente bénéficiaient d'une autorisation tacite. Une dizaine l'avait obtenue par l'intermédiaire direct du service et une vingtaine en raison de la collaboration de leurs tenanciers avec le cabinet du préfet qui, en réalité, servait de médiateur, ainsi qu'avec divers services de police judiciaire du quai des Orfèvres et du ministère de l'Intérieur, sans oublier les Renseignements généraux, la DST (Direction de la surveillance du territoire), le SDECE (Service de documentation extérieure et de contre-espionnage), ni même l'Inspection générale des services, la police des polices, et un ou deux magistrats.

Si, en ce qui nous concerne, nous étions nos propres censeurs, nous ne pouvions être juges du bien-fondé de l'action des autres. Notre rôle consistait à relancer ces honorables correspondants pour confirmer que la tolérance sollicitée se trouvait toujours justifiée.

En matière de renseignements, j'allais passer du stade de l'amateurisme à celui du professionnalisme.

Quatre mois s'étaient écoulés depuis mon arrivée au service. Je commençais à peine à discerner certains des tenants et aboutissants de ce monde grouillant de la prostitution, du vice et de la truanderie, quand ce fut l'explosion.

Le 29 octobre 1965, à midi quinze, Louis Souchon, chef du groupe des stupéfiants, assisté de Roger Voitot, interpellait, à proximité de la brasserie Lipp et du drugstore Saint-Germain-des-Prés, Mehdi Ben Barka, ancien professeur de mathématiques, ancien président de l'Assemblée nationale consultative marocaine, devenu le leader de l'opposition contre le roi Hassan II, mais aussi l'une des principales figures du tiers monde, ami de Fidel Castro en lutte contre l'impérialisme américain.

Sur présentation de leur carte officielle de la police française, Mehdi Ben Barka ne fait aucune difficulté pour suivre les deux policiers dans leur voiture de service où se trouvent déjà Antoine Lopez, chef d'escale d'Air France à l'aéroport d'Orly, « honorable correspondant » du SDECE, et un truand, Julien Le Ny.

Ils conduisent Ben Barka dans la villa de Georges Boucheseiche, de la bande de Pierrot le Fou, plusieurs fois condamné.

C'est dans cette villa que Mehdi Ben Barka aura, de gré ou de force, une entrevue avec une personnalité politique marocaine de très haut rang, le général Oufkir, ministre de l'Intérieur du gouvernement marocain.

La mission de Souchon et Voitot s'arrête là. Hélas ! on ne devait plus jamais revoir Mehdi Ben Barka.

Voitot, qui était sous les ordres de Souchon et lui devait obéissance, fut acquitté, après une longue détention.

Souchon qui, lui, fut condamné, avait agi de sa seule initiative. Dire que cette arrestation illégale, même si elle devait être de courte durée, était une faute, une faute impardonnable, est après coup une évidence.

Encore faut-il essayer de comprendre comment elle a pu être commise par un homme qui n'avait d'autre ambition que de servir. Car, la chose est certaine, Souchon, inspecteur divisionnaire de grande expérience, qui avait mené à bien de très nombreuses enquêtes de trafic de stupéfiants, y compris de trafic international, était un honnête homme.

Je l'ai peu connu, n'ayant été son chef que durant une période trop brève, mais j'avais déjà beaucoup d'estime pour lui.

Quand je compris qu'il pouvait être dissimulateur, le mal était fait. La brigade mondaine, la direction de la police judiciaire, la préfecture de police de Paris, cette grande dame intouchable, devaient en supporter les conséquences. Le service auquel appartenaient Souchon et Voitot d'abord.

J'ai essayé, bien que je n'aie jamais revu Souchon, de reconstituer le cheminement intellectuel par lequel il s'était finalement compromis.

De tradition ancienne, la Préfecture de police et le SDECE entretiennent de bonnes relations. Les échanges de services et de renseignements dans le cadre des activités propres à chaque administration vont de soi. Quand le SDECE, par ses réseaux à l'étranger, découvre l'existence d'une filière de passage de la drogue, c'est tout naturellement vers la brigade des stupéfiants du quai des Orfèvres que l'information est dirigée.

Antoine Lopez, tout en demeurant chef d'escale à Air France, est chargé de s'intéresser au trafic de stupéfiants et devient l'interlocuteur habituel de Louis Souchon.

Antoine Lopez a des renseignements. De par ses doubles fonctions, il est en relations avec nombre de truands, mais il n'a pas à s'intéresser à leurs moyens d'existence. Une indication peut valoir une facilité et il n'est pas surprenant que par son intermédiaire la tenancière d'un hôtel de passe puisse bénéficier d'une tolérance. Même si celle-ci est l'épouse d'un truand bien connu, le célèbre Boucheseiche. Rien d'étonnant non plus à ce que la brigade des mœurs ferme les yeux sur les activités d'un hôtel de Montparnasse où Lopez a ses grandes et petites entrées.

Il n'y a là rien que de banal.

Chacun dans leur sphère, des employés de l'État, soucieux d'efficacité, se portent aide et assistance. Les relations sont nettes, franches, cordiales. La confiance est de règle, l'entourloupette exclue.

Nous n'irions pas cependant jusqu'à affirmer que tout se passe selon les règles les plus pures. Dans la lutte contre l'espion ou le trafiquant, l'efficacité l'emporte sur la morale.

Jo Attia, l'homme aux dix-sept non-lieux, dont la réputation de voyou n'était plus à faire et que je faisais conduire un jour en prison pour chantage, me disait : « Vous ne pouvez pas savoir, monsieur Ottavioli. Dans mon bar, le Gavroche, rue Joseph-de-Maistre, défile le Tout-Paris. Les gens viennent pour approcher un bandit. Ils restent là, devant moi, bouche bée, pétrifiés, pour voir ma gueule, comment je suis fait » – et c'était vrai. Mais, il ajoutait à qui voulait l'entendre : « Je rentre de mission du Maroc pour le SDECE. J'étais avec Antoine la Béquille. Nous l'avons échappé belle. Antoine, qui ne pouvait pas courir », etc.

Fanfaronnade? Imprudence verbale? Toujours est-il que, dans l'esprit de beaucoup et notamment de quelques fonctionnaires de police, l'utilisation de truands par le SDECE paraissait chose acquise.

Souchon ne pouvait l'ignorer. La raison d'État primait. Il était pour lui hors de question de refuser de collaborer avec qui que ce soit, si c'était dans l'intérêt général. Qui l'avait mis quelques semaines auparavant sur les traces d'un trafiquant international de drogue, qu'il arrêta au Havre, juste avant son départ pour les États-Unis? Qui, sinon Lopez et ses amis?

Or, Lopez n'est pas un indicateur ordinaire. Il ne s'agit pas d'un truand à l'égard de qui la méfiance est de règle. Il s'agit d'un fonctionnaire avec lequel il collabore sans arrière-pensée.

Alors, aujourd'hui, il faut qu'il renvoie l'ascenseur. Il doit faciliter l'entrevue que le général Oufkir désire avoir, *volens non volens,* avec Mehdi Ben Barka. Ce dernier est un ennemi du roi du Maroc qui est un ami de la France. Les choses sont simples. Souchon prêtera son concours.

Que, s'il avait pu imaginer que Ben Barka serait tué, Souchon se serait abstenu ne peut faire aucun doute.

La question s'est beaucoup posée de savoir si Souchon avait agi en raison de ses relations personnelles avec le SDECE ou s'il avait reçu un ordre exprès.

De ma part, je puis affirmer que non. De la part de mon prédécesseur, M. Simbille? Je n'en ai jamais reçu la confidence.

Alors, de qui d'autre?

Il a été question d'un appel téléphoné émanant d'un certain « M. Aubert » que Souchon aurait pris pour le directeur du cabinet du ministre de l'Intérieur.

Heureusement pour lui, la voix éraillée de ce dernier ne pouvait être confondue avec aucune autre et l'auteur du message n'a jamais été identifié.

Quoi qu'il en soit, hiérarchiquement et dans le cadre des activités du service, aucun ordre ne pouvait être donné à Souchon sans que j'en sois le premier informé.

Cela n'a pas été le cas.

C'est le seul témoignage que je puisse apporter.

Le directeur, Max Fernet, qui n'ignorait pas cette situation et ne tenait pas à me voir entraîné dans une affaire à laquelle j'étais étranger, fit en sorte de m'en tenir toujours aussi éloigné que possible.

En savait-il davantage?

Jamais il ne m'en a fait part.

L'arrestation illégale devint une affaire d'État. La collaboration avec un service officiel, une catastrophe.

C'est l'exemple par excellence des difficultés que rencontre le policier dans ses contacts avec l'informateur, à quelque catégorie sociale qu'il appartienne.

Sans doute le drame de l'affaire Ben Barka, qui n'avait rien que de « subalterne et vulgaire », suivant l'expression du général de Gaulle, ne serait-il pas arrivé si les informateurs du service n'avaient été précisément « honorables ».

S'il s'était agi de malfaiteurs, la question ne se serait pas posée.

Quand il a acquis un peu d'expérience, le policier sait qu'il doit se méfier davantage de l'indicateur que du gangster.

Avec ce dernier, les rapports sont de droit, éventuellement de force, sans ambiguïté. Avec l'informateur, il en va tout autrement. Un minimum de confiance semble nécessaire, alors que par définition il est d'abord un traître, même si la trahison comporte des degrés très divers.

Entre le petit indic de quartier qui dénonce ses copains contre le pardon d'un vol, celui qui, entraîné de façon irrésistible vers la catastrophe, dénonce sa bande pour s'en sortir, celui qui donne des gens qui lui sont étrangers, mais dont il connaît les activités, en échange de quelques avantages et celui qui, de propos délibéré, trahit ses amis, que dis-je? les pousse vers l'abîme, le dégoût ressenti par le « confident » comporte des degrés divers.

Le premier peut même inspirer de la pitié, comme le second de l'étonnement ou le troisième du mépris, mais le dernier provoque l'écœurement.

Je me suis toujours défendu de porter un jugement sur tel ou tel comportement de l'homme. Je me défie du mépris. Mais la trahison de l'ami m'a toujours laissé dans la plus totale incompréhension.

Je sais bien qu'il y a la nécessité, l'intérêt, l'égoïsme. Mais je n'ai jamais pu saisir comment un traître, feignant la compréhension, voire la complicité, pouvait vivre dans le giron d'un ami pour mieux le dénoncer et le précipiter dans sa chute. Et y prendre plaisir. Davantage même, en jouir.

Nous entrons là dans le domaine des perversions de l'esprit : la méchanceté et le sadisme.

Quand l'occasion vous a été donnée d'être témoin de pareil comportement, vous apprenez à être circonspect. De celui qui trompe les siens vous pouvez tout attendre.

La prudence est donc de règle. J'avais assez de mes informateurs sans vouloir m'occuper de ceux des autres. C'est pourquoi, messieurs Jacques Derogy et Jean-Marie Pontaut, je ne voulus jamais rencontrer celui de l'affaire de Broglie.

J'ai recueilli les renseignements qui m'ont été transmis par son correspondant. J'ai tenté de les vérifier. Je savais qui il était, je n'ai eu aucune promesse à lui faire, j'étais totalement indépendant à son égard, je ne me suis imposé qu'une seule règle : ne révéler en aucun cas son identité, même si elle a pu être considérée comme le secret de polichinelle. En ce qui me concerne, jamais je ne l'ai confirmée.

Je viens d'écrire que de celui qui trompe ses amis, vous pouvez tout attendre. On a l'habitude de dire que les rapports qui existent entre le policier et son informateur impliquent la confiance mutuelle. Nulle assertion n'est plus fausse. S'il est nécessaire que l'indic ait la certitude de ne pas être trahi par celui auquel il apporte un renseignement, c'est évident et c'est son affaire. La réciproque ne doit jamais être vraie.

De son informateur, le policier ne peut attendre que la trahison.

Trahison, par son désir de le compromettre et de le tenir à sa merci. Trahison, parce que le double jeu est sa nature. Trahison, pour se justifier auprès de son entourage. Que peut dire en effet la prostituée ou l'interdit de séjour qui bénéficie d'un « condé », sinon qu'il l'a payé; que peut dire l'hôtelier, sinon qu'il arrose le commissaire, le maire ou le député?

La confiance se doit de n'être qu'à sens unique.

Alors, l'indicateur? Utile ou néfaste à la police?

Hélas! les deux à la fois. C'est de cela que naissent les difficultés.

Du contact à la compromission, voire à la corruption, nous savons tous que les chemins sont courts.

Mais, si exceptionnelle que soit la chute, elle existe. Et il est hors de doute que c'est dans les milieux de la prostitution qu'elle a le plus de chances de se produire, en raison du pactole que constitue pour certains l'exploitation de cette maladie sociale.

Seule responsable de son contrôle à Paris, la brigade mondaine devait supporter les inconvénients de relations anciennes, complexes, clandestines et obligatoires, qu'elle entretenait dans un milieu qui ne connaissait le plus souvent d'autre loi que celle de l'argent.

Ce service était soupçonné, mais cependant jalousé. Je ne sais d'ailleurs s'il n'était pas plus jalousé que soupçonné.

Toujours est-il que la collaboration accordée par deux de ses membres au service de contre-espionnage français devait entraîner une vaste épuration.

En l'absence de toute enquête judiciaire ou disciplinaire, en l'absence de toute charge et de tout grief véritable contre l'un ou l'autre des inspecteurs, en quelques mois, je dus me séparer de tous ceux qui avaient plus de cinq ans d'ancienneté au service et de tous ceux sur lesquels le moindre soupçon – peu importait qu'il n'ait jamais été vérifié – avait été émis. Ils furent mutés, suivant la formule administrative, dans l'intérêt du service et remplacés par des inspecteurs qui, pour la plupart, ne souhaitaient pas prendre la place des exclus.

Ce fut le temps des rancœurs. Reforger une âme à ceux qui n'étaient plus que des fonctionnaires résignés ou meurtris fut une tâche passionnante.

Les formidables fêtes que nous réussîmes à faire par la suite, en certaines occasions, me permettent d'affirmer que nous avons réussi.

C'est le propre de l'homme que de s'adapter et nous avons repris toutes nos activités.

La brigade mondaine est le service le plus délicat du quai des Orfèvres, celui où les approches des hommes sont les plus variées, les plus inattendues, les plus pitoyables souvent.

Il n'y a pas lieu de s'offusquer ou de s'indigner. Il suffit de regarder.

L'une de ses missions et non la moindre était la rédaction de notes blanches quand des renseignements particuliers, à fortiori politiques, nous parvenaient sur des personnalités en renom.

Tout ce que nous apprenions n'était pas de même importance. Mais quand l'information apparaissait susceptible d'intéresser les responsables de l'État, nous la communiquions au préfet de police, sans considération d'ordre politique.

Le fait seul était pris en compte. Nos sources étaient d'origines très diverses, mais le plus souvent émanaient des personnes adeptes des ébats collectifs et des milieux homosexuels ou de la prostitution.

Il va sans dire que, d'abord, nous nous employions à vérifier la véracité du renseignement.

Il s'agissait, pour la brigade mondaine, de faire connaître l'information si possible avant qu'elle ne soit la fable du Tout-Paris ou de toutes les salles de rédaction.

Autrement dit, il fallait faire en sorte que le gouvernement ne soit pas éventuellement le dernier informé d'habitudes ou de travers de certaines personnes, qu'elles appartiennent ou non à son entourage.

De même, il ne paraissait pas inutile de communiquer ces mêmes renseignements à l'égard des parlementaires, responsables politiques, ou personnalités en vue du monde des arts, des lettres, du spectacle, de la presse, de l'armée, de la fonction publique ou de la diplomatie.

Quand j'écris que cela « ne paraissait pas inutile », il faut ajouter que le chef de la brigade mondaine n'était pas seul juge de l'intérêt des informations qu'il fournissait.

C'était d'abord au préfet de police et au ministre de l'Intérieur à apprécier.

En ce qui me concerne, je considérais que certaines de ces informations avaient pour mérite de permettre par des représentations directes aux intéressés de les mettre en garde contre d'éventuels scandales.

Je pense aussi qu'il était bon que soit rappelé à des imprudents que la discrétion n'était pas la qualité essentielle des milieux qu'ils fréquentaient...

Ceci en dehors de toute considération morale, mais éventuellement en rapport avec le devoir de réserve auquel les fonctionnaires ne sont pas seuls astreints.

Quoi qu'il en soit, je vis passer devant mes yeux une formidable tranche de vie. Je compris que les problèmes sexuels revêtaient pour certains une importance exceptionnelle. Il y a la très grande majorité des gens normaux. Mais les autres? Ceux que je croyais n'être que des vicieux et des pervers et qui, en réalité, n'étaient que des impuissants ou des malades. Ceux qui n'avaient d'autre ressource pour de loin en loin espérer obtenir une satisfaction recherchée et très attendue, que de se faire enfermer dans une cage, crucifier ou couvrir de chaînes. Ceux qui devaient se sentir esclaves, humiliés et qui plaçaient sur leur tête des masques de chiens ou de chevaux. Ceux qui se soumettaient au fouet. Ceux qui se faisaient servir durant des heures le sperme recueilli dans les préservatifs par des prostituées auprès de chaque client – s'ils étaient de couleur noire. Ceux – des maris – qui conduisaient leurs épouses dans des maisons de partouses et – eux-mêmes incapables, mais ne songeant pas à priver leurs femmes – attendaient assis sur une chaise dans un coin qu'elles aient connu sous leurs yeux quelques rapports. Ceux aussi qui voulaient les punir (?) et les condamnaient à se soumettre (?) à des inconnus...

Il y a... il y a... Les formes de la maladie sont innombrables. Sade ou la vérité.

Du jour où j'ai compris que les hommes parfois de condition modeste pouvaient sacrifier une bonne part de leur salaire pour un plaisir aléatoire, je me suis défendu de juger. Comme il ne me semble pas possible de condamner les relations homosexuelles quand, de toute évidence, elles ne sont que le résultat d'anomalies incoercibles de la nature. Contre nature, l'expression dit fort bien ce qu'elle veut dire : à la limite destructrice d'elle-même, sans avenir.

Quelques récits de ces heurs et malheurs sont conservés au Musée de la brigade mondaine, le « Musée des horreurs », avec aussi un échantillonnage d'instruments de torture : fers pour les chevilles et les poignets, chaînes, menottes, colliers à pointes, matelas à clous, cravaches, fouets, martinets et naturellement, des poires d'angoisse ou encore des sexes de substitution, mais aussi des ceintures de chasteté.

Obligatoirement, nous devenions indulgents.

Cette vue libérale des choses que nous acquérions venait des contacts, des relations que nécessairement nous devions avoir avec les exploitants de cette insondable misère des mœurs.

Prostituées avec ou sans cuissardes et corsets de cuir noir, spécialistes de la flagellation et des tortures, salons de massage et de soins esthétiques très particularisés, maisons d'ébats collectifs où les couples hétéro et homosexuels se livraient aux joies (?) de l'amour en commun, établissements « réservés » aux hommes, aux dames, etc.

Toutes ces activités étaient marginales, souvent à la frontière du délit. D'où nos contrôles... et nos informations. La loi est ainsi faite – nous le verrons par la suite – que ces prostituées, flagellantes ou masseuses, pouvaient légalement travailler seules. En réalité, par crainte des réactions parfois très violentes de leurs clients, elles préféraient exercer à deux ou, mieux encore, à plusieurs. La loi dit alors qu'elles « s'aidaient » et devenaient ainsi proxénètes les unes des autres.

Les inspecteurs chargés de ces questions étaient ceux affectés au groupe de la « galanterie », de six à huit en général. (J'ai gardé beaucoup de fierté de voir que quatre de ceux que j'avais choisis pour y appartenir sont devenus par la suite commissaires de police).

Ils avaient également dans leurs attributions tout ce qui constituait la prostitution et les maisons dites clandestines. Ces dernières, « les clandés », étaient connues du Tout-Paris. Certaines avaient une réputation internationale, comme le réseau des call-girls de « Madame Claude » rue Marignan, dans le quartier des Champs-Élysées, ou l'établissement de « Madame Billy », rue Paul-Valéry, à proximité de l'Étoile.

En théorie, les filles de Madame Claude étaient appelées au

téléphone chez elles. En pratique, beaucoup se réunissaient dans l'appartement de la rue Marignan. Quoi qu'il en soit, elles rejoignaient le client là où il le désirait. Dans une garçonnière ou un hôtel proches. Elles pouvaient l'accompagner également au restaurant ou dans une auberge ou un château, au cours d'un week-end, comme au cours de réceptions très mondaines. Elles aimaient les voyages en mer ou par avion. La Méditerranée, le Moyen-Orient et les États-Unis n'avaient plus de secret pour beaucoup.

Madame Billy, « Billy » pour les intimes, pouvait rendre les mêmes services et, en sus, recevait dans son hôtel particulier. Au salon, nombre de personnalités se rencontraient – curieusement, beaucoup de journalistes – et devisaient tout en vidant un verre.

Ceci a permis à Madame Billy d'écrire un livre de souvenirs ayant pour sous-titre « Les dessous roses de trois Républiques ».

Ces établissements, et d'autres de moindre importance, fonctionnaient avec des fortunes diverses, suivant la politique du jour, en fonction de foucades ministérielles ou préfectorales, de bruits, informations, scandales, on-dit, en vertu desquels la brigade mondaine sévissait ou fermait les yeux.

« Billy » n'hésite pas à relater que c'est à la demande de l'un de mes prédécesseurs qu'en une occasion elle a réouvert ses portes, une grande réunion internationale devant se tenir à Paris...

Toute l'ambiguïté des relations de la police parisienne avec le monde de la prostitution est résumée en cette information.

L'ordre moral ou la tolérance. C'est un choix de société. Mais quand la législation ne correspond pas aux réalités et aux nécessités de chaque jour, point ne faut s'étonner qu'elle ne soit pas respectée.

Autre exemple. Chacun connaît à Paris l'existence de ces bars où se trouvent au comptoir de jeunes et peu farouches jeunes femmes, hôtesses ou entraîneuses, qui n'ont aucune raison d'être insensibles à la séduction. Elles sont là pour ça. Pour que le client ne demeure pas seul.

En bon nombre de cas, le Code pénal pourrait sans doute aisément être applicable.

Or, que voit-on? Non seulement ces établissements à Pigalle, Montparnasse ou ailleurs sont ouverts de jour, mais encore tous – sauf mauvaise tenue avérée – bénéficient d'une autorisation d'ouverture de nuit du préfet de police sur l'avis hypocritement « réservé » depuis des décennies du chef de la brigade mondaine – je n'ai pas fait autrement – et du directeur de la Police judiciaire.

Le groupe d'inspecteurs « des cabarets » chargé de la surveillance de ces établissements n'avait et n'a d'autre mission que de maintenir, si l'on peut dire, les choses en bon ordre, avec toute la subjectivité et la relativité que cette notion comporte, tant que les situations ne sont pas scandaleuses.

Il appartenait au service à l'époque de faire barrage à la pornographie.

Un groupe de cinq inspecteurs connaissait à fond la législation en ce domaine et tous les titres – nombreux – des publications interdites à l'exposition et à la vente aux mineurs. En cas d'infraction, il procédait à leur saisie, comme il saisissait les ouvrages ouvertement licencieux.

Ainsi, par exemple, un recueil de chansons de corps de garde très connues, mais illustrées de dessins réalistes.

Certains éditeurs formaient l'assise permanente de notre activité moralisatrice : Tchou, Jean-Jacques Pauvert, Régine Deforges.

Nous saisissions également force films pornographiques que nous placions sous scellés et adressions au parquet, non sans avoir fait bénéficier des intéressés, fonctionnaires, magistrats, amis, de projections privées.

Traditionnellement, aucune femme n'était jamais invitée à ces séances.

Depuis, les films classés X ont rendu cette ségrégation inadéquate et anachronique.

Comment est-on passé de l'interdiction de publier des photos de nus sur lesquelles le « système pileux » était apparent, de l'interdiction du nu intégral dans les spectacles de music-hall ou de cabaret, aux scènes actuelles, en quelques années? C'est peu compréhensible.

Il faut savoir qu'alors la brigade mondaine aurait interdit à une artiste de présenter publiquement un numéro comportant le va-et-vient d'un col de renard entre ses cuisses. Il était interdit également à une strip-teaseuse d'être accompagnée par un partenaire masculin. Dès que le spectacle était trop suggestif, je ne dis pas obscène, nos sourcils sc fronçaient.

Depuis, on fait l'amour sur scène et si le comédien éprouve des difficultés, il a le loisir de faire appel à un spectateur influencé.

Le premier spectacle qui fit scandale à Paris en raison de l'apparition de comédiens nus sur scène fut *Hair*, dans lequel le chanteur Julien Clerc faisait ses débuts.

C'est dans l'obscurité que des figurants se déshabillaient totalement et ne pouvaient être aperçus qu'au moment du passage rapide du faisceau lumineux d'un projecteur sur chacun d'eux.

Pour furtifs qu'ils fussent, il pouvait être considéré que des outrages publics à la pudeur successifs étaient ainsi commis.

L'officier de police judiciaire qui aurait relevé l'infraction se serait couvert de ridicule. On laissa faire.

Quand il advint qu'au cours d'un autre spectacle l'éclairage fut plus franc jusqu'à devenir total, la tolérance suivit la même progression.

Tout le monde aura compris : les bonnes mœurs se sont généralisées, les « outrages » raréfiés même si la législation demeure applicable.

Il y a plus de soixante-dix ans que la brigade mondaine est chargée de la lutte contre l'usage et le trafic de stupéfiants.

C'est en 1910 que la création d'un service spécialisé en ce domaine s'imposa à Paris.

L'opium en était la cause. Il était fumé par des Français ayant séjourné dans nos possessions d'Indochine ou du Pacifique et parmi la colonie indochinoise et chinoise de la capitale.

Après la Grande Guerre, la cocaïne et la morphine, largement utilisées comme anesthésiques, avaient provoqué des accoutumances et suscité des habitudes.

En 1924, le nombre des adeptes de la cocaïne seule était évalué à 80 000. Cinquante pour cent des prostituées s'y adonnaient.

Dans les années 1930, c'est l'héroïne qui prédominait. Elle fut utilisée jusqu'à la Seconde Guerre mondiale qui tarit toutes les sources d'approvisionnement.

La Libération amena une nouvelle flambée de toxicomanie qui dura jusqu'en 1950 et se concrétisa, pour l'action policière, en 1948 (année record) par 512 arrestations.

La situation s'améliora et demeura satisfaisante jusqu'en 1965 : 67 et 83 interpellations en 1958 et 1959.

Le problème de la drogue reprit de l'actualité quand apparurent, en 1965, les premiers beatniks, jeunes gens originaires le plus souvent des pays anglo-saxons, qui s'implantèrent à Saint-Germain-des-Prés et sur les quais de la Seine avec leurs accoutrements, leur folklore, un brin d'anarchie, mais également leur haschisch.

Ils firent des adeptes et, depuis, le phénomène n'a jamais cessé de s'aggraver.

Pour avoir une idée de l'évolution de la situation et disposer de quelques données de base, des chiffres sont encore nécessaires. Je les tire de ceux que j'ai fournis en octobre 1969, au cours d'un exposé (ce sont les imprévus du métier de policier à Paris) que je fus appelé à faire devant la Commission des Affaires culturelles, familiales et sociales, alors présidée par M. Alain Peyrefitte, à l'Assemblée nationale.

Je commençai par les nombres des personnes interpellées et gardées à vue qui font sourire mes successeurs :

– 107 interpellations en 1965;
– 119 interpellations en 1966;
– 205 interpellations en 1967;
– 181 interpellations en 1968 (diminution due aux événements de mai-juin 1968);
– 255 interpellations pendant les neuf premiers mois de 1969;
– 355 au total à la fin de l'année.

A partir de ces chiffres, j'indiquai que le portrait-robot du toxicomane arrêté à Paris se présentait comme suit :

– 2 fois sur 3, il est français;
– 4 fois sur 5, c'est un homme;
– 6 fois sur 10, c'est un vagabond;
– 9 fois sur 10, il a moins de trente ans;
– et 9 fois sur 10, il est « accoutumé ».

Et puis : « Les motifs de cette toxicomanie sont difficiles à déceler. Les intoxiqués eux-mêmes ne peuvent le plus souvent expliquer les raisons de leur suicide par étapes. Ils répondent fréquemment que « la vie n'a pas de sens », « cela n'a pas d'importance », « nous ne faisons de mal qu'à nous-mêmes ».

Il est vrai que, face à la toxicomanie, deux attitudes sont possibles. L'une de non-intervention à l'égard d'un phénomène considéré comme d'ordre strictement personnel; l'autre qui consiste, coercitivement au besoin, à empêcher l'homme de se porter atteinte à lui-même.

Qui, d'entre nous, se désintéresse du sort de ceux qui l'entourent? Qui, s'il ne court lui-même aucun risque, ne se précipite pour tenter d'empêcher un désespéré de commettre un acte irrémédiable?

Sans que la réflexion intervienne en rien, d'instinct, nous essayons d'éviter le pire à notre prochain, en notre présence.

Cette réaction s'impose à nous comme un réflexe.

Comment imaginer alors une société qui, ne tenant pas compte de ces comportements individuels, édicterait une législation qui reposerait sur le principe de l'indifférence de l'homme pour l'homme?

Cette législation contre nature ne résisterait pas aux faits. Elle se heurterait déjà à l'opposition des proches. Ils ne pourraient pas admettre que tout ne soit mis en œuvre pour sauver ceux qu'ils aiment, leurs jeunes gens et leurs jeunes filles, angoissés et désespérés, vivant le plus souvent d'expédients et de prostitution, dans des taudis, des mouroirs, indifférents les uns des autres, sans appétit autre que celui des quantités faramineuses de drogues ou de produits toxiques divers qu'ils absorbent.

L'usage des stupéfiants, loin d'apporter la guérison au malade qui s'y adonne, le conduit à un état d'accoutumance et de dépendance qui, chaque jour davantage, aggrave son cas et en fait une épave, sinon un mort prématuré.

Le seul phénomène de la « surdose » n'est pas loin de tuer aujourd'hui en France une personne toutes les trente-six heures.

Pour la police, il s'agit alors de faire en sorte de limiter, autant qu'il est possible, l'usage des stupéfiants.

Elle n'a qu'un moyen et donc qu'une obligation : œuvrer à tarir les sources d'approvisionnement.

Si l'on fait abstraction du haschisch, objet d'un trafic de fourmis devenu pratiquement incontrôlable, quand un usager de drogues dures est de passage dans les services de police, il est du devoir du policier de tenter de savoir quel est ou quels ont été ses fournisseurs.

Une fois encore, c'est question d'intérêt général. Quand il est en état de manque, l'intoxiqué donnerait père et mère pour sa drogue suicidaire.

Donnant, donnant : le fournisseur contre un peu de poudre blanche dans le creux de la main. C'est monstrueux, mais quoi? Quel but poursuit la police?

Doit-elle ou non venir au secours du plus grand nombre?

Et qui n'a vu des intoxiqués privés de leur remède? Les crises effrayantes dont ils sont victimes nécessitent, si le policier veut aller de l'avant, ou de les ramener au calme en leur restituant la plus faible partie possible de produits saisis ou de les faire transporter à l'hôpital. Dans l'immédiat, le traitement y sera le même.

Procédé scandaleux, relevant de la barbarie?

Comme l'acte du chirurgien qui coupe un pied pour éviter que la gangrène ne gagne la jambe.

Si l'homme n'avait à choisir qu'entre des solutions agréables, sans doute pourrait-il hésiter et se poser des questions.

En l'espèce, il ne s'agit plus de choix, mais de nécessité. C'est elle qui commande la décision. Il faut rectifier et écrire au passé : aujourd'hui, il est interdit à un policier de restituer de la drogue à un intoxiqué.

Dans cette lutte, le policier n'a d'autre prétention que d'être un moyen et une étape. Comme le juge, il sait que la toxicomanie n'est pas de son seul domaine. Juge et policier peuvent s'attaquer aux filières, remonter parfois jusqu'aux laboratoires clandestins et aux grossistes, ils ne peuvent atteindre les causes profondes qui conduisent les intoxiqués à user toujours plus de la drogue.

C'est aux médecins qu'il appartient de dissuader leurs malades et de tenter de leur donner la volonté et la force de s'abstenir. Mais la médecine aussi a ses limites.

Avec l'autorité que seul il avait, le professeur Jean Delay, titulaire de la chaire des maladies mentales et de l'encéphale à la faculté de médecine, médecin-chef du Centre psychiatrique Sainte-Anne, membre de l'Académie française et de l'Académie nationale de médecine, dans l'exposé qu'il avait également fait à l'Assemblée nationale, avait dit ceci : « Pourquoi devient-on toxicomane? Il y a des causes qui relèvent de la pathologie mentale (faiblesse du moi, immaturation, besoin de dépendance, passivité fondamentale) et d'autres de la psychologie collective.

« On peut considérer que l'épidémie actuelle de toxicomanie juvénile est symptomatique d'une crise morale de la jeunesse comme la fréquence des suicides et de la délinquance chez les adolescents. »

J'ai essentiellement retenu, parce que cela me semble avoir valeur générale, que le pronostic variait « selon que s'y ajoute ou non la perversité »... « Lorsque la perversité s'ajoute au déséquilibre, le traitement de la toxicomanie présente des difficultés quasi insurmontables. Le vrai pervers (celui qui fait le mal pour le mal) n'est pas du ressort de la médecine. Il appartient à la société de se protéger contre lui. » Le professeur ne disait pas qu'il fallait s'en désintéresser...

Or, c'est exactement ce que l'on fait. Sauf s'il est lui-même revendeur, aucun toxicomane, même s'il utilise de l'héroïne, même s'il en est à son quinzième ou vingtième passage dans les services de police et de justice, n'a jamais été mis en détention, à Paris, pour ce seul motif.

A chaque fois, il reçoit la même injonction thérapeutique, c'est-à-dire la même prescription d'avoir à se faire soigner. Il en tient compte comme d'une guigne.

Non qu'il n'aille jamais consulter, mais à sa discrétion. Tant mieux si le médecin peut se montrer convaincant. Sinon, le malade reviendra peut-être... C'est une farce et les résultats sont ahurissants. Cent arrestations en 1965, dix mille aujourd'hui et plus. Trois à quatre mille pour usage d'héroïne. Il y en avait eu quatre-vingt-dix en 1975. Du haschisch, les inspecteurs, saturés par le nombre d'affaires concernant les drogues dures, ne peuvent plus s'occuper. Il n'entre plus dans les statistiques.

Ainsi, pas de prison qui ne serait qu'un pis-aller et sans doute pas la solution, du moins à elle seule; mais également, faute de contrainte véritable, pas d'hôpital. Alors, les toxicomanes sont livrés à eux-mêmes et la toxicomanie s'aggrave de trente à quarante pour cent par an.

Avec quelles conséquences?

Pour satisfaire son vice, le toxicomane a besoin de huit cents à mille francs par jour : c'est le prix d'un gramme d'héroïne... frelatée.

Sans exercer, sauf rares exceptions, aucune profession, si ce n'est la prostitution ou la délinquance.

L'intoxiqué ne peut pas attendre. Il lui faut sa drogue tout de suite. D'où les vols, cambriolages, arrachages de sacs, agressions.

Le parquet de Paris, qui tient des statistiques journalières, sait à ce sujet beaucoup de choses. Il sait que tous les hommes qui s'adonnent à la prostitution homosexuelle sont des intoxiqués. Que de plus en plus de prostituées le sont également.

Il sait surtout qu'un délit sur deux est commis par des toxicomanes. Un million de délits pour cause de drogue, chaque année, à Paris. Et que les fournisseurs, à Belleville, au Faubourg-Montmartre ou au Forum des Halles sont, pour la quasi-totalité, des étrangers. Cinquante pour cent des revendeurs seraient des Tunisiens alimentés par des demi-grossistes laotiens et cambodgiens, plus à même d'assurer les liaisons linguistiques avec les grossistes chinois. Ceux-ci importent en France non plus la morphine, en vue de sa transformation, comme du temps des chimistes marseillais, mais directement le produit fini, l'héroïne.

« On va se fâcher », a dit un jour le président de la République.

Le futur est en perpétuel devenir.

Tant et tant de personnes se sont déjà penchées sur le phénomène prostitutionnel et tant et tant de personnes ont une expérience propre et un avis si particulier sur le sujet, que j'ai scrupule à y revenir.

Mais cinq années passées au cœur de la prostitution parisienne m'interdisent de me taire.

D'abord, qu'appelle-t-on prostitué?

Toute personne – homme ou femme – qui accepte d'avoir des relations sexuelles – au sens large – avec un nombre indéterminé de personnes moyennant rémunération. Les très occasionnels? Passons...

De la jeune femme, qui part en croisière avec un ou plusieurs compagnons qu'elle ne connaît pas encore, moyennant grosse récompense, cadeaux, petits soins et tout et tout, à condition d'être agréable et gentille, à celle qui, dans un bidonville, reçoit la visite chaque jour de dizaines et dizaines de clients qu'elle n'a même plus le temps d'apercevoir, il y a une diversité considérable de formes de prostitution. Mais toutes ne sont pas répugnantes, toutes n'avilissent pas au même degré.

La loi ne peut tenir compte de ces différences.

De toute manière, depuis 1960, elle considère que la prostitution est du domaine privé et, donc, libre. Chacun, sauf les mineurs, a la faculté de s'y livrer. Mais, première restriction, personne n'a le droit de le faire savoir publiquement. Le Code punit d'amende « ceux dont l'attitude sur la voie publique est de nature à provoquer la débauche » – le racolage passif – et, éventuellement d'emprisonnement de dix jours à un mois « ceux qui, par gestes, paroles, écrits ou par tous autres moyens, procéderaient au racolage de personnes de l'un ou l'autre sexe », le racolage actif.

Viennent ensuite, deuxième restriction, polis et complétés au fil des années, une série d'articles réprimant sévèrement, jusqu'à dix ans d'emprisonnement, toute aide, si minime soit-elle, apportée à la personne qui se prostitue, comme est puni celui qui tire profit de cette activité d'autrui. A la limite des textes, le chauffeur de taxi conduisant de façon habituelle une prostituée, en connaissance de cause, sur son lieu de travail, pourrait être poursuivi, même si sa rémunération ne représente que le prix de sa course.

La législation française, aujourd'hui, sous couvert de liberté, est telle que la personne qui se livre à la prostitution ne peut le faire, sans risque de condamnation pour elle ou un tiers, qu'à condition de ne pas rechercher de client et, si la rencontre a tout de même eu lieu, qu'elle se poursuive dans un logement dont la prostituée est propriétaire et dans lequel il est pratiquement interdit à toute autre personne de vivre.

Ces exigences légales n'étant respectées que de façon exceptionnelle par quelques privilégiés, c'est dire le nombre d'infractions qui, journellement, sont commises par tous ceux qui, de près ou de loin, touchent à la prostitution, outre les clients qui s'aventurent – outrage public à la pudeur – à pied ou en carrosse dans les rues désertes, les bois ou les parkings, voire les ascenseurs avec un prostitué ou une prostituée.

Aux termes de l'article 335 du Code pénal, est visé « tout individu qui, directement ou par personne interposée, détient, gère, dirige, fait fonctionner, finance ou contribue à financer : un hôtel, une maison meublée, une pension, un débit de boissons, restaurant, club, cercle, dancing, lieu de spectacle, ou leurs annexes, ou lieu quelconque ouvert au public ou utilisé par le public et accepte ou tolère habituellement une ou plusieurs personnes se livrant à la prostitution. »

Ce texte, qui constitue un chef-d'œuvre législatif, est un monument d'hypocrisie.

Il est à la base de la répression du proxénétisme dit « hôtelier ».

Au moment où, en juin 1965, j'arrivai à la brigade mondaine, il y avait peu de temps que la lutte contre ce phénomène avait repris de manière systématique.

La guerre d'Algérie avait voulu ou permis que l'on ne s'y intéresse pas outre mesure.

Mon prédécesseur avait relancé la machine. Son but était d'arriver à la fermeture judiciaire totale et définitive des hôtels « de passe », mais pour cela, il fallait qu'il y eût récidive. Cela impliquait que la première condamnation ait été rendue par le tribunal correctionnel, que la cour d'appel l'ait confirmé et la Cour de cassation approuvé. Pendant le temps que durait la procédure, les hôteliers – en toute impunité de fait – augmentaient les cadences, puis on changeait de gérants et tout était à recommencer.

Quand on saura que seulement deux groupes de cinq inspecteurs chacun étaient chargés pour toute la région parisienne, 365 jours par an et 24 heures sur 24 de cette répression, on comprendra que seuls les maladroits ou ceux qui étaient mal conseillés voyaient un jour les scellés apposés sur les chambres de leur établissement.

Les autres continuaient par hommes de paille interposés, malgré les poursuites successives dont ils faisaient l'objet.

Tout cela, en fait, ne modifiait pas profondément la situation d'autant que, par tradition, la brigade mondaine n'intervenait pratiquement jamais dans ce quartier, du vice pour les uns, du plaisir pour les autres, qu'était Pigalle. Il en était de même, mais à une échelle moindre, à Montparnasse.

Par tradition aussi, des trêves dans les poursuites étaient observées dans toute la capitale durant la période des fêtes de Noël et de Pâques.

On ne pouvait non plus s'intéresser avec trop de fermeté aux hôtels des quartiers de La Chapelle-Goutte d'Or, dont la clientèle, faite essentiellement d'immigrés nord-africains, déferlait sur les arrondissements voisins dès qu'elle rencontrait chez elle quelques difficultés.

En attendant de nouveaux textes qui, depuis, ont été promulgués et ont renforcé la législation en ce domaine – c'est ainsi qu'aujourd'hui le fonds de commerce d'hôtel peut être atteint, même si entre deux poursuites le gérant a changé – il fallait faire avec ce que nous avions.

Je n'aimais pas cette situation qui nous donnait une impression d'impuissance face à l'ampleur du phénomène.

En accord avec la 4e section du parquet de Paris qui s'occupait de ces problèmes et dans le sens souhaité par Maurice Grimaud, préfet de police depuis début 1967, je tentai de faire plus.

Il s'agissait d'accélérer et renouveler les poursuites sans attendre que les précédentes aient connu une solution judiciaire définitive et surtout il s'agissait d'envoyer en prison ceux qui ne céderaient pas.

Cette politique nouvelle fit l'objet auprès des intéressés d'une large publicité et, avec le concours des juges d'instruction, nous fîmes quelques exemples.

Les résultats ne se firent pas attendre.

Je lis dans un article intitulé « La lutte contre le proxénétisme à Paris », paru dans le journal *le Monde* du 26 mars 1968 : « Devant les mesures répressives, la plupart des hôtels ont décidé de fermer leur porte à la prostitution... et la situation qui en résulte constitue certainement un phénomène unique dans la capitale depuis la guerre, c'est-à-dire depuis la loi Marthe Richard du 13 avril 1946... »

Les femmes partaient en Allemagne, en Belgique, en province.

La même interdiction frappait tous les hôteliers. Plus aucune tolérance n'était accordée, quels que soient les services rendus ou à rendre.

Pendant un mois ou deux, j'eus ainsi l'illusion de croire que j'avais marqué un point décisif contre les exploitants du plus vieux métier du monde.

Mais, note le journaliste, « dans les quartiers encore " chauds ", il n'y a pas longtemps, le commerce s'en ressent. Des boutiques dc colifichcts, dcs salons de coiffure, des blanchisseries, des cafés, des bars, même des restaurants ne font plus les mêmes affaires. Un vendeur de tapis, qui fournissait les hôtels, s'est trouvé ainsi soudainement sans clients.

« Quoi qu'il en soit, il ne faut pas se leurrer, le problème de la prostitution demeure entier à Paris... »

Le publiciste avait raison. Mai 1968 arriva. Les digues essentiellement psychologiques que nous avions dressées pour contraindre les hôteliers à cesser leur commerce illicite cédèrent aux premiers indices du flottement général. La prostitution devint le cadet des soucis du gouvernement et de l'administration. On retourna à la situation antérieure, avec en plus, une formidable libéralisation des mœurs qui fit litière du jour au lendemain de nos vieilles conceptions bourgeoises.

Avec le recul du temps, je puis dire également que, même si la situation politique et morale était demeurée inchangée, nous n'aurions pas eu les moyens suffisants pour maintenir une pression constante et durable. Il est vraisemblable que nous aurions fini par être débordés.

En vérité, je crois aujourd'hui que la législation en vigueur est mal conçue et néfaste. Non seulement elle n'a pas contribué à faire baisser le nombre de prostitués, mais je pense qu'elle a rendu, pour un pourcentage beaucoup plus important de ceux-ci, le métier plus avilissant que jamais.

La police, pour ne pas être taxée de laxisme ou être soupçonnée de corruption, est contrainte d'appliquer rigoureusement les textes. Mais, elle ne peut pas être partout à la fois, et les critiques à son égard ne cessent pas.

Le spectacle offert par la prostitution dans les rues et les bois n'a jamais été aussi scandaleux.

Dans le bois de Boulogne ou celui de Vincennes, en dépit des efforts consentis, la nuit à peine tombée, le client est « satisfait » devant un parterre de badauds et les rues chaudes de Paris n'ont rien perdu, au contraire, de leur habituelle animation.

La répression, à laquelle j'ai en mon temps largement contribué, loin d'avoir non pas supprimé, mais même limité les effets du fléau qu'elle voulait combattre, n'a eu pour résultat que de les aggraver.

A tout prendre, les femmes qui se trouvaient à l'intérieur d'établissements « ouverts au public » exerçaient leur métier de façon infiniment moins pénible et dégradante qu'aujourd'hui. Elles y connaissaient des conditions d'hygiène autres que celles qu'elles trouvent dans les squatts ou les foyers de travailleurs immigrés où, souvent, sans eau courante, elles ne disposent que d'une bassine et d'un broc et encore... comme dans les bois.

L'amélioration de la condition féminine (et masculine) ne passe pas par la dégradation des plus déshérités. Tout au contraire, ils conserveront d'autant plus de chances de réinsertion sociale que les formes dans lesquelles il leur aura été permis d'exercer leur métier auront été moins humiliantes.

Si les bas-fonds ne peuvent être évités, il n'est pas sûr qu'ils doivent être le plus éloignés de la surface.

Si, dans les pays dits abolitionnistes et donc en France, les hommes et les femmes qui se livrent à la prostitution ne doivent faire l'objet d'aucune discrimination, il faut poursuivre l'idée jusqu'à son terme et admettre qu'ils doivent pouvoir aller et venir librement en tous lieux, sans restriction, comme tout un chacun, sauf à les contraindre à respecter un minimum de décence.

Il ne s'agit pas de proclamer, comme nous l'avons fait, que la prostitution est affaire privée et libre, si d'autre part, on en empêche pratiquement l'exercice en multipliant les interdits.

Notre législation équivaut à dire à l'homme et à la femme que le droit de faire commerce de leurs charmes leur est reconnu, à condition que ce commerce soit invisible et ne s'exerce nulle part (sauf, nous l'avons vu, à leur domicile, s'ils sont propriétaires de leur logement et s'ils vivent seuls).

Les contradictions entre les principes abolitionnistes de base qui voudraient ignorer la prostitution, la réglementation rigoureuse élaborée pour en interdire l'exploitation, mais aussi la pratique et la réalité qui la poussent vers les pires conditions d'exercice ne peuvent être plus totales.

Mais le sujet est tabou. Les gouvernants et les parlementaires craignent d'aborder les problèmes tant prostitution et compromission semblent inséparables l'une de l'autre. Chacun, pour ne pas être suspecté, s'abstient.

En attendant, plus la répression s'aggrave, plus la prostitution devient la chasse gardée des seuls malfaiteurs.

A la gare, le droit des personnes et de l'État! Le « milieu » triomphe. Il fait régner l'esclavage, se moque de l'hygiène et encaisse tous les profits.

Contraints d'être partout à la fois, le policier et le juge ne peuvent faire face à toutes les situations. Ils se dispersent. Il faudra se résoudre à limiter la répression à l'indispensable et au nécessaire.

La première mesure en ce sens passe par le retrait du Code pénal des incriminations visant la réception des prostituées qui devrait être rendue libre – ce qui ne veut pas dire obligatoire. Demeureraient interdites la réouverture des maisons closes et les manifestations scandaleuses du racolage.

La chasse aux maisons de tolérance serait autrement plus aisée que de s'acharner à démontrer que deux prostituées partagent la même chambre.

Car nous en sommes là. On combat l'insignifiant. On ne fait rien contre l'essentiel.

Sans doute serait-il souhaitable d'inverser la proposition.

Alors les objectifs de la police seraient clairs, les passe-droits et les tolérances sans objet, la répression concentrée sur les formes les plus graves demeurées illégales mais nécessairement visibles de la réception des prostitués plus efficace. La prostitution, parce que plus diffuse, serait moins assujettie à l'emprise des souteneurs auxquels en outre la police aurait davantage de temps à consacrer. S'exerçant dans des locaux privés ou commerciaux, où les plus élémentaires soins d'hygiène peuvent être satisfaits, le plus vieux métier du monde deviendrait plus humain.

On ne peut aller au-delà, sinon au royaume d'Utopie. Nous en faisons l'expérience chaque jour.

La brigade mondaine, avec les malades sexuels, les drogués, les prostitués, est amenée à côtoyer un monde avili.

Il est bien évidemment hors de question d'entreprendre de faire la morale à tous. Mais parfois il arrive que l'on puisse aider, récupérer un « paumé ». Ce n'est déjà pas si mal quand de loin en loin un homme ou une femme viennent vous revoir pour vous dire :

– Ça y est, j'ai trouvé du travail. Je suis entré comme... chez...

Que la bonne voie soit définitivement empruntée, c'est autre chose. Il est déjà important qu'elle ait existé.

Et je ne connais pas de policier qui fermerait sa porte à qui viendrait lui demander une aide, un appui, un soutien, même sans réciprocité.

J'ai bavardé comme cela une heure avec un jeune homme qui avait demandé à me rencontrer parce qu'il avait lu mon nom dans les journaux.

Apparemment très correct, très respectueux même, il était venu chercher un conseil.

J'acceptai de l'écouter et dus donc le confesser. Il vivait dans sa famille qui lui fournissait – c'est normal à vingt ans – le coucher et le couvert, sans superflu. Il ne travaillait pas, mais attendait que l'on vînt le chercher. Il fumait du haschisch. Il était peu ou prou homosexuel et disait avoir fait des études sans avoir obtenu de diplôme. Il n'avait pas son bac. Il n'était pas attiré par le sport.

Il traînait des journées entières, désœuvré, convaincu de son inutilité et de son impuissance.

Que faire, sinon tenter de lui donner confiance en lui-même?

Je n'avais pas de remède miracle. Je ne pus que lui conseiller de s'astreindre à un footing journalier et de compulser systématiquement les offres d'emploi.

L'époque était plus favorable qu'aujourd'hui.

Trois semaines plus tard, il revint pour me faire savoir qu'il avait fait ce que je lui avais dit et qu'il avait réussi. Il était devenu magasinier. C'était un premier pas. Durant six mois, il me donna une fois ou deux de ses bonnes nouvelles, puis il disparut.

Tout cela n'a rien que de banal et cependant, il m'a été agréable de penser qu'au moins un temps, j'avais pu donner un élan à ce passager anonyme.

Plus délicate a été cette situation que j'ai connue dans les années 68-69.

Un jour, je reçois la visite d'une prostituée que j'avais rencontrée au cours d'une affaire de règlement de compte et qui était – je puis dire – allée à la limite de ce qu'un témoin, exerçant sa profession, peut être amené à voir consigner dans un procès-verbal.

Elle avait tout relaté et à la suite des pressions qui avaient été exercées sur elle, si elle était en partie revenue sur son témoignage, pour autant elle maintint l'essentiel du récit de ce qu'elle avait vu.

Un jour, elle demanda à être reçue et me fit savoir que, grâce aux subsides d'un ami avec qui elle vivait, elle avait acheté à son nom un petit restaurant qui bénéficiait d'une autorisation d'ouverture de nuit et dont elle souhaitait continuer l'exploitation dans les mêmes conditions.

Elle savait très bien que ces autorisations n'étaient pas données à ceux qui n'avaient pas été toujours de « bonne vie et mœurs ».

Elle m'avoua qu'elle avait établi sa demande, avec son consentement, au nom de sa sœur cadette qui, elle, suivant l'expression consacrée, n'était pas connue des services de police.

Question : que pensais-je de la situation et pouvait-elle bénéficier de l'autorisation souhaitée?

Réponse : un, cela paraissait impossible en dévoilant la vérité; deux, il était indispensable que l'inspecteur chargé de ces problèmes sur son secteur fasse une enquête pour vérifier que tout ce qu'elle avait affirmé était exact; trois, l'inspecteur se serait-il aperçu de la supercherie si elle ne l'avait avouée? quatre, pourquoi l'empêcher de travailler?

Elle obtint, sur notre avis favorable, une première autorisation de trois mois qui fut ensuite renouvelée sans jamais aucun incident et jusqu'à ce qu'un jour, dix-huit mois ou deux ans plus tard, elle disparaisse.

Je vois bien ce que des esprits malveillants pourront penser de cette entorse aux pratiques administratives. Qu'ils veuillent bien faire effort pour comprendre.

Évidemment, je me trouvais (l'inspecteur n'avait aucune responsabilité) à la limite de la complaisance, penseront certains, mais également du risque. Risque administratif, j'entends, mais risque quand même : je ne pouvais y résister.

C'est alors que j'étais chef de la brigade mondaine que survinrent les événements de mai-juin 1968.

Dans l'île de la Cité séparée du quartier Latin pratiquement par le seul Pont-au-Change, nous étions tout proches du cœur de la révolte qui prit naissance dans les milieux universitaires pour s'étendre peu à peu à bien d'autres couches de la nation.

Les affrontements se déroulaient tout à proximité de nos fenêtres.

Mobilisés sur place, nous assistions impuissants à ces luttes ouvertes entre manifestants et forces de l'ordre.

Souvent aussi, bien sûr, nous allions y voir de plus près, boulevard Saint-Michel, boulevard Saint-Germain, rue de Rennes par exemple.

Cela justifie l'hommage qu'il est nécessaire de rendre aux forces de l'ordre tant elles ont montré de discipline, de sang-froid, de stoïcisme souvent. Qu'elles aient permis que la situation ne se dégrade pas davantage et favorisé par la suite le retour à la normale n'est pas douteux.

Mais il fut un temps où il n'y eut plus d'État.

Et comment en douter, alors que le préfet de police de l'époque, Maurice Grimaud, s'est permis d'intituler l'ouvrage qu'il a consacré à cette période : *En mai, fais ce qu'il te plaît*?

Le fond du gouffre fut, à mon sens, atteint le mercredi 15 mai, quand les forces de police, qui n'avaient pu s'opposer à l'envahissement du théâtre de l'Odéon par les manifestants, ne reçurent aucun ordre dans les heures qui suivirent pour le faire évacuer.

La France stupéfaite apprit le 16 mai au matin, à l'heure des informations radiodiffusées que, d'universitaire, la chienlit allait devenir générale.

Le gouvernement, en tolérant que le désordre sorte du cadre estudiantin, pour s'étendre à un bâtiment public sur lequel son autorité était souveraine, donna à penser que ce qui pouvait être considéré comme compréhensive tolérance à l'égard des jeunes n'était qu'inattendue faiblesse à l'égard de tous.

Quand, quatre jours plus tard, rentré de Roumanie, le général de Gaulle ordonna en premier l'évacuation de l'Odéon, il voyait juste, mais le temps trop long déjà écoulé ne permit pas que sa décision soit exécutée.

C'est dans la nuit du 15 au 16 mai qu'avait été grande ouverte la voie de la révolution et nul ne peut mesurer jusqu'à quels excès elle aurait pu conduire sans la reprise en main par le chef de l'État, et lui seul, des rênes du pouvoir le 30 du même mois, après son voyage, maintenant bien connu, à Baden Baden.

Le vieux maître s'était retrouvé. Les indisciplinés humiliés rentrèrent chez eux sans demander leur reste. En quelques phrases l'autorité de l'État avait été rétablie, ce qui est la preuve par neuf qu'il y suffisait de quelque détermination. Le reste n'est que péripéties.

A la brigade mondaine, nous contribuâmes au retour à la normale en participant aux expulsions des étudiants (ou prétendus tels) qui occupaient la Sorbonne, l'École des beaux-arts et la faculté des sciences.

En ce qui me concerne, je fus d'ailleurs chargé, par décision directoriale, de la coordination des services de police judiciaire qui procédèrent, avec le concours de la police municipale, à l'expulsion des squatters universitaires, aux constatations, saisies et établissements de procédures.

Les évacuations de l'École des beaux-arts et de la faculté des sciences furent réalisées au petit matin, sans que nous rencontrions la moindre résistance de la part de jeunes filles et jeunes gens, surpris dans leur sommeil. Ils campaient dans le plus grand désordre dans diverses salles remarquables par la saleté et les dégâts qu'elles présentaient. Tendus de banderoles, les murs étaient essentiellement garnis de dessins, écrits et inscriptions où « le flic n'était pas roi ».

Sans esprit de vengeance, nous ne procédions à aucune arrestation, mais seulement à un rapide contrôle d'identité, au terme duquel chacun était remis immédiatement en liberté, conformément aux instructions que j'avais reçues et au grand ébahissement des « insurgés » qui n'en revenaient pas de tant de mansuétude, même si, à ce moment-là, elle allait de soi.

Pour la Sorbonne, les choses avaient été un peu différentes.

A la suite de la blessure faite par coup de couteau à un jeune garçon aux abords de l'université, dans la nuit du 15 au 16 juin, je fus chargé de l'enquête.

Accompagné seulement de mon adjoint de la brigade mondaine, Pierre Le Lœuff, j'allai donc à la Sorbonne et pris les premiers contacts.

Contrairement, il faut bien le dire, à ce que nous attendions, c'est sans grande difficulté, malgré leur méfiance, que les gardiens responsables et autres « étudiants » qui tenaient les lieux nous laissèrent pénétrer dans les locaux universitaires.

Ils avaient jugé légitimes nos investigations en flagrant délit pour retrouver les auteurs de l'agression commise au cours de la nuit et ils avaient nécessairement conscience qu'à deux, nous ne pouvions leur faire courir aucun danger.

Il ne fallait pas être grand clerc, cependant, pour imaginer, dans le nouveau contexte politique du moment, que l'incident de la nuit serait mis à profit pour exiger l'évacuation des lieux.

Je ne pensais tout de même pas que le préfet de police tenterait l'opération tandis que mon adjoint et moi étions à l'intérieur, en otages.

De fait, après l'accueil courtois que nous avions reçu, la nouvelle que la Sorbonne était entourée de forces en uniforme arriva vite jusqu'à nous.

Nous étions, à ce moment-là, dans une grande salle du deuxième étage où étaient censés se tenir les responsables étudiants. En face d'eux, Pierre Le Lœuff et moi faisions figure de Judas.

Les relations s'envenimaient et, dans l'affolement qui commençait à se manifester chez nos hôtes, nous ne nous donnions pas beaucoup de chances de nous en tirer... sans heurts.

Nous étions prisonniers, sans rien voir de ce qui se passait à l'extérieur et dans l'ignorance des décisions qui seraient prises.

A Le Lœuff qui me demanda :

– Que pensez-vous faire?

Je répondis :

– Écoutez. Par la porte et au milieu des étudiants, il nous sera impossible de fuir. Si la police municipale donne l'assaut, je pense qu'il faudra tenter d'accéder, par l'une des portes-fenêtres vitrées qui ouvrent sur le balcon, à l'échelle en fer que nous voyons et qui conduit sur les toits.

J'ajoutai :

– Sur l'échelle, nous tenterons de ne pas nous laisser suivre. Après, on verra.

Dire que je trouvai beaucoup d'enthousiasme sur le visage de mon adjoint serait exagéré. Sa moue me fit comprendre qu'il pensait, comme moi, que les choses ne seraient pas aisées, même s'il avait couru le cent mètres en onze secondes et s'il était d'une vigueur physique très au-dessus de la moyenne.

Nous en étions là de nos réflexions quand nous fûmes rejoints par le préfet de police, notre directeur, Max Fernet et quelques autres fonctionnaires qui entamèrent les négociations en vue de l'évacuation de la Sorbonne, avec le Comité d'occupation et le vice-recteur, M. Chalin.

La sortie, sans interpellations, ni arrestations, ni incidents, devait intervenir à 17 heures 30.

C'est ainsi que, dans l'ouvrage de M. Maurice Grimaud, dont je viens de parler, j'ai eu la surprise de constater que, sur la photographie retenue pour illustrer l'évacuation de la Sorbonne, le 16 juin, je figure en tête de la colonne des contestataires soumis qui sortent de la cour « dignement entre une double haie de policiers casqués, mais pacifiques ». « En mai, fais ce qu'il te plaît » justifie sans doute le choix téméraire ou inattentif de cette photographie.

10

LE SUSPECT

Après avoir rencontré l'inventeur, les victimes, les témoins, les indicateurs, relevé traces et indices, nous devrions nous trouver déjà bien avancés sur le chemin qui conduit à l'auteur des faits.

Cependant, hormis le cas où une personne a été arrêtée en flagrant délit, dans des conditions qui ne laissent place à aucun doute quant à sa culpabilité, hormis le cas où l'on passe directement de l'acte répréhensible au coupable, la route risque d'être encore longue.

Si déjà nous avons un suspect, ce ne sera pas si mal, même si la loi ignore le terme.

Le Code ne connaît en effet que « la personne soupçonnée ».

Soupçonnée parce que, dans un temps très voisin de l'action, elle est « poursuivie par la clameur publique, ou est trouvée en possession d'objets, ou présente des traces ou indices laissant penser qu'elle a participé au crime ou au délit ».

La loi dit encore : personne contre laquelle il existe « des indices graves et concordant de nature à motiver son inculpation ».

La définition policière est plus large. Est suspect celui qui est susceptible d'avoir commis l'infraction. C'est un rôle qu'il peut nous arriver à tous de jouer.

Que votre véhicule soit emprunté – c'est la terminologie nouvelle – et serve à commettre un hold-up avant que vous n'ayez signalé le vol, vous voilà en tête de la liste des suspects. Cela sans doute ne durera guère. Mais c'est ainsi.

De même, si une femme se suicide avec le pistolet du mari ou si le mari est tué avec sa propre arme : le conjoint survivant devra relater, expliquer.

La suspicion peut résulter de circonstances de temps (vous êtes le dernier a avoir été en relation avec la victime), de lieu (les faits se sont déroulés où vous vous trouviez ou chez vous), de personnes (le cadavre est celui de votre ennemi intime), de fait (votre portefeuille est retrouvé sur place : cela arrive), d'écrits, de témoignages, de dénonciations (plainte a été déposée contre vous) ou encore de renseignements confidentiels, voire anonymes.

C'est ainsi qu'un jour je fus appelé au téléphone, à mon bureau, par un juge d'instruction qui me pria, si je le pouvais, de passer à son cabinet le plus rapidement possible.

Dans le Palais de justice quelques couloirs seulement nous séparaient. J'y allai sur-le-champ et me trouvai en présence d'un inculpé que j'avais interrogé plusieurs mois plus tôt. Cet homme déclarait qu'il n'avait avoué qu'en raison des violences que je lui avais fait subir.

Il s'agissait d'un Maghrébin qui s'exprimait en un français approximatif. Avec l'aide de l'interprète, je finis par comprendre que, durant son interrogatoire, j'avais appliqué sur diverses parties de son corps une boule brûlante.

Je fis savoir au juge que j'avais effectivement sur mon bureau un allume-cigarette électrique, en forme de mappemonde. L'appareil était muni d'un fil avec une prise de courant.

Le juge le présenta à l'inculpé qui, ignorant le fonctionnement du briquet, s'appliqua la prise sur le dos de la main.

Tous les cas ne sont pas aussi simples à régler. Encore avait-il fallu m'entendre!

C'est à nouveau le problème du témoignage que nous avons déjà évoqué. C'est aussi celui de l'interrogatoire que nous verrons bientôt. En attendant, la recherche policière du coupable passe par celle du suspect. Elle est, par certains côtés, de nature mathématique. Il s'agit de découvrir un inconnu, à partir de données de base.

C'est donc à rassembler ces données que le policier doit s'appliquer en premier.

La difficulté vient de ce qu'elles peuvent être insuffisantes et souvent ne sont que subjectives et donc incertaines.

Les hypothèses échafaudées alors doivent être soumises à une critique constante. La plus grave erreur de l'enquêteur est celle qui consiste, en fonction d'éléments insuffisants, à aboutir à une idée préconçue. Le voilà alors engagé sur une fausse piste.

L'exemple le plus fameux que nous ayons connu à la brigade criminelle est celui du double crime de la rue Ordener dont j'ai parlé plus haut.

Dès que les cadavres de la mère et de sa fille furent découverts, les premières recherches firent apparaître un familier que les deux femmes n'avaient pas laissé indifférent. Le crime, nous le savons, était d'ordre sexuel. Du désir au meurtre, heureusement le chemin est rarissime. Notre tort fut d'avoir pensé que ce familier l'avait emprunté.

Durant vingt-quatre heures, tout fut axé sur cet homme, qui fut mis hors de cause, sans que rien subsiste des soupçons dont il avait fait l'objet.

Mais, pendant ce temps, des vérifications furent négligées. Pourquoi s'engager sur des voies qui ne pouvaient conduire nulle part, alors que la solution était là devant nous?

J'ai relaté comment, quelques mois plus tard, nous fûmes amenés à nous intéresser, à la suite d'une lettre anonyme, à Julien B., dont la perversité sexuelle s'était manifestée dès ses quatorze ans.

La relation de cette affaire ne serait pas complète si je n'ajoutais que, dès les premières constatations dans le logement, le nom et l'adresse de Julien B., dont nous savons qu'il connaissait les victimes, n'avaient été trouvés manuscrits sur une feuille dans une poche du manteau de la mère.

Les esprits étaient ailleurs et c'est un inspecteur, seul, qui fut chargé d'examiner le cas de Julien B.

Il négligea les griffures que ce dernier présentait au visage et crut à l'alibi que confirmait sa femme Raymonde.

Julien B., qui avait répondu dès le lendemain de la découverte des corps à notre convocation, repartit sans être inquiété.

Julien B. avait bénéficié de la fausse hypothèse de départ, mais également de la négligence dont l'homme fait couramment preuve à l'égard de ce qui semble trop simple.

Face à un crime aussi considérable que celui de ces deux femmes frappées à mort à coups de couteau après que la plus jeune a subi des violences sexuelles exceptionnelles, l'enquêteur s'attend à des difficultés sans nombre. Il ne croit pas en une solution fournie d'entrée de jeu. Il ne sera pas assez niais pour se laisser prendre à un grossier appât. L'habitude des recherches longues et difficiles l'empêche de s'arrêter à ce qui paraît trop simple. Il passe. Quand il veut revenir en arrière, c'est trop tard.

Ainsi en fut-il dans l'affaire de la rue Ordener.

A quoi il faut ajouter que si le meurtrier avait été confondu dans les heures suivant le crime, les journalistes d'abord, l'opinion publique ensuite n'auraient jamais admis que les choses aient été aussi aisées.

De quelle machination n'aurions-nous pas été soupçonnés?

Quand la suspicion naît de l'enquête, le policier doit donc prendre garde aux idées préconçues, aux hypothèses hâtives. Sa méfiance ne doit pas être moindre à l'égard de la piste fournie par un indicateur, bénévole ou intéressé.

Si la personne dénoncée peut faire figure de coupable, encore doit-on d'abord s'interroger sur la valeur de l'information. Il faut en effet en premier que le renseignement soit compatible avec les données de l'enquête.

Quand des correspondants zélés dénonçaient trois étrangers – deux hommes et une femme – comme pouvant être les auteurs de l'attentat contre le restaurant juif de la rue des Rosiers, la brigade criminelle n'eut aucune peine à repousser l'information : aucun des 90 témoins entendus n'avait constaté la présence d'une femme parmi les tueurs.

Souvent, les antinomies entre les faits et les renseignements donnés sont telles que ces derniers peuvent être tenus pour sans valeur.

Ce n'est pas toujours le cas.

Il faut s'intéresser alors aux antécédents de la personne dénoncée.

Il serait faux de prétendre que l'on ne tienne jamais compte des précédents qui ont pu être imputés à quelqu'un. Si le fait d'avoir déjà été condamné ne constitue pas une preuve de nouvelle culpabilité, l'existence de condamnations antérieures est incontestablement prise en considération.

Quand toute la vie du personnage sur lequel vous butez est faite de larcins, vols, agressions, violences, chantages, il est plus vraisemblable que vous soyez proche du coupable que lorsque, à l'inverse, apparaît une personne dont le comportement a toujours été irréprochable.

Accuser le premier, absoudre le second, a priori, serait sans doute faire preuve de légèreté. Il n'empêche que le plus souvent les antécédents d'un malfaiteur facilitent la recherche policière.

Si le suspect est identifié et son domicile connu, il sera convoqué ou interpellé et invité à s'expliquer.

S'il ne peut être découvert ou s'il est déjà en fuite (ce qui renforce la suspicion à son égard), il devient celui qui, dans les télégrammes diffusés à tous les services de police, est désigné par euphémisme comme « témoin important » qu'il y a lieu d'interpeller, arrêter, fouiller et mettre à la disposition du service qui a lancé la recherche.

Dans le langage policier, le témoin important est donc « celui qui est suspecté d'avoir assisté à l'acte qu'il a commis », c'est l'auteur présumé des faits.

Parfois, il est ajouté qu'il s'agit d'un « individu dangereux ». Ceci, pour rappeler aux fonctionnaires qui peuvent être appelés à le rencontrer qu'il y va de leur réussite, mais aussi de leur sécurité et parfois de leur vie.

C'est ce que nous allons voir en évoquant le problème des arrestations, au cours duquel nous ferons la connaissance de la brigade de répression du banditisme et de la brigade antigang. Avec ces services et la criminelle nous rencontrerons les maîtres chanteurs avant de retrouver les kidnappeurs auxquels il nous faudra réserver une place particulière.

11

L'ARRESTATION

Il est une tradition de la brigade criminelle : tous les ans, le 1er novembre, deux délégations d'inspecteurs et de commissaires font la tournée des cimetières, l'une au nord, l'autre au sud de Paris, pour aller déposer des fleurs sur la tombe des anciens du service, morts, suivant l'expression officielle, victimes du devoir, c'est-à-dire des truands.

Le plus ancien dont nous honorons la mémoire est Eugène Mugat, né en 1875 à Vanves, abattu le 17 juillet 1909, alors qu'il allait se saisir d'un brigand. Sept autres depuis l'ont suivi. Toujours au moment de l'arrestation.

Hommage des plus jeunes et des autres à ceux qui ont prématurément disparu, leçons à conserver, les deux délégations se retrouvent, tradition encore, vers midi au bar de la Boule, place Saint-Michel où, dans la salle du sous-sol, le patron de la crim offre l'apéritif.

Et puis l'on se sépare, en pensant que cela n'arrive qu'aux autres. On oublie que les autres ont été ou sont nos proches et que le drame, comme la mort, peut être banal.

Quelle fin plus triste, plus injuste, plus stupide et plus simple que celle de ce jeune inspecteur, François Costantini, survenue le 19 janvier 1971, alors qu'il appartenait à la brigade de voie publique, aujourd'hui appelée brigade de répression du banditisme, et dont j'étais le chef depuis quelques mois.

Il faisait partie d'un groupe de trois inspecteurs qui parcouraient la nuit les rues de Paris à bord d'une voiture, à la recherche des roulottiers – c'est ainsi qu'on appelle ceux qui volent dans les voitures – cambrioleurs de magasins ou encore des agresseurs en puissance.

La technique consiste d'abord à repérer les malfaiteurs, les prendre en filature, attendre qu'ils passent à l'action et intervenir au moment où elle se déroule : l'effet de surprise devant jouer en faveur du policier.

Cette nuit-là, le hasard, dieu du policier dit-on, conduit Costantini et ses deux collègues, à bord de leur petite Renault 4 L, rue du Faubourg-Poissonnière, à hauteur de la rue Richet dans le 9e arrondissement, quand ils sont alertés par des appels au secours.

Venant de quitter un cercle de jeu, un représentant de commerce est délesté de sa serviette par deux hommes qui, leur coup fait, s'enfuient en courant.

Sautant de voiture, les trois policiers poursuivent les fuyards. Costantini est le plus rapide. Il arrive dans le dos du dernier – Léandri – et va lui mettre la main au col, quand celui-ci se retourne et fait feu. Costantini est mortellement blessé.

Nouvelle poursuite, nouvel échange de balles. Léandri, réfugié derrière une voiture, a compris qu'il a perdu la partie et abandonne la résistance. Son complice le rejoindra en prison plus tard.

Jusqu'à une époque récente, il était une règle – qui comportait bien sûr des exceptions – mais une règle respectée dans le « Milieu », celui des professionnels du banditisme, celle de ne pas tirer sur le policier.

Aujourd'hui, il faut se rendre l'évidence. Il est chaque jour de plus en plus de hors-la-loi qui ouvrent le feu et tuent ne serait-ce que pour tenter d'échapper à la condamnation, même si parfois elle doit être relativement limitée.

Ce sont des tueurs. Ceux pour qui leur liberté ou, plus bêtement, l'image qu'ils veulent donner d'eux-mêmes à leurs congénères les déterminent à supprimer un homme – voire plusieurs – comme ils fumeraient une cigarette.

Il n'en faut pas davantage pour devenir un Christian David, ou plus près de nous, un Mesrine, voire tout bonnement un Léandri ou un Philippe Maurice qui n'en était qu'à son troisième assassinat quand il a été gracié toutes affaires cessantes, dès le début de son septennat, par le président de la République, François Mitterrand. Deux des trois morts n'étaient que des gardiens de la paix...

Au travers de l'affaire Costantini, nous avons aperçu que la rencontre du fonctionnaire et du voyou, lorsqu'elle est due au hasard, est celle qui comporte le plus de risques.

Encore sous le coup de l'émotion de l'agression qu'il est en train ou qu'il vient de commettre, surpris au moment où il ne lui restait plus qu'à fuir, instinctivement ou par décision longtemps préméditée, un vaurien ouvre parfois le feu.

Le plus souvent, sa victime sera le gardien de la paix ou le gendarme, qui n'ont pas la moindre possibilité d'atermoiement. Pris au dépourvu, ils se doivent néanmoins de s'élancer sur-le-champ. Personne ne comprendrait qu'ils perdissent une seconde devant la scène qui se déroule sous leurs yeux. C'est la loi de l'uniforme, sa grandeur et sa servitude, raisons pour lesquelles il doit être respecté, protégé, défendu.

Quand le chasseur est à l'affût, observe le gibier et peut décider du moment où il interviendra, les risques sont considérablement moindres, encore qu'aujourd'hui, la rébellion contre les forces de police devienne banale et qu'à force de répéter que les délinquants sont en réalité des victimes, le bon peuple en arrive à prendre fait et cause pour eux. Les arrestations de voleurs à la tire dans le métro ou de jeunes voyous dans les cités dortoirs en sont des exemples.

Il est une troisième hypothèse. Celle où l'inspecteur, avant que d'arrêter les auteurs de faits dont il est chargé de découvrir les coupables, doit d'abord les identifier et les retrouver.

Dans ce cas, l'interpellation semble plus aisée à concevoir, la réflexion et la préparation faisant place à l'improvisation.

J'étais commissaire adjoint au commissariat de Saint-Germain-des-Prés, en 1952, débordé par les affaires courantes et le retard accumulé depuis des mois par un prédécesseur de santé délicate. Mon patron, exaspéré par les petits délits quasi journaliers d'un habitant du quartier qu'il ne réussissait pas à appréhender, apprit un soir que l'homme était chez lui et décida d'en faire son affaire.

C'était le temps où le Code distinguait, pour les interventions à domicile, les heures d'été et les heures d'hiver.

L'hiver, on ne pouvait pénétrer dans un domicile après 18 heures.

Il était trop tard. Il fallut établir une surveillance de nuit. Au petit matin – 6 heures – le patron se présente, sûr de son fait. Il frappe à la porte, tambourine, crie : « Police. Ouvrez! » Une petite voix se fait entendre. Le commissaire insiste et un enfant lui répond : « Mon papa, il est parti par le toit... »

Jamais je n'ai oublié la consternation et la fureur de mon commissaire quand il me conta sa mésaventure. D'une élégance très britannique, avec une voix de stentor, jeune, dynamique, impulsif, il ne décolérait pas : il était responsable.

Personnellement, « si j'étais quelqu'un dans la police », j'interdirais, sauf cas de force majeure, les arrestations à domicile. Elles sont source de la plupart des incidents et accidents.

Que peut-il arriver, par exemple, quand deux inspecteurs de

gabarit moyen se présentent, pour une banale affaire d'abus de confiance, au domicile de la personne dénoncée et que, dans l'encadrement de la porte, ils ont affaire à un catcheur professionnel poids lourd?

Tenter de s'en saisir? Saluer et faire demi-tour?

Ils ne peuvent plus reculer. Suivant la formule en usage, ils déclinent leur qualité. Le colosse leur dit : « Je sais pourquoi vous venez. Je vis ici avec ma mère. Ne me mettez pas les bracelets devant elle. Je vous le demande. Je vous suivrai. Je vous donne ma parole de sportif. »

Les deux fonctionnaires se regardent et acceptent...

Tout se passa comme convenu. L'interrogatoire achevé, par curiosité, les inspecteurs voulurent essayer les menottes dont ils disposaient au catcheur. Elles étaient trop petites pour l'épaisseur de ses poignets...

Cette très ordinaire anecdote n'a de valeur qu'au regard de l'imprévu auquel le policier est appelé à faire face. Vouloir procéder à une arrestation à domicile, c'est s'exposer, avant que la porte ne soit ouverte, à de multiples risques : les documents déchirés, les objets compromettants placés en des cachettes introuvables, les armes jetées au vide-ordures, l'héroïne ou la cocaïne dispersées dans les toilettes et dont il faut se contenter – si je puis m'exprimer ainsi – d'aller chercher les infimes traces restantes sur les bords de la cuvette. Sans parler du recherché qui se suicide, comme ce fut le cas de Figon.

C'est l'inspecteur divisionnaire André Morin, de la brigade criminelle, qui m'a raconté l'histoire. Georges Figon était ce truand de bonne famille volontiers reçu dans des milieux bourgeois, lièvre après qui couraient toute la presse (avec succès) et toute la police (en vain).

Il avait été l'un des intermédiaires ayant rendu possible l'enlèvement de Ben Barka. Recherché, il se fit photographier face au 36 du quai des Orfèvres. Mais, trop bavard, il lui arriva d'être « donné ».

Quand le préfet de police apprit en ce soir du 14 janvier 1966 que Georges Figon était réfugié 14, rue des Renaudes, il dit : « Il ne nous échappera pas! » Une dizaine de voitures de gardiens de la paix partent à toute vitesse à l'adresse indiquée pour y établir un siège en attendant l'arrivée des inspecteurs. Figon, alerté par le bruit, se tire une balle dans la tête. Quand les fonctionnaires de la brigade criminelle conduits par Morin arrivent, il est trop tard. Ils ne peuvent plus qu'effectuer des constatations. Il fait froid. Il neige. Exceptionnellement, Morin a pris un chapeau. Il le retire dans l'appartement et l'oublie. Les photos de l'Identité judiciaire le font apparaître. Le juge s'en inquiète. Morin explique que ce couvre-chef est le sien. Rien n'y fait. N'était-ce pas l'assassin qui portait ce chapeau? s'interroge-t-on. Le juge le saisit, le place sous scellés. Il doit s'y trouver encore.

En ce qui me concerne, j'ai tenté de faire admettre par mes collaborateurs qu'ils devaient attendre l'individu recherché à proximité de son domicile et non aller frapper à sa porte.

La difficulté est que, parfois, il n'est pas possible d'apprendre si l'homme est ou n'est pas présent dans son logement et que rester des heures en surveillance sans information est fastidieux et considéré comme une perte de temps mal venue. D'où des interventions intempestives et, hélas! parfois tragiques.

La brigade de voie publique était l'un des trois grands services de la Direction de la Police judiciaire à Paris, avec la brigade mondaine et la brigade criminelle. Forte, en gros, de cent trente « hommes » – tous ces fonctionnaires étant effectivement considérés comme tels. Au 36, on disait : les « hommes » de la voie publique, les « seigneurs » de la mondaine et les « as » de la criminelle. Fatuité sans doute, mais c'était ainsi.

D'avoir été tour à tour le chef des uns et des autres est pour moi, je ne puis le cacher, source d'une certaine fierté, encore que cela me paraisse peu correspondre à mon tempérament et que je préférerais dire : source d'une certaine joie.

Mais passons...

Les hommes étaient répartis en groupes ayant chacun sa spécialité : vols à la roulette, vols à la tire, cambriolages importants par le montant du vol ou la qualité de la victime, agressions à main armée, vols aux faux policiers, vols au préjudice des personnes âgées – très difficiles à établir, en raison essentiellement de la précarité des témoignages – vols de voitures et de camions par des bandes organisées, chantages et menaces à l'égard des sociétés – nationalisées ou non – de personnalités du monde politique, financier, industriel, économique, universitaire, etc. Bref, sa spécialité, c'était le crime ou le délit organisé par les malfaiteurs de profession. C'est pourquoi les évasions de prison, comme celle de Mesrine, étaient de sa compétence.

Je demeurai à la tête du service d'octobre 1970 à mai 1974.

Je m'enorgueillis d'avoir créé à cette époque, à Paris, et donc en France, le premier groupe chargé de la répression des vols d'objets d'art, après lequel fut installé au ministère de l'Intérieur, un bureau national homologue qui n'eut souvent d'autre ambition que de nous concurrencer.

Nous ne volions pas de victoire en victoire, mais dans tous nos secteurs d'activité, le succès récompensait souvent nos équipes.

Une collaboratrice passionnée de nos services était « la Rouquine », propriétaire d'un hôtel accueillant du 17e arrondissement, dont j'avais eu plusieurs fois l'occasion d'apprécier le savoir-faire policier. Dans le livre qu'elle a consacré à son aventure galante, commerciale et administrative, elle n'hésite pas à faire part de son admiration à l'égard « des sacrés poulets » auxquels, à ma demande, elle apporta son concours, en se faisant passer pour une collectionneuse de toiles de maîtres.

La création de notre groupe chargé de la répression des vols d'objets d'art tenait à l'augmentation constante de vols de cette nature dans les musées, les églises, au cours des expositions, ou chez les marchands et les particuliers.

Il nous fallait des spécialistes.

Comment, en effet, envisager une répression correcte sans, à la base, une connaissance aussi approfondie que possible de la question?

Un commissaire, bon observateur des forces et faiblesses de ses hommes, me disait un jour : « Placez un inspecteur de police, alors que la circulation est simplement moyenne, à un péage d'autoroute, avec mission d'intercepter une voiture de marque, type et couleur donnés. Vous aurez bien peu de chances qu'il la voie. Mettez à sa place un motard des compagnies de circulation, elle n'échappera pas. L'un a appris à observer les voitures, l'autre non. » Cela paraît insignifiant et pourtant...

Exercer une filature, repérer des voleurs à la tire parmi les innombrables usagers du métro aux heures de pointe, obtenir la conviction que ces deux jeunes gens qui sont là, devant nous, marchant sur le trottoir, sont des cambrioleurs en quête d'un appartement vide, sont des techniques qui ne s'apprennent qu'à force d'entraînement.

Ainsi la brigade de voie publique était-elle spécialisée dans les arrestations en flagrant délit. Mais cette pratique basée sur le dépistage dans les lieux publics du truand par le policier s'avéra insuffisante pour faire face à l'augmentation du nombre des agressions à main armée.

Il en était de même des méthodes traditionnelles d'enquête.

Devant les difficultés d'apporter après coup des preuves contre des criminels n'agissant jamais à visage découvert et peu enclins à s'expliquer, il est apparu que la seule technique efficace était de ne procéder à leur arrestation qu'après avoir été témoin de leur fait criminel.

Ainsi fut créée, au sein de la brigade de voie publique, une section de recherche et d'intervention, qui devint, en 1964, la BRI ou brigade antigang.

Il s'agit d'abord d'obtenir une information relative à l'activité d'un homme ou d'une bande. Il faut ensuite exercer des surveillances suffisamment étroites pour permettre de les « loger », c'est-à-dire de découvrir les domiciles réels des uns et des autres, leurs habitudes, les voitures dont ils disposent, leurs lieux de rencontre et, finalement, d'être présents, en flagrant délit, au moment où ils passent à l'acte.

La somme de travail et de difficultés qu'implique cette présence constante auprès des malfaiteurs – sans qu'ils s'en rendent compte – relève de la mission impossible.

Qu'un inspecteur, pour aboutir à ce résultat, soit demeuré plusieurs heures par jour dans un triporteur à surveiller l'entrée d'un immeuble demeure le plus souvent méconnu, comme le sont les déguisements et autres ruses imposées par les circonstances.

Tout cela n'est réalisable qu'à la suite d'expériences journellement renouvelées qui affinent l'esprit d'observation des enquêteurs et leur permettent d'acquérir comme des réflexes conditionnés.

Si, à titre personnel, nombre d'inspecteurs peuvent avoir une formation égale – seul adjectif syndicalement utilisable – à celle des hommes de l'antigang, il est, en revanche, incontestable qu'aucun autre service de police ne peut prétendre posséder la même technique d'ensemble.

C'est pourquoi je n'ai jamais hésité – et jamais regretté – de faire appel au potentiel de cette brigade (soixante fonctionnaires environ) chaque fois que le besoin m'en est apparu.

Pour l'immédiat, contentons-nous de noter que depuis sa création en 1964, ce service a été contraint d'adapter ses méthodes aux nécessités juridiques et de fait auxquelles il se trouvait confronté.

Soyons clairs. Quelle attitude faut-il adopter quand les surveillances permettent de penser que c'est cette agence bancaire et non une autre qui constitue l'objectif des gangsters?

Des mois de travail ont été nécessaires pour aboutir à cette certitude. Que faire? Prévenir le directeur de l'agence et les employés? C'est semer la panique, modifier le comportement des futures victimes, alerter par là les bandits et annuler tous les efforts des enquêteurs.

Intervenir juste avant l'attaque? C'est préjuger des intentions des malfaiteurs et leur permettre d'échapper à la sanction pénale.

Tenter de les appréhender au moment où, armes à la main, ils viennent d'entrer dans la banque et donnent leurs ordres, c'est, en raison de l'état de nervosité et de tension dans lequel ils se trouvent, susciter des réactions de peur incontrôlée et prendre le risque de provoquer des fusillades meurtrières.

Alors, aujourd'hui, la brigade antigang pratique ce qu'elle appelle « l'opération retour ». Elle consiste à appréhender les auteurs de l'agression quand ils changent de voiture, se retrouvent à leur point de rendez-vous habituel, s'apprêtent à partager le butin ou à tout autre moment jugé favorable, pourvu que les esprits se soient apaisés et que les armes aient été placées au râtelier.

A l'encontre de ces critères, toutes nos interventions conjointes l'ont été à chaud. C'est que l'on n'a pas toujours le choix des moyens et que parfois il faut prendre les choses comme elles sont. Tel est le cas au cours des prises d'otages, qu'elles soient politiques ou de pur banditisme. Tenons-nous-en aux brigands.

C'est au fil des ans que j'ai appris à connaître maîtres chanteurs, racketteurs et ravisseurs.

Leur caractère commun est de croire en eux. Il faut les en dissuader. Cela est possible s'ils trouvent devant eux une opposition véritable.

Si loin que je remonte dans mes souvenirs, j'ai été frappé par l'aisance avec laquelle les maîtres chanteurs renonçaient à leur projet dès qu'un obstacle surgissait devant eux.

Le racket n'existe que par la démission des victimes qui, incapables de se défendre par elles-mêmes, redoutent également d'avoir recours à la police. Alors, s'instaure et se perpétue un régime de redevances journalières, hebdomadaires ou mensuelles, ruineuses, qui finit par constituer un revenu fixe assuré pour nombre de malfaiteurs.

Cette constatation, je l'ai toujours vérifiée, qu'il s'agisse d'un petit racketteur de quartier ou d'un truand de haut vol. Il suffit d'une plainte. A défaut, la partie peut-être rude.

Quand deux redoutables voyous, très bien classés dans le milieu, jettent leur dévolu sur un cabaret, pénètrent avec des allures de matamores, heurtent des chaises et des tables, renversent des verres, affectent de ne jamais trouver à leur goût le champagne qui leur est servi, partent sans payer et annoncent qu'ils vont revenir pour encaisser l'enveloppe qu'ils prétendent exiger, comment leur répondre?

Cette nuit-là, à leur retour, des coups de feu les accueillirent. Jamais ils ne reviendront sur le théâtre de leurs exploits.

L'un, il est vrai, atteint à la moelle épinière, demeura un an paralysé sur un lit d'hôpital avant de mourir.

Le second, « Bébert le Calibre », pour ne pas le désigner plus

« rangé des voitures », mais émigra en Espagne d'abord, en Amérique du Sud ensuite, où il devint convoyeur de drogue.

Cet exemple m'est resté présent à la mémoire. Certes, l'exploitant de l'établissement, bien qu'il s'en défendît, avait eu recours à l'autodéfense. Certes, lui-même était coupable – et personne ne peut s'ériger en justicier. Mais l'efficacité de la riposte en disait long sur les limites du racket, même exercé par une personnalité criminelle reconnue et jusque-là respectée.

Je fus persuadé dès lors, chose toute simple, que, pour vaincre, il fallait opposer à une force donnée une force au moins analogue.

Le chantage était l'un des délits dont la répression incombait à la brigade de voie publique. En partage, notamment, avec la brigade mondaine pour le racket des bars et établissements de nuit, ou la brigade criminelle quand il s'agissait de menaces touchant à des avions en partance ou en vol ou des menaces à caractère politique.

Les cas les plus fréquents ne constituaient pas à proprement parler des chantages, mais des tentatives d'escroquerie.

Qu'un cambriolage important soit commis – vols de bijoux anciens ou de grande valeur, vol de tableaux – et presque infailliblement se manifestent auprès des assureurs ou des victimes des escrocs au petit pied qui prétendent être en mesure de fournir des renseignements ou même être en possession des trésors recherchés : en réalité, ils ne savent rien et n'ont rien.

Mais ils procèdent toujours de la même façon. L'accord monétaire conclu, ils ne viennent jamais au premier rendez-vous. Ce sont des malins. Ils se sont, bien entendu, rendu compte, disent-ils, que la police était présente. Mais on ne la leur fait pas! Ils ne toléreront pas un nouveau manquement! La prochaine rencontre doit être la dernière. Ce sont leurs ordres. Et tel est pris qui croyait prendre. Ils arrivent convaincus de recevoir le fruit de leurs efforts imaginatifs et se retrouvent menottes aux mains.

Plus redoutables sont les maîtres chanteurs qui menacent les personnes de révélations scandaleuses touchant à leur vie privée.

Que le fait allégué soit vrai ou faux n'a aucune importance.

Pour faire échec à ce type d'entreprise, la méthode qui, d'expérience, réussit le mieux est celle qui consiste à faire savoir clairement d'entrée de jeu à l'interlocuteur que la police sera avisée et une plainte déposée.

Je n'ai jamais vu un chantage se poursuivre dans ces conditions. Mais il est vrai que le maître chanteur ne sera pas identifié, tions. Mais il est vrai que le maître chanteur ne sera pas identifié, alors qu'il arrive que discussions et atermoiements permettent de remonter à la source.

Il est parfois nécessaire de le faire quand, notamment, la menace est si grave qu'il n'est pas possible de se contenter d'y mettre simplement fin.

Celle-ci a duré quarante jours : la SNCF avait reçu, c'était en 1971, une lettre anonyme l'avisant que quatre charges d'explosifs étaient d'ores et déjà placées sur des voies importantes et sauteraient si deux millions de francs n'étaient pas versés.

Il ne s'agissait plus, pour la SNCF, que de faire connaître son accord par voie d'annonce codée dans un quotidien et d'indiquer le numéro de téléphone du responsable chargé du paiement.

C'était si simple que nous le fîmes. Mais les choses durèrent. Les maîtres chanteurs mirent quarante jours pour se manifester à nouveau. Plus personne n'y croyait.

Du moins, plus personne n'y croyait à la SNCF et au quai des Orfèvres, alors que, tout au contraire, l'idée avait fait son chemin dans l'esprit des malfaiteurs. Ils n'avaient pas proféré des menaces en l'air. Nous allions bientôt le savoir.

Après, comme de coutume, un premier rendez-vous pour rien, un second est pris. Il est fixé à la Rhumerie Martiniquaise, boulevard Saint-Germain. Nous sommes à la mi-juin, au moment où les nuits sont les plus courtes, alors que les 24 heures du Mans, où j'ai l'intention d'aller, doivent avoir lieu dans deux jours.

Deux millions de francs, c'est déjà une belle sacoche de billets. La mienne est toute neuve. Achetée pour la circonstance. Car j'ai décidé, pour ce soir, d'être le secrétaire général de la SNCF et me suis chargé de la remise des fonds, remplacés en l'espèce par de vieux journaux.

Je devais disposer, les malfaiteurs le voulaient ainsi, d'une voiture de couleur blanche, mais j'avais décidé de ne pas sortir de Paris, estimant la campagne trop peu sûre. Naturellement, j'ai fait l'inverse de ce que j'avais dit.

Du premier bar où je reçois un coup de téléphone, à un deuxième où un message est caché dans le faux plafond des toilettes, à une consigne automatique à la Gare de Lyon, Pontoise, la départementale 22 – je n'ai pas choisi – un poteau télégraphique en rase campagne, je me retrouve à l'angle du cimetière de Puiseux-Pontoise, dans la nuit noire. C'est peu rassurant mais une fois le jeu de piste commencé, je me suis laissé entraîner.

La curiosité a prévalu sur la sécurité. Le dernier message m'enjoint de déposer l'argent au pied d'un calvaire proche.

Cela me paraît tenir du mauvais roman d'aventures. Je n'apprécie pas du tout. Ce ne peut être qu'une grossière plaisanterie. Néanmoins, je m'exécute et alors que j'écarte les herbes pour placer ma sacoche au bas du socle du monument, passe une Peugeot 404. Heureusement, elle ne s'arrête pas. J'ai oublié mon arme dans mon véhicule!

A trois ou quatre cents mètres en arrière, attendent quatre voitures bourrées d'inspecteurs.

Comme moi, ils voient passer la 404, conduite par un homme accompagné d'une jeune femme.

A cette heure-ci, sur cette route déserte, chacun s'observe.

La jeune femme trouve anormale la présence de ces véhicules rangés le long d'un mur en un endroit où, comme son compagnon, elle sait qu'il n'y a jamais personne.

Ils ne peuvent appartenir qu'à la police. Elle et lui en sont d'accord : ils n'iront pas chercher la rançon.

Après un détour, j'ai moi-même rejoint mon escorte. J'ai scrupule à lui faire passer la nuit en rase campagne, dans l'attente de la venue invraisemblable des maîtres chanteurs en ces lieux.

Petit conseil de guerre.

Il fait beau. Nous sommes là. Sait-on jamais? Autant rester. En ce qui me concerne, les instructions que j'ai m'imposent, avec ma voiture blanche, de rentrer à Paris par un itinéraire que je découvre au fur et à mesure.

Je vais me coucher. Les inspecteurs « tiendront la planque » jusqu'au lever du jour.

A 3 heures 30, la 404 déjà observée est de retour. Elle s'engage sur une voie qui, à travers champs, conduit derrière le calvaire. Il n'y a pas de doute, c'est là que la voiture se rend. Le conducteur et sa compagne sont arrêtés. Lui, technicien agricole, elle, coiffeuse, pensaient vivre ensemble des jours heureux. Bien entendu, aucune charge explosive ne se trouvait sur les voies.

Le lendemain, nous avions droit aux gros titres de la presse en première page : « Extraordinaire exploit policier à Paris... »

Je crois avoir compris ce jour-là que les maîtres chanteurs se lancent dans leur aventure onirique avec une croyance telle en la force de leurs menaces, qu'ils iraient en chercher le fruit espéré dans la gueule du loup.

Nous verrons qu'il en est qui, faisant entrer le loup dans leurs prévisions, songent à le neutraliser ou, tout bonnement, à l'éliminer.

Le jour de l'enlèvement du baron Empain, le 23 janvier 1978, je me trouvais en Californie, où les nouvelles de France ne sont pas la préoccupation dominante.

C'est par hasard que notre hôte rencontra le directeur d'Air France à Los Angeles et apprit la chose.

« Pierre, me rapporta-t-il, je crois qu'en rentrant vous allez avoir du travail. Le baron Empain a été enlevé hier à Paris, avenue Foch. »

De retour au quai des Orfèvres quelques jours plus tard, mon intérimaire, chef adjoint de la brigade criminelle, Robert Bouit, me conta l'événement : le kidnapping, le morceau de doigt envoyé à la famille, les exigences démesurées des ravisseurs, le résultat des perquisitions effectuées au domicile et au bureau de la victime, l'attitude de l'entourage du baron (discuter, mais payer), la position de la justice et des responsables policiers.

L'atmosphère était à la déception : nous ne devions pas nous opposer à la remise de la rançon.

A priori, ces instructions ne me convenaient pas du tout. Elles avaient pour effet de nous placer dans une position d'attente incompatible avec le dynamisme nécessaire à l'action. Je m'employais d'entrée de jeu à rassurer mes collaborateurs.

– Nous n'en sommes pas là. Nous verrons bien, dis-je.

Sous-entendu : « Si l'on peut interpréter les instructions reçues, nous irons à la limite. Nous essaierons d'être présents. Entre ce qui est dit et ce que nous pourrons faire sur le terrain, la marge sera grande », etc.

Et ainsi, tout le monde sut que je n'obéirais qu'au plus juste. Le processus était inversé. Nous adoptions une attitude offensive et ne devions plus l'abandonner.

Très rapidement invité à me rendre avec mon directeur et le préfet de police, M. Pierre Somveille, au ministère de l'Intérieur, place Beauvau, le ministre, Christian Bonnet, confirma que, contrairement à ce qu'il souhaitait personnellement, nous devions accepter que la famille paye la rançon demandée.

Étudiant cette affaire avec le président de la République, Valéry Giscard d'Estaing, ce dernier avait formulé son point de vue sous cette forme : « La rançon est le problème de la famille. Celui de la police est d'arrêter les criminels. » Point final.

Il est évident qu'il fallait entendre par là qu'en premier lieu, nous ne nous opposerions pas au versement de la somme demandée et, quant au reste, que nous aviserions.

Si claire que soit la formule, elle n'en supportait pas moins des accommodements et je ne pouvais douter que si l'on avait désiré me donner des directives plus fermes, elles l'auraient été en termes plus rigoureux, sinon comminatoires.

Je quittai donc le ministère de l'Intérieur rasséréné. Dorénavant, tous mes efforts tendraient à faire en sorte que les malfaiteurs ne sortent pas victorieux de l'épreuve.

Cette attitude ne tenait pas de la mégalomanie policière, comme l'ont prétendu les ravisseurs dans l'un de leurs messages – ni du jeu de poker, comme cela a été dit et écrit.

C'était, tout au contraire, la méthode qui semblait de loin comporter le moins de risques pour l'otage, sinon pour nous.

Il semblait clair qu'il n'était pas question d'autre chose pour les ravisseurs que de monnayer la libération du baron contre le versement d'une rançon.

Aucun autre mobile n'apparaissait.

Que la somme demandée soit à la mesure de la fortune présumée du baron, quoi de plus naturel? Et il est vrai qu'il pouvait paraître raisonnable de penser que le paiement de la rançon devait entraîner la libération du prisonnier.

C'était le point de vue de Mᵉ Robert Badinter, conseiller du groupe et de la famille, qui préconisait de payer ce qui était demandé si, disait-il à l'épouse du baron, Sylvana Empain, « elle ne voulait pas avoir à supporter la responsabilité de la mort de son mari ».

A l'encontre de cette fuite devant les responsabilités et de cette soumission au chantage, comment oublier qu'en Italie, à cette époque déjà, une cinquantaine d'otages avaient définitivement disparu malgré le paiement de la rançon?

Comment ne pas évoquer le cas bouleversant de la jeune Christina Mazzoti dont le corps fut retrouvé sous un tas d'immondices après que le père, qui mourut de chagrin, eut versé la somme demandée?

Quels risques faisait-elle courir aux ravisseurs, sinon de les dénoncer?

Les cas que nous connaissons montrent que, si les malfaiteurs prennent, dans les débuts, de grandes précautions pour ne pas être vus par leur victime et ne pas lui donner d'éléments de reconnaissance, leur prudence initiale va en s'estompant.

Le prisonnier, qui craint chaque jour davantage pour sa vie, devient de plus en plus le complice de fait de ses geôliers et ainsi tendent à disparaître l'agressivité et la méfiance qui étaient de règle au départ.

Moins soucieux, moins attentifs, il peut arriver que les ravisseurs commettent des erreurs ou des fautes qui les amènent par la suite à prendre conscience que l'otage en sait trop.

Le baron Empain tremble encore quand il se remémore qu'un jour les ravisseurs lui ont offert une pâtisserie qu'ils avaient oublié de sortir de l'emballage de papier sur lequel figuraient le nom et l'adresse du commerçant.

Dans la crainte de se trahir et d'être amené à avouer, si ses gardiens lui posaient des questions, non seulement il ne mangea pas le gâteau, mais ne voulut pas voir les inscriptions de l'emballage.

Pour conserver des chances d'être laissé en vie, l'otage doit demeurer une victime passive et ne pas devenir un témoin à charge possible.

Un enlèvement n'est jamais une entreprise criminelle ordinaire. Perpétré par des individus en armes à l'encontre d'une personne majeure, c'est toujours l'œuvre, longuement préparée, d'une association de malfaiteurs qui, l'agression contre l'otage une fois commise, entreprennent à l'égard de la famille une action d'une exceptionnelle cruauté, tout en défiant l'autorité de l'État.

Dans toutes les affaires d'enlèvement, ceux qui détiennent l'otage et qui connaissent bien les convoitises de leurs congénères ont toujours la crainte d'être « doublés » ou « repassés », disent-ils, par des escrocs. Ils ont donc la préoccupation de convaincre la famille que c'est bien entre leurs mains que se trouve leur parent et qu'il est en vie.

Ils sont tenus de pouvoir fournir cette double preuve jusqu'au bout.

Si féroce que soit le scénario, il comporte cependant cet élément favorable que l'on peut tabler sur la nécessité des ravisseurs de ne pas attenter à la vie de l'otage durant le temps des pourparlers et, au moins, réelle ou fictive, jusqu'à ce que la rançon soit versée.

C'est pour cette remise simulée que nous avons œuvré, en vue de tenter d'appréhender un ou plusieurs membres de la bande et par là même, paralyser la bande tout entière, la contraindre à capituler.

Cette assertion se doit d'être démontrée. La morale du truand et la psychologie du maître chanteur vont nous y aider.

Encore faut-il d'abord qu'il s'agisse de truands. Je ne pense pas que l'on puisse contester ce qualificatif aux kidnappeurs ou aux geôliers.

Mais que dire de celui qui vient prendre livraison de la rançon?

Tous les avocats, qui font semblant d'être dupes, vous diront qu'il n'est intervenu que pour rendre service, sans savoir de quoi il s'agissait.

L'argument n'est pas seulement de défense. Il est dans l'esprit de beaucoup. C'est même l'objection essentielle qui m'a toujours été faite.

– Mais si les ravisseurs ne viennent pas eux-mêmes chercher la rançon et s'adressent à un commissionnaire quelconque, quelle sera votre position?

Je réponds :

– Si cela était, ce serait effectivement très ennuyeux, mais cela ne peut pas être.

– Mais encore?

– Imaginez, en finale de la Coupe de France de football, une équipe bénéficiant d'un penalty et s'adressant, pour tirer au but, à un quelconque spectateur inconnu? Croyez-vous que ce soit imaginable? En notre domaine, il en est de même.

La rançon est au malfaiteur ce que le chef-d'œuvre est au compagnon : c'est l'affaire du futur maître, non celle de l'apprenti.

Ce n'est pas au moment décisif qu'il peut être fait appel à n'importe qui.

Quand le résultat à atteindre est important, quand le colis est précieux, on s'entoure de toutes les garanties.

C'est pourquoi l'individu chargé de la récupération d'une rançon n'est jamais le premier ou le dernier venu.

Certains pensent que les ravisseurs pourraient utiliser les services d'un innocent qui, s'il était arrêté à leur place, serait incapable de les dénoncer. Il faudrait qu'il soit étranger à l'affaire et que personne ne se connaisse.

Mais s'il est totalement inconnu, il peut être maladroit, malhonnête, ne pas revenir avec le trésor, ou sait-on jamais, être un agent de la police, un indicateur?

Et le garçon de courses, quelle sera sa rémunération? Comment saura-t-il qu'il ne sera pas payé en monnaie de singe ou, pis encore, d'une balle dans la tête?

Quel marché comportant de si hauts risques est-il possible de conclure entre inconnus?

La vérité est que le ou les commissionnaires ne peuvent qu'appartenir à la bande. La raison le dit. L'expérience le confirme.

Plus même, qu'ils ne peuvent être choisis qu'en raison des garanties qu'ils offrent : intelligence, habileté, réflexes, sûreté. Je dirai également autorité.

Ils doivent être sinon les patrons, du moins les lieutenants les plus sûrs.

C'est pourquoi j'ai toujours été convaincu que ces « commissionnaires » ne pouvaient être des sacrifiés, de ceux dont le sort est indifférent aux autres. Mais tout au contraire, s'il leur arrive malheur, de ceux auxquels tout doit être consacré pour leur venir en aide, que ce soit par solidarité ou intérêt bien compris. C'est ce que j'ai appelé la morale des truands.

Celle qui va les bloquer, les empêcher de poursuivre. Ils ne peuvent ignorer en effet que les condamnations à intervenir seront d'autant plus lourdes que la situation de l'otage aura été plus dure. Aggraver le sort de ce dernier revient à retarder la libération de ceux qui sont déjà pris.

La loi du milieu ne va pas en ce sens. Elle exige le silence des uns contre l'assistance des autres.

Que l'une des propositions ne soit pas respectée, qui peut dire que l'autre le sera?

Augmenter le temps que l'ami devra passer en détention, c'est s'assurer sa haine et sa colère. De plus, l'enfermement n'empêche ni vengeance, ni même règlements de compte. Il est des volontés qui se jouent des prisons.

Davantage encore. Si les ravisseurs avaient envisagé d'exécuter l'otage après paiement de la rançon, la détention de complices interdit que dorénavant ils puissent le faire.

A ces obligations des partenaires en délinquance s'ajoute la psychologie propre aux maîtres chanteurs en général et aux ravisseurs en particulier.

Nous avons déjà vu les maîtres chanteurs fondre sur l'appât qu'ils se jettent à eux-mêmes. C'est le mirage qui les fascine.

Il en est de même des kidnappeurs, la méchanceté en plus, mais la bêtise au même niveau.

C'est une donnée (d'expérience) sur laquelle le policier est fondé à tabler.

Pour s'engager dans une action criminelle, le malfaiteur a besoin de croire en sa réussite.

Le kidnappeur ne doute pas que les menaces qu'il fera peser sur la personne enlevée contraindront sa famille et son entourage à céder. Que représentera l'argent qu'il va demander au regard de la vie humaine quand des liens de famille unissent les personnes?

Lui-même ne s'inclinerait-il pas si on enlevait son fils?

Il joue gagnant. Tant d'exemples prouvent qu'il a raison!

Il va croire en cette idée, d'autant plus qu'il a longuement préparé son affaire et que les choses durent.

Depuis qu'il en a formé le projet, jusqu'à sa mise en œuvre, il n'a rencontré aucune difficulté ou très peu. Il tient l'otage. Il est le maître. Il dicte ses conditions. Il donne ses ordres. Il peut entendre et voir une mère supplier qu'on lui rende son enfant, une épouse implorer que l'on ne fasse aucun mal à son mari. Il s'habitue à imposer sa loi.

Il se fait à l'idée que ses exigences sont acceptées et finit par penser que, sauf quelques précautions à prendre, la récupération de l'argent ne sera qu'une simple formalité. Il vit un mythe. Il fait châteaux en Espagne. Le piège se referme sur lui. Il croit dominer la situation, il en est le prisonnier. De chasseur, il est devenu gibier.

Dorénavant, c'est lui qui peut subir les coups. Il le sait, mais il n'y croit pas ou insuffisamment.

Je n'ai eu, en aucune manière, à intervenir en décembre 1975 à l'occasion de l'enlèvement du jeune Christophe Mérieux à Lyon, restitué à sa famille après paiement d'une rançon de vingt millions de francs.

Mais est restée gravée dans ma mémoire cette déclaration de M. Mérieux, père, qui remit lui-même la somme aux malfaiteurs et relata qu'ils prirent si peu de précautions quand il eut ouvert le coffre de sa voiture où il avait placé l'argent « qu'il aurait pu les arrêter lui-même ».

Hélas! A sa demande, la police n'était pas présente au rendez-vous.

Ainsi, les chances de la police d'aboutir à une solution favorable, c'est-à-dire de pouvoir procéder à l'arrestation d'un ou plusieurs complices au moment de la livraison des fonds, tiennent à la perte de sens commun chez les maîtres chanteurs ou kidnappeurs qui croient en eux, obnubilés par l'appât du gain et la force qu'ils s'attribuent.

Les geôliers du baron Empain doutaient tellement peu du succès de l'entreprise qu'ils avaient commencé à sabler le champagne avec ce dernier avant que leurs complices ne soient de retour au gîte et qu'ils n'aient aperçu le moindre billet de la rançon.

Il reste que le policier non plus ne peut crier victoire avant de la tenir.

Il lui faut alors se poser la question de savoir ce qui pourrait advenir en cas d'échec parce que sa présence aura été décelée ou que l'intervention n'aura pas empêché les malfaiteurs de s'enfuir?

Vont-ils poursuivre leur action? L'abandonner et, s'ils l'abandonnent, vont-ils mettre leurs menaces à exécution?

Poursuivre leur action implique de tout reprendre à zéro : menaces, pourparlers, rendez-vous. Cela est d'expérience courante. Tant qu'aucun d'entre eux n'est arrêté, l'espoir demeure. Chacun se retrouve à la case départ. La difficulté pour la police, si elle n'a pas réussi tout de suite, est de perdre la confiance de la famille qui, dorénavant, veut agir seule et peut y réussir.

Mais si l'alerte a été chaude, si les malfaiteurs ne doivent de s'être enfuis qu'à beaucoup de chance et qu'ils ont pris conscience qu'il pourrait en aller autrement la prochaine fois, les voilà contraints de reconsidérer la situation.

Il y aura les pour, il y aura les contre. Ceux qui voudront continuer, ceux qui voudront se démettre.

Mais il y aura essentiellement le doute qui sera entré dans leurs esprits.

Les menaces et les cruautés éventuelles n'étaient pas des fins en soi mais des mises en scène considérées comme nécessaires et suffisantes pour obtenir le résultat escompté. Si la méthode s'est révélée inefficace, tout le système de pensée des maîtres chanteurs s'effondre.

Ils ne peuvent agir qu'avec la certitude que leur théorie est juste, et ils l'ont perdue.

Se mettre à rebâtir sur les ruines de leur entreprise n'est pas le propre des malfaiteurs.

J'en ai un exemple caractéristique. Celui de l'enlèvement, dans la banlieue de Paris, le 17 mai 1977, à la sortie de l'école à Drancy, de la jeune Corinne M., alors âgée de huit ans.

Les ravisseurs demandaient à ses parents, commerçants, une rançon de dix millions d'anciens francs en petites coupures.

Il était décidé, en accord avec la famille, de remettre la somme demandée, mais d'observer la personne qui allait s'emparer de l'argent en vue de la prendre en filature, quitte à ce que le dispositif de surveillance soit détecté.

Deux rendez-vous furent pris par les ravisseurs, le même jour : un dans la matinée, l'autre en fin de soirée.

Le matin, j'étais le porteur de la rançon que le ravisseur avait demandé de déposer à une heure très précise dans l'ascenseur d'un immeuble HLM de Romainville.

Le paquet contenant la somme demandée déposé sur le plancher de l'ascenseur, je montais et descendais avec les nombreux utilisateurs de l'appareil. Beaucoup furent ceux que le paquet intrigua mais personne ne le toucha.

Les ravisseurs appelèrent à nouveau dans l'après-midi et, après quelques injures et nouvelles menaces, donnèrent le deuxième rendez-vous dans les lavabos d'un foyer de travailleurs immigrés du 14e arrondissement.

Là encore, notre présence était si flagrante que les kidnappeurs renoncèrent. Après avoir grossièrement exprimé leur dépit, ils n'en remirent pas moins l'enfant en liberté dans une rue où elle put être récupérée.

Ainsi, devant la détermination clairement affichée que nous ne laisserions pas le chantage s'exercer selon leurs vœux, les ravisseurs – un homme et une femme qui n'ont jamais été identifiés – interrompirent purement et simplement leur action.

L'affaire fit peu de bruit, mais me paraît significative de la volonté criminelle des malfaiteurs qui, en l'espèce, ne pouvaient s'engager sans espoir d'aboutir à une solution favorable.

Il n'en demeure pas moins que d'autres peuvent vouloir mettre à exécution leurs menaces, par vengeance ou en vue d'une nouvelle tentative.

La suffisance, l'orgueil, l'image de marque qu'ils pensent devoir fournir à leurs congénères sont, nous pouvons en être sûrs, des facteurs non négligeables du passage à l'acte de certains criminels.

Dépités et déconsidérés par l'échec, ils peuvent perdre la raison.

Pour l'heure, ils agiraient à titre gratuit et sans la certitude de ne pas avoir un jour à payer leur forfait.

C'est peu vraisemblable. Cependant, tout risque ne peut être éliminé, dans la mesure où l'intervention policière, mais dans cette mesure seulement, n'aboutirait pas à l'arrestation d'au moins l'un des ravisseurs.

Pour autant, il ne m'a jamais paru possible de laisser le champ libre aux malfaiteurs.

C'est à la police qu'il appartient, dans l'intérêt général, y compris celui de la victime et de sa famille, de prendre le risque d'échouer, de dire non au chantage.

Mais il lui est parfois difficile de se faire entendre. Ce vieil entêté, par ailleurs très admirable, de Tsacho Thodoroff ne voulut rien savoir. Il avait décidé de verser la rançon demandée pour obtenir la libération de son fils. Il la versa. Il réussit.

Rien ne put lui faire admettre que la puissance de l'argent n'était pas supérieure à tout.

Les choses en allèrent autrement avec la famille du baron Empain, sa mère, sa femme, ses enfants ainsi qu'avec les responsables du groupe industriel et financier Empain-Schneider dont, en l'absence du baron, le directeur général, René Engen, était devenu le grand patron...

Des réunions presque journalières ont lieu au siège de la société, rue d'Anjou. Quelques-unes au domicile du baron, avenue Foch.

J'ai des inspecteurs, en permanence, aux deux adresses. Des magnétophones sont branchés sur les lignes téléphoniques avec l'accord de tous. Nous avons des contacts avec toutes les personnes intéressées, sauf avec l'avocat, sinon indirectement. Nous sommes, je crois, bien renseignés.

Et puis la confiance s'établit. Des courants de sympathie se forment. Tel qui a le contact ici n'est pas très bien vu là.

Entre toutes ces personnes, il faut faire son chemin. S'adapter. Voir. Comprendre. Et, pourquoi pas, s'imposer.

Quand René Engen, au cours d'une visite à Christian Bonnet, dit à ce dernier : « Je viens de voir Otta », le ministre comprend que les rapports famille, groupe, police sont bons.

Non pas que les parents de la victime et les responsables de la société ne puissent avoir des petits secrets, mais nous en sommes assez vite informés et savons lire sur les visages et dans les yeux de nos interlocuteurs, comme eux-mêmes nous cernent et nous comprennent.

C'est ainsi que, petit à petit, ils nous a été possible de suggérer que la rançon pourrait n'être que fictive, que nous nous chargerions de la porter au rendez-vous des ravisseurs et qu'enfin, contre l'avis de l'avocat, notre proposition fut acceptée.

Il est vrai que l'énormité de la somme demandée facilite notre démarche. Quatre-vingts millions de francs, huit milliards de centimes, en monnaies française et étrangères : c'était la folie des grandeurs.

Lorsque l'un des proches adjoints du baron, M. Bierry, proposa au téléphone, à l'un des kidnappeurs qui l'avait appelé, trente millions, trois milliards de centimes, il s'était entendu répondre : « Demain, vous aurez un cadavre. »

Sur ces bases, la discussion entre les malfaiteurs et la famille n'était pas aisée et ainsi, je pus me faire entendre.

Dès lors, il ne fut plus jamais question du versement d'une rançon réelle.

En revanche, il fallait préparer notre intervention.

Il me faut dire ici que ma certitude d'appréhender les ravisseurs au moment de la remise des fonds tenait à ce que je connaissais des capacités de la brigade criminelle et de la brigade antigang réunies.

Nous avions ensemble déjà obtenu de tels résultats que je savais que les truands n'avaient que fort peu de chances de sortir vainqueurs de la confrontation.

L'association d'effectifs des deux services constitue une force considérable faite de métier, d'habileté, de puissance et de volonté.

Aucune bande de malfaiteurs, si décidée et structurée soit-elle, ne peut rivaliser avec elles. Il faudrait des commandos de guerre.

Heureusement, nous n'en étions pas là, encore que, nous allions le voir, les ravisseurs du baron Empain n'étaient pas des agnelets.

Cependant, le temps qui passe érode leur volonté. En quelques jours, leurs prétentions tombent de quatre-vingts millions à trente millions de francs : la somme qui leur a été proposée.

Exactement, ils veulent dix-sept millions de francs suisses en coupures de mille francs usagées et, naïveté, dont les numéros ne seront pas relevés.

Rendez-vous est pris à Megève, à la mi-février. Nous y sommes. Personne ne se manifeste. Mais la presse aura vent de l'affaire. Elle en fera état. Les ravisseurs pourront ainsi apprendre que toutes les précautions qu'ils ont prises pour entrer en relation avec la famille et faire parvenir leurs instructions sont insuffisantes. Ils ont la preuve que la police est exactement informée. N'empêche, ils n'y croient pas. Ils poursuivent.

Le groupe et la famille, eux, voulaient tout interrompre. Si la presse était au courant, c'est que la police l'avait prévenue. Difficile de faire admettre le contraire. Il est vrai que depuis l'enquêteur jusqu'au ministre de l'Intérieur et au garde des Sceaux, le nombre de personnes qui savent finit par être important. Il faut limiter l'information au strict minimum. Sur ce point, le juge d'instruction désigné, M. Louis Chavanac, est également d'accord. Je n'ai pas parlé de ce magistrat jusqu'à présent. C'est que, depuis qu'il a été chargé de l'information et qu'il m'a donné une commission rogatoire générale pour poursuivre l'enquête, il demeure comme nous dans l'expectative. Comme nous, il doit subir. La différence est que nous sommes directement au contact des personnes, tandis qu'il n'a de relations qu'avec mes commissaires, moi-même ou Me Badinter.

Quelle que soit la rigueur avec laquelle le juge est tenu au courant, manifestement les courroies de transmission que nous sommes les uns et les autres ne sont pas suffisantes pour restituer intégralement le climat dans lequel avec la famille et le groupe nous travaillons. Alors que la confiance, après Megève, est redevenue totale, le juge, qui connaît nos intentions et œuvre dans notre sens, manifeste constamment son inquiétude de nous voir tenus à l'écart de certains pourparlers. Il craint que la rançon ne soit remise dans notre dos. Il veut délivrer des commissions rogatoires internationales en Belgique et en Suisse, déclencher l'alarme bancaire dans ce pays, c'est-à-dire mettre en état d'alerte toutes les banques suisses, afin que nous soyons avisés de toutes manipulations de fonds sur des comptes appartenant aux diverses sociétés du groupe. Il se heurtera au refus des autorités judiciaires suisses.

En France, nous entrons dans la dernière phase de la campagne des élections législatives. Dans la presse, l'enlèvement du baron Empain passe au second plan, d'autant que les ravisseurs ne se manifestent plus, craignant que le gouvernement, en cette période, n'ait tendance à faire preuve de plus de fermeté en raison d'arrière-pensées électoralistes.

Les mœurs politiques françaises sont-elles à ce point dissolues que les truands même les fassent entrer dans leurs calculs? C'est pourtant ce qui s'est passé et force est de constater qu'ils ne reprendront contact, en Belgique, avec René Engen, qu'à la veille du deuxième tour de scrutin et en France, au lendemain de celui-ci, exactement le 22 mars 1978.

Les choses devaient alors aller très vite.

Le scénario débute par une lettre manuscrite du baron adressée à l'un des directeurs du groupe :

INSTRUCTIONS

J'écris cette lettre sous la dictée de mes ravisseurs.

Je suis toujours en vie car je lis en page 48 du *Monde* du 22 mars un article qui a pour titre « Un jeune homme tué par un policier qui tentait de l'arrêter ».

1. Il est indispensable pour le payeur de savoir conduire et de connaître Paris. Il doit se munir de :
– de quoi prendre des notes,
– un peu d'argent et de monnaie,
– une montre à l'heure de l'horloge parlante,
– une voiture avec le plein d'essence.

2. Le personnage payeur est laissé à l'appréciation de M. Engen, mais, dans la mesure du possible, M. Engen lui-même.

3. L'argent doit être placé dans deux sacs genre sac de sport. Ces sacs doivent être bien fermés, mais pas à clef. Bien entendu ne pas contenir de gadget genre mini-émetteur, etc. (ils vérifieront).

Ils n'acceptent que les billets usagés non répertoriés (ils vérifieront).

4. Si la police d'une manière ou d'une autre était informée de cette opération, ils le sauraient obligatoirement et ils seraient sans pitié pour moi. Ce qui veut dire en clair que je serais mutilé d'une manière irréparable car si jusqu'à maintenant ils n'ont rien fait, c'est uniquement parce qu'ils ont tenu compte de la situation préélectorale.

Cette échéance ayant eu une issue favorable, ils n'ont plus aucune raison de me ménager.

5. Ils laissent à M. Engen l'entière responsabilité de cette opération. Ils lui suggèrent toutefois de prendre des précautions extraordinaires et si besoin est d'envoyer la police sur des fausses pistes.

6. Jeudi 23 à 15 heures, le payeur doit se trouver au bar du Fouquet's et attendre. Le payeur répond au nom de M. Marat et les ravisseurs sont

Charlotte Corday. Son départ doit être totalement anonyme et sa voiture parfaitement inconnue.

7. Si cette opération se déroule selon leurs instructions et en dehors du circuit policier, ils s'engagent à me libérer dans un délai de 48 heures. Mais pour que cette libération soit réalisable, il est absolument indispensable que personne ne soit informé que l'argent leur a été remis. Si avant ma libération la police ressortait le grand jeu ils creuseraient un grand trou dans lequel ils me mettraient.

Ainsi, après deux mois d'attente, d'études, de vérifications, de supputations, de doutes, le moment de la rencontre avec les malfaiteurs approche.

Et, dans un premier temps, il nous faudra subir, sans jamais cesser d'être prêts à tout instant.

Notre dispositif sera à la fois varié pour être discret et puissant pour vaincre.

Les commissaires et inspecteurs sont répartis en de nombreuses voitures et sur des motos qui, tour à tour, prendront la tête de la filature.

Pour transporter la rançon et la livrer, le fonctionnaire qui remplacera l'employé de la société, l'inspecteur divisionnaire Mazzieri, de la brigade criminelle, est un homme dont tout le monde connaît le sang-froid et l'exceptionnelle technique de tous les sports de combat.

De taille peu au-dessus de la moyenne, d'une sveltesse qui toucherait à la maigreur s'il n'était tout en muscles longs, apparemment il n'est pas impressionnant et paraît même fluet. Né de père corse et de mère indochinoise, du temps où les Corses faisaient carrière aux colonies et revenaient mourir chez eux, d'une vivacité stupéfiante tempérée par un entraînement constant, il est l'homme idoine pour ce type de situation.

De plus, bien sûr, il est volontaire. Compte tenu de ce que les ravisseurs ne peuvent avoir l'intention de tuer le porteur de la rançon, j'ai la conviction que Mazzieri, à lui seul, pourra réduire à l'impuissance plusieurs d'entre eux dans le même trait de temps.

J'apprendrai par la suite que telles étaient bien ses intentions.

Mais il pouvait être également tenu pour acquit que les malfaiteurs auraient imaginé dans leur scénario de se saisir du préposé à la remise des fonds comme nouvel otage.

C'était une éventualité policièrement inacceptable. Ordre était donné aux groupes d'intervention de s'opposer, y compris par l'ouverture de feu sans sommation, à cette tentative.

« Il n'y aura pas de deuxième otage », avais-je dit.

Considérant que nous agissions en état de légitime défense

d'autrui, et la protection de la vie du baron passant par l'arrestation d'un ou plusieurs des complices, les ordres étaient de procéder à toutes arrestations possibles, y compris en stoppant par le feu si nécessaire ceux qui tenteraient de fuir.

C'était l'éventualité extrême à l'issue de laquelle j'espérais qu'il en resterait au moins un de vivant, car, comme je l'ai expliqué, il s'agissait pour nous, à l'issue de l'opération, de mettre la main sur un contre-otage et non de nous trouver en présence de cadavres.

Telle était la situation de notre côté. Me tenant pour responsable de l'opération et ayant la charge de récupérer le prisonnier sain et sauf, je ne pouvais me contenter de dire aux fonctionnaires désignés « d'aviser, de s'inspirer des circonstances ».

Les instructions n'excluaient pas cela, mais, incontestablement, allaient jusqu'au bout de toutes les hypothèses qui pouvaient se présenter.

Il est difficile de faire revivre l'atmosphère qui était celle de ces réunions, dans mon bureau, de tous les participants à l'opération : une quarantaine de fonctionnaires environ.

Il s'agit, avant l'action, de faire le dernier point, au moment où nous nous trouvons, alors que va s'ouvrir le jeu de piste commandé par les ravisseurs. De ce jeu de piste, nous ne connaissons que le départ.

Il faut essayer de prévoir ce que les inspecteurs pourront faire ou ne pas faire durant la chasse à l'homme qui va s'ouvrir dans l'inconnu.

Dans des circonstances de temps et de lieux dont nous ne sommes pas maîtres et face à des personnes dont nous ne savons rien, l'incertitude quant aux directives données annihilerait les volontés.

Il faut, au contraire, les galvaniser. Le silence est total. La concentration des esprits extrême. Chacun sait que l'enjeu est lourd et les risques graves. Pourquoi ne l'avouerais-je pas? Une des satisfactions les plus profondes que j'ai ressenties au cours de ma carrière fut de prendre conscience, dans le murmure approbateur de tous que j'avais été compris et que je serais suivi. Il n'y a pas de mais, il n'y a pas de si. Tous quittent le bureau d'un seul élan, comme si l'assaut était immédiat. L'impression de force et de détermination qui s'en dégage est considérable.

Cela vous rassure quant à ce qu'il va advenir.

Je décidai de ne pas participer moi-même à l'opération que je laissais sous la direction de Marcel Leclerc, commissaire divisionnaire, chef de la brigade de recherche et d'intervention, qui devait, par la suite, devenir chef adjoint de la brigade criminelle et, enfin, me succéder.

Sa place était sur le terrain. Nous ne pouvions y être ensemble. Je resterais à mon bureau et suivrais les opérations à la radio.

L'attente de l'événement dans l'anxiété est éprouvante. Il en résulte un sentiment d'impuissance lourd à supporter, même si nous avons déjà l'expérience de ces situations. C'est la sarabande des questions. Mais l'imagination ne peut suppléer à tout.

Disposant d'un appareil émetteur-récepteur radio portable, Mazzieri tient ses coéquipiers et, par voie de conséquence, nous-mêmes informés.

Mais les choses durent.

Comme nous l'avons lu dans le message du baron Empain, le premier rendez-vous était fixé à 15 heures, au bar du Fouquet's, aux Champs-Élysées.

A 15 heures 10, la standardiste demande :

– Monsieur Marat, au téléphone.

Mazzieri se rend dans la cabine.

– Monsieur Marat? (C'est un homme qui parle.)

– Oui.

– Ici, Charlotte Corday. Votre nom? Vos fonctions dans le groupe?

– Je suis monsieur M., secrétaire de monsieur Bierry.

– Nous allons vérifier. Entre-temps, rendez-vous au café Le Murat, porte d'Auteuil, je vous y rappellerai. Quelle voiture utilisez-vous?

– Une voiture de location, Peugeot 504 blanche, n°... 75.

Mazzieri, précédé ou suivi par son escorte qui comprend au total vingt véhicules, se rend au Murat.

Charlotte appelle.

– Monsieur M.?

– Oui.

– Pouvez-vous m'indiquer quel est le P-DG de cette filiale d'Empain-Schneider? Et de celle-ci? Et de celle-là?

Mazzieri ne peut s'engager dans cette voie. Il répond :

– Monsieur, vous connaissez ma mission. Nous n'avons pas de temps à perdre. Ne m'écartez pas de ce que j'ai à faire. C'est déjà assez difficile pour moi.

– Oui, oui. Vous êtes un inspecteur de police.

– Qui? Moi?

– Oui, oui. Vous.

– Écoutez. Je suis un modeste employé. J'ai accepté de vous apporter la rançon. Je veux bien continuer, mais si c'est pour être tracassé et ne rencontrer que des difficultés, j'abandonne. Un autre que moi le fera peut-être. Je ne poursuis pas dans ces conditions.

– Non. Laissez votre voiture où elle se trouve. Allez à pied à cent cinquante mètres du café, à l'entrée de la station de métro, devant l'entrée du pesage de l'hippodrome d'Auteuil, dans une poubelle située à gauche du plan de métro, vous trouverez dans une bouteille de lait un message et une enveloppe kraft destinée à réunir toutes les instructions écrites que vous recevrez.

Mazzieri lit. Les ordres sont en partie dactylographiés et en partie manuscrits, en lettres bâtons :

INSTRUCTIONS

– Faites demi-tour en voiture et prenez l'autoroute de l'Ouest, direction Rouen-Versailles.

– Restez à droite, vitesse 50 km/h.

– A environ 700 mètres de la porte d'Auteuil, vous passez un premier tunnel. Puis vous vous engagez dans un second tunnel. Conservez la droite.

– Au panneau « rétrécissement de la chaussée par la gauche 400 m », ralentissez. Au second panneau « rétrécissement 200 m », placez-vous le plus à droite sur la bande d'arrêt d'urgence. Roulez lentement et, tout de suite après le tunnel, tournez à droite dans l'entrée de service et engagez-vous à gauche sans stopper dans le « sens interdit sauf service ».

– Descendez le chemin jusqu'en bas, puis prenez à droite. Vous êtes sur les quais de Seine.

– De là rejoignez la porte d'Orléans par le chemin le plus rapide et rendez-vous au bar Le Rond-Point, situé à peu près en face du bar Le Paris-Orléans.

Un plan en couleurs, avec itinéraire fléché depuis la porte d'Auteuil jusqu'au quai du 4-Septembre sur la Seine est joint.

Ce n'est qu'à 17 heures 30 que Mazzieri sera recontacté par Charlotte. Il dit manquer de courage, ne plus pouvoir continuer, vouloir « tout plaquer ».

Charlotte le rassure et lui indique qu'un nouveau message l'attend au quatrième sous-sol du parking de la porte d'Orléans, derrière la gaine électrique au niveau du pilier numéro trois. Mazzieri trouve. Ce n'est pas fini.

Il s'agit d'aller chercher des instructions complémentaires sous un pavé, au pied de la borne téléphonique d'urgence A 23, sur l'autoroute du Sud, à onze kilomètres environ de la porte d'Orléans.

Mazzieri repart. Il suit à la lettre les consignes précises et complètes qu'il a en main et qu'il lit de façon claire et intelligible à notre dispositif.

Le jeu de piste se poursuit.

Sous le pavé, dans une pochette en plastique, il découvre ceci :

INSTRUCTIONS

– Démarrez, restez à droite. Roulez un kilomètre et, à main droite, vous avez une barrière de service, juste avant la borne téléphonique d'urgence n° A 25.

– Ouvrez cette barrière en enlevant le fil de fer et sortez la voiture par la droite.

– Juste après l'arrêt du bus n° 297, virez à droite, puis tout de suite à gauche.

– Continuez de rouler jusqu'au bout de cette route (ligne de chemin de fer) et stoppez à proximité de la place de parking n° 581.

– A votre droite se trouve un break Renault 12 marron métal immatriculé 379 AGW 75. Sous le tapis de sol du coffre ouvert se trouvent les clés de contact et de nouvelles instructions.

Mazzieri doit transborder les sacs de la rançon du coffre de sa voiture dans la nouvelle et revenir par le chemin qui lui est indiqué. Où? Au bar-brasserie Aux trois obus, à nouveau boulevard Murat dans le 16ᵉ arrondissement.

Il obéit encore et toute sa smala avec lui qui le précède et le suit.

Il est près de 20 heures 30 quand Charlotte appelle au téléphone monsieur M. Aux trois obus.

Mazzieri feint d'être épuisé. Il ne peut faire d'autres efforts. Il regrette d'avoir voulu rendre service à M. Bierry et à M. Engen. Il sent qu'il va « craquer ».

Charlotte le rassure encore, mais insiste : monsieur M. doit retourner à Orly, à la réception de l'hôtel Hilton.

– Ce sera fini après?

Charlotte ne répond pas. Mazzieri et sa suite obéissent.

A 21 heures tout est décommandé. Marat doit abandonner le break R 12 sur le parking de l'hôtel et rentrer en taxi avec la rançon.

Rendez-vous au même endroit, hôtel Hilton, le lendemain à 18 heures 30.

C'est le Vendredi saint.

Dans la matinée, Mazzieri a récupéré sa 504 blanche de location et à l'heure dite se trouve au rendez-vous, avec les sacs de la prétendue rançon dans le coffre. Ces sacs contiennent en réalité des liasses de papier blanc découpé au format des billets de mille francs suisses. Un vrai billet a cependant été placé sur les liasses du dessus afin de permettre à notre inspecteur de gagner éventuellement un peu de temps, en cas de vérifications en sa présence du contenu des sacs par les malfaiteurs.

L'attente reprend. Il y a une trentaine de minutes que Mazzieri est au bar de l'Hilton. Les mêmes effectifs que la veille sont répartis à l'entour.

Monsieur M. est appelé au téléphone. C'est toujours le même correspondant, Charlotte Corday, voix d'un homme mûr qui s'exprime avec calme et correction.

Charlotte se montre compréhensif et plein de commisération pour le modeste employé du groupe Empain-Schneider.

Il s'inquiète de savoir comment il va, s'il a bien dormi.

Mazzieri répond :

– Je n'ai pu fermer les yeux. J'ai passé une nuit blanche. Je suis de plus en plus inquiet.

– Vous n'avez pas à avoir peur. On ne vous fera aucun mal. Faites le plein du break que nous avons mis à votre disposition hier, puis revenez au bar, je vous rappellerai. Pendant que vous attendrez, prenez un whisky.

Mazzieri, qui est un sportif de haut niveau, sait que ce n'est surtout pas au moment où le combat peut s'engager qu'il doit boire de l'alcool. Il fera le plein d'essence et attendra au bar avec un verre d'eau. Il a besoin de tous ses moyens.

Mais pourquoi le plein?

Le jeu de piste sera-t-il encore long? Il s'y prépare en se concentrant.

Il est près de 20 heures quand Charlotte (c'est un autre) se manifeste à nouveau. Il est pressé et cafouille. Il indique que monsieur M. doit aller chercher un nouveau message avec le break, sur l'autoroute, sous un caillou, au pied de la borne B 16, à deux kilomètres de l'hôtel, en direction de Paris.

Il oublie de recommander au porteur de transférer la rançon d'une voiture à l'autre.

Mazzieri le fera quand même et s'en va chercher de nouvelles instructions.

Il gare son véhicule sur la voie d'urgence, au niveau de la borne B 16 qui lui a été indiquée et descend de voiture.

Une camionnette de dépannage s'arrête juste derrière lui. Il fait signe au conducteur qu'il n'a pas besoin de ses services et lui dit qu'il peut poursuivre son chemin quand il entend du bruit dans son dos et voit deux hommes portant cagoule dévaler la pelouse en direction du break. L'un est armé d'un pistolet mitrailleur. Les deux hommes s'engouffrent dans la voiture et démarrent en trombe, laissant Mazzieri avec le dépanneur dont il ne peut savoir sur-le-champ s'il s'agit ou non d'un complice. Tout ce qu'il avait imaginé s'effondre. Il n'arrêtera pas seul les deux malfaiteurs.

Sans avoir le temps de réfléchir, il saute dans la première voiture de protection qui vient de s'arrêter à sa hauteur et avec ses deux collègues, entame la poursuite, non sans indiquer à tout le dispositif ce qui vient de se produire et confirmer qu'il n'est plus dans le break. Certains qui le précédaient ou se trouvaient à sa hauteur ont déjà vu et savent.

Le break n'ira pas loin. Il stoppe à hauteur de la première porte du mur antibruit en béton construit le long d'une partie de l'autoroute sur la commune de L'Hay-les-Roses. Une voiture légère avec quatre de nos hommes et une de nos camionnettes le prennent en sandwich. Aussitôt, des coups de feu claquent. Le passager du break tire au pistolet mitrailleur, mais également des coups de feu sur la droite émanant de la porte blindée du mur antibruit qui avait été forcée et derrière laquelle des complices attendaient. C'est un guet-apens.

Deux inspecteurs de l'antigang tombent : David Lailheugue et René Berrux.

La riposte est foudroyante.

Les équipages se jettent au fur et à mesure au cœur de la bataille et entrent en mêlée. Leur feu nourri fait cesser le tir du break, tandis que les acolytes qui se trouvaient derrière la porte blindée s'enfuient à bord d'une voiture qui les attendait dans une voie parallèle à l'autoroute, tout à proximité. Ils abandonnent sur place l'une de leurs armes, un revolver Magnum dont toutes les cartouches sont percutées.

Le passager du break, Daniel Duchâteau, gangster-écrivain qui était l'auteur d'un livre largement autobiographique sur un détenu simulant la folie pour sortir de prison, *Sainte Anne, priez pour nous,* est mort. L'autre, Alain Cayolle, a été touché au bras gauche. Tous deux, en plus de leurs armes automatiques, ont, chacun sur soi, une grenade défensive destinée à interrompre la filature de motards si besoin avait été.

Ces hommes étaient donc particulièrement dangereux. C'étaient des tueurs autant que des kidnappeurs.

Le dépanneur et son coéquipier, qui avaient été arrêtés par les inspecteurs qui fermaient la marche, seront rapidement mis hors de cause.

Je regrette que les complices cachés derrière le mur antibruit aient pu prendre la fuite.

Sans doute, si nous avions eu des chiens de police, comme dans l'affaire Louis Hazan, n'auraient-ils pas réussi à s'échapper. Mais j'avais renoncé à faire appel aux maîtres chiens et leurs bêtes à la suite d'un incident extrêmement pénible.

Bien qu'en compagnie de son maître, à la suite de deux après-midi passés en voiture en attente, l'un des chiens était devenu fou.

Le lendemain de l'opération Hazan, après l'arrestation des deux frères chargés de la récupération de la rançon, la fille de l'un des maîtres chiens, âgée de huit ans, alla, comme elle avait l'habitude de le faire, caresser le chien de son père qui la mordit cruellement au visage.

Dès lors, j'avais choisi de me passer du concours de ces auxiliaires. C'était ainsi.

A la Direction de la Police judiciaire et à l'état-major, tous suivent le déroulement des opérations en même temps que nous.

Il faut que je me rende sur place. A cette heure-ci, dans la direction Paris-province, alors que commence le long week-end des fêtes de Pâques, la circulation est quasi bloquée.

Pour m'ouvrir la route, deux motards viennent me chercher au quai.

En attendant, il faut que je sois le premier à informer la famille du baron et les personnes réunies au siège de la société de ce qui vient de se produire.

« Il y a eu une fusillade. Deux inspecteurs sont blessés. L'un de ceux qui étaient venus prendre livraison de la rançon a été tué, le deuxième, blessé, a été arrêté. »

Jamais mieux qu'à cet instant je n'ai su ce que signifiait l'expression « la voix brisée par l'émotion ».

Je dus faire un effort considérable pour passer mon communiqué de façon intelligible et apparemment calme.

La réalité me tenait au ventre et à la gorge.

Sans prendre le temps de la réflexion, mon correspondant me dit, déçu : « Ce n'est pas brillant. »

Et non, ce n'était pas brillant, mais ce n'était pas fini et, heureusement, précédé par deux motards, je fonçais entre les vacanciers au volant de ma voiture sur les lieux de la rencontre.

A mon arrivée, sans que je demande rien, comme si toutes les personnes qui étaient là sentaient que la confrontation que je devais avoir avec le truand arrêté était capitale, tous s'effacèrent.

Le procureur de la République de Créteil d'abord. Les médecins ensuite, qui sortirent de l'ambulance dans laquelle Alain Cayolle avait été allongé et auquel ils donnaient les premiers soins.

L'entrevue fut effectivement orageuse. J'avais devant moi cet homme, blessé (légèrement à un bras) et, dans mon esprit, l'image du prisonnier dont il fallait que j'obtienne la libération.

J'enrageais de ne pouvoir interroger vraiment cet homme étendu sur sa civière alors que j'en étais sûr, il détenait la clef du problème.

Ce qu'il me dit sur le moment ne nous fit pas avancer d'un pas.

J'abandonnai pour qu'il soit transporté à la salle des détenus, la salle Cusco, de l'hôpital de l'Hôtel-Dieu à Paris, avec le sentiment de ne pas avoir suffisamment insisté pour sauver la vie du baron.

Je me trompais.

Déjà, nous devions nous féliciter du peu de gravité des blessures des deux inspecteurs. Tous deux avaient été touchés par balles derrière le cou, tout près de la moelle épinière. Au millimètre près, les blessures auraient pu être irréversibles.

Ça, c'était la part de la chance. Pour le reste, Cayolle devait me dire le lendemain : « Quand j'ai vu la détermination de vos hommes, j'ai compris que nous ne toucherions jamais un sou. » Il se reconnaissait ainsi, lui et les siens, définitivement battu. C'était indirectement un bel hommage aux vainqueurs.

Ça, c'était la part du courage et de la volonté.

Cayolle devait d'ailleurs très vite tirer les conséquences de la défaite dont ni lui ni les siens n'avaient envisagé l'hypothèse. Non seulement il saisit immédiatement qu'aucune rançon ne serait touchée, mais eut peur que la panique ne s'empare de ses complices, dont il ignorait quelle décision ils prendraient vis-à-vis de leur prisonnier.

– S'il leur venait à l'idée de faire disparaître le baron, je serais perdu, pense-t-il.

L'aggravation de son sort à cette éventualité lui apparaît avec une telle évidence qu'il réclame avec insistance l'autorisation de quitter l'hôpital pour téléphoner à ses amis à partir d'une cabine publique.

En attendant l'accord des magistrats que j'ai sollicité, je demande à ce que Cayolle soit conduit dans mon bureau. Il est impatient et croit que nous utilisons le temps qui passe à faire « brancher » toutes les cabines de Paris. Nous bavardons. Il prétend, dit-il, n'être intervenu que pour la récupération de la rançon. Cependant, quand je lui demande : « Pourquoi le baron Empain? », il avoue savoir que, dans le même temps, avaient été étudiés l'enlèvement de Serge Dassault, comme celui d'un Rothschild. Le plus simple à réaliser ayant paru être celui du baron Empain, en raison de son domicile avenue Foch, dont la largeur de la voie et les contre-allées offraient les meilleures possibilités de dégagement des voitures, c'est lui qui fut choisi.

– Rien d'autre?

– Rien d'autre. Les fortunes des trois personnes retenues paraissaient équivalentes, ajoute-t-il.

Enfin, je reçois le feu vert du parquet et du juge. A ce moment, Cayolle estime expédient d'utiliser mon téléphone qui, lui, ne doit pas être écouté, à condition que je ne connaisse pas les numéros qu'il va former.

– J'ai fait, dit-il, un accord correct avec la police. Ils ne savent pas où j'appelle. Abandonnez ou vous irez de carnage en carnage, sans avoir jamais un sou. Libérez le baron.

Malgré la réponse positive de son premier interlocuteur, une femme, il ne fut définitivement rassuré qu'après avoir obtenu un second correspondant homme.

Alors, quand il eut raccroché, il me dit :

– C'est bon à 99 %. Ils vont le libérer.

Après l'angoisse et l'attente incertaine, c'était l'espoir.

C'était jour de fête, le dimanche de Pâques.

Sans vouloir trop m'avancer, mais pour la tranquilliser, ainsi que les siens, j'appelai à son domicile la baronne Sylvana Empain et la mis au courant, dans notre jargon administratif, des derniers développements de l'affaire qui avançait comme nous l'avions imaginé. La suite devait nous en donner l'assurance et même une récompense inattendue : quand j'arrivai, peu après qu'il fut libéré au début de la nuit, au domicile du baron, la baronne, avec laquelle nous nous étions posé tant de questions, m'embrassa.

Le baron était là, prostré dans un fauteuil, sale, hâve, défait. Ses geôliers l'avaient déposé à une station de métro en grande banlieue, dix francs en poche. Descendu à la station Opéra, il avait appelé sa femme au téléphone et avait attendu qu'elle vienne le chercher.

Que retenir de ce qu'écrivirent les journaux : « La fermeté a payé », « Le triomphe du commissaire Ottavioli », « La déroute des ravisseurs », « Le commissaire Ottavioli : Monsieur Antirapt », « Le commissaire joue et gagne », « Le coup de poker de la police »?

A titre d'amusement, j'ai retenu ce commentaire du quotidien *le Soir* de Bruxelles : « La baraka personnelle du baron Edouard-Jean Empain a certainement permis qu'un demi-échec, une bavure policière, se transforme en un succès complet... », alors que, de son côté, le journal ouest-allemand *die Welt* écrivait : « Le héros de cette histoire, la police française, a confirmé, une fois de plus, sa réputation : celle d'être la meilleure du monde. »

Encore un mot. Je reçus alors – outre des dons parfois importants pour l'Orphelinat de la police ou la Maison des gardiens de la paix – tant de lettres de personnes inconnues, de France et d'ailleurs, d'anciens professeurs, d'anciens condisciples, de vieux et plus récents amis, certaines très émouvantes, d'autres pleines de finesse et de perspicacité, que je ne pus répondre à personne.

C'est cela aussi la vie du policier, d'oublier ses parents ou ses amis, ou d'être contraint de faire comme si... alors qu'il sait bien, comme tous, que ce n'est pas seulement dans la chaleur du moment, mais aussi dans celle du souvenir que s'inscrivent – oublions les autres – les meilleurs moments de la vie.

Au fil des mois, d'autres complices furent identifiés, arrêtés.

Personne, bien entendu, n'avait participé au rapt. Personne non plus n'avait tiré sur les inspecteurs depuis le mur de l'autoroute. Mais, dans leur panique, une partie des malfaiteurs envisageaient de quitter la France et de se rendre en Italie, par la mer, considérée comme plus sûre, à bord d'un bateau pneumatique muni d'un moteur ridicule, avec femmes et enfants!

Un fut arrêté au Portugal. Il s'évada. Fut repris à Paris après avoir été recherché au Costa Rica.

Un homme dans la pleine force de ses trente ans et qui, nous l'apprendrons plus tard, s'était montré particulièrement dur pendant la séquestration du baron, fut atteint d'incontinence d'urine au moment de son arrestation.

Un autre fut tué au cours d'une agression à main armée contre une banque.

Enfin – sans prétendre être complet – un autre fut retrouvé alors qu'il était hospitalisé et ne devait pas tarder à mourir.

Que des zones d'ombre soient demeurées quant à la responsabilité exacte des protagonistes de cette affaire, c'est vrai. Il en est ainsi dans la plupart des affaires d'importance. Seuls les coauteurs ou complices connaissent la vérité, mais refusent de nous la faire partager. C'est toujours à qui en aura fait le moins.

Une seule fois, dans la dizaine d'enlèvements que j'ai eu à connaître, nous n'avons jamais pu avoir la moindre idée quant aux ravisseurs. C'est à la suite du rapt de la jeune Nadine Cathalan, vingt-deux mois, rendue à sa famille après versement d'une rançon de deux millions de francs.

C'était en 1975. Notre dispositif, qui ne devait pas empêcher la remise de l'argent, était trop lâche. Nous étions trop loin. Nous ne vîmes rien.

Être ou ne pas être est souvent la question qui se pose aux policiers. Et répondre de façon positive aux deux termes de l'interrogation en même temps est une gageure.

L'expérience a pourtant montré que les policiers ne pouvaient être vainqueurs qu'en étant présents. Pour la première fois en France, nous l'avions prouvé, début janvier 1976, en arrêtant les ravisseurs de M. Louis Hazan au moment de la livraison de la rançon et en obtenant la libération de l'otage dans les heures qui suivirent. Notre succès fut le même pour le baron Empain, en mars 1978, avec en plus pour heureuse conséquence que depuis lors plus aucun rapt avec demande de rançon n'a été perpétré à Paris.

12

LA GARDE A VUE

En dépit de la présomption d'innocence que seule une condamnation peut faire tomber, la personne contre laquelle il existe des indices graves et concordants de culpabilité doit pouvoir être privée de liberté.

Avant 1958, sous l'empire du Code d'instruction criminelle, malgré la belle formule de la Déclaration des droits de l'homme et du citoyen de 1789 : « Nul homme ne peut être accusé, arrêté, détenu que dans les cas déterminés par la loi et selon les formes qu'elle a prescrites », fondement moral de nos constitutions, il fallait bien se rendre à l'évidence que le plus grand nombre de nos arrestations manquait de base légale, faute de « formes prescrites » suffisantes.

C'était d'autant plus le royaume de l'arbitraire qu'aucune disposition de la loi ne limitait en France la durée de la détention policière dont le « caractère légitime ou non s'appréciait, suivant une circulaire ministérielle, compte tenu des circonstances de chaque affaire ».

Cependant, par analogie avec la règle imposée aux gendarmes, aucun brigadier, chef d'un poste de police, n'aurait accepté qu'un détenu passât plus de vingt-quatre heures dans ses violons. Pourquoi tairais-je qu'une même personne pouvait être gardée successivement dans plusieurs arrondissements de Paris? il y en avait vingt... Jamais policier n'a certes fait le tour de la capitale avec son protégé. Mais il était courant que l'hébergement puisse se poursuivre dans deux ou trois postes de police limitrophes. Il fallait que cela soit supportable par le procureur de la République. Cela l'était.

Depuis la promulgation, fin 1958, du Code de procédure pénale, les délais et conditions de la garde à vue sont étroitement réglementés. Elle est aujourd'hui strictement limitée à vingt-quatre heures sous la seule responsabilité de l'officier de police judiciaire et peut être portée à quarante-huit heures avec l'accord des magistrats (quatre jours en matière de stupéfiants). C'est un progrès incontestable. Les choses sont cependant loin d'être parfaites.

Ainsi, alors que le Code comprend huit cent deux articles, quatre seulement (75 à 78) sont consacrés à l'enquête préliminaire, pourtant à la base du plus grand nombre des affaires appelées devant les tribunaux correctionnels.

Cela mérite une courte halte. Elle permettra de faire apparaître l'esprit des lois et de comprendre pourquoi, aujourd'hui encore, bien des questions demeurent sans réponse. L'article 77, par exemple, est un modèle de tartuferie. Il est utile, pour l'apprécier pleinement et connaître les fondements de la plus grande part de l'action policière, de le lire et le relire :

« Lorsque, pour la nécessité de l'enquête préliminaire, l'officier de police judiciaire est amené à retenir une personne à sa disposition plus de vingt-quatre heures, celle-ci doit obligatoirement être conduite, avant l'expiration de ce délai, devant le procureur de la République, qui pourra accorder l'autorisation écrite de prolonger la garde à vue d'un nouveau délai de vingt-quatre heures. »

Bien curieuse loi que celle par laquelle on apprend qu'une personne peut être privée de liberté durant quarante-huit heures à titre exceptionnel, alors que jusqu'ici il n'a jamais été question qu'elle puisse être détenue un jour, une heure ou même une minute.

La prescription doit être considérée comme sous-entendue.

L'escamotage est total. Le résultat atteint en catimini. L'exception ne confirme pas la règle, elle la crée.

Le terme de « retenir » adopté dans la rédaction de l'article 77 mérite aussi l'attention. Traduit de la façon la plus commune, il signifie : tenir à nouveau, maintenir sur place, empêcher d'aller.

Il n'est cependant pas douteux que c'est à dessein qu'a été utilisé le verbe « retenir » et non celui d' « arrêter ».

L'enquête préliminaire ne compte donc pas de droit d'arrestation, mais seulement un droit nouveau, affaibli, incertain, de rétention.

Par la contrainte? Rien ne le prescrit ni ne l'interdit. Mais a-t-on imaginé les situations burlesques qui peuvent en découler? Le policier pendu aux basques de son témoin (suspect ou non), prisonniers l'un de l'autre, sans pouvoir bouger, avant l'intervention obligatoire des magistrats appelés à la rescousse. Mais qui querra le juge?

Dans la pratique, pour ne pas sombrer dans le ridicule et paralyser les services de justice, le policier adresse une convocation à la personne qu'il veut entendre ou passe outre et c'est le « Police, suivez-moi », efficace autant qu'illégal aux yeux de certains. Surtout si, comme le soutiennent de bons auteurs, prétendant pouvoir tirer argument d'une jurisprudence antérieure à la loi, toute mesure coercitive doit être bannie, les menottes proscrites et si une circulaire d'application de la Chancellerie va dans le même sens.

Comment alors concilier ce point de vue avec la possibilité légale de placer une personne dans une geôle et l'obligation faite par le Code de la conduire éventuellement devant le procureur de la République? La coercition – ce n'est qu'un exemple – n'a décidément pas la même signification pour tous.

Il est peut-être de bonne politique de faire de mauvaises lois, mais point ne faut en attendre de bons effets. Une apparente générosité législative a toujours été de bon ton en matière pénale. Elle est à l'origine de textes dont l'hypocrisie le dispute à l'ambiguïté et laisse aux praticiens la responsabilité de faire le nécessaire.

Quoi qu'il en soit, dans tous les cas, personne en France ne peut être ainsi détenu plus de vingt-quatre heures sans le consentement d'un magistrat.

Nul ne s'en plaindra.

Mais, de même que la légitime défense doit être proportionnelle à l'attaque, la privation de liberté devrait être fonction de la gravité de l'infraction qui la justifie.

Aujourd'hui, l'auteur d'un larcin peut faire légalement l'objet d'une garde à vue de quarante-huit heures comme celui qui fait partie d'une bande de malfaiteurs, a commis une ou plusieurs agressions à main armée, ou assassiné.

Peu importe le nombre des victimes, leur qualité ou l'atrocité des faits. Organisée sur ces bases, la répression des actes les plus graves est dérisoire.

C'est le fruit vert du Code de procédure pénale concocté sous la IVe République et adopté à l'orée de la Ve.

Sauf à être strictement contrôlée par le pouvoir judiciaire, la garde à vue devrait pouvoir être prolongée à proportion de la gravité des faits commis. Graduellement étendue à six ou dix jours, elle permettrait de confondre la quasi-totalité des malfaiteurs.

Je dis bien des malfaiteurs et non des innocents pris pour tels.

L'expérience existe. Elle a fait ses preuves. En voici des exemples.

Les deux premiers, les plus caractéristiques, tiennent à la situation politique de l'époque qui avait contraint le général de Gaulle à faire usage de l'article 16 de la Constitution.

De Gaulle n'était pas un criminologue. Sans doute est-ce donc « du fait de son inexpérience » que, pour lutter contre les menées subversives de l'OAS (mais aussi la grande criminalité), il décida que la garde à vue, au stade policier, serait portée à quinze jours.

Les résultats, les voici.

Nous sommes en 1962. La brigade criminelle a pour chef Maurice Bouvier, tandis qu'avec Roger Poiblanc nous assurons le commandement en second. Maurice Bouvier ou la statue du commandeur. Soutenu par une volonté sans faille, il a pour ambition la perfection. Il ne veut pas savoir si le mieux est l'ennemi du bien. Pour lui, rien n'est bien si cela peut être mieux. Au cours d'une partie de tennis, c'est pour vaincre par 6-0, 6-0 qu'il se bat. Est-il utile d'ajouter que son acharnement est le même dans l'exercice de son métier? Il est du signe du Bélier. Poiblanc également. Moi aussi. Nos relations n'en sont pas toujours facilitées.

Un jour, j'ai vent de ce qu'un rendez-vous de poseurs de bombes doit avoir lieu à la mairie d'Issy, vers vingt heures.

Nous sommes présents. Deux jeunes gens sont appréhendés. Ce sont des métropolitains militants d'Algérie française.

Perquisitions : un inspecteur divisionnaire découvre des pains d'explosifs au domicile de l'un des suspects.

Interrogatoires : ils font partie d'un groupe dont les chefs sont deux frères dont ils nous indiquent le refuge.

Nous attendons toute la nuit et jusqu'au matin qu'une personne sorte du pavillon désigné pour investir les lieux en sa compagnie.

Bien nous en prit.

L'un des frères dormait, un pistolet automatique sous son oreiller, une balle engagée dans le canon. Un autre complice était dans la cache.

Avec l'accord du parquet, nous avons quinze jours de garde à vue devant nous. Nous pouvons envisager la suite de l'enquête avec sérénité. Il faut agir vite, mais sans précipitation.

Le troisième jour, les interrogatoires des uns et des autres, les documents saisis, les vérifications faites, nous permettent de franchir un nouvel échelon. Nous identifions le responsable des attentats commis à Paris depuis plusieurs mois et son adjoint.

Nous localisons leur refuge à Puteaux.

J'ai le temps de m'y rendre pour reconnaître les lieux. Je constate que le pavillon s'ouvre à l'arrière sur des jardins à partir desquels il apparaît aisé de s'enfuir.

Surveillance : les deux hommes sont vus pénétrant à la nuit chez eux.

Avec Maurice Bouvier, nous décidons d'intervenir le lendemain matin.

Il se présente à l'entrée, tandis que je passe par le jardin avec des gardiens de la paix en uniforme, puissamment armés.

Les deux hommes me tombent littéralement dans les bras. Ils n'offrent aucune résistance et sont appréhendés.

Ils étaient notamment les auteurs de l'attentat commis à Boulogne contre le domicile d'André Malraux au cours duquel la petite Delphine Renard, deux ans et demi, devait être très grièvement blessée au visage.

La prise était d'une importance à la mesure de l'émotion soulevée par les blessures infligées à l'enfant.

Sans parler des soixante-quinze attentats et autres faits d'une gravité considérable qui, également, purent leur être imputés. Nous n'arrêtions pas d'engranger renseignements et éléments d'enquête.

Le délai des quinze jours nous permit d'atteindre le sommet de la pyramide, le responsable des groupes d'action et de l'organisation clandestine en métropole, le représentant du général Salan en France, André C., dit « le Monocle ».

Le travail et le temps avaient permis d'aboutir à ces résultats, avec, il est vrai, le coup de pouce de la chance.

Parmi les personnes appréhendées, l'une, qui servait d'intermédiaire entre les groupes d'action et le Monocle, vulgairement parlant, ne cessait de nous « promener ». Il nous donnait faux renseignement sur faux renseignement. Mais, comme il est d'observation courante, dans tout récit mensonger, il y a ici ou là un détail vrai.

Dans la masse d'indications erronées qu'il avait fournies, cet intermédiaire avait prétendu avoir passé ses dernières et assez lointaines vacances avec le Monocle.

Incidemment, au cours d'une perquisition à son domicile, je posai la question à sa femme qui me révéla où et avec qui son mari avait passé ses dernières vacances : A. C. était identifié. Il fut arrêté quelques semaines plus tard par les fonctionnaires de la Sûreté nationale.

Le deuxième exemple nous est fourni par l'attentat du Petit-Clamart, le 22 août 1962, contre le président de la République, le général de Gaulle.

Nous nous rappelons les faits.

A l'issue du Conseil des ministres qui s'était tenu ce mercredi dans l'après-midi, le général de Gaulle quittait le palais de l'Élysée, en compagnie de la générale et de leur gendre, le colonel de Boissieu, pour se rendre à l'aérodrome de Villacoublay.

Un hélicoptère devait les conduire à la base de Saint-Dizier d'où, par la route, ils rejoindraient la propriété de La Boisserie, à Colombey-les-Deux-Églises.

Deux voitures Citroën DS 19, suivies de deux agents motocyclistes, formaient le convoi présidentiel.

Le général, sa femme et le colonel de Boissieu étaient dans la première. Deux commissaires et un médecin dans la seconde.

L'itinéraire choisi, le plus court, empruntait le boulevard des Invalides, la porte de Châtillon, l'avenue de la Libération (RN 306) à Clamart.

Il était 20 heures 10 environ quand, avenue de la Libération, le convoi, qui roulait alors à 90 kilomètres à l'heure, fut pris sous un tir violent d'armes automatiques, mais parvint à passer. Une centaine de mètres plus loin, un nouveau mitraillage n'empêcha pas davantage les voitures de continuer leur route et de gagner l'aérodrome de Villacoublay.

Six projectiles avaient atteint la voiture du président de la République, dont deux à l'arrière au-dessus des têtes.

Les pneus avant gauche et arrière droit étaient crevés. On releva quatre orifices sur la voiture d'escorte et un des agents motocyclistes avait eu son casque transpercé par une balle.

Au total soixante-treize douilles de calibres divers furent retrouvées sur les lieux de l'attaque.

Personne n'avait été blessé.

Le général de Gaulle devait dire : « C'était tangent... »

L'enquête confiée à la brigade criminelle l'était bien entendu sous la direction de son patron, Maurice Bouvier.

De classiques recherches de voisinage avaient permis d'obtenir la certitude que deux des voitures utilisées lors de l'attentat avaient stationné, dans l'après-midi du 22 août, devant le numéro 2 de l'avenue Victor-Hugo à Meudon.

A l'adresse, Monique B., dont les attaches en Algérie et les prises de position en faveur de l'Algérie française sont peu à peu établies, dispose d'un logement.

Interpellée le 2 septembre 1962 à 15 heures 30 au domicile de ses parents à La Garenne-Colombes, nous apprenons que son frère Pascal avait quitté précipitamment cette adresse le lendemain du coup de force manqué.

Monique B. jouait avec nous un peu comme le chat avec la souris. Farouche et vindicative, elle prenait plaisir, dans l'après-midi du 4 septembre, à nous faire savoir qu'elle avait rendez-vous, dans peu de temps, en fin de soirée, avec son frère, tout près de nos bureaux.

Les minutes et les heures tournaient.

Elle nous dévoilerait, disait-elle, le lieu de rendez-vous, quand il serait trop tard pour que nous intervenions.

Le frère et la sœur étaient convenus d'être rigoureusement à l'heure, 17 heures 30, et de ne pas s'attendre plus de cinq minutes.

Les cinq minutes étaient passées. Puis dix, quinze, vingt. Il n'y avait plus aucune chance pour nous.

Elle se décida :

– C'était, dit-elle, au rayon de la librairie, aux magasins de la Samaritaine.

Quelques centaines de mètres nous séparaient : la place Dauphine et le Pont-Neuf entre l'île de la Cité et le quai du Louvre, rive droite.

Moins de cinq minutes plus tard, Pascal B., qui attendait encore, était arrêté.

Il était temps.

A partir d'une arrestation survenue par hasard en province, nos collègues de la Sûreté nationale tentaient de se faire confier la suite de l'enquête.

En effet, le 3 septembre au matin, au cours d'un contrôle routier, la brigade de gendarmerie de Tain-l'Hermitage (Drôme) avait arrêté un soldat déserteur, Pierre M., qui indiqua avoir participé à plusieurs agressions à main armée et relata spontanément qu'il était au nombre des conjurés de l'attentat perpétré contre le général de Gaulle.

Nous avions été momentanément devancés.

Mais l'important n'est pas là. L'important est que les indications de Monique B. sont intervenues le 4 septembre après 17 heures 30.

Si la garde à vue avait été limitée à quarante-huit heures, Monique B., libérée à 15 heures 30, n'aurait pas eu le loisir de s'amuser avec nous et son frère n'aurait pas été arrêté.

Pascal B. n'était pas très bavard. Mais nous savions déjà beaucoup de choses sur lui et son entourage.

Son complice, Pierre M., ramené à Paris, devait également

nous apporter quelques éléments. Ainsi, d'un renseignement à un autre, d'une perquisition à un interrogatoire et vice versa, dans les quinze jours de garde à vue, tous les conjurés furent identifiés, huit d'entre eux arrêtés : notamment le chef du commando opérationnel et l'un de ses lieutenants.

Enfin, le 15 septembre, à deux jours de la fin de la garde à vue générale, leur chef à tous, le colonel Jean-Marie Bastien-Thiry, était interpellé à son tour.

Tous finirent par faire des déclarations que nous pûmes recouper et vérifier, sans que leurs responsabilités, par la suite, soient jamais remises en question.

Voilà comment on luttait contre le terrorisme quand on avait la volonté de le faire.

Voilà ce qu'une garde à vue limitée à quarante-huit heures n'aurait pu permettre. A partir de simples exécutants nous étions remontés jusqu'aux responsables.

Mon troisième exemple, je le tirerai de la Cour de sûreté de l'État, « juridiction d'exception permanente », qui ne fut cependant pas éternelle. Créée au début de l'année 1963, elle périt, après dix-neuf ans d'existence, à l'arrivée du « nouveau régime » de mai 1981.

Cette juridiction, je l'ai vue fonctionner pratiquement du début à la fin.

Elle répondait, à l'origine, au besoin de lutter contre la subversion, essentiellement militaire, qui n'était pas encore tout à fait maîtrisée. C'est pourquoi, sans doute, deux officiers généraux ou supérieurs faisaient partie de la chambre de jugement, présidée par un magistrat hors hiérarchie assisté de deux conseillers du siège.

Théoriquement, une fois désignés, tous ces juges étaient indépendants.

En fait, qu'en était-il?

Pourquoi la Cour de sûreté de l'État a-t-elle laissé l'impression d'avoir été une juridiction aux ordres?

Qui n'a eu le sentiment que, suivant les désirs du gouvernement de rechercher l'apaisement ou, au contraire, de faire preuve de fermeté, des faits de gravité analogue pouvaient être suivis de condamnations d'une indulgence surprenante ou d'une sévérité exemplaire?

Exit la Cour de sûreté de l'État. Paix à ses cendres. Encore que son remplacement par une cour d'assises, sans jury populaire, pour connaître du jugement de faits qui étaient de sa compétence, démontre qu'elle correspondait à un besoin réel...

Pour livrer le fond de ma pensée, je dirai que, si la Cour de sûreté de l'État avait pu parfois se tromper de route et si la présence des militaires ne se justifiait plus, pour autant sa suppression pure et simple a été une erreur. Détruit-on sa voiture si le chauffeur s'est engagé sur un mauvais chemin?

Dans le domaine du terrorisme national et international, nous n'aurons pas fini de prendre conscience du vide devant lequel nous nous trouvons.

C'est que, élément essentiel, la Cour de sûreté de l'État permettait d'avoir recours à une garde à vue qui pouvait être prolongée jusqu'à six jours.

Ce n'était pas au seul bon vouloir d'un officier de police judiciaire quelconque. C'était sous la surveillance et le contrôle effectifs des avocats généraux et des juges d'instruction qui, il faut leur rendre cette justice, à chaque prolongation de garde à vue, se déplaçaient et se faisaient présenter les suspects avec lesquels ils ne se privaient pas de converser longuement.

Ainsi, pouvaient-ils s'assurer si la prolongation de garde à vue était justifiée ou non, si elle ne couvrait pas une détention insuffisamment motivée ou imprudente.

Il était d'usage que le patron de la criminelle – quand il le pouvait – cédât son bureau à ces magistrats pour ces entretiens...

Ce jour-là, c'était le cas.

Mais je dus y rentrer quelques instants.

L'avocat général n'interrompit pas le dialogue qu'il avait avec un indépendantiste corse.

– C'est moi qui serai en face de vous quand vous serez jugé. Mes réquisitions dépendront de votre attitude. Ou vous livrez des noms ou je serai impitoyable.

– Ce que vous dites là, monsieur l'avocat général, mérite une balle dans la tête.

– Je vais vous faciliter la tâche. Mon nom, vous le connaissez. Je vais vous donner mon adresse.

Je m'éclipsai, convaincu que le magistrat ne pouvait pas ne pas avoir une idée très précise et très personnelle quant au bien-fondé de la mesure de garde à vue qu'il devait prendre...

Les résultats obtenus aujourd'hui contre les auteurs d'attentats criminels – peu importe leurs mobiles – commis au nom des divers autonomismes ou par des groupes anarchistes, ne seront plus jamais les mêmes que dans le passé.

C'est une donnée d'évidence que, toutes choses étant égales par ailleurs, il est radicalement impossible d'aller aussi loin en quarante-huit heures qu'en six jours.

Quel service, si bien structuré soit-il, si grande que soit son expérience, pourrait, dans les premières quarante-huit heures, faire face de façon complète à une enquête au départ de laquelle se trouvent huit morts, quarante blessés, cinquante-sept détenus, et finalement onze inculpés?

C'était le cas lors de l'attentat commis à l'aéroport d'Orly, le 15 juillet 1983, par un groupe se réclamant de l'Armée secrète arménienne de libération de l'Arménie, l'ASALA.

Que, quelques jours après les arrestations effectuées, nous ayons pu lire dans la presse que les aveux passés par certains étaient déjà contestés, devrait faire mesurer l'impuissance dans laquelle sont placés les services de police.

D'une façon générale, il ne peut y avoir de lutte sérieuse contre le crime organisé si l'on refuse à la police la durée nécessaire à la conduite des investigations.

Que le même temps soit accordé pour élucider un vol de bicyclette, démanteler un réseau de proxénétisme, une agression à force ouverte contre un transport de fonds ou neutraliser un groupe de terroristes est le fondement invraisemblable sur lequel repose la répression des actes criminels.

Très timidement, pour certains de ces faits, la loi Sécurité et Liberté avait porté à trois jours la garde à vue. C'était un très léger progrès. On est revenu en arrière.

On a détruit les barrages. L'eau s'engouffre.

A une augmentation moyenne de la criminalité de l'ordre de 8 % par an depuis de nombreuses années, l'augmentation en région parisienne, pour l'année 1982, a été au moins égale à 25 %.

Dans ces conditions, les statistiques de la criminalité qui, jusqu'alors, étaient chaque année régulièrement publiées, ont été occultées. Il s'agit sans doute de les présenter sous une forme plus proche de la réalité...

Cette réalité qui veut que l'on puisse prétendre que la délinquance a diminué de 30 %, quand durant les mois d'été on a offert des vacances à une centaine de jeunes délinquants connus. On omet alors de préciser que cette diminution n'a été observée que durant juillet et août et ne concerne que le quartier où ils demeuraient.

Pour endiguer cette délinquance, il faut mettre en place un rempart solide.

Ce rempart doit conduire le malfaiteur en puissance à penser qu'il n'aura que peu de chances d'échapper à la condamnation.

Il est inutile de parler d'exemplarité de la peine, de sa sévérité nécessaire, de sa modulation en fonction de la personne, etc., si d'abord, on n'a déterminé à qui elle doit s'appliquer, si les malfaiteurs ne sont identifiés que dans la proportion d'un ou deux sur dix.

Avant que d'être rude, la sanction doit être, sinon certaine, du moins infiniment probable.

Le malfaiteur est un joueur. Il faut faire en sorte de réduire ses chances de gagner. Plus celles-ci s'amenuisent, moins il y aura de candidats.

La peur du gendarme est essentielle à la morale. « Là où il n'y a pas de gendarmes, une certaine race " d'honnêtes gens " est capable de tout » a écrit François Mauriac. A fortiori une certaine race de malfaiteurs.

Quand, dans la démarche intellectuelle qui doit le conduire au passage à l'acte, le criminel trouve la quasi-certitude qu'il n'échappera pas à l'arrestation et aux poursuites, qui peut douter qu'il ne s'agisse de l'élément majeur qui pourra le déterminer à renoncer?

Pour vider les prisons, il faut prolonger la garde à vue.

Cela peut et doit être fait sous un contrôle judiciaire véritable, strict et constant.

J'ai parlé des gardes à vue que j'ai connues et dont certaines atteignaient jusqu'à quinze jours de détention dans des locaux de police.

Quant à l'utilisation outrancière ou indigne qui aurait pu être faite de cette garde à vue, nous ne connaissons aucune protestation d'aucune personne qui en a fait l'objet, d'aucun avocat, d'aucun magistrat.

Cela aussi est une expérience qui méritait, semble-t-il, d'être signalée et qui prouve, on ne peut mieux, que la chose est possible.

La sérénité que nous donnait le temps dont nous disposions excluait à elle seule, quelle que soit l'importance des enquêtes dont nous avions la charge, le recours à la moindre violence.

Sans doute quinze jours était-ce trop long. Mais six à dix jours pour le grand banditisme, c'est-à-dire le plus dangereux et le plus incitatif, semble raisonnable.

Il n'y a, à mon avis, aucune chance, encore qu'elle soit reconnue nécessaire dans les milieux concernés et autorisés, qu'une telle mesure puisse un jour être adoptée par l'Assemblée nationale et le Sénat, tant les arrière-pensées politiques et électorales paralysent le gouvernement et nos représentants au Parlement.

Sur ces questions qui touchent à leur vie quotidienne et qu'ils connaissent parfaitement, (la sécurité en est une), notre Constitution devrait pouvoir permettre la consultation directe des électeurs.

Sans doute bien des décisions en auraient-elles été et en seraient-elles changées, de façon plus conforme à l'intérêt général.

13

FOUILLE A CORPS ET PERQUISITION

Malgré l'égalité des sexes, la liberté des mœurs, les contraintes de l'enquête, il est plus facile au policier de demander à l'individu arrêté d'ôter tous ses vêtements pour être « fouillé à corps » si c'est un homme que d'adresser la même injonction à une femme.

Pour celle-ci, il fallait faire appel à une « personne de son sexe » disaient les procès-verbaux, c'est-à-dire à une fouilleuse.

Le plus souvent, c'était, dans les commissariats de quartier, une concierge voisine; dans les services centraux, des employées de l'entretien et du nettoyage.

Aujourd'hui, nous avons nos inspecteurs de police femmes : la morale est sauve.

C'est qu'il faut parfois aller chercher loin : selon notre langage, dénué de charme et de poésie, « dans les cavités naturelles », quel que soit le moment.

Témoin ce fait que je n'ai pas connu personnellement, mais qui m'a été rapporté et dont l'authenticité est certaine.

C'était dans une ville du Nord. Une gitane qui vendait des dentelles entre dans un appartement où la maîtresse de maison la reçoit. Après avoir réussi à placer quelques marchandises, elle obtient la permission de se rendre aux toilettes. Méfiante, l'hôtesse jette un rapide coup d'œil aux points essentiels et se rend compte qu'un coffret à bijoux est vide. Elle ne peut retenir l'itinérante commerçante, mais réussit à la faire arrêter peu après.

Il n'y a pas de doute, la gitane est en possession des bijoux.

Conduite au commissariat, on l'examine; on ne découvre rien. Mais la préposée aux recherches signale qu'elle n'a pu procéder à des investigations complètes, la gitane étant indisposée.

L'inspecteur exige que la fouille soit totale. On s'aperçoit que la femme avait dissimulé un petit lot de bijoux, et qu'une épingle de cravate avec brillant l'avait blessée et avait provoqué un écoulement sanguin.

C'est ainsi : jamais policièrement une chose n'est impossible. Même si elle est invraisemblable.

Autre exemple. Comment imaginer qu'un inspecteur dont la réputation de grand « poulet » est unanimement reconnue par ses pairs puisse être attaqué comme cela lui est arrivé?

C'était au commissariat de Clignancourt, où cet inspecteur disposait d'un étroit bureau. Entre la porte et la fenêtre, il y avait à peine place pour une table et une chaise de part et d'autre.

L'inspecteur interroge un suspect qu'il a arrêté peu de temps auparavant. Ils sont face à face. L'inspecteur est occupé à rédiger son procès-verbal à la machine à écrire, quand l'homme se lève, braque un pistolet automatique sur lui et tire.

Le coup fait long feu. L'arme est enrayée.

Désespérément, l'homme tente de dégager la cartouche coincée et en même temps continue à appuyer sur la détente.

L'inspecteur se voit perdu. Il n'a plus qu'une idée : abattre le forcené avant qu'il ne soit lui-même atteint.

Précipitamment, il saisit son pistolet rangé dans le tiroir de sa table et tire sur son antagoniste.

Les mêmes causes produisant les mêmes effets, une cartouche en travers dans la chambre de tir paralyse l'arme.

Les deux hommes se retrouvent face à face, revolver au poing, chacun ayant tenté d'abattre l'autre, convaincus que leur dernière heure était arrivée, sans la moindre blessure.

L'inspecteur fit judiciairement cadeau de la tentative de meurtre au détenu en ne rendant pas compte de l'incident.

La leçon qu'il venait de recevoir à la suite de la fouille qu'il avait négligée valait bien cet oubli.

Il est arrivé, hélas! à beaucoup d'autres d'avoir moins de chance.

Le policier ne peut oublier que ses relations avec le délinquant sont d'abord conflictuelles.

Il ne peut éviter que la méfiance et la vigilance ne soient à la base de son action. A tous les stades. Ainsi en est-il également au cours des perquisitions.

Alors qu'il ne s'agit plus que de rechercher « armes, instruments qui ont servi au crime ou qui étaient destinés à le commettre » ou encore papiers, documents, pièces ou autre objet relatifs aux faits incriminés, les négligences, défauts de précaution, sont si courants que le praticien demeure confondu.

Combien de fois ai-je connu des inspecteurs, ou même des commissaires rentrant au service et contraints d'avouer, parlant du témoin détenu, « il est parti ».

Les évasions en cours de perquisition sont classiques.

Il arrive que des portes et des serrures ne connaissent que leur maître.

– Ouvrez donc, dit le policier lassé au suspect chez qui il tente d'entrer.

L'homme ouvre et claque la porte derrière lui...

Situation inverse, malfaiteur et policiers sont dans le logement :

– Je peux aller aux toilettes? prie le détenu. (Elles sont tellement bien situées, juste dans l'entrée, à côté de la porte.)

– Oui, oui, dit le commissaire. Vous (s'adressant à un inspecteur), faites attention.

Soudain, un bruit de clef que l'on tourne dans la serrure et voilà commissaire et inspecteurs prisonniers, enfermés dans l'appartement...

C'est même de la salle des coffres d'une banque que ce dangereux malfaiteur, menottes aux poignets, s'est enfui, tandis que les quatre policiers qui l'accompagnaient ne s'intéressaient qu'à l'inventaire qu'ils étaient en train d'établir.

Il faut dire que les choses paraissent parfois si démesurées que tous les fonctionnaires croient devoir concourir aux recherches et finissent par oublier l'essentiel : la personne dont ils ont la garde.

Cela n'a pas été le cas. Mais imaginez ce que représente pour un juge et quelques policiers une perquisition au château de Broglie, à Broglie dans l'Eure.

Qui peut affirmer qu'aucun des cinquante mille livres que contient la bibliothèque ne recèle un document intéressant?

Qui peut envisager de procéder à une fouille de plusieurs hectares de bâtiments?

Notre perquisition ne fut, en réalité, qu'une courte visite. Tout est question d'appréciation, de choix.

Une fois, à la suite d'un hold-up, l'un des coauteurs était fils d'hôteliers et demeurait avec ses parents; pour rechercher sa part du butin, il fallut fouiller de la cave au grenier un établissement de cinq étages.

L'opération terminée, Maurice Bouvier, le maître d'œuvre, était très dépité. Nous étions une dizaine à chercher et n'avions rien trouvé.

– Que faisons-nous? me dit-il.

– Recommençons!

Que pouvais-je répondre d'autre?

Maurice Bouvier, qui le savait et n'avait besoin que d'un petit coup de pouce pour repartir, ordonna de tout reprendre à zéro.

Dans l'escalier en spirale que nous avions déjà tous emprunté, s'ouvrait, de même couleur et épousant l'arrondi du mur, une porte que personne n'avait remarquée jusque-là. Elle donnait accès à un débarras.

Dans un poêle désaffecté, quatre millions de francs, valeur fin de la IVe République, étaient cachés.

Chaque perquisition ayant sa propre histoire, c'est jusqu'à l'infini que pourraient être rapportées des anecdotes à leur sujet.

Une fable semble ne jamais devoir finir. Celle qui consiste à croire ou faire semblant de croire et écrire que, pour procéder à perquisition, il faille au policier un mandat.

Non. L'officier de police judiciaire peut effectivement opérer en vertu d'une commission rogatoire, mais il peut également, en cas de flagrant délit, agir en vertu de ses pouvoirs propres, sans mandat, légalement.

Relisant ce que je viens d'écrire, je me rends compte que je n'ai sans doute pas traité avec suffisamment de sérieux un acte qui, en réalité, dans le procès criminel, peut avoir une importance considérable.

N'a-t-on pas vu la Cour de cassation, en septembre 1983, annuler toute la procédure concernant trois terroristes irlandais quand il est apparu que des gendarmes avaient procédé à perquisition, dans un logement de Vincennes, hors la présence d'aucun des trois locataires?

N'est-ce pas aussi au cours d'investigations effectuées le 27 juin 1975 au domicile parisien, 9, rue Toullier à Paris (5e), de Ramirez-Sanchez Illitch, vingt-six ans, dit « Carlos », que ce dernier abattit l'une après l'autre trois personnes, chacune d'une balle dans la tête : le Libanais Moukarbal Michel, membre du Front populaire de libération de la Palestine (FPLP), son complice, qui était, pensa-t-il, en train de le trahir, puis deux inspecteurs de la DST, tandis que le commissaire principal, Herranz, atteint au cou, était grièvement blessé, mais miraculeusement épargné?

La DST était intervenue dans ce domicile sur les indications de Moukarbal, interpellé précédemment, sans soupçonner cependant que ce dernier et Carlos appartenaient à l'Organisation communiste arabe issue du FPLP, chargée de la préparation d'attentats terroristes en Europe occidentale – et notamment en France et en Angleterre.

Au vu des documents, armes et munitions saisis par la suite rue Amélie, dans le 7e arrondissement, où Carlos disposait d'un deuxième refuge, il put être établi que cette organisation était déjà responsable des attentats commis, dans la capitale, contre le quotidien *l'Aurore,* l'hebdomadaire *Minute* et la publication sioniste *l'Arche,* dans la nuit du 3 août 1974. Une voiture louée avait explosé devant l'immeuble de chacun de ces journaux.

De même, on put déterminer que l'organisation avait concouru à la prise d'otages, par trois Japonais, à l'ambassade de France à La Haye (13-19 septembre 1974), qui devait conduire à la libération de Yutaka Furuya, membre de l'Armée rouge japonaise. Ce dernier avait été arrêté, en possession de faux passeport et de faux dollars, deux mois auparavant à Orly et incarcéré à la prison de la Santé. Yutaka Furaya avait appartenu auparavant au commando mi-japonais, mi-arabe qui, le 31 janvier 1974, avait fait sauter une raffinerie de la compagnie Shell à Singapour.

Pour hâter la décision française, eut lieu le 15 septembre 1974, l'inimaginable (il y en a eu d'autres depuis) et démentiel attentat contre le drugstore Publicis Saint-Germain, au cours duquel un homme avait jeté au hasard une grenade dans la foule des clients, tué deux personnes et blessé trente-trois autres.

Le bouchon allumeur appartenait à la même série de fabrication que celui des trois grenades abandonnées par les Japonais, auteurs de la prise d'otages à l'ambassade de France à La Haye, sur l'aéroport de Schipol, avant le départ de l'avion mis à leur disposition.

Elles provenaient toutes d'un lot de soixante-quinze grenades volées dans un dépôt américain à Misau en Allemagne et dont la plus grande partie fut utilisée par des membres de la *Rote Armee Fraktion,* dite également « Bande à Baader ».

De même encore, rue Amélie, toujours chez Carlos, était découverte une grenade de fabrication russe identique à celle utilisée le 19 janvier 1975 lors du deuxième attentat manqué contre un Boeing 747, de la compagnie israélienne El Al à Orly. La prise d'otages qui s'ensuivit devait amener le gouvernement français à mettre à disposition des terroristes un Boeing 707 avec son équipage.

Cet attentat et cette prise d'otages – tous furent libérés – constituaient en réalité la seconde phase d'une action dirigée contre la compagnie El Al.

Six jours auparavant, le 13 janvier, un groupe de terroristes avait déjà tenté de détruire au sol, à l'aide de roquettes, un avion de cette compagnie sur son aire de stationnement, à Orly.

Les auteurs de l'attentat avaient pris la fuite à bord d'une voiture louée sous un faux nom par un Allemand membre de la bande à Baader qui fut identifié et arrêté en Allemagne deux mois plus tard.

Toutes ces actions étaient revendiquées par le « Commando Mohammed Boudia », responsable important de l'ex-FLN algérien en France, militant pro-palestinien, tué – a-t-on pensé, par les services spéciaux israéliens – le 28 juin 1973 à Paris, par l'explosion d'une bombe au moment où il prenait place dans sa voiture.

« Carlos », né à Caracas en 1949, d'une famille très engagée dans les activités communistes clandestines – d'où son prénom Ilitch comme Lénine – qui utilisait alors quatre états civils, avait également un logement à Londres.

Il avait suivi à Moscou les cours de l'Université Patrice Lumumba, organisation préparant à la guerre révolutionnaire, sous la direction d'un major général du KGB.

Dans une interview donnée à un journaliste palestinien et publiée en décembre 1979 par *le Figaro Magazine*, Carlos a revendiqué la responsabilité de la totalité des actions que je viens de rapporter et relaté la prise d'otages de onze ministres du pétrole lors d'une réunion de l'OPEP à Vienne en décembre 1975.

A la suite de la tragédie de la rue Toullier, la trace de Carlos fut retrouvée au Liban, en Libye, en Irak, au Yémen du Sud. A Paris, il avait été en relations directes avec des membres de l'ambassade de Cuba, dont trois furent expulsés. Y a-t-il loin de La Havane à Moscou?

Et peut-on, comme l'a fait Raymond Marcellin du temps où il était ministre de l'Intérieur, parler d'un « chef d'orchestre clandestin »?

Il n'est plus, aujourd'hui, aucune personne pour en douter.

14

POLICE ET POLITIQUE

Souvent la question m'a été posée :

– Pour être chef de la brigade criminelle, ne faut-il pas être proche du pouvoir?

Sans hésiter, j'ai toujours répondu :

– Aucunement. S'il en avait été ainsi, aurais-je été nommé à la tête de ce service? Alors que je n'ai jamais fait et qu'il ne m'a jamais été demandé de faire acte d'allégeance. Et jamais je n'ai entendu que la question se soit posée pour mes prédécesseurs. Quant aux successeurs, faisons-leur confiance, ils sauront se défendre.

C'est que la brigade criminelle n'a jamais été un service de police politique. En revanche, elle a toujours à connaître – bon an mal an – des crimes d'inspiration politique dont lui incombe la charge d'identifier, découvrir et arrêter les auteurs.

Sa mission est de stricte police judiciaire. Avant que d'étudier les raisons qui ont conduit une personne ou un groupe à commettre un assassinat, un enlèvement ou participer à un attentat, ne faut-il d'abord savoir qui ils sont? Tel est le problème du juge et du policier.

Cependant, je sais avoir peu de chances de convaincre. Dans l'esprit de beaucoup, les affaires à caractère politique ne peuvent être traitées que par des affidés du pouvoir. Comment sans cela l'État serait-il sûr d'être obéi? Autrement dit, un gouvernement peut-il exiger d'un service de police judiciaire de faire ce qu'il ne doit pas ou à l'inverse, de ne pas faire ce qu'il doit?

Ai-je eu de la chance? Je n'ai jamais connu d'instructions de cette nature.

C'est sans en référer à qui que ce soit – parce que cela entrait dans nos attributions et ressortait de la marche normale de l'enquête – qu'avec mon adjoint, Claude Cancès, nous nous sommes rendus aux fins de perquisition au domicile du prince Jean de Broglie le jour de sa mort.

C'est accompagné par Edgar Faure, alors président de l'Assemblée nationale, qu'avec le juge Floch nous avons fouillé les bureaux du député de l'Eure sans qu'aucun obstacle nous ait été opposé.

Confronté au crime politique, le policier doit mener son enquête comme s'il s'agissait d'une affaire de droit commun.

Si ses premières investigations le conduisent à des soupçons, il faudra avoir recours à des perquisitions et des interpellations.

Là, je ne dirai pas que ces opérations aient toujours été marquées du sceau de la stricte nécessité. Devant l'importance de l'événement, sa dramatisation, les gouvernements font souvent montre de quelque agitation. D'abord, il leur faut naïvement affirmer que tout sera mis en œuvre pour découvrir les coupables et les châtier – il ne manquerait plus que cela qu'il n'en soit pas ainsi.

Ensuite, ils veulent donner des preuves de leur détermination. La contre-attaque doit être immédiate. Les résultats rapides. Faute de temps, faute de mieux, on tente d'atténuer la portée de l'événement par un écran de fumée.

D'où des arrestations et perquisitions précipitées qui interviennent sur la foi d'indications des Renseignements généraux qui possèdent toujours, à droite ou à gauche, quelques noms et adresses en réserve. Le seul intérêt de ces mesures qui, loin de la faire avancer, ont pour effet de retarder l'enquête, est de susciter des titres de journaux et permettre d'attendre que l'actualité passe.

Je ne puis remonter personnellement au-delà de 1955, mais depuis, j'ai toujours vu ces pratiques utilisées. C'est la part abandonnée par le judiciaire à la publicité politique. L'exception qui confirme la règle de l'indépendance. Il ne semble pas que les choses doivent être différentes bientôt. Coups d'épée dans l'eau, puérilités... doit-on s'en émouvoir? Ce qui m'étonne, c'est que l'on feigne encore d'y croire.

Il faut dire que le juge, pas davantage que l'enquêteur, ne pourrait s'opposer à cette volonté gouvernementale. A supposer qu'il en soit ainsi, le pouvoir disposerait, dans le domaine des atteintes à la sûreté de l'État, des possibilités qui lui sont offertes par l'article 30 du Code de procédure pénale. Cet article qui permet au préfet de police à Paris, aux préfets dans les départements, d'ordonner par voie de réquisition aux officiers de police judiciaire des arrestations, perquisitions et même une détention de quarante-huit heures, sans que le procureur de la République, obligatoirement tenu informé, puisse y faire obstacle. Le préfet, étant seul juge de la légitimité de ces décisions, dispose ainsi d'un véritable pouvoir discrétionnaire à l'égard de tous.

Supprimé en 1933, rétabli en 1935, ce pouvoir des préfets a fait l'objet de nombreuses critiques. Il est incontestable qu'il pourrait être utilisé de façon abusive. Il ne semble cependant pas que l'usage fait de l'article 30 ait donné lieu, jusqu'ici, à des excès de pouvoir insupportables.

Lié à tout ceci, le problème des écoutes téléphoniques dépasse de très loin le cadre de la brigade criminelle, comme celui de la police judiciaire, et intéresse tous les services de police et de renseignement.

Quand elles ne sont pas judiciaires et assimilées alors à des ouvertures légales de correspondance, les écoutes téléphoniques administratives et clandestines tombent en principe sous le coup de la loi.

Après en avoir longtemps nié l'existence, s'appuyant sur une convention européenne de 1964, les gouvernants s'arrogent aujourd'hui ouvertement le droit de les ordonner s'il s'agit de se donner les moyens de lutter contre les atteintes à la sûreté de l'État et le grand banditisme.

L'efficacité ne permet pas d'y renoncer.

Mais qui oserait prétendre que l'on ne peut aller plus loin et considérer que certaines violations de domicile et poses de micros peuvent, pour les mêmes motifs, être pareillement justifiées?

Les limites aux possibilités techniques d'aujourd'hui ne relèvent plus que de la morale dont les progrès réels se laissent mal percevoir.

En 1975, Michel Poniatowski, ministre de l'Intérieur, affirmait que, depuis son entrée en fonctions, aucune écoute d'homme politique, de journaliste ou de syndicaliste n'avait eu lieu.

En a-t-il été et en est-il toujours ainsi?

Que le journal *le Monde* ait pu faire allusion à des écoutes pratiquées par « la cellule élyséenne » constituée en 1982, hors de toutes les règles de l'Arme et de la fonction publique par des gendarmes et quelques policiers, amène à se poser la question.

Jamais n'a été proclamé aussi haut l'État de droit. Or, que voit-on? La tradition même de la gendarmerie qui remonte à la fin du XIIe siècle, à Philippe Auguste, et lui interdit de participer à des missions occultes, est aujourd'hui ouvertement bafouée. Il est douteux qu'utiliser certains gendarmes comme des mercenaires rehausse le prestige de l'Arme. L'affaire des faux super-terroristes de Vincennes en est, hélas, un exemple.

Le général de Gaulle, il ne le cacha point, permit de mettre en avant la raison d'État pour régler certains des problèmes nés de la guerre d'Algérie.

L'honneur des services de police fut que, pour mener une action indépendante des codes, l'on dut faire appel à des « polices parallèles » constituées de « barbouzes », c'est-à-dire de volontaires de tous bords et de tout acabit qui n'avaient pas le pouvoir d'interférer avec les services de l'État. Et ces derniers continuaient à agir, sans entrave, dans le cadre légal et réglementaire, même s'il est arrivé que nous soyons mis devant le fait accompli.

Ce fut le cas à la suite de l'enlèvement à Munich du colonel Argoud, l'un des dirigeants de l'OAS. Le 26 février 1963, nous reçûmes en effet à la brigade criminelle un appel téléphonique nous faisant savoir que le colonel Argoud se trouvait enchaîné dans une camionnette, quai de l'Archevêché, dans l'île de la Cité. Quand Maurice Bouvier arriva pour le délivrer et s'emparer de sa personne, le colonel Argoud, qui fut conduit dans mon bureau, s'écria : « Voyez ce que la police (parallèle) française a fait à un officier français! »

La raison d'État, assimilée à l'état de nécessité, commandait que la répression des menées subversives soit assurée par tous les moyens.

En l'espèce, face à l'insurrection, il s'agissait d'aller au-delà de ce que permettait le respect de la stricte légalité, mais non de couvrir les agissements d'une personne ou d'un groupe.

L'escamotage judiciaire survenu après les arrestations des terroristes Magdalena Kopp et Bruno Bréguet, trop proches, semble-t-il, des séparatistes corses, en est une preuve en sens inverse.

Les faits.

Nous sommes à la mi-février 1982. Il est 20 heures. Deux jeunes gens d'une trentaine d'années, elle allemande, Magdalena Kopp, lui suisse, Bruno Bréguet, attirent l'attention d'un vigile, alors qu'ils s'affairent auprès d'une voiture dans le parking des Champs-Élysées et de l'avenue George-V. Le vigile s'approche et arrive à hauteur de Bruno Bréguet, quand celui-ci sort un pistolet automatique 9 mm et tire à bout portant sur le surveillant. L'arme s'enraye. Bruno Bréguet et sa compagne abandonnent alors la voiture et tentent de s'échapper en courant. Sur les Champs-Élysées, le vigile qui les a poursuivis alerte des gardiens de la paix. Les fuyards sont rattrapés. Au moment où un agent va lui mettre la main dessus, Bruno Bréguet essaie à nouveau de faire usage de son arme. Elle ne fonctionne pas davantage. Bruno

Bréguet est alors arrêté et dit, sans doute pour se protéger : « Je suis un soldat. »

Dans la voiture seront découverts un second pistolet, deux grenades et des pains d'explosif (retenez bien : de la penthrite) reliés à un dispositif de mise à feu programmé pour 22 heures 30. On ne connaîtra jamais quel était l'objectif.

En revanche, il apparaît que le véhicule utilisé par les deux terroristes a été mis à leur disposition par l'homme à tout faire de deux indépendantistes corses, deux frères. L'un avait été arrêté en septembre 1981 avec cent kilos d'explosifs volés et, déjà, en l'absence du procureur de la République, sur ordre supérieur qui fit « scandale », avait été immédiatement remis en liberté.

L'enquête permet en outre de mettre au jour des liens avec l'assassinat du caporal-chef René Rossi de la Légion étrangère et la nuit bleue qui viennent de survenir en Corse. Il s'agit d'aller plus vite, plus loin. Et c'est tout le contraire qui a lieu. La justice n'a qu'une hâte, baisser le rideau. Il s'agit surtout de ne pas savoir. Malgré deux tentatives de meurtre, Bréguet n'est pas inculpé pour ce motif qui devrait le conduire avec sa complice devant la cour d'assises. Seuls sont retenus les délits mineurs justiciables de la correctionnelle.

C'est d'autant plus grave que, dans cette affaire, nous retrouvons Carlos. Il veut accélérer encore le processus judiciaire et tient à faire entendre que c'est lui qui décide et donne des ordres. Il faillit réussir.

Alors que la procédure engagée doit permettre à Magdalena Kopp et son ami de retrouver rapidement la liberté, ne voilà-t-il pas qu'il adresse à notre ministre de l'Intérieur, par le truchement de l'ambassade de France à La Haye – il y tient –, une lettre exigeant la libération des deux étrangers, membres, dit-il, de son organisation. Si, d'ici un mois, ses amis ne sont pas libérés, il s'en prendra « personnellement, dit-il, au gouvernement français et plus particulièrement à Gaston Defferre ».

Carlos connaît le crédit qui est attaché à son nom. Personne ne doit douter de l'authenticité du message. Il signe avec l'empreinte de ses pouces.

Sa lettre était datée du 28 février 1982. Le 29 mars, une charge de penthrite explosait dans le rapide *le Capitole*, peu avant la gare de Limoges, provoquant la mort de cinq voyageurs et en blessant vingt-sept autres. Bréguet et Kopp ne pouvaient comparaître que le 22 avril suivant.

Le matin même où s'ouvrait le procès au Palais de justice de Paris, à 9 heures, une voiture immatriculée en Autriche, louée à Vienne, sautait rue Marbeuf, près des Champs-Élysées. Une passante était tuée et soixante personnes blessées.

La voiture avait été piégée avec de la penthrite, explosif fabriqué exclusivement par les pays de l'Est.

Déjà, rue Copernic, devant la synagogue, c'était de la penthrite.

« Tout cela se tient, se commande, se pénètre, se rencontre et se recoupe », écrivait au mois de mars 1981 Jean d'Ormesson.

Jean d'Ormesson ne pouvait penser si bien dire. Un an après sa chronique, d'autres attentats, des revendications, des arrestations, des documents et des armes saisis mettaient en évidence les liens existant entre terroristes étrangers, palestiniens et arméniens notamment, avec des indépendantistes corses, comme nous venons de le voir, mais également, sans prétendre être exhaustif, avec le mouvement d'extrême gauche Action directe.

Tout cela mérite d'être retenu.

Alors, pourquoi avoir fermé les yeux?

Dans l'espoir d'amener à résipiscence des terroristes qui, sous couvert politique, n'hésitent pas à se faire photographier allumant leur cigare avec des billets de banque?

Le résultat ne s'est pas fait attendre. Voilà les malfaiteurs aujourd'hui soupçonnés d'agressions à main armée, mais aussi d'assassinats de gardiens de la paix.

La sagesse populaire née de l'expérience n'enseigne-t-elle pas : « Oignez vilain il vous poindra; poignez vilain il vous oindra »?

Il serait étonnant que l'on puisse obtenir de bons résultats en dédaignant ces leçons de toujours. Comme il serait étonnant que l'on puisse gagner en jouant sur deux tableaux à la fois.

Ainsi, quand on invite à dialoguer, en utilisant du papier à en-tête de la présidence de la République comme d'une lettre de cachet, un certain J.M.R., un forcené, anarchiste d'extrême gauche, qui par ailleurs fait l'objet d'un mandat d'arrêt en vertu duquel tous les services de police courent après lui.

Ou quand, pour montrer sa ferme résolution de lutter contre les indépendantistes, en janvier 1983, le gouvernement prend un décret de dissolution de l'organisation clandestine, le Front national de libération de la Corse et nomme commissaire de la République pour les deux départements de la Corse le commissaire Broussard, archétype du vedettariat policier et, dans le même temps, négocie en cachette avec ceux-là même dont l'illégalité est publiquement rappelée.

La raison d'État ne saurait justifier tout et son contraire dans le même moment.

L'État de droit est battu en brèche non seulement par l'intérêt national, mais également par l'opportunisme. Il s'est toujours mesuré à l'impopularité ou aux difficultés qu'un gouvernement est capable de supporter. La meilleure garantie du citoyen est dans la loi. Les gouvernants sont tenus de permettre aux autorités, procureurs généraux et préfets, chargées de la faire respecter, d'accomplir leur mission.

En fait, ce n'est pas le cas.

Le pouvoir politique s'arroge le droit de faire ou de ne pas faire appliquer la loi et les décisions de justice. Nous le voyons tous les jours.

Le policier, qui est contraint d'obéir aux instructions de l'administrateur ou du magistrat, ne peut en tout état de cause se substituer à l'un ou à l'autre ou aux deux. Si décision politique de l'autorité légitime il y a, il doit s'y soumettre en oubliant son opinion personnelle.

Cependant, aucune autorité administrative ou judiciaire n'a le pouvoir d'exiger l'accomplissement d'actes manifestement illégaux. Ceci parce qu'une condition indispensable à la réussite fait toujours défaut : la clandestinité. Nous l'avons vu, le policier conduisant seul une enquête n'existe pas et chacun sait qu'à partir du moment où un secret est partagé, ce n'est plus un secret. C'est une grande chance pour le respect du droit.

Aussi, est-il absurde de penser que, dans un pays comme le nôtre, un gouvernement, quel qu'il soit, puisse sans être mouchardé donner des instructions à plusieurs dizaines de policiers pour laisser se commettre un assassinat dont ils ont connaissance du projet. De même et sans parler du contrôle judiciaire, on ne voit pas comment, au cours d'une enquête conduite par plusieurs fonctionnaires, pourraient disparaître des traces, des documents, des preuves, sans que cela se sache.

Il faut ajouter que, dans leur lutte contre les malfaiteurs, de droit commun ou politiques, tant que l'État et ses fonctionnaires demeurent dans la légalité, il n'y a pratiquement pas d'exemple que, sauf guerres civiles ou situations voisines, des représailles soient exercées contre les défenseurs de l'ordre.

Ce sont les méthodes parallèles qui suscitent les actes de vengeance.

Qu'un policier (ou un juge) emprunte des voies irrégulières sous prétexte de faire avancer son enquête, il doit s'attendre à de sérieuses embûches. Si, par exemple, un enquêteur croit devoir devenir l'amant de la femme du gangster, ses mobiles peuvent être excellents, mais sa fin précipitée.

Si, pour faire taire des terroristes, vous placez des bombes à leur domicile ou dans leur voisinage, vous ne rétablissez pas l'ordre, mais aggravez le désordre. Vous ne suscitez pas le respect, mais attisez la révolte.

Conduite par l'État, dans l'oubli du Code, la guerre clandestine ne peut s'accommoder de demi-mesures. Les services-actions doivent être impeccables. Soupçonnés, soit. Mais irréprochables. Hors d'atteinte. Comme la femme de César.

Quand, dans les premiers jours de janvier 1973, Hamshri Mahmoud, de nationalité jordanienne, marié à une Française, représentant de l'OLP (Organisation de libération de la Palestine) et du Fatah en France, décroche (lui et pas un autre) le téléphone à son domicile parisien et meurt des suites des blessures provoquées par l'explosion du combiné qu'il portait à l'oreille, il s'agit d'un assassinat et cependant chacun l'a admis sans s'insurger.

L'exécution est si parfaitement réalisée qu'elle porte en elle-même la signature d'un service aussi expérimenté et efficace que secret.

Que l'on ait pensé à des responsabilités israéliennes est un fait qui ne peut être nié.

Mais où, dans tout ceci, se trouve la morale?

Il faut se rendre à l'évidence. Il n'y a pas de morale en politique. Ou plutôt si, il peut y en avoir une. Dans le cas que nous venons d'évoquer, c'est celle, atroce, du crime parfait : la raison d'État le tolère dans tous les pays.

15

L'INTERROGATOIRE

Encore qu'il soit difficile – nous l'avons vu – d'obtenir la déclaration d'un témoin, que dire des aveux d'un suspect?

Dissimulation et mensonge constituent le fond commun sur lequel se meuvent les malfaiteurs de haut vol ou de bas étage quels que soient les facteurs et les mobiles qui les ont conduits à entrer dans la voie de la délinquance.

Nous sommes ainsi faits. Nos faiblesses peuvent n'être ni de même nature ni de même niveau, mais tous, plus ou moins, nous tentons de les masquer.

Reconnaître une erreur ou une faute quand elle est involontaire, si elle ne comporte pas de conséquences très dommageables pour personne, tient à l'honnêteté intellectuelle de chacun.

Tel médecin qui, pour établir son diagnostic, omet un élément important, avouera son oubli si la santé du malade n'en a pas été altérée de façon grave et si sa notoriété est telle qu'elle ne saurait en souffrir.

Mais que le patient subisse un préjudice définitif ou connaisse une fin prématurée, que dira l'homme de l'art, homme pourtant préparé aux plus grandes responsabilités par l'enseignement et l'éducation qu'il a reçus?

Poser la question est, bien souvent hélas, y répondre. S'il peut ne pas se faire « renifler », il se taira. Et d'autres, dans d'autres domaines, avec lui.

Que peut-il en être alors, lorsque la faute est volontaire, quand elle a été commise de façon délibérée, pour tenter d'en tirer profit ou pour tout autre motif, comme la jalousie ou la vengeance, par exemple?

Le repentir est un sentiment réel. Il peut conduire à de bonnes résolutions, rarement – même si cela advient – à des aveux spontanés et des réparations.

La faute n'est généralement reconnue que lorsqu'il n'est pas possible de faire autrement et certains nient l'évidence.

Pour échapper à la sanction, tous les malfaiteurs obéissent à cette double nécessité de ne pas être vus durant les faits et de faire en sorte de ne pas être démasqués après. La dissimulation est instinctive. Elle est si naturelle qu'il m'est apparu parfois que, folie et lucidité n'étaient pas incompatibles. J'ai rencontré en effet des irresponsables totaux, incapables d'avoir résisté au désir de commettre un crime sans mobile, qui, une fois arrêtés – pas si fous que ça – ont tenté de nier les faits ou essayé d'en minimiser la gravité. Le fondement de tout acte délictuel est la clandestinité.

Quand l'interrogatoire est le seul moyen – faute de trace, indice ou témoignage préalables – de parvenir à la vérité, quand on ne peut même pas parler de présomptions, mais de simple hypothèse, comment l'enquêteur (juge ou policier) progressera-t-il?

Il lui faut ratisser large.

Son ignorance le place dans une situation inconfortable. Il sait qu'il peut être dans l'erreur. Pour se donner une contenance, asseoir peu à peu son autorité, les premières questions qu'il pose, après celles qui tiennent à l'état civil, ont trait au passé, à la famille, aux moyens d'existence, aux relations, éventuellement à l'emploi du temps du témoin.

C'est à partir des réponses faites à l'égard de ces éléments subsidiaires qu'une première impression se dégage.

Si des réticences ou à fortiori des inexactitudes ou des mensonges apparaissent, l'enquêteur se trouve sur des bases plus assurées et peut aller plus avant, éventuellement engager le fer.

Car tant sur le plan physique qu'intellectuel et moral, l'interrogatoire est un combat.

Recueillir les explications du suspect, le conduire malgré ses tergiversations ou mensonges à reconnaître la vérité, l'amener, s'il est l'auteur des faits, à s'accuser et, s'il avait des complices, à les dénoncer, sans oublier la genèse de l'affaire et les responsabilités de chacun, sont les objectifs de tout interrogatoire. Il doit comprendre également tous éléments d'appréciation de la véracité des déclarations faites et enregistrées.

Quand un objet dérobé a été dissimulé en un endroit que seuls le voleur ou le receleur peuvent connaître et désigner, il est sûr que l'indication de la cachette et la découverte de l'objet marquent une étape importante – sinon à elle seule suffisante – dans l'approche de la vérité.

Recueillir des aveux et en vérifier l'exactitude constituent donc les raisons d'être indissociables de tout interrogatoire.

A l'inverse de la conviction, quand elle est fondée sur des éléments objectifs indépendants du sujet – et peut se passer d'aveu – l'aveu qui n'emporte pas la conviction est radicalement insuffisant, sauf à volontairement s'induire soi-même en erreur par masochisme intellectuel ou autre folie.

Il est déjà parfois suffisamment lourd de conduire autrui à se condamner sans qu'il soit possible d'éprouver la moindre tentation pour que cette condamnation intervienne à faux.

La lutte que suppose l'interrogatoire exclut que l'on s'y livre en vue de sa propre déroute.

Tout le monde le sait : la contrefaçon des billets de banque est un crime, longtemps sanctionné par les travaux forcés, aujourd'hui remplacés par la réclusion criminelle à perpétuité (article 139 du Code pénal rappelé sur toutes les coupures).

Jusqu'à une époque très récente, la criminelle s'occupait aussi de ces crimes commis avec des rames de papier qui craque à l'oreille, des filigranes plus ou moins faciles à reproduire et des imprimeries secrètes. Pas de crimes de sang, des crimes d'encre.

Dans les années 1954-1955 – c'était avant le nouveau franc –, une longue enquête cherchait à enrayer un trafic de fausses coupures de mille francs. Comme d'habitude, on avait coincé du menu fretin à l'occasion de billets écoulés un peu partout, à Paris et en province. Mais comment arriver jusqu'au fabricant, jusqu'à la « bécane »?

Un soir, j'étais à mes tout débuts à la criminelle, on me charge de l'interrogatoire d'un spécialiste des faux billets arrêté au moment où il avait pris livraison d'un paquet. Un « écouleur » qui n'était pas faussaire lui-même. De qui avait-il reçu ce paquet? A moi de le savoir, à moi de faire parler cet homme, un certain Perron, et de savoir si une de ses connaissances n'était pas son fournisseur. Ce suspect, faussaire chevronné et condamné, récidiviste, avait un nom prédestiné pour fabriquer, au moins, de fausses lires italiennes : il s'appelait Banca!

Pour faire la liaison entre Perron et Banca et unir ainsi deux maillons de la chaîne, les arguments sont légers. Certes, on les a surpris à proximité l'un de l'autre; sans doute le second a remis le colis au premier mais personne n'a vu le transfert.

A 8 heures du soir, Perron s'assoit en face de moi... et ne dit rien. C'est moi qui parle! De sa famille, des billets trouvés sur lui et de la situation qui serait la sienne s'il faisait un pas vers la vérité ou un petit geste du côté de la franchise. Ce genre de discours, qui peut passer pour de la grosse ficelle, reste efficace dans la mesure où le suspect songe à atténuer la rigueur de la sanction.

Lorsqu'on a affaire à un homme seul, les choses sont plus simples que lorsqu'il a des complices. La difficulté, dans ce cas, consiste à parler de ces derniers et à situer la part de responsabilité de chacun. Cependant, pour l'homme qui se trouve face au policier, la conscience d'être un donneur aux yeux de ses camarades est lourde à envisager et à accepter. On s'accommode d'être un salaud, à condition de ne pas passer pour tel. Dans la dénonciation du complice – je parle de la dénonciation écrite et signée – il y a une contradiction fondamentale, et terrible : l'aveu de sa faute, conforme à la morale générale (ce qui ne veut pas dire toujours à son intérêt immédiat...), mais également la mise en cause d'un autre. Ce n'est jamais bien accepté et suscite toujours la réprobation. Il faut donc choisir entre les bien-pensants qui vous sauront gré de votre effort de franchise et les copains qui vous jugeront comme un pleutre ou un lâche. Acheter une part de liberté au prix de celle des autres, tel est souvent le dilemme : la progression policière implique la défaillance de celui qui tombe dans le filet.

Donc, ce soir-là, le combat s'engage...

Perron ne peut nier avoir été trouvé en possession des faux billets de mille francs. Il est fait. Il doit payer. Cher. Il le sait, cela lui est déjà arrivé. Mais maintenant, il a une femme et un enfant. La perspective de pouvoir éviter de longs mois de prison lui donne un immense espoir, avec son corollaire, l'angoisse. Et cette angoisse, elle, ne tient pas seulement à l'éventualité de tout perdre, mais à l'intime conviction que sa réussite est basée sur l'oubli de la loi du milieu, la trahison du clan, la faute contre l'honneur, si petit que ce mot soit écrit. Gorge serrée, estomac noué, il étouffe, il se sent défaillir, basculer, tomber. De toute son énergie, il lutte contre les idées folles qui l'entraînent – et lui font honte – et que le policier, vrai charmeur de serpents, lui rappelle et lui susurre.

Non, il ne peut pas être un donneur. Oui, il doit se taire. « Je ne peux pas parler », se répète-t-il en se débattant. A l'interrogatoire que je conduis, Perron ajoute ses propres questions à lui-même.

« Quel est ce fournisseur envers lequel il n'a aucune dette? N'ont-ils pas fait donnant donnant? Tant de faux billets pour tant de bonne monnaie? Pourquoi serait-il seul à écoper? Qui profitait de l'autre? C'est lui qui prend le plus, c'est moi qui vais en taule... Où est la morale? Truand pour truand, je le balance et chacun paie sa part. Que ferait-il à ma place, hein? »

Au fond de lui, la solution se dessine dans ce grand duel du pour et du contre. « Et ce flic qui s'acharne à faire miroiter une sortie prochaine, alors que je connais la longueur du temps entre quatre murs, les brèves promenades dans la cour, la courte visite hebdomadaire... Il bluffe! Non... Non, il ne ment pas... Je sais que si je donne le nom de Banca, la note sera moins lourde. Mais je serai grillé. Trouver une nouvelle filière? Ce sera dur. Je chercherai un boulot. Qu'est-ce que j'ai gagné jusqu'à présent? »

Les idées se cognent, font la sarabande. « Et toujours ce poulet! Oui, il a raison. Oui, je ferais moins de taule. Salaud! Il va me faire donner un « ami ». La liberté de l'autre ou la mienne. La taule, je connais. La Santé, j'y ai passé trop de temps pour les autres. Ce n'est plus possible. Tant pis pour Banca! »

La bagarre est d'autant plus violente que Perron est très fort. Physiquement, c'est un gaillard impressionnant, une armoire normande dans la force de ses quarante ans. Psychologiquement, son expérience policière et judiciaire est antérieure à la mienne. Moi, je suis presque encore un débutant.

A 10 heures du soir, il n'a toujours rien dit. La tâche est inhumaine. Le plus épuisé des deux, c'est moi. Je pense craquer avant lui. Je ne puis que répéter toujours la même chose. Inlassablement, je recommence. J'ai remarqué quelques signes de défaillance, quelques petits pas dans le sens d'un aveu, même si, immédiatement, ils sont effacés par un nouveau silence. Une chose est sûre : Perron ne supporte plus de se retrouver en prison. Et l'idée d'y rester pour sauver son image de marque dans le milieu lui pèse de plus en plus. Il faut que j'appuie dans ce sens.

– Parlez... (Ou « parle » : je ne me rappelle plus si je lui disais tu ou vous, mais il arrive un moment où, dans la discussion, cela n'a vraiment plus d'importance). Parle! Et tu sortiras plus vite, beaucoup plus vite...

Je n'ai rien d'autre à avancer que sa femme, son enfant, ses « mauvaises fréquentations ». J'évoque tout ce qui a fait sa vie, tout ce qui la fera demain.

Épuisé, sans salive, je progresse : il ne dit plus que j'ai tort, il admet que je puis avoir raison, mais ne se décide pas. Je dois continuer à pousser de toutes mes forces dans la même voie. Si je cède, tout est perdu. Tenir, tenir, résister mieux que lui, c'est la seule règle. Il y a pourtant longtemps que je suis lassé de mes répétitions mécaniques. Voilà près de trois heures que cela dure. Trois heures de quasi-monologue d'un flic contre un mur. Dans des sursauts désespérants, Perron rejette tout, balaie mon échafaudage et me renvoie sur la case départ. Et il a un avantage sur moi, Perron : il peut masquer ses yeux et cacher sa tête dans ses mains. Pour ne pas m'entendre, pour ne pas me voir. Pour être ailleurs, pour ne pas céder. Soudain, il hurle qu'il ne se mettra pas à table. Puis, dans un souffle, presque un râle, cette force de la nature, disloquée, effondrée, murmure que, décidément, il ne lui est pas possible de « balancer » un ami.

Continuer, je dois continuer. Il est hors de question qu'un collègue me relaie car, si ténu soit-il, un courant passe entre Perron et moi et je suis sûr que c'est, pour nous, le seul moyen d'aboutir. S'il se dérobe, tout est perdu. Il faut absolument que je le contraigne à me regarder. Les yeux dans les yeux, voici l'une des clefs de tout interrogatoire. Une lutte au *finish*. Le premier qui flanche est vaincu. Combien de fois ai-je échoué? Bien plus souvent que je n'ai gagné.

Mais ce soir, cette nuit... Un peu avant l'aube, Perron demande à se rendre aux toilettes. Il se lève, passe la porte, atteint le couloir et vomit. Le duel est terminé. Je n'ai jamais revu une pareille réaction physiologique révélant une telle lutte. Perron a rendu sa bile et son secret qui se résume en une phrase :

– C'est Banca qui m'a vendu les faux billets aux deux tiers de leur valeur légale.

Il m'a fallu une nuit pour l'écrire dans mon procès-verbal. Nous sommes comme deux boxeurs ivres de coups, épuisés. Cette nuit-là, j'ai compris pourquoi, de quelqu'un qui vient d'avouer, on dit qu'il a accouché...

Dans cette confrontation du policier et du truand, il n'a jamais été question de morale. Je n'avais aucun reproche à formuler à l'égard de Perron. Il avait enfreint la loi pénale, policier, j'étais là pour contribuer à mettre un terme à cette activité et, si possible, à celle du ou des complices. L'indignation l'aurait fait rire. L'anathème, hausser les épaules. Les injures, s'enfermer sur soi-même. Il n'est pire méthode que celle qui consiste à avilir son interlocuteur. La vertu outragée n'a pas cours dans un interrogatoire. Accuser le mal ne sert de rien, il faut l'extirper. Sauf la rage de vaincre, la passion n'a rien à voir à l'affaire.

Nous remontons la filière. Les billets sont bien imités. L'un des faussaires est un ouvrier imprimeur de l'ambassade des États-Unis d'Amérique, un Français déjà condamné, mais qui avait pourtant réussi à se faire embaucher et auquel des commanditaires avaient fourni une bécane en province.

En sortant de l'ambassade, accompagné de trois inspecteurs, je prends un verre dans un bar de la rue Boissy-d'Anglas. Je paie avec un faux billet de mille, pour voir. Aucun problème, le billet disparaît dans la caisse du cafetier. Quand nous lui expliquons la vérité pour récupérer le billet, il en fait une tête! Et, en partant, nous le voyons examiner ses coupures avec méfiance...

Tous les interrogatoires n'atteignent pas la même intensité.

D'abord, et c'est le cas préféré du policier, les circonstances dans lesquelles le suspect a été arrêté peuvent rendre ses aveux inutiles. L'homme pris la main dans le sac n'a nul besoin de confirmer le fait et il ne sert de rien, bien au contraire, qu'il réponde qu'il était distrait et ne s'en était pas rendu compte.

Les situations les plus délicates sont celles où existent des indices, des présomptions mais où il manque trop de maillons à la chaîne.

Je ne connais pas de méthode infaillible. Chaque individu est par définition un cas particulier : les policiers et les malfaiteurs n'échappent pas à la règle et leurs rencontres sont différentes à chaque fois. Un premier contact maladroit peut, malgré tous les efforts, ne se rattraper jamais.

Si, dans le cas Perron, l'engagement physique était prédominant dans la mesure où il constituait le support indispensable de la volonté d'aboutir en répétant inlassablement la même antienne, parfois, à l'inverse, les aveux sont obtenus comme dans un souffle. La discussion est si difficile, la marge de manœuvre si étroite, que l'interrogatoire progresse comme sur le fil du rasoir. Le moindre faux pas, la moindre maladresse (une hypothèse par exemple, que l'on imagine devoir être vraie et que le malfaiteur sait être inexacte) et toute une patiente construction s'écroule.

Comme dans toute œuvre intellectuelle, il y a dans l'interrogatoire une part immatérielle, presque irréelle, parfois indicible. Ce sont ces moments d'extrême concentration où l'emprise sur la personne ne doit connaître aucun relâchement, aucune défaillance dans une progression insensible mais constante. Que l'on frappe à votre porte ou qu'un coup de téléphone arrive et tout est à recommencer...

Je me rappelle un interrogatoire au commissariat de Clignancourt. Une affaire de vol par une employée de maison, où j'essayais de savoir ce qu'étaient devenus les bijoux.

La bonne à tout faire, grande, jeune, belle, sculpturale, une folie dans un ménage, admettait peu à peu la vérité. C'était inexorable, elle allait m'indiquer ce qu'elle avait fait du produit de son vol. Elle était en face de moi, nous ne nous lâchions pas des yeux. Quand, une fraction de seconde, mon regard s'est porté vers le fond de la pièce où un collègue qui vivait la scène sans doute aussi intensément que moi-même, sans dire un mot – il n'aurait pas commis cette faute – main fermée, pouce levé, me fait un signe de victoire. Le temps d'enregistrer le message, la perle ne me pardonna jamais de l'avoir délaissée et tous mes efforts pour renouer le dialogue furent vains.

Affaire classée, sans suite.

Des interrogatoires, j'en ai connu, conduit, dirigé beaucoup. Celui-ci, je ne l'oublierai pas :

C'était à l'époque de l'O.A.S., les attentats par explosifs étaient quasi quotidiens. Quels qu'en soient les mobiles, il s'agissait d'infractions dont le policier, sauf à se démettre, devait rechercher les auteurs.

Les investigations quotidiennes, menées sans relâche, nous conduisirent à interpeller un jeune lieutenant, polytechnicien, qui ne cachait pas ses idées, ni son militantisme antigouvernemental. Pas de quoi fouetter un chat. Mais il possédait une 2 CV Citroën, voiture déjà vendue à des millions d'exemplaires. Quelques jours plus tôt, un témoin avait vu démarrer une de ces voitures avant une explosion qui avait fait des dégâts matériels.

Routine? Métier? je demandai :

– Qu'avez-vous fait samedi dernier? Et en soirée?

La question l'embarrassait, visiblement, elle était de celles auxquelles on souhaite ne pas avoir à répondre.

– Mais alors, la 2 CV?

La 2 CV, il l'avait utilisée comme d'habitude. Non, il ne l'avait pas prêtée. Il en était le propriétaire, s'en servait ou non. En tout cas, il en était seul responsable.

Ainsi, de l'emploi du temps à la 2 CV et vice-versa, le jeune homme perdait du terrain régulièrement.

Des premières questions posées par acquit de conscience, nous étions arrivés à cette conviction imprévue que notre polytechnicien avait participé à un plasticage.

Nous étions cinq ou six dans le bureau. Maurice Bouvier, le chef de service, était là. Mais comme j'avais commencé, je demeurais le seul interlocuteur du militaire. Tous avaient compris que l'interrogatoire pouvait amener une révélation sans précédent encore puisque, depuis les premiers attentats commis à Paris, aucun poseur de bombes n'avait été pour l'heure confondu.

L'instant était d'une intensité exceptionnelle. Le silence autour de moi, total. Les esprits tendus. Les corps figés.

A l'évidence, l'officier mentait, mais le fait qu'il était propriétaire d'une 2 CV était un argument bien léger. Faute de pouvoir affirmer qu'il était l'auteur de l'attentat, à quitte ou double, je me décidai à lancer :

– Je vais vous dire, à ce moment de notre discussion, vous ne pouvez plus soutenir que vous êtes étranger à cette affaire.

Il ne répondit pas mais ne se défendait plus. Qui ne dit mot consent. Dans les minutes qui suivirent, il relatait les conditions dans lesquelles il avait effectivement déposé un engin explosif le samedi précédent.

Il fut lourdement condamné. L'amnistie corrigea ce qu'avait eu d'excessif une sanction qui avait été voulue exemplaire.

L'interrogatoire est un art. Mais cette comparaison peut prêter à rire. A moins, comme on m'a répondu un jour, que vous ne parliez de « noble art », expression par laquelle on désigne la boxe.

– Ne vous moquez pas de nous, ajouta ce contradicteur. Chacun sait que l'interrogatoire relève d'abord de la savate et de la torgnole.

Je l'ai déjà dit, au lendemain de la Libération, la violence policière n'était qu'exceptionnellement prise en compte. Il semble qu'il y ait eu deux raisons essentielles à cela. La première était que, au regard des malheurs que le pays venait de traverser, l'opinion publique avait d'autres préoccupations que celle de s'attendrir sur le sort des malfrats. La deuxième, que leur nombre avait si considérablement augmenté qu'il fallait à tout prix les faire rentrer dans le rang.

La situation redevenue plus normale, l'on commença à s'inquiéter de méthodes que, légitimement, personne ne voulait voir perpétuer.

C'est ainsi que, dans le nouveau Code de procédure pénale de 1958, fut légalisé le droit des détenus à être examinés par un médecin et que les réactions contre les brutalités commencèrent à devenir de plus en plus fermes.

Ne nous plaignons pas d'avoir fait retour à des pratiques du temps de paix. Les poursuites systématiques engagées contre les fonctionnaires coupables de sévices ont assaini la situation et fol serait celui qui, aujourd'hui, pour réussir une affaire, prendrait le risque de se retrouver emprisonné en compagnie du malfaiteur qu'il aurait appréhendé. Il faut dire qu'à la criminelle, il y a longtemps que nous avions compris ces choses-là et la question ne se posait même pas.

Mais point ne faut exagérer. Quand certains juges, intellectuellement complices par passion politique du délinquant, présenté de toute façon comme une victime de la société, incarcèrent des policiers sur les seules accusations d'un malfaiteur, il y a abus à contresens.

Le policier peut s'être trompé sur les moyens, mais ses mobiles doivent être comparés à ceux des criminels.

Aujourd'hui comme hier, l'angélisme n'est pas de mise. La violence est naturelle à l'homme et se trouve partout : dans le jeu, le sport, les affaires, les relations entre individus, entre nations. L'amour même ne l'exclut pas.

Quand j'ai relaté devant la cour d'assises de Paris que, lors de l'arrestation en flagrant délit, place de la Bastille, des deux frères qui avaient été chargés de la récupération de la rançon du P-DG de la société Phonogram qui avait été enlevé, ils avaient d'abord été mis knock-out, je n'ai entendu aucune réprobation.

M. Hazan avait été kidnappé par des individus en armes. Les conditions de la remise de la rançon étaient assorties de menaces aussi graves. Nous n'allions pas tenter d'arrêter les malfaiteurs avec des filets à papillons...

Que le policier ne prenne pas l'initiative, cela va de soi, mais qu'il réponde, si besoin est, à la violence par la violence, ne me choque pas. Quand un joueur, dans une équipe, ne respecte pas l'esprit du jeu, est-il inconsidéré qu'un autre le lui rappelle?

Il faut avoir le courage de le reconnaître, les événements d'Afrique du Nord ont donné lieu à des abus policiers. Il n'y a pas à rougir des interrogatoires poussés, voire des sévices infligés exceptionnellement à des tueurs qui venaient d'assassiner des gardiens de la paix, seulement coupables de porter l'uniforme de l'ordre public. En revanche, je suis obligé de dire qu'il y eut des actes inadmissibles de pures représailles, commis par d'autres gardiens de la paix pour qui tout Nord-Africain était devenu un ennemi. Des deux côtés, on est allé trop loin, d'une manière aveugle.

Un jour de 1957, le long du cimetière Montparnasse, deux gardiens de la nécropole furent abattus de deux rafales dans le dos « simplement » parce que leur uniforme avait été confondu avec celui des gardiens de la paix.

A l'opposé, quelque temps plus tard, sur le pont du Garigliano, trois Portugais furent abattus « simplement » parce que leur allure était suspecte et aussi à cause de leur apparence physique : ils avaient été pris pour des Algériens menaçants.

De là à lancer des accusations en forme de suppositions, comme l'a fait le député de Paris, premier secrétaire du Parti socialiste, Lionel Jospin (*le Monde* du 10 février 1982), en prétendant que, le 17 octobre 1961 « deux cents, trois cents, peut-être cinq cents Algériens » avaient été tués au cours de « ratonnades », il y a des outrances si grossières qu'il n'est pas possible de ne pas les relever.

La criminelle devait intervenir dans les innombrables incidents violents nés, d'une part, de la lutte des Algériens contre la présence française en Algérie et, d'autre part, de la lutte d'influence qui opposait le FLN au MNA. Jusqu'en 1957, la criminelle était seule compétente. Devant la multiplication de ces affaires, elles furent confiées à la brigade des agressions et violences, spécialement constituée dans ce but, avec des effectifs prélevés un peu partout et en particulier chez nous. La criminelle n'en demeurait pas moins saisie parfois.

Ainsi le fûmes-nous des événements qui s'étaient déroulés dans la nuit du 24 au 25 août 1958. Des commandos FLN avaient attaqué et mitraillé des agents en faction à l'entrée du garage central de la Préfecture de police, boulevard de l'Hôpital. Trois étaient morts. Un autre commando avait attaqué les gardiens de la cartoucherie de Vincennes, qui n'était pas encore un théâtre. L'un d'eux avait également été tué. Au matin, quatre fonctionnaires avaient donc été abattus. En regagnant notre bureau à 9 heures – je rentrais de vacances! –, mon collègue René Barre et moi avons été informés des événements de la nuit et des opérations menées par la police municipale. Un vaste dispositif de quadrillage avait été mis en place et au petit matin, de très nombreuses interpellations avaient eu lieu et déjà plusieurs Nord-Africains, porteurs d'armes, avaient été arrêtés. Il nous appartenait de les interroger.

Nécessairement, ces interrogatoires ont été durs. Je n'ai pas honte de le dire. Nous avons considéré que la légitime défense des agents en uniforme dont nous étions solidaires passait par là. Quatre, dans une seule nuit, avaient été tués. Il fallait absolument savoir qui avait donné les ordres de ce massacre. Nous avons su.

N'allez pas imaginer que nous ayons utilisé un quelconque appareillage électrique. Une « gégène »? Je n'en ai jamais vu. Ou une baignoire : nous n'avons jamais disposé d'une douche. Mais, à des hommes arrêtés les armes encore fumantes à la main, quelques coups de matraque en caoutchouc nous ont paru une réplique aussi nécessaire que mesurée.

Dans le contexte de l'époque, nous étions en guerre et, comme j'ai entendu le général Bigeard le dire lors d'une émission radiodiffusée, « il n'y a pas de guerre propre ».

Que la cause des insurgés ait été juste est une autre question. Que nous ayons eu le devoir de tenter de limiter le nombre des victimes nous paraissait une évidence.

Au regard des excès de l'époque, nos arrestations, interrogatoires et violences tenaient de la correction paternelle. Cependant, ce qui est propre au temps de guerre ne saurait être toléré en temps de paix.

De quoi le policier est-il accusé? Il l'est de vouloir, par tous les moyens, obtenir l'aveu. Chargé d'une enquête, il lui faut un coupable. Le coupable est celui qui avoue. Donc, tous les coupables doivent avouer et tous ceux qui ont avoué sont des coupables.

A les entendre, il n'y a que le chroniqueur, le juge, l'avocat qui savent que cela est faux. Le policier cogne. Que voulez-vous lui demander de plus? Il cogne jusqu'à ce qu'il trouve. Quand il a trouvé, innocents ou coupables, d'autres feront le tri. Ce n'est pas à lui de juger. Lui n'a qu'une mission, celle de mener à bien une enquête, c'est-à-dire fournir à la justice quelqu'un qui a reconnu être l'auteur des faits. Ainsi, il sera bien noté. Ainsi, il aura de l'avancement. Ainsi, la société sera bien protégée.

Le coupable s'est rétracté, il prétend que vous lui avez extorqué ses aveux par la violence. Aujourd'hui libre de s'exprimer devant un juge et défendu par son avocat, il clame son innocence.

Vous êtes un policier, donc vous êtes un tortionnaire. Vous n'arrêtez que des innocents. Il faut inverser les rôles. A vous la prison. Tous les autres en liberté. Ainsi, il n'y aura plus d'erreurs judiciaires, de ces erreurs intolérables à l'origine desquelles vous vous trouvez toujours et auxquelles il faut mettre fin.

C'est pourquoi, depuis bientôt un siècle, on parle toujours des mêmes erreurs, inlassablement reprises, et dont le total n'atteint pas la dizaine.

Que ces cas inadmissibles soient cités en exemple est indispensable. Que l'on essaie de faire croire qu'ils se répètent systématiquement est inacceptable.

L'erreur judiciaire est tout à fait exceptionnelle. Elle nécessite un concours de circonstances quasi irréalisable. De la brutalité et de l'aveuglement policiers à l'incompréhension du juge d'instruction, le laisser-aller du parquet, le parti pris du président, l'acharnement de l'avocat général, l'acceptation des jurés, l'insuffisance de l'avocat, l'indifférence des journalistes et de l'opinion publique, il faut à l'innocent vraiment beaucoup de malchance pour passer au travers de ces jugements particuliers et aboutir à une condamnation sans fondement.

Tous coupables, sauf l'accusé. Cela s'est déjà produit et peut se renouveler. Mais à dose infinitésimale, ce qui ne veut pas dire négligeable.

J'ai lu les récits de quelques affaires présentées comme des erreurs judiciaires manifestes. Sauf les cas où des cours d'assises n'ont pu éviter de condamner successivement des personnes différentes pour un même fait, dirai-je ne pas avoir été toujours convaincu de ces tardives démonstrations d'innocence? Il est vrai qu'il suffit qu'il y ait doute pour interdire d'entrer en condamnation. Mais si le doute des uns n'a pas été le doute de la majorité et qu'un innocent ait été déclaré coupable, il faut changer le mode de jugement ou renoncer à juger – sauf les cas les plus simples, évidents, qui ne font question pour personne. Relaxé au bénéfice du doute, c'est socialement avoir été reconnu innocent, ce qui ne veut pas dire, dans tous les cas, l'avoir été.

Je dois dire que j'ai tellement vu de coupables nier que je me demande comment il peut exister des innocents qui avouent... Les coups, la torture? Soit. Vaincu par l'acharnement des policiers, le suspect craque. Faut-il encore que ces policiers ne se soucient aucunement de la vraisemblance des aveux recueillis, aucunement de savoir s'ils correspondent aux premières données de l'enquête, aux constatations matérielles qui ont été faites, aux éléments propres à conforter leur conviction qu'ils sont dans le vrai et non dans l'absurde.

A la limite, si le suspect « parle », autant que ses déclarations correspondent aux éléments de l'enquête. Puisqu'il avoue, pourquoi ne pas l'aider, le mettre sur la voie, lui indiquer le chemin, les arrêts obligatoires. Le policier est alors accusé de faire les demandes et les réponses pour aboutir à ce type d'interrogatoire :

– Vous avouez avoir tiré avec un revolver?

– Oui, je le reconnais.

– C'est bien, dirait le policier, mais ce n'est pas suffisant. Vous savez bien que trois coups de feu ont été tirés?

– Oui, monsieur, trois.

– Les trois, dans le dos, par-derrière?

– Oui, monsieur. Quand j'ai tiré, l'homme était dans sa chambre.

– Mais non, mais non, son corps a été retrouvé dans l'entrée.

– Oui, monsieur, dans l'entrée.

– Vous voyez bien que l'on peut s'entendre.

Bête et méchant. A ce point d'ineptie, l'attaque devient dérisoire. C'est pourtant à cette sorte d'accusation que le policier se trouve souvent confronté. Non seulement sa brutalité n'a pas de mesure, mais sa mauvaise foi est telle, qu'il souffle au suspect ses déclarations et lui suggère ses réponses.

Qu'au surplus les aveux aient permis de retrouver le cadavre, l'arme du crime, les objets volés, tout cela est superfétatoire. Le policier a rempli son contrat quand le suspect a dit ce qu'il souhaitait qu'il dise. Là, il peut remettre sa veste. Sa tâche est terminée. Il a son coupable. Et, si c'est nécessaire, il amènera son faux témoin. Sa conscience ne va pas au-delà. Un policier, pour ses détracteurs, ça n'a pas de conscience. La conscience commence et encore, au juge, à condition qu'il ne condamne pas trop et, bien sûr, à ces parangons de la conscience universelle que sont? que sont qui? Nous les retrouverons. Ne soyez pas impatients. J'ai failli, sans avoir eu le temps de réfléchir, citer les magistrats du Syndicat de la magistrature... comme s'ils étaient les seuls... à prétendre détenir la vérité.

En réalité, l'idéal pour le policier et le juge est le cas où les charges existant contre un suspect sont telles qu'il n'est besoin d'aucune question pour établir sa culpabilité.

Mais comment aurait-on résolu, sans interrogatoire, l'énigme que je vais vous raconter?

C'était en 1962. Un parfumeur avait été assassiné, dans son appartement, avenue Mozart, tué par balles, vraisemblablement par les deux jeunes gens que la concierge de l'immeuble avait croisés au petit matin, dans l'escalier, au moment où ils allaient sortir.

Les signalements fournis étaient exactement les suivants: « L'un, vingt-cinq trente ans, un mètre soixante-quinze, cheveux blonds, complet foncé, chemise blanche et cravate, présentant bien; l'autre, même âge, un mètre soixante-cinq, brun, costume tirant sur le bleu marine. » Rien de plus.

Un renseignement providentiel, d'un indicateur de circonstance, nous permit d'appréhender les deux hommes dans un bar de Saint-Germain-des-Prés, en début d'après-midi, dès le lendemain.

C'était pendant les vacances de Pâques et je me tenais dans le grand bureau du chef de la brigade criminelle. Un nouvel adjoint venait d'être affecté à mon cabinet et nous devisions ensemble quand l'inspecteur principal Morin, chef de groupe, me fit savoir que les deux suspects étaient là.

Je demandai à ce que le premier, celui que la concierge avait le mieux observé, fût conduit dans notre bureau.

A peine venait-il d'entrer et s'approchait-il de moi, que dans les cinq ou six mètres qui nous séparaient, je lui dis, à brûle-pourpoint, écartant les mains dans un geste de fatalité, sans savoir qui il était:

– Eh bien! Il y avait une concierge?

Approuvant de la tête, il me répondit:

– Oui, il y avait une concierge. Je vais vous expliquer.

Jamais je n'ai obtenu d'aveux en un temps plus court. Le nouvel adjoint n'en croyait pas ses oreilles. C'était donc ça une affaire criminelle?

En réalité, le meurtrier était convaincu qu'il serait reconnu par la concierge et relata les conditions dans lesquelles, avec son complice, ils avaient tué le parfumeur qu'ils avaient rencontré dans un bar et qu'ils avaient suivi chez lui pour le dévaliser.

Quand l'auteur principal se rendit compte que la concierge

était incapable de le reconnaître, il comprit son erreur et, je pense, m'aurait assassiné à mon tour s'il avait pu et s'il n'avait été trop tard pour revenir sur ses aveux, corroborés par ceux de son complice, la découverte de l'arme, les vêtements tachés de sang, etc.

Je dois ajouter, et c'est important, que ceci n'avait été possible que grâce à la parfaite discipline des inspecteurs. Ceux-ci avaient procédé aux arrestations en s'abstenant de toute question préalable, alors que d'autres tâches les attendaient et qu'ils n'auraient pu poursuivre les interrogatoires.

Il n'y a pas de méthode type, même si le plus généralement il n'est pas conseillé d'utiliser son seul atout d'entrée de jeu.

Mais en l'espèce, le jeune homme avait été cueilli à froid. Je l'avais vu pénétrer dans le bureau, tête haute, regard droit, mâchoires serrées. Rien dans son attitude n'indiquait ni la peur, ni la résignation. La partie allait être difficile. Ce fut la plus simple. Alors que nous n'avions échangé aucun mot, qu'il ne savait rien des forces ou faiblesses de l'enquête, que, surtout, il n'était pas encore entré dans le jeu des questions et des réponses, il reçut la seule vérité que je pouvais lui assener de plein fouet. Il ne put se ressaisir. Avait-il ou n'avait-il pas rencontré la concierge? Aucune dissertation n'était nécessaire. Il répondit par l'affirmative. Il était battu.

Avenue Mozart, à la même adresse, trente-deux ans auparavant, un bijoutier avait été assassiné, le vol étant le mobile du crime, par un fils de famille qui avait dilapidé la fortune héritée de son père. Arrêté, alors qu'il tentait de vendre l'une des bagues dérobées, il fut condamné à mort et guillotiné, le lendemain de Noël, treize mois après son forfait.

Ainsi, sauf à abdiquer devant le crime, ou à imaginer une justice robotisée, impliquant machine à détecter le mensonge, pilule de vérité et sentence rendue par ordinateur, l'interrogatoire ne peut être banni du dossier judiciaire. Nécessaire souvent à l'identification du coupable, il l'est également à l'intelligence des faits et des hommes. Les seuls éléments matériels, si importants qu'ils puissent être parfois, ne permettent pas de juger pleinement un acte. Les explications de l'auteur sont indispensables à l'édification de ceux qui auront pour mission de juger.

L'exemple le plus simple qui me vient à l'esprit est celui d'un jeune militaire qui, au cours d'une permission, avait tué à coups de bouteille une voisine amie de la famille à laquelle il était allé rendre visite et qui lui avait offert l'apéritif.

Les empreintes de ses doigts sur le verre, mais surtout l'empreinte de la paume de sa main droite sur le goulot de la bouteille cassée, ne laissaient aucun doute sur sa culpabilité. Encore était-il important qu'il dise quel cheminement l'avait conduit à frapper à mort une personne très âgée, dont il n'avait rien à redouter.

Bien sûr, le vol était le mobile du crime. Mais c'était à lui et à lui seul d'indiquer quand et comment s'était formée sa décision. Avant sa visite, durant sa visite, au moment où il avait été surpris tentant de subtiliser le porte-monnaie? Avait-il ou non décidé de dépouiller l'amie de ses parents et de la tuer pour ne pas être dénoncé? prémédité son crime? La peine encourue est fonction de la réponse, dans la mesure où elle peut être considérée comme sincère. Personne ne doit pouvoir la souffler ou la dicter.

C'est à l'homme de répondre. Mais il est vrai qu'il peut refuser de s'expliquer, de même qu'il a le droit de mentir. Il appartient au policier de l'en dissuader, sans cependant pouvoir lui ôter par quelque moyen que ce soit la faculté qui est la sienne de choisir son mode de défense.

C'est en application de ce principe qu'un jour, j'ai interdit à l'un de mes adjoints, qui venait d'en prendre l'initiative devant moi, de demander sa parole d'honneur à un officier français qui, s'il l'avait donnée, aurait été privé de la liberté accordée à tout suspect, inculpé, prévenu ou accusé, de dire ou ne pas dire la vérité. J'ai estimé que nous ne pouvions le placer en une situation plus défavorable que celle de tout un chacun.

Ceci étant, il est sûr que la réponse fournie à une question au cours d'un interrogatoire peut être parfois d'une importance capitale jusqu'à l'ultime phase du procès.

A la suite de l'attentat du Petit-Clamart contre le général de Gaulle et l'arrestation du colonel Jean-Marie Bastien-Thiry, alors que j'assistais le commissaire Maurice Bouvier et que le colonel relatait les conditions dans lesquelles il avait pensé réaliser son projet, on lui posa la question suivante :

– Saviez-vous que la générale accompagnerait son mari?

Le colonel répondit par l'affirmative.

– Aviez-vous songé alors aux risques qu'elle courait également?

– Oui. Bien sûr. Mais j'ai considéré qu'elle avait épousé le président pour le meilleur et pour le pire.

Ainsi, en ces quelques mots, le cas de la générale de Gaulle était-il tranché. Loin de moi l'idée d'accabler un homme qui a depuis longtemps payé de sa vie son engagement politique.

Il n'en demeure pas moins que je me suis toujours demandé si, quand à la suite de la condamnation à mort prononcée contre lui il a signé son recours en grâce à l'adresse du président de la

République, il n'avait pas oublié la réponse que lui-même avait faite à l'égard de la générale et si sa brutalité n'a pas influé sur la décision du Général.

D'autant que ce dernier avait nécessairement à l'esprit les risques qu'avait courus son épouse à ses côtés, alors que les balles frappaient leur voiture.

Cela, il ne pouvait l'accepter.

Il le dit en propres termes à Roger Poiblanc, alors commissaire principal, qu'il accueillit avec une totale simplicité quand celui-ci, le surlendemain de l'attentat, lui rendit visite à La Boisserie.

Le Général, rapporte Roger Poiblanc, était très marqué par la dureté de l'embuscade. Non sans doute parce qu'elle avait failli atteindre son but, mais en raison – et c'est sur cela qu'il insistait –, de la présence de sa femme auprès de lui. Il ne le tolérait pas et Poiblanc ajoute : « Je n'ai pas eu le sentiment que le Général soit prêt à pardonner un jour. »

16

LA GUERRE DES POLICES

La guerre des polices serait-elle, comme le conflit des générations, permanente sans jamais avoir été déclarée? Ou n'aurait-elle d'existence que dans l'esprit de quelques littérateurs et cinéastes qui, multipliant l'infiniment petit, ne trouveraient plaisir qu'à conter les dissensions contre nature des frères ennemis, chargés précisément de maintenir l'ordre et de garder la paix?

Loin des affabulations du romancier ou du metteur en scène, il n'en est pas moins vrai qu'elle est là, toujours présente et renouvelée. Je l'ai moi-même connue, pratiquée et, dans une certaine mesure, alimentée. Seulement par la faute des autres? Je n'irai pas jusque-là.

Que l'on se rassure, les armes sont toujours restées au vestiaire. C'est d'ailleurs dans l'outrance des mots que souvent se révèle la dérision des choses.

Ce qui est vrai, c'est que les rivalités existent. Ces rivalités sont inhérentes à tous groupes humains. On peut les observer dans nos diverses activités, depuis l'enfance jusqu'à l'université ou encore à l'intérieur d'une même entreprise, au sein d'une même équipe, et, pourquoi pas, d'un gouvernement.

Si, dans le domaine policier, le mot guerre est employé, c'est que ces oppositions y semblent moins naturelles qu'ailleurs. Comme si l'agent de police et le gendarme n'étaient pas d'abord des hommes.

Les causes de ces antagonismes sont banales : susceptibilité, jalousie, orgueil, amour-propre, désir de paraître, tous ces défauts que l'on décèle toujours chez les autres et qui n'auraient aucune conséquence, s'il n'existait des points de friction. Car c'est dans la cohabitation que s'exacerbent les passions.

Il n'y a pas d'opposition entre policiers de Paris et de Brest ou

Mulhouse ou Strasbourg, mais il peut en exister dans chacune de ces villes ou autres services limitrophes.

Quand les fonctionnaires œuvrent dans des secteurs différents, comme ceux des Renseignements généraux, de la Défense du territoire ou de la Police judiciaire, si toute difficulté n'est pas exclue entre eux, la lutte n'est pas ouverte. Il n'y a pas concurrence et la coopération va éventuellement de soi.

C'est dans le cadre d'activités identiques et sur des territoires communs que naissent les conflits. Quand, dans l'enchevêtrement des compétences, chacun peut s'estimer habile à conduire l'enquête. Il y a dans le métier de policier une recherche dont tout le monde se croit capable.

La réalité est que, à la compétence naturelle en raison du lieu où l'événement s'est produit, sont venues s'ajouter et se substituer des compétences spécifiques. Parce qu'il est prévisible que les recherches seront longues. Parce qu'il est manifeste qu'elles s'inscrivent dans des domaines étroits pour lesquels des spécialistes sont nécessaires.

La même personne ne peut être disponible en même temps pour tout événement journalier et une intervention dont la durée est indéfinie. Elle ne peut pas davantage prétendre tout connaître du général et du particulier.

Le trafic des stupéfiants, la fausse monnaie, le proxénétisme, le grand banditisme, le vol d'objets d'art, le terrorisme demandent des personnes formées à ces problèmes.

Les difficultés naissent de ce que le policier chargé du quotidien accepte mal parfois d'être dessaisi au profit de son collègue moins pressé par le temps ou plus spécialisé.

C'est que, le plus souvent, les affaires qui durent ou qui relèvent de domaines moins étendus sont aussi les plus intéressantes, celles dont on parle le plus. Au plat du jour, un assaisonnement plus relevé est parfois souhaité.

En province, la superposition des compétences résulte de l'existence, à côté des services locaux, des services régionaux de police judiciaire, successeurs des « brigades du Tigre », c'est-à-dire des brigades mobiles créées par Clemenceau pour lutter contre la grande délinquance volontiers itinérante.

Ces services qui, territorialement, couvrent plusieurs départements, se voient saisis ou souhaiteraient être saisis d'enquêtes qui, localement, seraient du ressort des sûretés urbaines dans les villes et de la gendarmerie dans les campagnes.

Or, les sûretés urbaines et les services régionaux de police judiciaire, bien qu'appartenant tous deux au ministère de l'Intérieur, n'en obéissent pas moins à des directions différentes, tandis que la gendarmerie, dépendant du ministère des Armées, est complètement autonome.

Le Code de procédure pénale et des circulaires d'application ont bien tenté de définir les règles à suivre pour que, dans chaque cas, soit désigné le service le plus propre à obtenir les meilleurs résultats.

Autant en emporte le vent. Les particularismes locaux se jouent de la réglementation parisienne et les officiers de police judiciaire de la gendarmerie, des sûretés urbaines et des services régionaux continuent de tirer à hue et à dia. Quand ils se rencontrent sur le lieu d'une affaire, le premier arrivé ne veut pas se retirer au profit du second, pourtant plus à même de conduire l'enquête.

L'ordonnateur suprême, le procureur de la République, là pour trancher, hésite à prendre parti. Il souhaite ne heurter personne et voudrait faire plaisir à tout le monde. Il peut également avoir ses préférences. Tant pis si elles ne vont pas dans le sens souhaitable.

C'est le royaume du « laisser faire et ne rien dire », sauf exceptions, ou quand il est trop tard.

L'exemple le plus fameux de ces dernières années (1978) est fourni par la « tuerie du bar du Téléphone » à Marseille, au cours de laquelle trois hommes, le visage masqué, armés de pistolets automatiques et de fusils de chasse, ont ouvert le feu sur le patron et tous les clients, faisant neuf morts et un blessé grave. Une sur deux des victimes avait auparavant eu maille à partir avec la police et la justice.

La sûreté urbaine locale estima ne pouvoir être dessaisie d'une affaire aussi importante. Le procureur acquiesça et le service régional de police judiciaire, dont la mission essentielle est précisément la répression du grand banditisme, malgré les démarches parisiennes, resta l'arme au pied.

Quand, avec vingt jours de retard, l'enquête lui fut en partie confiée, malgré les présomptions rassemblées contre les auteurs des faits, tous émules d'Al Capone, il n'a plus été possible de réunir, du moins dans l'immédiat, les preuves suffisantes pour espérer les faire juger et condamner.

C'est dans la presse que les services locaux et nationaux susceptibles d'être intéressés par l'événement et d'apporter, le cas échéant, leur concours, ont dû essayer, durant plusieurs jours, de découvrir l'identité des victimes avant qu'un télégramme officiel d'information ne soit diffusé.

La concurrence est le maître mot de la rivalité des services de police judiciaire. Chacun veut tout faire, même s'il n'en a pas le temps ni les moyens et s'il doit œuvrer hors de son ressort.

L'esprit de compétition anime policiers et gendarmes. Même entre eux? Même entre eux.

Il faut dire que les malheureux services régionaux de police judiciaire, avec des effectifs inférieurs en nombre à ceux des sûretés urbaines, tronçonnés par spécialités, dispersés sur plusieurs départements, tendent aujourd'hui à devenir les laissés-pour-compte de l'organisation répressive nationale.

Ils subsistent par la volonté et l'acharnement de quelques fonctionnaires sans répondre jamais totalement, mais seulement occasionnellement, à la mission qui, à l'origine, était la leur : la lutte contre la grande criminalité.

La nature a horreur du vide. C'est à le remplir que s'emploient les autres, inspecteurs, commissaires et gendarmes locaux, qui n'ont aucune peine à bousculer ces déracinés que sont les fonctionnaires des services régionaux de police judiciaire pour lesquels le manque de base territoriale propre constitue le péché originel.

Alors, que voit-on? L'information n'être diffusée que dans la mesure où celui qui la détient n'a pas la possibilité de l'utiliser soi-même sur-le-champ, parce que trop vague, incomplète ou insuffisante.

Mais qu'un numéro de voiture ait été relevé à la suite d'un hold-up, il faut être un saint pour le communiquer immédiatement à tous les services intéressés et prendre ainsi le risque de voir le véhicule intercepté par d'autres.

Parfois, ce sont les investigations menées en double par celui qui est saisi et par celui qui ne l'est pas ou ne l'est plus. Interventions intempestives, coups de pied dans la ruche sont des pratiques réprouvées par tous, mais utilisées par beaucoup.

Car nul ne doute que ce ne soit par l'effet d'un malencontreux concours de circonstances que tel établissement surveillé par les uns ne fasse l'objet d'une « descente » par les autres ou qu'est interpellé, pour une cause insignifiante, cet individu soupçonné par ailleurs d'être l'auteur d'un fait grave : gamineries policières.

En province donc, la petite guerre des polices se joue à trois : sûreté urbaine, service régional de police judiciaire, gendarmerie.

Il n'y a pas nécessairement et toujours alliance entre les deux premiers contre le troisième.

L'usurpateur est d'abord le SRPJ, encore que, en matière de menées subversives par exemple, il ait peu de rivaux. On l'a vu en Bretagne, en Corse ou au Pays Basque. De même, sa compétence n'est-elle guère contestée dans le domaine des stupéfiants comme dans celui des délits économiques et financiers où son savoir-faire prévaut.

La concurrence joue à plein en matière d'agressions à main armée, de vols et d'homicides.

Il faut dire, en ce qui concerne ces derniers crimes, que la technicité des inspecteurs de certains SRPJ n'est pas nécessairement plus grande que celle de ses concurrents. Ils n'ont, bien souvent, ni plus ni moins d'expérience. Mais ils sont là pour ça.

A Paris, où la Préfecture de police est omniprésente, la situation est différente.

D'abord, en ce que la gendarmerie, du moins dans le domaine judiciaire, y est pratiquement exclue. Elle est également peu implantée dans les trois départements périphériques, même si, de façon évidente, elle souhaiterait y prendre davantage pied.

En août 1982, à la suite de la providentielle et retentissante – je n'ai pas dit présidentielle – arrestation de trois terroristes irlandais, interpellés dans des conditions si irrégulières qu'ils ne seront jamais jugés, la Direction de la gendarmerie qui, en deux semaines, s'était portée au faîte de la répression du terrorisme international, s'il vous plaît, faisait savoir à qui voulait l'entendre que, dorénavant à Paris, ce serait cinquante cinquante.

Cinquante au quai des Orfèvres – on ne pouvait tout lui retirer tout de suite – cinquante à la gendarmerie.

Prétention ridicule. Comme si la police judiciaire à Paris était affaire occasionnelle.

Le gendarme n'a pas d'illusions à se faire. S'il semble avoir aujourd'hui et depuis le 10 mai 1981 le vent en poupe, ce n'est pas en raison de la considération dont ceux qui nous gouvernent ont toujours fait montre à l'égard de l'Arme, mais, bien plus sûrement, en raison de la discipline à laquelle, comme militaire, en l'absence de syndicat, il est astreint. Mais aussi, en raison de cette notion éminemment politicienne qui veut que pour régner, il faille diviser.

Quoi qu'il en soit, à Paris, sous l'égide du préfet de police et l'autorité de directeurs ayant chacun des attributions bien définies, les rivalités entre services peuvent être considérées comme négligeables, même si policiers en civil et policiers en uniforme estiment chacun assurer, avant l'autre, l'essentiel de la sécurité.

Il est bien connu que, tous, nous prétendons être les seuls à travailler et faire œuvre utile.

S'ajoute, dans notre domaine, entre gardiens de la paix et inspecteurs, une course certaine aux arrestations, la « chasse aux crânes », c'est-à-dire aux chiffres. Comme si l'efficience ne se mesurait qu'en termes statistiques.

Mais nous demeurons là au sein d'un même club, où rivalités et émulation tendent à être synonymes.

Il en est de même dans le cadre de la Direction de la police judiciaire *stricto sensu*, auquel appartiennent tous les fonctionnaires, des commissariats, des brigades territoriales, des divisions criminelles ou des brigades du quai des Orfèvres. Entre tous ces services existe une osmose continuelle.

Aussi, la solidarité est-elle de règle. Si elle avait eu raison de la jalousie, cela se saurait.

Non! Subsiste dans chaque brigade ou service un esprit de clocher certain.

Si la brigade de répression du banditisme peut réaliser seule une arrestation attendue, il n'y a aucune chance qu'elle demande son assistance à la brigade de recherche et d'intervention qu'elle a cependant enfantée.

Il en est de même de tous les services qui souhaitent agir seuls, sans partage. Cependant, en ce qui concerne le grand banditisme, des réunions mensuelles sont organisées par la Direction de la police judiciaire et chacun doit faire part de ses objectifs.

Ainsi, l'action de tous ceux qui ont à connaître du sujet peut-elle être mieux coordonnée, même si parfois il en est qui craignent de se voir pillés ou dessaisis en tout ou partie.

Quand on a voulu parler de guerre des polices à l'occasion de la mort accidentelle d'un inspecteur de la 4ᵉ brigade territoriale, Jacques Pottier, tué par un de ses collègues de l'antigang, rien n'était plus faux. En réalité, les deux services coopéraient dans une même enquête, mais les effectifs se connaissaient insuffisamment et, au moment décisif de l'intervention commune, une erreur de personne est survenue.

La victime, qui criait : « Ne tire pas. Ne tire pas. Je suis de la maison! », avait été confondue avec l'un des malfaiteurs.

Quelque temps plus tard, dans le feu de l'action, c'était au tour d'un inspecteur de la brigade de recherche et d'intervention, Roger Linck, d'être tué par un de ses collègues de l'Office central de répression du banditisme.

La guerre n'avait rien à voir à ces affaires. C'était un cas, au contraire, où les deux services travaillaient de conserve. Il n'en a pas toujours été et il n'en est pas toujours ainsi.

Loin s'en faut.

Les premières escarmouches, je les ai connues à propos des affaires de fausse monnaie.

C'était en 1955, lors de l'affaire des faux billets de mille francs (anciens) que nous avons traitée à l'époque et à propos de laquelle j'ai relaté « l'accouchement » de Perron.

A la tête de la brigade criminelle, Max Fernet n'était pas homme à tolérer la moindre immixtion dans son domaine. Il avait en charge la répression de la fausse monnaie française et étrangère, à Paris et dans l'ancien département de la Seine, il entendait rester maître chez soi. Aucun service parisien de la Direction de la Police judiciaire ne contestait cette double compétence en raison du lieu et de la matière.

Nos rivaux, nous les trouvions tout naturellement dans l'administration sœur de la Sûreté nationale, rue des Saussaies, où existait un Office central de la répression du faux-monnayage auquel, comme tous les services de police et de gendarmerie, nous étions tenus de donner les informations touchant à son objet. Le chef de cet office est le commissaire Émile Benhamou, devenu le plus parisien des commissaires de province, par son sens des relations humaines, sa disponibilité, son dynamisme, son entregent.

Benhamou est un homme qui en veut. Il n'arrêtera pas de s'introduire partout. Il fera même la conquête de ceux qu'il ne se prive pas de bousculer.

Il pratique et fait pratiquer auprès des banques le démarchage à domicile comme personne ne sait le faire.

Émile Benhamou supprime les intermédiaires. Il n'attend pas que les services locaux lui apportent les renseignements, il va les chercher.

De la Préfecture de police, il n'a que faire. Avisé le premier, il va s'empresser de dénoncer les faits à l'autorité judiciaire et le voilà derechef saisi par commission rogatoire de la poursuite des recherches. Il pourra partager son pouvoir, mais nul ne pourra le lui contester.

Chargé d'un travail de classement des données, d'effectuer des synthèses, d'orienter l'action de tous, l'Office s'est transformé en service actif qui entend être présent partout, voire travailler en franc-tireur pour son propre compte.

Sa compétence, dans le domaine de l'information, est nationale; il s'efforce à l'étendre au domaine de l'action.

Il est vrai que la tenue des fichiers et les études documentaires n'ont rien d'exaltant. Pourquoi ne pas aller sur le terrain?

Pour lutter contre cette tendance hégémonique, les services locaux et la brigade criminelle en particulier, dès qu'ils ont connaissance de leur côté de l'apparition sur le marché d'une nouvelle série de faux billets, emploient les mêmes méthodes : dénonciation à la justice, ouverture d'informations, commissions rogatoires.

Ce n'est qu'après avoir été habilité à poursuivre l'enquête que l'Office sera prévenu. Dans toute la mesure du possible, chacun entend travailler pour soi, ou du moins, pour soi d'abord.

Aux débordements de l'Office répondent les négligences volontaires des autres qui font semblant de l'ignorer. Cette pratique, préjudiciable à la bonne coordination des services, permet de faire savoir que l'on entend rester maître chez soi.

S'ensuivaient parfois des coups de téléphone démunis d'aménité entre les chefs de service intéressés, en l'espèce, entre le patron de l'Office et le patron de la crim.

Et chacun de recommencer à la première occasion, jusqu'à ce que, sans changer les méthodes, l'on devienne les meilleurs amis du monde.

On n'oublie rien, on s'habitue, dit la chanson.

Malgré l'unification, en 1968, des polices parisiennes et de province, entre le quai des Orfèvres et la rue des Saussaies, la rivalité dure.

Nous avons vu ce qu'elle était à raison de l'existence de l'Office de répression du faux-monnayage. Rien n'a changé.

C'est que, à l'échelon national, au ministère de l'Intérieur ont été créées des directions centrales (de la Police judiciaire, des Renseignements généraux, de la Sécurité publique) qui souhaiteraient coiffer les directions parisiennes correspondantes. Mais comment faire, alors que ces dernières sont placées sous l'autorité directe d'un Préfet de police par-dessus lequel la hiérarchie administrative interdit de passer?

Faute de pouvoir atteindre la police parisienne par le haut, on l'attaque donc par la base. Et c'est ainsi qu'ont été multipliés, au sein de la Direction centrale de la Police judiciaire, les offices centraux : en sus des offices de répression du faux-monnayage et du trafic illicite des stupéfiants, ont été créés des offices pour la répression du banditisme, la « traite des êtres humains », la répression des vols d'œuvres et d'objets d'art et plus récemment, pour le trafic d'armes, entendez les atteintes à la sûreté de l'État et les menées subversives.

Ainsi, si la tête est libre, les jambes sont serves.

Il est de l'obligation de tous les services de police (et de gendarmerie) de tenir informés les offices des faits qui tiennent à leur domaine.

Pratiquement aujourd'hui, leurs domaines additionnés recouvrent toute la délinquance. Alors il se produit ceci que les services locaux sont contraints de faire des choix dans les informations qu'ils adressent aux offices et que ces derniers, néanmoins, souffrent d'indigestion. Ils ne peuvent tout absorber et il leur faut s'aérer.

Ce que nous avions observé pour l'Office du faux-monnayage est plus vrai encore pour les autres. Destinataires d'une masse de renseignements, ils classent ce qu'ils peuvent, abandonnent la plus grande partie et tentent d'utiliser à leur profit ce qui leur paraît intéressant[1].

Ayant, de surcroît – nous l'avons dit –, compétence nationale, ils chassent partout et sont considérés comme des braconniers, ou ne chassent nulle part et passent alors pour des parasites.

Ainsi en est-il de l'Office central de répression du banditisme qui voudrait être l'égal de toutes les brigades antigang créées à Paris et dans les principales villes de province sans en avoir les supports territoriaux et logistiques.

La tendance dernière a été de faire d'archivistes par nature des super-policiers d'occasion en les envoyant soutenir des effectifs locaux avec lesquels, sur un terrain qu'ils ne connaissaient pas, ils ne peuvent en réalité rivaliser.

Compte tenu du prestige qui leur est indûment attribué, ils servent de paravent à la Direction centrale de la Police judiciaire.

La fonction crée l'organe. Cela, tout le monde le sait.

Faut-il s'étonner que l'inversion administrative des termes n'ait abouti qu'à de médiocres résultats?

Il ne peut être de bon policier sans base territoriale. Pis même, il peut perdre la tête. C'est, hélas, ce que nous aurons l'occasion de voir.

Alors? Alors, chaque fois que j'ai été amené à collaborer avec ces services, je l'ai fait loyalement; mais, chaque fois que j'ai pu les éviter, je l'ai fait non moins totalement.

De là à présenter ces rivalités professionnelles comme l'a fait le film de Robin Davis *la Guerre des polices* sur nos écrans en 1980, il y a un océan d'absurdités à traverser.

C'est d'autant plus regrettable qu'il s'agit d'un excellent divertissement que je n'ai pas hésité à revoir.

Le hasard de vacances dans le sud de la Corse m'avait fait rencontrer Claude Brasseur et nous avions fait quelques plongées sous-marines ensemble. J'ai pu lui dire tout le bien que je pensais de sa prestation d'acteur, comme de celle de François Périer, admirable comédien, mais odieux directeur de la Police judiciaire ou encore de celle de Claude Rich et de Marlène Jobert.

Sans entrer dans les détails, j'ai retenu que François Périer

1. Je ferai une réserve pour le trafic de stupéfiants à l'échelle internationale qui demande une coordination entre pays concernés et implique l'existence d'un correspondant unique par État.

ordonnait à ses deux commissaires, Claude Brasseur de la brigade antigang et Claude Rich d'une brigade territoriale, ennemis déterminés, de capturer vivant l'assassin d'un inspecteur. « J'ai besoin, disait François Périer, d'un succès pour défendre mon budget. Après, vous pourrez vous adonner à vos passions favorites : la chasse aux immigrés, les brutalités sur les étudiants, les ratonnades... Peu m'importe. » C'était, avant l'heure, faire à la police les mêmes reproches que ceux qu'allait exprimer Gaston Defferre, ministre de l'Intérieur et de la Décentralisation, quand il s'adressa, peu après son entrée en fonctions, aux associations de policiers en tenue.

Ce n'est plus la guerre des polices. C'est la guerre à la police, fascisante et tortionnaire. Un beau spectacle sur un fond caricatural et mensonger. Le septième art n'a aucun besoin de vérité. Il y en avait une cependant, le charme et la séduction, irrésistibles, de l'inspecteur Marlène Jobert. Un enjeu inévitable pour une guerre sans merci des commissaires.

Pour ne pas ajouter aux difficultés, je n'ai jamais voulu de femmes dans mes services et n'en ai jamais eu.

Je regrette de les avoir trop aimées pour cela.

Aujourd'hui qu'elles prennent une place de plus en plus grande dans les services et savent se montrer indispensables, mon point de vue est devenu totalement anachronique.

Je reviens donc au film qui se termine après une série d'erreurs et de fautes par la mort de Claude Brasseur : une « bavure ». Je ne peux accepter cette qualification. Si l'on veut parler de bavures, il faut s'en tenir à une acception plus rigoureuse.

Une bavure au sens strict, celui du Petit Larousse (édition 1976), est la « conséquence d'une action de répression qui fait, de façon imprévue, des victimes innocentes ». Voilà, à l'origine, ce qu'était une bavure policière. Depuis, le mot a connu un tel succès qu'il en est qui voudraient qualifier de « bavure » toute action pouvant être imputée à faute aux forces de l'ordre et plus encore, donner lieu, fondées ou non, à critiques.

Des violences illégitimes ne constituent pas une bavure, mais commises par un fonctionnaire, un délit spécialement prévu et puni par le Code pénal.

A contrario, l'emploi de la force, s'il est mesuré, pour maîtriser un individu en infraction ne saurait constituer une bavure. Il s'agit d'une action ordinaire de police.

La bavure doit être fortuite, accidentelle. Elle ne saurait être délibérée, voulue.

Elle concerne toujours une victime innocente, elle constitue nécessairement une erreur. Il n'est au pouvoir de personne de faire que jamais plus il ne s'en produise.

L'expérience aidant – on apprend toujours à ses dépens –, ce qu'il faut rechercher, c'est de diminuer les cas dans lesquels l'erreur peut intervenir.

C'est ainsi qu'après la mort de l'inspecteur Pottier, de la 4ᵉ brigade territoriale – dont j'ai parlé –, il a été prescrit aux policiers en civil de porter un brassard au moment d'une intervention.

Pour autant, il est rigoureusement impossible de faire en sorte que des groupes policiers appartenant à des services différents ne se trouvent, pour des raisons propres, parfois dans le même laps de temps en un même lieu. Chacun des groupes conduit ses investigations et il est exclu que l'un ou l'autre puisse faire savoir à tous, à tout moment, où il en est et où il se rend.

Que cela advienne de nuit et que des policiers se trouvent les armes à la main, face à face, il suffit d'un réflexe momentané de peur, pour qu'un drame, affreux comme tous les drames, se noue.

Si les circonstances et la chance ont voulu que je ne connaisse pas personnellement ou du fait des hommes que j'ai eu à diriger de bavures (encore que deux inspecteurs de la brigade criminelle, du temps où j'en étais le chef, ont abattu un homme qui n'était pas le malfaiteur recherché, mais un maniaque des armes qui s'était présenté à eux revolver au poing), j'ai tout de même le souvenir d'actions où les choses sont passées si près que je me dois de faire part des impressions qu'elles m'ont laissées.

C'était dans le cas où des services différents sont amenés à collaborer pour la réalisation d'une même affaire.

Deux facteurs sont alors susceptibles de s'additionner pour aboutir à une bavure. Le premier tient, nous l'avons déjà vu, au fait que les effectifs employés sur le terrain peuvent ne pas tous se connaître parfaitement et que dans le feu de l'action, des méprises peuvent survenir. Le deuxième résulte de l'esprit de compétition qui pousse les uns ou les autres à vouloir faire plus, à vouloir faire mieux.

Quand, pour surpasser un collègue, un fonctionnaire n'a en vue que l'action qu'il réalisera le premier, le plus vite ou le plus loin, les risques qu'il prend peuvent se transformer en danger pour les autres. Le résultat, qui l'obnubile, lui fait perdre de vue les conditions dans lesquelles il doit agir, les limites dans lesquelles il doit se tenir.

Il paraît indéniable, par exemple, que la bavure survenue dans la nuit du 9 au 10 janvier 1980 à Ajaccio n'ait eu pour cause essentielle la volonté de ce jeune inspecteur de l'Office central de répression du banditisme de ne pas manquer l'occasion.

On se rappelle les faits.

Un groupe d'indépendantistes du FNLC s'était emparé de deux hommes suspectés d'être les auteurs d'attentats contre-terroristes. Réfugiés ensuite avec leurs prisonniers et divers otages à l'hôtel Fesch, au centre de la ville, les forces de l'ordre avaient bouclé le quartier. De l'extérieur, de la foule, un forcené tirait sur un CRS et le tuait.

Faisant preuve de sang-froid et de discipline, les CRS demeuraient sur place sans riposter. Mais, dans la cité, la chasse au fuyard était ouverte et c'est ainsi que se produisit l'erreur qui voulut que le jeune policier de l'OCRB ouvre le feu sur une voiture totalement étrangère aux événements, tue la conductrice et blesse sa passagère. Nul doute que l'esprit dans lequel ce jeune garçon est intervenu ne soit la cause directe de ce drame.

Il faisait partie d'un groupe de fonctionnaires envoyés en renfort, avec, en arrière-plan, l'idée qu'ils seraient à même de faire ce que les policiers locaux étaient incapables d'accomplir. Il s'agit alors de montrer que l'on est le meilleur et de le montrer tout de suite car l'on n'est que de passage. Demain, il sera trop tard.

L'administration se doit de tenir compte de ces facteurs humains. L'homme a besoin d'attaches. Il ne se conduit pas de manière mesurée quand il est déraciné, loin de ses bases.

17

POLICE ET JUSTICE

« J'ai vu des juges croire de toutes leurs forces à des choses qu'ils affirmaient énergiquement et dont ils n'avaient qu'une idée très vague et fausse, de surcroît. » (*Casamayor, la Police.*)

Cette démarche policière telle que nous essayons de la découvrir pourrait paraître livrée à elle-même et avancer seule sur les chemins qu'elle aurait choisis.

Rien ne serait plus faux.

La séparation des pouvoirs, clef de voûte – plus imaginaire que réelle – des libertés du citoyen-sujet, face au Moloch politique, est policièrement inconnue.

La police ne connaît que l'addition des pouvoirs. Elle est en effet soumise à une double autorité : celle du ministère de l'Intérieur en sa mission de police administrative ou préventive et celle du ministère de la Justice en sa mission de police judiciaire.

Comme la gendarmerie, police militaire, est soumise à la double tutelle du ministère des Armées et du ministère de la Justice.

La subordination de la police judiciaire à l'autorité judiciaire résulte de la loi et est inscrite dans les tout premiers articles du Code de procédure pénale, les articles 12 et suivants :

« Article 12 : La police judiciaire est exercée sous la direction du procureur de la République.

« Article 13 : Elle est placée dans chaque ressort de la cour d'appel sous la surveillance du procureur général et sous le contrôle de la chambre d'accusation.

« Article 14 : Lorsqu'une information est ouverte, elle exécute les délégations des juridictions d'instruction et défère à leurs réquisitions. »

Si l'on ajoute qu'en vertu de l'article 19 les officiers de police judiciaire sont tenus d'informer sans délai le procureur de la République des crimes, délits et contraventions dont ils ont connaissance, il apparaît clairement que la police ne peut rien que sous les projecteurs de la justice.

Dans la pratique, à Paris, l'état-major de la Police judiciaire achemine de façon permanente, vers le parquet de Paris, les centaines de télégrammes qu'il reçoit de la police municipale, appelée aujourd'hui sécurité publique et des divers services de police judiciaire, comme il lui adresse les notes d'information rédigées par ses soins pour les affaires les plus importantes.

Pour les affaires les plus graves et pour permettre au substitut de la section criminelle du parquet de se rendre sur place, s'il le juge utile, avec les officiers de police judiciaire, le magistrat de permanence est avisé au Palais ou à domicile 24 heures sur 24.

Une ligne de téléphone directe relie les bureaux du directeur de la Police judiciaire et du procureur de la République. Ils l'utilisent constamment.

Que le substitut assiste ou non aux constatations sur les lieux, qu'il participe ou non au démarrage de l'enquête, c'est avec son accord que les officiers de police judiciaire, commissaires ou inspecteurs, désigneront les experts dont le concours se révélera nécessaire : experts du laboratoire de police scientifique pour la recherche et l'examen des traces de toute nature, experts de la balistique pour les armes, du Laboratoire central pour les affaires d'incendies et d'attentats par explosifs, médecins pour l'examen des personnes.

Le substitut désignera lui-même le ou les médecins légistes chargés de procéder à l'autopsie, opération à laquelle un inspecteur est toujours délégué pour y assister afin de renseigner le praticien sur toutes les circonstances dans lesquelles le corps a été découvert, déshabillé, examiné, transporté.

Si l'officier de police judiciaire peut, de sa propre initiative, placer une personne en garde à vue durant vingt-quatre heures, il devra obtenir l'accord du parquet pour la prolonger.

Chacun de ses actes, l'enquêteur doit le traduire en procès-verbaux ou rapports qui constituent le dossier de base – obligatoirement transmis au parquet et à partir duquel le procureur de la République prend ses décisions.

Aucun acte de police judiciaire n'a de sens s'il n'est établi en fonction ou des directives antérieures ou de l'examen et du contrôle ultérieurs de la justice : procureur de la République, juge d'instruction, tribunaux.

Les rapports du policier avec les magistrats du parquet et ceux de l'instruction sont donc constants. Ils sont le plus généralement empreints de la plus grande courtoisie et de la plus grande compréhension. Ils sont à base de confiance. Mais peut-on encore employer le temps présent? L'imparfait conviendrait mieux : ils étaient à base de confiance, devrais-je dire.

Des juges d'instruction devenus conseillers à la Cour de cassation, en même temps que leur commission rogatoire « à tous juges », afin de nous donner d'emblée la faculté d'agir dans toute la France, nous remettaient des mandats d'amener en blanc et non datés afin que nous puissions en faire usage dès que cela nous apparaîtrait indispensable.

A contrario, au cours d'une enquête d'assassinat, une nuit, je recueillis un témoignage capital pour l'accusation. Je téléphonai au juge à deux heures. Il me demanda de lui envoyer aussitôt une voiture en grande banlieue où il habitait et vint au Palais pour faire confirmer sur-le-champ, par-devant lui, la déclaration que nous venions d'enregistrer.

Un inspecteur, auquel il fit prêter serment, joua le rôle de greffier.

De la même manière, quand un élément important survenait en cours d'instruction, il arrivait que le juge nous appelle et nous confie son dossier pour l'étudier. Nous échangions ensuite nos points de vue.

La coopération était la règle.

L'agitation de mai 1968 que d'aucuns prirent pour une révolution dont ils escomptaient le succès fit tomber quelques masques. Tel celui du Syndicat de la magistrature. L'on apprit que, dorénavant, les policiers auraient à combattre sur deux fronts : celui de la délinquance – en plein essor – et celui d'une partie – encore faible mais déjà présente – de la magistrature.

Tout le monde a encore en mémoire cette fameuse harangue d'un substitut aux élèves de l'École nationale de la magistrature : « Soyez partiaux... Ayez un préjugé favorable pour la femme contre le mari, pour l'enfant contre le père, pour le débiteur contre le créancier, pour l'ouvrier contre le patron, pour le voleur contre la police, pour le plaideur contre la justice. »

Rien d'étonnant dans ces conditions à ce que le doyen des juges d'instruction d'une ville du Midi ait pu déclarer en avril 1983 ne faire aucune confiance aux officiers de police judiciaire et que les procès-verbaux établis par ces fonctionnaires n'avaient « pas plus de valeur que la parole des voyous ».

Que cette opinion, exprimée ou non, ait pu être, par des syndicats de police, attribuée à un magistrat, indique clairement à quel point de dégradation sont parvenues certaines relations police-justice.

La loi que vous faites aux policiers, Messieurs les Juges, les policiers vous la font. Vous les tenez en suspicion. Ils se méfient de vous.

Mais là n'est pas l'essentiel. L'essentiel est que, par votre action commune, règne chaque jour davantage la paix publique. Il serait douteux que la politique dans les prétoires y contribuât.

Je pense que c'est à cette lente mais constante détérioration de nos relations que j'ai dû, à la mi-septembre 1979, me rendre au cabinet du procureur général de Paris, Paul-André Sadon, qui, de façon tout à fait inhabituelle, me fixa rendez-vous par le canal du préfet de police.

Je n'étonnerai pas un seul policier en disant que c'était en conclusion de deux affaires... réussies.

Les vaines recherches, les échecs s'oublient. En revanche, en raison des intérêts qu'ils contrarient ou des passions qu'ils soulèvent il est des succès qui ne vous sont jamais pardonnés. C'est que le masque est alors levé et que toutes les vérités ne sont pas bonnes à dire. On reproche alors au policier de savoir.

La première affaire qui fut à l'origine de ma convocation de gendarme fut ce que la presse, qui s'en fit abondamment l'écho, appela « l'affaire Petridès », du nom du célèbre marchand de tableaux de la rue de la Boétie à Paris, auquel il advint, fortune déjà faite, d'acheter des tableaux volés à un grand industriel, Albert Lespinasse, Monsieur Banania, le 23 avril 1972.

(Sept ans après, jour pour jour, à dater du jugement, j'adressai à Alain Peyrefitte, garde des Sceaux, ministre de la Justice, une lettre dans laquelle j'indiquais entre autres : « L'impression m'a été donnée d'avoir été appelé devant le tribunal, non pour y fournir mon témoignage, mais pour y être soumis à des questions tendant à m'accuser publiquement sans que jamais j'aie au préalable été entendu, et mis ainsi en situation d'éclairer la justice. »)

La salle était comble. Tous les journalistes judiciaires étaient là. J'avais convié quelques amis et fait savoir aux fonctionnaires de mon service que je souhaitais qu'ils soient présents afin qu'ils se rendent compte par eux-mêmes si les accusations dont la presse se faisait l'écho étaient fondées ou non.

Toutes ces accusations avaient pour base les déclarations faites par un prévenu – ce qui était insignifiant – mais reposaient essentiellement sur le réquisitoire écrit du substitut du procureur de la République, dont tous les journalistes possédaient une photocopie.

D'entrée de jeu, le président me demanda s'il était exact que j'avais utilisé la voiture d'un des prévenus pour revenir avec un autre commissaire, une nuit, de Lyon, après que nous eûmes dîné avec cet homme.

Cela était exact. Sauf qu'à l'époque, le prévenu était expert en tableaux près du tribunal de Lyon et que je n'avais pas prévu que, dans les jours suivants, je serais amené à dresser moi-même contre lui deux procédures pour lesquelles il fut condamné à deux ans de prison chacune.

Et tout à l'avenant. Les questions, doutes ou incriminations du réquisitoire que le président reprenait volaient en éclats.

Je le reverrai toujours, ce président, agitant ses bras devant lui et par-dessus sa tête comme s'il voulait, avec les amples manches de sa robe noire, faire écran à mes réponses, et implorant le substitut et les avocats de ne plus me poser de questions tant elles se retournaient à chaque fois contre eux.

Il réussit si bien à ôter la parole à tous que je ne pus moi-même dire tout ce que j'avais souhaité.

La cause en tout cas était entendue. Le lendemain, la presse avait fait machine arrière et Jacques Derogy, dans son article hebdomadaire, devait écrire que j'avais quitté la salle d'audience sans avoir « une plume mouillée ».

Plus étrange, je croisai par hasard le lendemain le président devant le Palais de justice. Il me salua profondément et avec un sourire qui me fit penser que la vérité était dans son esprit rétablie.

De fait, de son côté, dans son réquisitoire oral, au cours d'une audience suivante, le substitut ne reprit aucun des griefs qu'il avait formulés.

Je pensais l'affaire classée. Mais seul le jugement pouvait me donner entièrement satisfaction. Tel ne fut pas le cas. D'où ma lettre au garde des Sceaux. En réalité, j'avais été victime d'un défaut de vigilance.

Depuis, en effet, j'ai compris d'où était née la suspicion à mon égard. Elle résultait de la confiance que j'avais accordée a priori au marchand de tableaux, Paul Petridès. Je l'avais rencontré en 1956, par l'homme qui était alors mon patron, Georges Clot, du temps où la criminelle s'occupait de quelques faux en général et des faux tableaux en particulier. Georges Clot ayant quitté l'administration, j'avais conservé avec Paul Petridès des relations professionnelles épisodiques. Un jour de 1972, il me téléphone.

– Monsieur Ottavioli, il m'arrive un grand malheur, il faut absolument que je puisse vous voir très vite.

Je me rends à sa galerie, rue de la Boétie. Il m'explique dans quelles conditions il a acheté des tableaux appartenant à Monsieur Lespinasse.

Petridès me dit :

– Je ne savais pas qu'il s'agissait de toiles volées. Je viens de l'apprendre par mon confrère, monsieur Schmit, expert de Boudin auquel j'ai présenté les deux œuvres de ce peintre que j'ai acquises et qui immédiatement a reconnu deux des tableaux de monsieur Lespinasse. J'ai été victime – documents à l'appui – d'un receleur, doublé d'un faussaire et d'un escroc.

Je fus et je reste convaincu qu'en me parlant ainsi, il disait la vérité. Il n'en demeure pas moins vrai que monsieur Petridès était soumis, dans l'exercice de son commerce, à certaines contraintes administratives, en particulier à la tenue d'un livre de ses achats et de ses ventes. Je lui demandai de me montrer ce document. Il était incomplet, je n'y trouvai pas mention de la totalité des tableaux volés achetés.

– Pourquoi en manque-t-il?

Il y eut un silence. Petridès était embarrassé. Il reconnut :

– Pour des raisons fiscales... Beaucoup de directeurs de galerie, beaucoup d'antiquaires en font autant...

– Écoutez, de toute façon, il faudra que vous veniez au quai des Orfèvres pour faire votre déclaration. Vous apporterez ce livre et nous en ferons le relevé.

Absorbé par d'autres affaires, je confiai cette tâche à un inspecteur.

Ce n'est qu'après les journalistes et le procès que je pus étudier le réquisitoire définitif du procureur de la République.

Le texte se référait à la totalité des tableaux achetés, mentionnés dans le livre, alors que lorsque je l'avais examiné, plusieurs toiles n'étaient pas signalées. En quelques secondes, la vérité apparut : Petridès nous avait remis un faux. Entre le moment où je l'avais vu à sa galerie et celui où l'inspecteur avait reçu sa déclaration, il avait modifié et maquillé son livre. L'inspecteur n'était pas au courant et j'avoue que pas un instant, il ne m'était venu à l'esprit que Petridès oserait une telle manipulation.

Naïveté sans doute. Pourtant, au-delà de cette affaire, je sais que si j'avais perdu toute spontanéité dans mon métier, s'il fallait sans cesse se méfier de tout et de rien, j'aurais perdu l'essentiel de ce qui fait la valeur de la vie.

Mais il me faut revenir à l'attitude du président à mon égard.

D'où venait son nouveau et incompréhensible revirement? J'en suis toujours à me poser la question. Les deux réponses que je puis y apporter m'interdisent d'aboutir à une certitude.

J'avais confié à un ami journaliste mon intention d'adresser une lettre ouverte à la presse si le jugement ne rétablissait pas la vérité en ce qui me concerne. C'était une entreprise hasardeuse. Prévenu et condamné, j'aurais eu tous les droits. Mais à titre de témoin et, de surcroît, d'officier de police judiciaire, je pouvais tomber sous le coup du fameux article 226 du Code pénal. Celui-là même en vertu duquel Alain Peyrefitte, garde des Sceaux, déposait plainte, en novembre 1979, contre le journal *le Monde*, à la suite de la publication de trois articles considérés comme cherchant « à jeter le discrédit sur un acte ou une décision juridictionnelle, dans des conditions de nature à porter atteinte à l'autorité de la justice ou à son indépendance ».

Sans vouloir faire du juridisme, il est clair qu'un tel texte est d'interprétation si large et si subjective qu'il est facile pour un particulier de tomber dans la nasse. Je dis : pour un particulier comme moi, car, pour un directeur de journal et un éditorialiste, il en va tout autrement.

De la presse ou de la justice, bien malin qui peut dire qui aura le dernier mot. On parle de puissance à puissance. L'information contre *le Monde* venait à peine d'être ouverte que ce fut un beau tollé.

« Mieux vaut laisser dormir les lois lorsqu'elles sont, à tort ou à raison, refusées par les mœurs », concluait Raymond Aron.

Ainsi soit-il.

Je n'en étais pas là. Je cherchais les voies et moyens d'une contre-attaque. J'eus le tort d'en parler « à un ami » qui le répéta à un de ses confrères, jusqu'à ce que cela vînt, j'en suis sûr, aux oreilles du président.

Qu'il se soit alors senti comme défié, ait voulu relever le gant et éventuellement me faire tomber dans les filets de l'article 226 est une première hypothèse.

La deuxième est plus délicate. Elle concerne un homme auquel je n'arrive pas à en vouloir, encore que, malgré les devoirs de sa charge, il eût été préférable qu'il utilisât la réflexion avant la force et non l'inverse.

Le procureur général de la cour d'appel de Paris est un homme considérable. Paul-André Sadon est, en plus, un homme de combat. Physiquement, son cou de taureau ferait volontiers penser à un pilier de rugby. Un pilier de rugby, sous la robe rouge, disant : « La voie aisée de la mansuétude amène à la faiblesse. Le chemin difficile de l'équité, c'est celui de la fermeté. »

Toutes choses si volontiers perdues de vue qu'il était rassurant de les entendre de la bouche de ce responsable au plus haut niveau de l'action répressive dans la capitale.

Je suis désolé de lui avoir prêté des idées aussi noires, mais je me suis demandé, et je me demande encore, s'il ne fut pas à l'origine de la volte-face du président de la 11e chambre. Je vois bien ce que cela implique d'atteinte à la dignité de l'un et de l'autre. Mais je n'outrage personne. La blanche hermine, pour le demeurer, ne peut éviter les entrelacs de la pensée qui conduisent à la décision. Il faut regarder, étudier, peser, évaluer le pour et le contre. Juger du nécessaire et de l'inutile. Les chemins de la pureté sont-ils toujours si clairs que nul ne puisse se tromper? Est-il injurieux de chercher sa voie à deux, en toute indépendance?

Monsieur le procureur général, c'est vrai que j'ai pensé que vous aviez pu avoir cette influence sur le président.

Qu'attendiez-vous de moi? Que je vous dévoile les mystères de l'assassinat du prince Jean de Broglie. Comme si j'étais le *deus ex machina* de je ne sais quel complot contre je ne sais qui.

Ce n'était pas la première fois que nous nous rencontrions pour le même motif. Déjà, par le biais de l'affaire Petridès, nous avions fait un tour d'horizon au sujet de la mort de Jean de Broglie, il y avait plus d'un an.

Mais, je m'en suis rendu compte par la suite, vous étiez demeuré très circonspect. Timide même. Disons : vous aviez tâté le terrain.

– Monsieur Ottavioli, je crois devoir vous aviser que, lors du procès de Petridès, vous risquez d'être vivement attaqué.

Autrement dit, faites votre profit de cette information que je vous donne – comme si déjà la presse ne s'en était pas fait l'écho – et, en échange, parlez-moi de l'affaire de Broglie.

Le problème était que je n'avais rien à dire qui puisse modifier ce qui résultait de ce dernier dossier, à condition que l'on veuille bien le lire.

Déjà, j'avais répondu qu'un peu de travail devait permettre de retrouver la vérité obscurcie par le poids des mots déversés sur elle par les avocats (c'est leur métier), les journalistes (ce n'était pas toujours de l'information), les politiciens (polémistes et partiaux d'abord).

Déjà, je vous avais dit que je pensais que des éléments suffisants existaient dans le dossier pour que l'instigateur de l'assassinat soit condamné. Sans doute n'avais-je pas été assez convaincant.

En septembre 1979, vous étiez plus assuré, monsieur le procureur général.

J'avais écrit ma lettre au ministre, j'étais ferré. A votre merci.

Vous tentâtes de me le faire entendre, sans voir que vous étiez dans l'erreur.

Reprenons.

– Je vous présente mes respects, monsieur le procureur général.

– Bonjour. Comment allez-vous? Asseyez-vous.

– Merci.

Quel magnifique bureau. Il est au moins aussi vaste que le mien, et son mobilier est plus majestueux. Avec, dans votre dos, au mur, une superbe tapisserie, des Gobelins sans doute, signe incomparable des hautes fonctions qui sont les vôtres.

Mais, à ce moment, ce n'est pas à cela que je pense. Convoqué en la forme administrative et hiérarchique, je m'attends à une dure partie.

Elle le fut. A la mesure de la considération que j'avais (et conserve) pour vous et de la subordination dans laquelle je me trouvais.

Compte tenu de ce que vous représentiez à mes yeux, j'ai été déçu. Lors de notre précédente conversation, je vous avais indiqué la voie : celle de l'étude du dossier. Force m'était de me rendre compte que vous n'aviez pas su imposer ce travail alors que, de son côté, le juge s'évertuait à contre-courant.

– Monsieur Ottavioli, j'ai demandé à ce que vous veniez me voir car je souhaite étudier avec vous un certain nombre de dossiers (en réalité deux), dont j'ai eu à connaître et qui révèlent des insuffisances.

Le premier est celui de l'affaire Petridès pour lequel j'ai en main votre lettre au ministre et votre note technique. Je n'ai pas été convaincu par vos arguments.

Ce qui voulait dire : ceci est le passé, mais je ne vais tout de même pas vous faire le plaisir de reconnaître qu'ils sont acceptables.

– Non plus, je ne suis pas convaincu par l'affaire de Broglie.

Je répondis :

– Dans les deux cas, je n'ai été animé que par un seul souci : la vérité.

Manifestement, les deux coups qu'il pensait m'avoir assenés n'ont pas atteint leur but. Le procureur général s'en rend compte. Il a frappé à côté. Pour reprendre l'initiative, il lui faudra d'autres arguments et le voilà, dès le départ, acculé à utiliser toute sa puissance.

– Monsieur Ottavioli, je vais être clair. J'ai décidé de vous suspendre. Je n'ai plus confiance en vous.

Le ton était à la hauteur de la sentence. Nous allions entrer dans le vif du sujet.

Il revint sur sa base de départ, l'affaire Petridès.

– Si j'admets que certains de vos arguments peuvent avoir quelque valeur, de toute façon, dans cette affaire, votre rôle n'est pas clair. Il y a un jugement (il y avait cinq mois qu'il avait été rendu), je dois en tirer les conséquences. L'arrêt de la cour d'appel sera encore plus dur en ce qui vous concerne. L'avocat général, dans ses réquisitions, ira plus loin. (La suite heureusement démontra le contraire.) La situation entre vous et le parquet et le parquet général ne peut demeurer ainsi. Votre rôle est trouble. Vous cachez la vérité. Ma décision est prise. Vous serez suspendu.

Dans ma lettre et dans ma note technique, j'avais déjà tout écrit. Je ne pouvais que reprendre ce que j'avais expliqué. J'ajoutais, chose éclatante, que cette enquête Petridès, je ne l'avais pas menée seul, mais avec un commissaire, des inspecteurs divisionnaires de grande expérience et que tout le monde connaissait pour être au-dessus de tout soupçon, si moi-même je ne l'étais pas.

Comment imaginer que j'aurais pu ne serait-ce que tenter de les circonvenir? C'était un argument de salon. Le problème n'était pas là. M. Sadon se moquait éperdument de l'affaire Petridès. Il me ferait rendre gorge sur la seule affaire qui l'intéressait : l'affaire de Broglie.

Le jugement lui permettait de me tenir. C'était l'arme inespérée qui le rendait maître de la situation. Il n'était pas homme à ne pas s'en servir. C'est donc à l'assassinat de Jean de Broglie qu'il revient presque immédiatement. Politique par la personnalité de la victime, c'est l'affaire crapuleuse type de droit commun. C'est ce que j'avais déjà essayé de montrer à M. Sadon lors de notre précédente entrevue. Il se le rappelle fort bien, mais il n'est plus d'accord et m'accuse de ne pas lui avoir dit la vérité.

Alors, relisons nos procès-verbaux et suivons l'enquête.

Ce vendredi 24 décembre 1976, veille de Noël, seuls ceux qui doivent assurer les permanences et les doublures pour les fêtes se trouvent à la brigade criminelle. Il est 9 heures 50 quand, pour la première fois de la matinée, le téléphone sonne. Le directeur, Jean Ducret, m'appelle :

– L'ancien ministre, Jean de Broglie, vient d'être abattu à coups de feu rue des Dardanelles, près de la porte Maillot, dans le 17ᵉ arrondissement. Vous êtes chargé de l'enquête. Le préfet de police, Pierre Somveille, se rend sur les lieux. Je l'y rejoins. A tout de suite.

Moi-même m'y rends avec le substitut de la section criminelle du parquet et mon adjoint, Claude Cancès, ancien de la brigade mondaine. Avant de partir, ce dernier a déjà consulté le Petit Larousse.

– Le prince Jean de Broglie, nous dit-il, est l'héritier d'une vieille famille française, d'origine piémontaise, installée depuis trois siècles en France et qui peut s'enorgueillir d'avoir donné au pays deux maréchaux, deux présidents du Conseil (un sous Louis-Philippe, l'autre dans les débuts de la IIIe République), quatre académiciens français, dont Louis, physicien, créateur de la mécanique ondulatoire, prix Nobel en 1929.

Jean de Broglie, quant à lui, a été l'un des négociateurs des accords d'Évian, en 1962, et a fait partie, comme secrétaire d'État, de plusieurs gouvernements. Député de l'Eure, conseiller général, maire de la commune de Broglie, bien que proche de la majorité au pouvoir, il y a de longues années (près de dix ans) qu'il n'appartient plus à l'équipe dirigeante.

Pour nous, si l'on peut s'attendre à des difficultés, la question ne se pose pas de savoir si l'on devra modifier en quoi que ce soit nos techniques habituelles d'enquête.

A notre arrivée, la circulation des voitures est interdite. Comment, d'ailleurs, pourrait-elle se poursuivre, alors que la chaussée est encombrée de cars de police secours, de voitures du SAMU, fourgons des pompiers, conduites intérieures de la police en civil, sans oublier les véhicules de la presse.

Étendu sur le trottoir à hauteur de l'entrée de l'immeuble qui porte le numéro 2, le cadavre est dissimulé à la vue des curieux par une couverture qui laisse apparaître les chaussures. Pierre Somveille ne peut croire que ce notable – il s'agit bien de Jean de Broglie –, descendant d'une des plus illustres familles de France, se trouve là étendu devant lui, présentant des souliers aux semelles trouées.

Aristocratique dédain pour de vulgaires contingences bourgeoises ou laisser-aller témoignant d'un désordre plus profond, le préfet n'en revient pas.

Nous retrouvons trace de trois balles. Une a atteint le prince sous l'oreille gauche et à elle seule cette blessure devait être mortelle. Le sang qui s'en est écoulé, répandu sur le trottoir jusqu'au caniveau, ne laisse aucun doute.

Comme il faut s'y attendre, les premiers témoignages recueillis sont quelque peu divergents. Le signalement du « jeune homme » qui a été vu par une concierge voisine, « alors qu'il parlait au ministre », avant de faire feu sur lui à bout portant, est présenté différemment par chacun de ceux qui ont vu – ou croient avoir vu – une partie de la scène.

Tout le monde cependant est d'accord : le meurtrier s'est enfui à pied en direction du boulevard de Dixmude, encore qu'un automobiliste qui empruntait la rue des Dardanelles déclare avoir vu l'homme s'engouffrer dans une voiture, une Mercedes, devant lui.

Quand réussirons-nous à mettre un nom sur cet inconnu qui a disparu? L'Identité judiciaire a terminé ses travaux. Je fais transporter le prince dans un car de police secours où, routine, avec le commissaire Cancès, nous entreprenons le déshabillage du cadavre et la fouille de ses vêtements.

Une seule balle semble bien avoir atteint la victime, celle qui lui est entrée dans la tête. Quoi d'autre? Un peu d'argent, une carte de l'Assemblée nationale, une adresse, 9, rue Adolphe-Yvon à Paris (16e), divers papiers, une carte grise, des clefs de voiture.

Le véhicule sera retrouvé non loin de là, en stationnement boulevard Gouvion-Saint-Cyr. Il s'agit d'une Peugeot 204 à moteur Diesel, d'un état apparent très médiocre. Il recèle une importante quantité de documents que nous examinerons plus en détail au bureau. Pour l'heure, tandis que nos inspecteurs prospectent la rue à la recherche de témoins, avec Claude Cancès, nous nous rendons rue Adolphe-Yvon pour prendre contact avec la famille. Personne ne répond. Nous revenons au quai des Orfèvres.

Jean Ducret est déjà rentré. Tenu sur place au courant de nos diligences, je n'ai pas à lui rendre compte et m'en vais faire le point avec le sous-directeur des affaires criminelles, Roger Poiblanc.

Je lui expose les données matérielles de l'affaire quand, tout soudainement, il se lève, ouvre le coffre de son bureau et en tire deux rapports qu'il me tend.

Ces deux rapports ou notes proviennent de la 10e brigade territoriale et ont été rédigés par l'inspecteur Michel Roux. On a tellement disserté à leur sujet et tenté de les présenter comme des témoins irréfutables des turpitudes gouvernementales, qu'il est bon d'avoir à leur égard une opinion personnelle. Il n'est pas utile cependant d'infliger à quiconque leur lecture totale.

La presse a d'ailleurs déjà publié tout ou partie de leur contenu. Ces deux rapports sont datés, l'un du 1er avril, l'autre du 27 septembre 1976.

Pour ce qui est du premier, il suffit pour se faire une idée exacte de l'exploitation que pouvaient en tirer les services de police, de relire le second paragraphe : « Les renseignements fournis par notre informateur (anonyme, comme il se doit) font état d'un individu non identifié (c'est le premier inconnu) devant partir à tout moment pour se rendre dans la région méditerranéenne afin de prendre dans une imprimerie (laquelle?) un lot important de faux bons du Trésor de dix mille francs chacun et de les remettre à son retour à une personne non identifiée (deuxième inconnu), qui les mettra en circulation en diverses banques de Paris et de sa banlieue. » L'imprécision quant au temps, aux lieux et aux personnes est totale.

Plus nette quant aux personnes, la seconde note demeure tout aussi vague en ce qui concerne les faits :

« Suite au rapport établi le 1er avril 1976, concernant un trafic de faux bons du Trésor... il a été possible de savoir que les commanditaires étaient deux hommes de grand renom, l'un étant propriétaire de grands restaurants parisiens, l'autre exerçant une activité politique. En raison de l'importance des personnages cités et pour préserver la réussite de l'affaire, aucune vérification dans nos fichiers n'a été effectuée, de même qu'aucune filature n'a été entreprise.

« Il est à préciser qu'à la suite d'une indélicatesse commise par l'homme politique lors d'une affaire précédente portant sur plusieurs millions, ce dernier devrait être abattu par des hommes de main dans les jours prochains, certainement avant l'opération " bons du Trésor ". »

Suivent trois noms. Restaurateur : M. C. de Varga, soixante ans, demeurant 2, rue des Dardanelles à Paris (17e). Homme politique : M. le prince Jean de Broglie, soixante ans, 9, rue Adolphe-Yvon à Paris (16e). Expert financier : M. Allenet de Ribemont, Patrick, demeurant 2, rue des Dardanelles. L'homme politique côtoyait, dit-on, journellement l'expert financier de l'entreprise.

« Ces individus sont mêlés dans plusieurs affaires diverses : trafic de véhicules Mercedes, trafic d'or avec la Suisse, trafic de dollars, trafic de drogue, etc.

« Le nommé de Varga aurait été mêlé, il y a une vingtaine d'années, dans une affaire d'escroquerie ayant eu un grand retentissement. »

C'est Jean Dufour, patron de la 10e brigade territoriale, qui a transmis le rapport au directeur de la Police judiciaire. Ainsi, il apparaît clairement que l'inspecteur Roux, le commissaire Dufour, Roger Poiblanc, Jean Ducret au moins, ont été au courant du projet d'assassinat du prince dès la fin septembre 1976. De conserve, Poiblanc et moi allons voir Ducret qui, manifestement, avait oublié l'information.

Ducret et Poiblanc rassemblent leurs souvenirs. Le premier rapport, qui concernait une émission prochaine de faux bons du Trésor, a été suivi d'une prise de contact avec l'Office central de répression de la fausse monnaie et de l'établissement d'un ordre de mission qui devait permettre à l'inspecteur Roux de se rendre sur-le-champ en province si nécessaire.

Au jour que nous sommes, force est de constater que le projet d'émission de faux bons du Trésor n'a pas connu de suite. C'est une lourde évidence que la situation est totalement différente en ce qui concerne le meurtre de Jean de Broglie.

Jean Ducret m'explique qu'après les identifications et les vérifications d'archives qu'imposait le second rapport, il l'a conservé en attente. Il a estimé ne pas posséder d'éléments d'appréciation suffisants pour divulguer une information aussi grave à l'égard d'une personne dont rien ne permettait de douter de l'honorabilité, mais qui, si le renseignement était exact, semblait avoir partie liée avec des malfaiteurs et dans ce cas, connaissait elle-même les risques qu'elle courait.

Je n'eus pas de peine à admettre que le premier rapport n'ayant reçu aucune confirmation, on ne pouvait accorder un grand crédit au second.

Cependant, il va de soi que Ducret se trouve dans une situation qui le contrarie et fait tous ses efforts pour se rappeler s'il a ou non fait part au préfet Somveille du projet d'assassinat. Poiblanc lui rappelle l'avoir mis en garde à ce sujet. Mais Ducret ne peut être formel. L'avenir montrera qu'il conserva le rapport par-devers lui et l'oublia.

Pour l'heure, il prend la décision de faire parvenir une photocopie des deux documents à la direction centrale de la Police judiciaire, tandis qu'il informe le préfet.

De mon côté, *ipso facto*, j'enclenche la vitesse supérieure. Je charge Cancès de prendre contact le plus rapidement possible avec l'inspecteur Roux afin que nous puissions le consulter et qu'éventuellement, il retrouve son informateur.

En attendant, je suis informé que les inspecteurs, au cours de leur porte à porte, ont déjà rencontré Pierre de Varga chez lui, 2, rue des Dardanelles. Il occupe un appartement de quatre cent cinquante mètres carrés qui lui sert de logement et de bureau. Il a fait savoir que Jean de Broglie lui avait rendu visite ce jour à 9 heures. Le rapport de l'inspecteur Roux sur ce point est bien exact : il existe des relations entre Jean de Broglie et de Varga. Je décide donc de faire bloquer ce dernier sur place et envoie des renforts pour faire effectuer sans attendre les perquisitions.

Même si je n'avais plus présente à la mémoire son adresse, Pierre de Varga est pour moi une vieille connaissance. Je me rappelle très bien les faits auxquels ce conseiller juridique avait été mêlé et qui m'avaient littéralement stupéfié tant ce personnage m'avait paru aller bien au-delà des comportements criminels que j'avais connus jusqu'alors.

Chef de la brigade de répression du banditisme, j'avais eu la visite, en 1971, de dirigeants d'une société de crédit qui m'avaient fait part de ce qu'ils avaient été contraints d'accorder, à la suite de violences et de menaces, des crédits à des demandeurs qui n'offraient aucune garantie de remboursement et étaient parfois sans domicile réel. C'était le moderne « la bourse ou la vie », auquel ils avaient dû se plier, à la suite d'intervention d'hommes de main qui leur avaient paru agir pour le compte de De Varga puisque tous les crédits ainsi octroyés l'étaient au profit de clients de son cabinet. Terrorisés par les méthodes auxquelles ils s'étaient soumis, aucun des bailleurs de fonds ne voulut déposer plainte. Ils firent seulement une déclaration de main courante, à la suite de laquelle les forts-à-bras et de Varga furent convoqués et consultés. Bien entendu, aucun ne reconnut les faits qui, néanmoins, prirent fin.

De Varga m'était apparu comme un homme d'une totale maîtrise de soi, d'une vivacité d'esprit étonnante et aussi comme étant sans doute aussi rusé que sans scrupules. Ces qualités ne l'avaient pas empêché cependant d'avoir encouru plusieurs condamnations pour délits d'escroquerie, abus de confiance, faux, etc., tous délits entrant dans la catégorie de la délinquance dite astucieuse. Mais aussi chantage.

La machine est lancée, il faut aller vite.

Je demande à ce que soient conduits à mon bureau, pour être entendus, non seulement les témoins identifiés au cours de l'enquête de voisinage, mais également la femme et la secrétaire de De Varga, Mme S. O., qui se trouvaient à son domicile ce matin. Je fais rechercher également une dame H. D., que nous savons être venue vers 10 heures chez les époux de Varga. Dans le même temps, je lance une perquisition chez Allenet de Ribemont, l'expert financier qui demeure juste au-dessus de chez de Varga.

Quand la secrétaire, S. O., est arrivée à 9 heures à son bureau, Jean de Broglie était déjà en compagnie de son patron, dit-elle.

– Peut-être ont-ils conversé une dizaine de minutes, dit-elle. Pas davantage.

De Varga confirme. Sa femme également.

C'est le seul point d'accord vraisemblable et crédible de nos témoins. Je parle bien entendu des témoins personnellement intéressés par l'affaire, mais non de ceux, extérieurs, qui rassemblent comme ils peuvent, mais en toute bonne foi, leurs souvenirs.

Récapitulons. Au moment des coups de feu – police secours a été informée par téléphone à 9 heures 22 par un témoin que nous avons retrouvé – se trouvent dans l'immeuble quatre personnes qui ont déjà été en relations avec Jean de Broglie : Pierre de Varga, sa femme, sa secrétaire et un financier allemand, Otto Schweiger, qui occupe le logement d'Allenet de Ribemont, tandis que ce dernier est parti passer les fêtes dans sa famille à La Caussade, dans le Lot.

Alors que rue des Dardanelles et à proximité, toutes les personnes rencontrées, même si elles n'ont pas prêté à l'événement une attention durable, ont été alertées, qui par les coups de feu, qui par les arrivées intempestives des voitures de police, des médecins et des pompiers, alors que tous ces voisins se sont mis aux fenêtres ou même sont venus voir de plus près, quatre n'ont rien entendu et rien vu. Vous avez compris – divertissement du hasard – qu'il ne peut s'agir que de nos quatre témoins les plus proches des lieux et les plus concernés. Abandonnons tout de suite, même si nous aurions pu insister davantage, Mme de Varga, en raison de son état de santé, qui serait mauvais, dit-elle. En tout cas, elle n'a entendu ni les coups de feu, ni la police, ni les pompiers. Il est vrai que son appartement est vaste. Mais son mari, dont les fenêtres du bureau donnent sur la rue des Dardanelles, est dans le même cas. Il en est de même de sa jeune secrétaire. Les pompiers sont sous les fenêtres, l'incendie est peut-être dans l'immeuble. Rien ne les trouble.

Cependant, il n'est pas toujours aisé de bien mentir. Le mot m'a échappé. La secrétaire affirme qu'elle n'a rien entendu, mais déclare curieusement qu'elle a vu. Elle n'a pas reconnu, dit-elle (elle a donc essayé), de sa fenêtre, le corps étendu sur le trottoir, avant (et donc aussi après) qu'il ne soit masqué par une couverture. Qu'a-t-elle fait? S. O. est une admirable secrétaire. Elle a bien osé par deux fois jeter un regard dans la rue, mais la voilà qui, tout aussitôt, se remet à sa machine et sans dire un mot à personne, reprend le texte qu'elle est en train de taper. Que nous ayons pensé qu'elle avait reçu des instructions sévères de son patron pour ne pas se laisser distraire par le hourvari de la rue et pour réduire à rien son témoignage, ressort de la malignité policière.

– Je n'ai même pas entendu le réveil sonner, répond de son côté Otto Schweiger qui, habituellement, descend au Grand Hôtel, rue Scribe, à Paris.

L'argument est péremptoire. S'il n'a pas perçu dans sa chambre la sonnerie du réveil, comment aurait-il pu être tiré de son sommeil par les avertisseurs sonores de la police, des médecins et des pompiers? Il est tendancieux et ridicule de relier la surdité d'Otto Schweiger à la présence sur sa table de nuit d'un document manuscrit signé par Jean de Broglie et par lequel ce dernier s'est porté caution, il y a dix jours, en faveur de Mme H. D. pour lui permettre d'obtenir un prêt de cinq cent mille francs.

Le troublant éclair que vient jeter H. D. sur ces témoignages ne changera rien. H. D., qui se dit la collaboratrice occasionnelle de De Varga est, en réalité, l'un de ses nombreux prête-noms. Elle possède trois comptes en banque, dont deux sont utilisés par de Varga, par le jeu de chèques signés en blanc qu'elle lui remet. Au moment de son interpellation, il était en possession de dix d'entre eux. C'est dire que les rapports entre de Varga et H. D. sont étroits et de confiance et, la suite devait le montrer, basés sur la discrétion.

Quand elle arrive rue des Dardanelles pour rendre visite aux époux de Varga, il est approximativement, dit-elle, 9 heures 50. Quelle foule! Que se passe-t-il? Au milieu des badauds et des uniformes, elle aperçoit, en partie dissimulé par une couverture, le corps d'un homme étendu sur le trottoir. La concierge est là. Les deux femmes se connaissent :

L'Allemand qui loge chez Allenet de Ribemont vient d'être assassiné, lui apprend la gardienne de l'immeuble.

L'Allemand? H.D. sait de qui il s'agit. Elle ne doute pas qu'elle sera la première à apprendre la nouvelle à son patron. Elle court jusqu'à l'appartement dont elle possède les clefs, ouvre, arrive dans le bureau, enjoint à la secrétaire de sortir. En tête à tête avec de Varga, elle lui annonce la nouvelle :

– L'Allemand, l'ami d'Allenet de Ribemont, vient d'être assassiné devant chez vous. C'est la concierge qui me l'a dit.

Là, commence un imbroglio d'appels téléphoniques qui excite la curiosité des enquêteurs et les laissera toujours insatisfaits si des soupçons ne prennent déjà naissance.

Qui a appelé qui? A quel moment? Pour quel motif? Que se sont-ils dit? Difficile de savoir et il serait fastidieux de prétendre dénouer l'écheveau. Toujours est-il que de Varga qui, à 9 heures 50, vaque normalement à ses occupations, apprend brutalement qu'Otto Schweiger, qu'il sait être hébergé chez son « voisin, ami et patron » Allenet de Ribemont et avec qui il est en relation d'affaires, vient d'être tué. Il se décide à aller voir de sa fenêtre ce qui se passe dans la rue et aperçoit une silhouette qui lui rappelle effectivement l'homme d'affaires allemand. Aussitôt, il informe au château de La Caussade Allenet de Ribemont du décès de son hôte. De Ribemont pense à un accident, mais refuse de le croire. Il prie de Varga de se renseigner davantage. A partir d'un autre poste de Varga appelle l'appartement de son voisin et obtient Otto Schweiger qui est donc bien vivant.

– Mais qui donc a été tué devant l'immeuble?

De Varga et de Ribemont ne s'en préoccupent nullement. Ils poursuivent ou entament (on ne saura jamais) leur échange de points de vue, disent-ils, sur l'autorisation qu'a donnée Jean de Broglie, il y a quelques instants, d'utiliser la caution rédigée en faveur de H.D. auprès d'un établissement de crédit.

Exceptionnelle collaboratrice que H.D. Jamais au cours de son témoignage, elle n'estimera devoir relater l'erreur qu'elle a fait commettre à son patron et la confusion qui en est résultée, alors qu'elle vivra l'imbroglio de bout en bout et, également, qu'elle connaît Jean de Broglie.

Il est autour de 10 heures. c'est par la presse que de Varga va apprendre ce qui s'est passé devant chez lui. Le premier à lui annoncer la nouvelle est un journaliste de l'hebdomadaire *Minute*, de ses relations, Guy Richer, qui lui fait part par téléphone d'un flash diffusé par RTL à 10 heures 15, immédiatement à la suite du communiqué de l'Agence France-Presse qui vient de tomber. Quelques instants plus tard, l'appelle le fondé de pouvoir du Prince, Raoul de Léon, qui lui précise que Jean de Broglie a été abattu rue des Dardanelles. De Varga cafouille. En guise de réponse, il indique à son correspondant qu'il avait pensé qu'on avait tiré sur un Allemand habitant son immeuble, alors que, nous le savons, les deux hommes venaient à l'instant d'avoir entre eux une conversation.

Toujours est-il, que vers 10 heures 30, de Varga ne peut plus feindre ignorer que Jean de Broglie a été tué « en sortant de chez lui ou peu de temps après ». Le cadavre qui est toujours là sur le trottoir est donc celui qu'il désignera par la suite comme étant « son ami », « son bienfaiteur ».

Que faire? De Varga appelle son avocat, Me Beaumier et lui demande conseil.

– Ne bougez pas! La police va venir! lui suggère Me Beaumier.

De Varga obéit et s'en tient là.

Comment ne pas nous poser la question de savoir si la démarche de De Varga auprès de son avocat et si son immobilisme sont le fait d'un homme qui n'a rien à cacher ou, au contraire, tout à dissimuler? L'enquête le dira peut-être.

Je vois Dufour, le patron de la 10e brigade territoriale. Dans le bureau de Poiblanc, où se trouve également le commissaire Broussard, de la brigade antigang, Dufour relate les rapports existant entre l'inspecteur Roux et son informateur. Il confirme la teneur des rapports, mais ne peut rien y ajouter. Si des éléments nouveaux avaient été portés à sa connaissance, il en aurait fait part au fur et à mesure. Mais tel n'a pas été le cas. Pour progresser, il faut donc retrouver l'indicateur. Roux s'y évertue déjà. Dufour évoque ensuite les investigations, filatures, surveillances auxquelles ont donné lieu d'autres renseignements fournis par l'indicateur de Roux. Ils concernaient des malfaiteurs touche-à-tout, y compris éventuellement l'agression à main armée, raison pour laquelle la brigade antigang, dans le même temps et de son côté, s'était intéressée à eux.

Déjà, plusieurs membres de l'équipe ont été arrêtés. Les uns en possession de tableaux volés, les autres à la suite d'un hold-up. Au cours de ces investigations, le rôle d'un inspecteur de police du commissariat de la Défense, Guy Simoné, en relation avec les malfaiteurs, a paru si suspect que Poiblanc a demandé à l'Inspection générale des services de poursuivre l'enquête et de placer sous écoute ce fonctionnaire, ce que la police des polices a refusé totalement.

La Direction de la Police judiciaire est donc demeurée en charge des investigations. Celles-ci ont été poursuivies, interrompues, reprises en fonction des événements et des circonstances. La dernière fois que l'inspecteur Guy Simoné a été aperçu par ses collègues, c'est le 8 décembre 1976, date à laquelle il est apparu manifeste qu'il s'était rendu compte des surveillances dont il faisait l'objet. N'a-t-il pas tenté d'ouvrir les portières de la camionnette de la brigade antigang chargée de le suivre et n'a-t-il pas pris lui-même ce véhicule en filature? Dans ces conditions, il est vain de s'obstiner et le commissaire Marcel Leclerc, chef de la brigade antigang, décide de surseoir jusqu'à ce que les conditions soient redevenues favorables. C'est de pratique courante. Il est inutile de prendre en filature une personne qui se sait suivie. Sur ces éléments simples, Ducret, Poiblanc, Dufour, Leclerc, Broussard, les inspecteurs de la brigade antigang et de la 10ᵉ brigade territoriale devront s'expliquer à l'infini. Ils seront politiquement suspectés d'avoir servilement obéi à des instructions leur ayant enjoint de laisser se commettre l'assassinat du prince. La politique mène à tout jusques et y compris l'absurde.

En cet après-midi du 24 décembre, nous n'en sommes pas encore là. La masse des documents que nous avons à examiner est déjà très impressionnante. Et il faut faire vite. Nous avons à prendre connaissance des pièces d'une extrême diversité découvertes dans la voiture de Jean de Broglie que celui-ci semblait utiliser comme un fourre-tout. S'y trouvent des contrats, des études, des notes manuscrites relatives à ses diverses activités, ainsi qu'une évaluation de sa fortune immobilière (plus de vingt millions). S'y ajoutent (aux documents, non à la fortune) les dossiers, carnets d'adresses, carnets de rendez-vous saisis sur de Varga ou chez lui ou encore sur Otto Schweiger ou au domicile de De Ribemont. Le réveillon de Noël est oublié. Nous lisons, trions, classons. Demain, d'autres perquisitions au domicile du prince, rue Adolphe-Yvon, dans un de ses pied-à-terre à Saint-Germain-en-Laye, dans ses bureaux de l'Assemblée nationale, rue de l'Université, viendront accroître notre tâche.

Pour la suivre, le parquet de Paris a jugé utile d'ouvrir, le 24 dans l'après-midi, une information dont la charge est confiée à M. Guy Floch, premier juge d'instruction. Ce dernier me délivre immédiatement une commission rogatoire générale qui nous donne la plus grande liberté d'action, mais pour ne pas avoir à attendre nos informations et suivre d'aussi près que possible l'enquête sans se laisser distancer, M. Floch souhaite pouvoir venir dans nos bureaux. Je l'y invite et lui indique qu'il doit se considérer chez nous comme chez lui.

Deux fois de suite, M. Floch m'informe de son arrivée. Exactement, je lui interdis de me le faire savoir à l'avance. M. Floch comprend et, durant cinq jours, ira d'un bureau à l'autre de mon service à sa guise. Quand nous nous rencontrons, nous échangeons nos points de vue. Je lui fais part de mes intentions. Il donne son avis. Il est au courant de tout, parfois avant moi. De tout, sauf d'une chose : je n'ai pas jugé utile de lui faire part de l'existence des notes d'information de l'inspecteur Roux qui ont précédé l'assassinat. Dans la première ne figurent que des personnes non identifiées. Je n'ai jamais vu résoudre un problème ne comportant que des inconnues. La deuxième semble plus explicite. Des noms apparaissent. Mais, là encore, qu'en tirer?

Il n'est pas nécessaire de faire du pointillisme pour comprendre que le terme d'« indélicatesse » est à lui seul radicalement insuffisant pour qualifier la nature de la malhonnêteté, pour ne pas dire de l'arnaque commise par le prince. Quand? Au préjudice de qui? Dans quelles conditions? Rien n'est indiqué. Il n'est même pas interdit de penser que le prince aurait trompé ceux là même qui préparent un nouveau coup avec lui. Si l'on ajoute qu'après les faux bons du Trésor, il est question de trafic de Mercedes, de trafic d'or avec la Suisse, faux dollars, drogue, etc., comme se termine le rapport, voilà bien une note dont l'imprécision est telle qu'elle permet d'étudier la délinquance nationale et internationale sans limitation d'aucune sorte.

Si M. Ducret n'avait pas cru devoir en divulguer la teneur à sa hiérarchie, en ce qui concernait la Police judiciaire, il était trop tard. Le meurtre avait eu lieu. Notre tâche ne pouvait plus être d'en empêcher la réalisation. Elle était d'en démasquer les auteurs.

Dans ces conditions, placer inutilement ces notes dans la procédure ne présentait que deux inconvénients : l'un de faire apparaître la carence de la police administrative, ce qui ne m'était pas agréable; l'autre, de dévoiler l'existence d'un indicateur qui serait identifié par ceux qui s'étaient confiés à lui. Ce dernier point primait tout.

A cela, il faut que j'ajoute que le juge d'instruction, qui apprit dès le 24 au soir que nous tentions de retrouver un informateur, était obligé de comprendre qu'il existait déjà. Tout dans nos démarches et dans nos conversations le laissait apparaître clairement. En plus, l'indicateur ayant été récupéré, il reprit contact avec sa source de renseignements et fut ainsi à même de nous faire part d'éléments nouveaux qui allaient bien au-delà de ce qui avait été écrit et que le juge connut en même temps que nous.

Très rapidement, les rapports furent largement dépassés. N'offrant qu'un intérêt historique au moment où ils me furent remis, les rapports devinrent en quelques heures totalement obsolètes. Le moins que l'on puisse dire est que le procès que l'on a tenté de nous faire à l'égard de ces notes « dissimulées », « volées », « détournées » n'était qu'un faux procès. Mettons un point final à cette comédie politico-judiciaire et poursuivons l'enquête.

Au moment où nous l'avons quitté, de Varga, selon ses propres termes, vient de « prendre conscience que de Broglie avait été tué en sortant de son immeuble ou peu de temps après » et de demander conseil à son avocat. Sa secrétaire s'étonne de ce qu'il ne descende pas s'informer plus avant :

– Comment? Vous n'allez pas voir ce qui s'est passé?

– J'attends la police, répond-il.

De fait, celle-ci est là très rapidement et pose la première question obligatoire :

– Qu'est venu faire le prince ce matin au 2, rue des Dardanelles?

La réponse n'est pas simple : qu'ont en commun les deux hommes?

Pierre Varga, devenu de Varga, est né le jour du printemps 1920, à Budapest. Il a fait une année d'études de chimie à Lyon, avant la déclaration de guerre de 1939. Revenu en France en novembre 1940, il ne devait plus quitter notre pays depuis, sauf de juillet 1944 à mai 1945, période durant laquelle il fut déporté en Allemagne pour acte de résistance ou marché noir. Il est difficile aujourd'hui de dire, alors qu'à la fois lui ont été attribués de prestigieux titres de résistance et le qualificatif d'agent de la Gestapo. Encore ne faut-il pas oublier que de Varga était et demeure de nationalité hongroise, toutes ses démarches pour obtenir la naturalisation française ayant échoué.

Marié et père de Pascale, née en 1946, avec son épouse, ils prirent en charge quatre enfants de l'Assistance publique. Auteur d'un ouvrage sur le spiritisme, poète et peintre à ses heures sous le nom de Pierre Vally, par le truchement de nombreux prête-noms, Pierre de Varga est à la tête de plusieurs sociétés, dont des restaurants qu'il conduit à la faillite et à la banqueroute, apparemment pour son plus grand profit et quelques condamnations.

C'est cependant à sa qualité d'agent d'affaires et de conseil juridique que tiennent ses principales activités et le plus grave de ses déboires correctionnels, puisqu'il demeurera détenu pendant près de cinq ans, de 1963 à 1968, pour s'être attribué jusqu'à 85 % des sommes versées par les assurances à des accidentés de la route qui avaient eu recours à ses services pour obtenir les indemnisations auxquelles ils pouvaient prétendre. Un exemple : à un jeune Marocain qui était demeuré paralysé et obtint vingt millions de l'époque à titre de dommages et intérêts, on dit que de Varga, qui empocha la différence, remit cent mille anciens francs et un billet d'avion pour Casablanca.

Pendant qu'il était détenu, le substitut, Albert Petit, de Troyes, qui suivait cette affaire avec détermination, reçut un jour la visite de l'avocat de De Varga qui vint lui faire part de son inquiétude tant son client lui paraissait violemment remonté contre le substitut. Le 5 octobre 1963, quand il veut mettre en route sa voiture qu'il avait laissée en stationnement devant son domicile, le substitut Petit ne peut y réussir. Sous le capot, il devait découvrir un engin explosif bourré de poudre de chasse et de mitraille. Dix jours plus tard, le 15 octobre, il reçoit à son nom au Palais de justice un colis, que par prudence il se garde d'ouvrir. Il s'agissait d'un livre relié, évidé, qui devait exploser à l'ouverture.

M. Petit, qui ne se connaissait pas d'ennemis, ne peut utilement orienter l'enquête. Le ou les coupables ne furent jamais démasqués.

En raison des escroqueries dont il fut reconnu coupable, de Varga fut condamné à huit ans d'emprisonnement. Sa peine fut écourtée par le bénéfice d'une grâce médicale. Le médecin des prisons était le Dr Nelly Azerad, avec laquelle il est demeuré en étroite amitié et dont le nom a été cité auprès de celui de Georges Fully, médecin inspecteur général des prisons, son ami. Ce dernier, dont l'honnêteté était unanimement reconnue par tous ceux qui l'ont approché, devait trouver la mort le 20 juin 1973, au moment où il ouvrait un colis cadeau qui avait été déposé peu auparavant par un inconnu à son domicile.

Les auteurs de cet assassinat n'ont pu être identifiés.

Le mobile le plus couramment retenu est celui d'une vengeance en raison du refus que le Dr Fully aurait pu opposer à une demande de libération médicale injustifiée, ce qui va de pair avec le fait qu'il aurait pu en savoir trop.

Pas davantage que les autres et nombreux témoins entendus au cours de cette affaire, Nelly Azerad n'avait pu apporter d'éléments déterminants. Il demeure cependant que le lecteur semble tout à fait fondé à se poser la question de savoir si l'ombre de De Varga ne plane pas au-dessus de toutes ces énigmes. Se poser la question n'est certes pas y répondre. Cependant, comment ne pas noter une fois de plus la coïncidence qui veut qu'un jour où il poursuit ses vérifications fiscales chez de Varga, le contrôleur s'entende dire : « Quel métier dangereux vous faites... »? Et, dans l'heure qui suit, alors qu'il rentre à son bureau, il reçoit une balle de petit calibre certes, mais une balle tirée par-derrière, dans l'épaule. De la mise en garde verbale à l'avertissement épidermique, l'enquête ne permit jamais d'établir la distance véritable.

Mais oublions ces mystères propres à fausser notre jugement et revenons à de Varga.

Il est salarié de la société Ficodip (Fiduciaire et Contentieux du district de Paris), dont le siège social est situé 17, rue Saint-Florentin, à Paris (8e), prétend-il. En réalité, cette société avait « son centre unique d'activités » 2, rue des Dardanelles, dans l'appartement dont Pascale de Varga est la locataire en titre et dont la Ficodip règle les trois quarts du loyer.

Malgré son importante clientèle, la Ficodip est mise en liquidation judiciaire en février 1976, avec un passif d'un million de francs.

Sans doute la chose était-elle prévisible car, entre-temps, en juillet 1975, de Varga est devenu l'employé, en qualité de chef de contentieux, de la société Soficop. Son salaire mensuel est de quatre mille francs. Bien entendu, la Soficop a conservé pour siège social le 17, rue Saint-Florentin, qui n'est qu'une boîte aux lettres, et pour centre d'activité l'appartement de De Varga.

A la fin de 1976, de Varga ne possède en France ni compte courant postal, ni compte bancaire, ni coffre, ni propriété.

Il est redevable envers le fisc d'une somme de près d'un demi-milliard de centimes, qu'il a proposé de régler par des versements mensuels de mille francs. Ainsi, plus de trois siècles seront nécessaires pour éteindre sa dette... Le percepteur ne peut accepter, même si de Varga prend pour argument l'arrangement qu'il aurait obtenu, dit-il, auprès de la Sécurité sociale. Cet organisme aurait accepté qu'il s'acquitte des sommes dues à raison de soixante francs par mois, soit durant six cent cinquante-deux ans.

Jean de Broglie pouvait-il trouver un conseiller plus efficace et propre à résoudre avec plus d'humour ses difficultés financières? Sans doute que non. Le drame fut que s'y ajoutaient la démesure et la violence.

Jean de Broglie était de ceux dont il est permis de dire qu'à leur naissance les fées semblent avoir placé tous les dons. Son savoir, fruit de sa curiosité et de son goût de l'histoire et des arts, faisait de lui un homme que l'on ne se lassait pas d'entendre. Le général de Gaulle, lui-même, prenait plaisir, dit-on, à l'écouter au cours des réunions du conseil des Ministres.

A la tête d'une fortune immobilière considérable, dont le château de Broglie dans l'Eure constitue la part la plus brillante, il possède de nombreuses fermes, terres, forêts dans l'Eure, dans le Jura, l'Oise, la Nièvre, ainsi que des appartements à Paris et des propriétés à Port-Grimaud, dans l'île de Majorque et en Sicile.

Fort de son nom, de ses fonctions représentatives, de sa réputation et de sa fortune immobilière, Jean de Broglie, dont le train de vie n'était en rien fracassant, mais la générosité sans doute inconsidérée, entra dans les affaires courant 1968.

L'une – une seule – devait amener sa fin tragique. Mais tant d'autres donnèrent naissance à de si tendancieuses élucubrations, qu'il est nécessaire de s'y arrêter.

Si pour sa fortune immobilière Jean de Broglie avait un régisseur, Jean-Jacques Naudet, lui-même héritier de sa charge, pour ses affaires il eut recours à d'autres tuteurs et rencontra des profiteurs et des escrocs.

Le premier fut Raoul de Léon, né quand ce siècle avait deux ans, en Avignon, d'un père américain et d'une mère britannique. Titulaire de la croix de guerre 1939-1945 et de la médaille militaire, il acquit la nationalité française en 1949, mais en 1958, son certificat d'appartenance à la Résistance française a été annulé. Bien qu'il l'eût qualifié d'escroc, le prince l'accepta pour ami, en fit son conseiller financier, son fondé de pouvoir et lui donna même une procuration générale pour une durée indéfinie, fin 1970.

La première société dont Jean de Broglie devient administrateur, tandis que de Léon en est le directeur financier, est la société Sodetex, créée durant les journées folles de mai 1968, au Luxembourg. Elle a pour objet la recherche hors d'Espagne de capitaux destinés à la S.A. Matesa (Maquinaria Textil del Norte de Espana), très importante société de machines textiles dirigée depuis Pampelune par Juan Vila-Reyes et qui possède cinquante filiales en Europe et aux Amériques. Il s'agit, pour la Sodetex, de trouver quinze à vingt millions de dollars au moyen d'un emprunt par obligations.

A titre d'avance sur les commissions qui lui seront dues, la Sodetex reçoit trois cent mille dollars. La banque La Harpe de Genève, dirigée par un ami de Jean de Broglie, Robert Leclerc, se montre en effet favorable à l'émission d'une première tranche d'emprunt de cinq millions de dollars.

Las, au mois de juillet 1969, la Matesa est atteinte par un énorme scandale financier. Elle est accusée d'escroquerie au préjudice de l'État espagnol duquel elle aurait obtenu le paiement indu de plus de dix milliards de pesetas de primes à l'exportation, plus de cinquante milliards de nos anciens francs. La banque La Harpe reprend aussitôt ses engagements. La Matesa n'a plus besoin de capitaux frais : de leurs châteaux en Espagne ses dirigeants sont transférés en prison. La Sodetex perd sa raison d'être. Jamais il n'en sera question jusqu'à la mort de Jean de Broglie sept ans plus tard. Alors, la Matesa, l'Opus Dei, le Vatican, la Sodetex, Jean de Broglie, la caisse des républicains indépendants, le « Crédit et l'Honneur du président de la République française » (depuis 1974 Valéry Giscard d'Estaing), voyez comme l'enchaînement est logique, ne firent plus qu'un. « C'est là que démarre l'histoire qui devait s'achever tragiquement le 24 décembre 1976, à 9 heures 22 du matin... », n'a-t-on pas hésité à écrire.

En réalité et tout naturellement, l'administrateur judiciaire de la Matesa, Manuel de la Quintana y Ferguson, fit tous ses efforts pour récupérer l'avance de trois cent mille dollars faite en pure perte à la Sodetex. On pouvait considérer, et le prince l'écrivit, que cette somme représentait les débours engagés pour aboutir à un accord avec la banque La Harpe, accord qui n'eut pas de suite, du fait de la Matesa et non de la Sodetex. Cela pouvait se plaider. Mais l'escroquerie espagnole risquait d'éclabousser son nom et Jean de Broglie préféra signer, en juin 1974, une convention comportant « quitus général entier et définitif », aux termes de laquelle (de Léon étant insolvable) il accepta notamment de rembourser en six annuités la somme d'un million et demi de francs français.

Dans le même temps où il faisait ses débuts sur le marché des capitaux, Jean de Broglie se lançait dans l'immobilier en achetant la totalité des actions d'une société créée en 1922 pour « l'achat et pour la vente en viager de tout immeuble ». De Léon en devint le président-directeur général et Jean de Broglie administrateur. Deux ans plus tard, la société était dissoute sans passif. Jean de Broglie, malgré un recours gracieux auprès du ministre de l'Économie et des Finances, devait faire l'objet d'un redressement fiscal de plus de deux millions cinq cent mille francs, somme qu'il avait encaissée et qui fut considérée comme des revenus. Ce redressement accrut la dette qu'il avait déjà envers le Trésor et qui résultait d'une appréciation des Finances différente de la sienne à l'égard d'un héritage qu'il avait fait en 1968 de la baronne de Mandel d'Écosse, qui lui avait laissé deux fermes et un hôtel particulier rue Weber à Paris. Sa dette fiscale, légèrement supérieure à trois millions de francs en 1975, était encore de deux millions six cent mille francs en 1976.

Avec ces parfums de comtesse, ces halos d'espionnage, de services secrets, de complots, quel beau roman à accoler à la mort du prince.

Et il est vrai que la création, en 1969, entre l'Algérien Akli Rahal et Jean de Broglie de la SARL Brincom (Bureau de Réalisations industrielles et commerciales), que l'on a voulu faire rimer avec parabellum, devait amener la direction de la surveillance du territoire à enquêter.

Akli Rahal, trente-cinq ans, est le fils de Sahid Rahal, riche exploitant agricole et industriel qui aurait su placer à temps une partie de sa fortune en Suisse et en Italie, et que le prince connut dans les années 1963-1964, du temps où il était secrétaire d'État aux Affaires algériennes. Accusé d'avoir comploté contre le régime du président Boumediene, Sahid Rahal devrait sa liberté à la coopération apportée par son fils à la Sécurité militaire algérienne.

Quand Akli Rahal et Jean de Broglie s'associent, le premier apporte cent vingt mille francs en espèces, tandis que le second donne la jouissance de son hôtel particulier de la rue Weber à la Brincom pour une durée de dix ans.

L'objet de la Brincom est aussi large que possible et axé sur les transactions avec le Moyen-Orient. Les difficultés vinrent de ce qu'à cette époque, Jean de Broglie était président de la Commission des Affaires étrangères de l'Assemblée nationale et avait pour secrétaire parlementaire Elisabeth Benoist d'Azy, une amie intime qui, un moment soupçonnée d'être « la comtesse », devenue la secrétaire particulière d'Akli Rahal, occupait un bureau rue Weber. De là à penser que cette cohabitation pouvait être à l'origine de fuites dont auraient bénéficié les services secrets algériens, le pas fut franchi. Des représentations furent faites à

Jean de Broglie qui se retira de la Brincom le 1er mai 1974, plus de deux ans avant son assassinat.

Cependant, nous ne pouvons quitter cette société ainsi, sans parler du trafic d'armes, tant ce trafic allait de soi dans l'esprit de beaucoup, et a été souvent évoqué.

– Il y avait trafic d'armes et vous ne vous en êtes pas inquiété, dit-on.

L'hypothèse est devenue affirmation.

– Alors qu'il a pu être à l'origine d'une escroquerie?

Le rouge en monte au front du policier. Non, il n'a pas enquêté sur un trafic d'armes. Et pour cause. Il n'en a connu ni l'époque, ni le lieu, ni le montant ou l'importance. Pas davantage n'a-t-on une idée sur le fabricant, ni même son pays d'origine. On ne sait qui en était dépositaire ou propriétaire et vendeur. De l'acheteur, du transporteur et du destinataire, personne n'a la moindre idée. Pas l'ombre d'une entrevue, pas l'amorce d'une négociation. Pas le moindre franc versé ou reçu. Rien.

Le BLIRTA (Bureau de liaison interministériel pour la répression des trafics d'armes) n'avait pas davantage d'informations.

Courant 1969, sans le concours de De Léon cette fois, Jean de Broglie devient président-directeur général de la Sofradel (Société française d'Expansion économique), créée en 1967 par son ancien directeur de cabinet, François Arendt. la situation financière de la société est si médiocre et ses rapports si faibles que François Arendt se suicide d'un coup de feu dans sa voiture le 19 février 1972. La société est dissoute et Jean de Broglie règle le passif qui était de cent mille francs.

N'ayant apparemment tiré aucun profit de sa participation à ces diverses affaires, contraint de venir au secours de son frère, Aymon, en difficulté également dans une entreprise d'élevage en Sicile, Jean de Broglie, grâce à une garantie hypothécaire sur ses biens et la couverture d'une assurance-vie, par l'entremise de De Léon, obtient un prêt de deux millions de francs, pour une durée de deux ans, de la Chase Manhattan Bank, au taux de 9 %.

Pour rembourser cette somme et faire face à ses autres obligations, toujours grâce aux bons offices de De Léon qui perçoit à chaque fois des commissions, Jean de Broglie contracte un emprunt de six millions de francs auprès de la Banque de l'Union européenne, pour une durée de six ans.

Avec les rappels d'impôt, au moment de sa mort, la dette totale du prince approche les dix millions lourds.

Les besoins d'argent du prince sont importants et connus et chacun de se dire son conseiller financier. Tel semble être le cas d'un certain Jean-Paul de Cambronne, par lequel Jean de Broglie aura la mauvaise fortune de rencontrer Patrick Allenet, dit de Ribemont, comme le souligne le procureur de la République.

De Cambronne est sollicité par le président-directeur général de la société Publi-MG, Georges Markarian, 22, rue Cambon à Paris (1er), pour pourvoir au financement nécessaire à l'implantation dans des lieux publics de kiosques publicitaires appelés « kioskidéos », dotés de téléviseurs diffusant les messages de la clientèle à la cadence de vingt-quatre images-seconde. Ces téléviseurs seraient susceptibles de recevoir un flash invisible qui, agissant sur le subconscient des curieux, pourrait être utilisé à des fins personnelles. De Léon déconseille au prince de s'engager dans cette opération, tandis que de Ribemont l'incite à la prudence. Rien n'y fait. Jean de Broglie donne sa caution jusqu'à concurrence de cinq millions de francs, au vu de laquelle la banque Gallière de Sarlat ouvre un crédit du même montant à Publi-MG. En contrepartie de son engagement, Jean de Broglie recevra un intérêt annuel de 24 % et espère, par la même occasion, donner à son fils, Victor-François, une situation d'avenir.

La clientèle boude. Les intérêts ne sont pas payés. Finalement, les pertes sont évaluées à deux millions de francs : une fois de plus, c'est Jean de Broglie qui paye.

Il ne semble pas, donc, que ce soit dans les affaires que nous venons d'évoquer que doive être recherchée la fameuse « indélicatesse » proposée comme mobile du crime.

Très fortement hypothéquée, mais non encore dilapidée, sa fortune immobilière permet à Jean de Broglie de contracter le 31 décembre 1975 un nouvel emprunt de quatre millions de francs, cette fois auprès de la Banque nationale de Paris, agence de Bernay, moyennant une hypothèque sur huit cents hectares de forêts et des assurances-vie. Cela lui a été suggéré par son dernier conseil, Allenet de Ribemont, en vue de prendre des participations dans une clinique et un restaurant. Le restaurant est très connu à Paris et a même été de grande renommée, c'est la Rôtisserie de la Reine Pédauque, rue de la Pépinière, non loin de la gare Saint-Lazare.

Jean de Broglie est d'accord, et quand il reçoit le chèque, il l'endosse aussitôt en faveur de De Ribemont qui s'engage à rembourser la BNP en quatre-vingt-une mensualités avoisinant soixante douze mille francs et fera son affaire des primes d'assurance souscrites par le prince en vue du prêt.

En règlement total et définitif de son entremise, Jean de Broglie doit recevoir en espèces une somme de six cent mille francs, et pour sa garantie, les actions de la Rôtisserie de la Reine Pédauque.

Jean de Broglie ignore que l'affaire a été conclue sur des renseignements fournis à de Ribemont par son « chef du contentieux » à la Soficop, Pierre de Varga, expert en restaurants en déconfiture ou même, plus simplement, comme c'était le cas, en difficulté.

A l'évidence, il ne peut imaginer qu'avant même que lui-même ait pu disposer des fonds, les deux hommes, par acte sous seing privé en date du 3 décembre 1975, s'étaient partagé (de Varga au nom de sa fille), moitié par moitié, la totalité des actions du restaurant et avaient organisé la future et égale répartition des responsabilités au sein du conseil d'administration.

Quand le document fut découvert, les deux associés, après des déclarations contradictoires, finiront par s'accorder pour prétendre qu'il ne devait entrer en vigueur qu'à la suite du règlement définitif des sommes dues à la banque, comme si cela avait pour effet d'annuler l'existence de protocole secret.

Voici un coin du voile levé.

Mais à ce moment, nous n'en sommes encore qu'à la première question : quel était l'objet du rendez-vous que Jean de Broglie et de Varga avaient pris en ce matin du 24 décembre, 2, rue des Dardanelles?

L'inspecteur divisionnaire Pasquet que j'ai chargé de cette tâche n'a besoin de personne pour conduire son interrogatoire, mais il ne peut obtenir de réponse et doit sans cesse revenir sur le sujet.

De Varga esquive à merveille.

– Pour les besoins de ses affaires nous nous téléphonions souvent, dit-il.

– Mais, ce matin?

– Je jouissais de sa confiance et il voulait bien me consulter chaque fois qu'il avait besoin de mon avis.

– Mais pourquoi chez vous, dès 9 heures, en cette veille de Noël?

– Il n'avait pas le moindre problème, sans quoi il m'en aurait parlé.

– Mais encore?

– Ce matin, il m'a donné l'autorisation d'intervenir pour l'obtention d'un prêt bancaire qu'il aurait cautionné en faveur de De Ribemont.

– Ce n'est toujours pas l'objet de sa visite.

– Au sein de la Fiduciaire, le dossier de monsieur de Broglie porte le numéro 1 301 et a été ouvert, il y a peut-être un an. C'est celui que je vous ai remis spontanément quand vous êtes arrivé chez moi.

De Varga s'engage alors dans l'étude du dossier qu'il avait effectivement préparé pour les inspecteurs.

Quand ce travail est achevé à 20 heures 30, il termine par cette suave déclaration : « Après examen de ces divers dossiers (il était question de plusieurs affaires), je peux ajouter que monsieur de Broglie représentait la seule solution financière possible en faveur de tous les intéressés. » Autrement dit – il s'agissait essentiellement de l'affaire Publi-MG –, ce n'est pas là que vous devez chercher.

Bien joué : la première demi-journée de garde à vue a été consacrée à ce qui n'offre aucun intérêt.

Le jour de Noël à 12 heures 15, Pasquet reprend l'interrogatoire. Il interpelle de Varga sur les opérations financières effectuées par Jean de Broglie.

Instantanément, de Varga, insaisissable, revient sur l'affaire Publi-MG avec laquelle il a déjà gagné tellement de temps, pour conclure à nouveau : « Il n'y avait plus de différend entre Publi-MG et de Broglie », et il ajoute : « Cette affaire était certainement la plus importante pour laquelle monsieur de Broglie venait me rendre visite. »

Sans doute, mais elle concernait de Broglie et des tiers et non de Broglie et de Varga.

A 15 heures 30, il y a plus de vingt-quatre heures que nous sommes ensemble et nous devons nous satisfaire d'avoir vraisemblablement éliminé les dossiers inutiles.

Aucune charge n'apparaît à l'égard de personne, même si les premiers témoignages recueillis nous laissent dans un soupçonneux embarras.

Nous devons poursuivre.

L'appartement de De Varga est si vaste que bien des choses ont pu nous échapper. Nous décidons d'y retourner.

Nous sommes le 26 au matin. Quatre nouveaux dossiers sont découverts et saisis.

Le premier concerne toujours Publi-MG. il est sans intérêt. Le second une caution d'un million consentie par Jean de Broglie au profit d'un certain Besse, assureur de Toulouse, très ami de De Varga, en contrepartie de laquelle le prince a reçu une lettre de change de trente mille francs : on a peine à y croire.

Le troisième est au nom d'Allenet de Ribemont. En six lignes, de Varga explique alors que de Ribemont est président-directeur général de la Rôtisserie de la Reine Pédauque et le gérant de la Soficop, sociétés dans lesquelles il est « salarié ».

Le quatrième dossier est précisément celui de la Rôtisserie de la Reine Pédauque qu'il avait « oublié » de remettre spontanément aux enquêteurs et dans lequel, comme par hasard, nous allons trouver les premiers éléments de notre édification. Voilà de Varga contraint de fournir ses premières explications au sujet de ce restaurant. Il ne le fera qu'au plus juste.

– Je suis secrétaire général de la Rôtisserie de la Reine Pédauque et l'établissement a souscrit un abonnement de service juridique auprès de la Soficop, relate-t-il.

De même, nous apprenons que Victor François, fils de Jean de Broglie, a été un collaborateur d'Allenet de Ribemont et enfin que Jean de Broglie « avait fait une avance importante à M. de Ribemont, lors de l'acquisition par ce dernier de la majorité de la Rôtisserie de la Reine Pédauque, ce qui a permis la réalisation de cette affaire ».

– Je ne connais pas exactement les conditions de leurs accords. Je ne suis pas intervenu au niveau des négociations entre MM. de Broglie et de Ribemont, ni auprès de la BNP, banque de De Broglie », ajoute-t-il.

Cependant, il reconnaît avoir mis en forme une correspondance de De Ribemont, en décembre 1975, aux termes de laquelle de Ribemont, en cas de décès du prince, « versait les remboursements mensuels de la BNP directement aux ayants-droit éventuels de M. de Broglie ».

Cette correspondance de De Ribemont à Jean de Broglie, nous l'avons saisie. Elle comprend trois lettres. Les deux premières sont d'interprétation si hasardeuse que Jean de Broglie demandera qu'on veuille bien lui en préciser le sens.

C'est l'objet de la troisième lettre en date du 29 décembre. Ainsi peut-on saisir que deux situations différentes doivent être considérées en ce qui concerne les assurances-vie destinées à couvrir le prêt consenti par la BNP, suivant :

– qu'elles ont été souscrites (pour 72 %) spécialement en vue de ce prêt,

– ou qu'initialement en faveur de la famille, elles seront dorénavant utilisées pour la garantie de la banque.

Au total il apparaît qu'en cas de décès du prince, les assurances-vie ont pour effet d'éteindre *ipso facto* la créance totale de la banque. Mais de Ribemont aura l'obligation de reconstituer par des versements mensuels en faveur des ayants-droit de Jean de Broglie le capital des assurances-vie qui leur était antérieurement destiné (28 %).

Aussi large (et généreuse) que puisse être l'interprétation de ces trois documents en faveur de la famille, celle que vient d'en donner de Varga est si évidemment abusive qu'elle ne peut être le fait d'une simple imprécision verbale. Manifestement, il ne veut pas avoir l'air de connaître l'intérêt que présentait pour de Ribemont (et donc pour lui-même) la mort du bailleur de fonds.

Nous achoppons sur toutes ces questions et nous sentons bien que c'est là que le bât blesse.

Les déclarations d'Allenet de Ribemont, si elles nous permettent de progresser, ne vont pas dissiper nos interrogations.

Allenet, dit de Ribemont, a été arrêté le 29 décembre à midi au château familial de La Caussade. La quarantaine, grand, portant beau, hautain, s'écoutant parler, après avoir connu un échec dans une entreprise commerciale qu'il avait créée, et tenu divers emplois, Allenet de Ribemont, aujourd'hui, se dit « conseil financier », titre qui ne fait l'objet d'aucune protection légale ou réglementaire.

– Jean de Broglie m'avait proposé, dit-il, en décembre 1975, de me prêter de l'argent, à charge pour moi de réaliser une hypothèque sur une de ses forêts et d'acheter une affaire où travaillerait son fils. Je déterminai donc, en décembre 1975, l'achat de la Rôtisserie de la Reine Pédauque et engageai son fils à partir du 1er février 1976.

Et de Ribemont d'expliquer qu'en effet, avec les quatre millions que lui a remis le prince, il achète la Rôtisserie de la Reine Pédauque pour deux millions quatre cent mille francs, en devient le président-directeur général, verse en espèces six cent mille francs à Jean de Broglie pour solde de service rendu (ce qui représente un très modeste intérêt de 2,5 % par an), prélève pour lui deux cent mille francs, achète pour la décoration de l'établissement deux cent quinze à deux cent vingt mille francs de tableaux peints par de Varga et injecte progressivement, dit-il, le reste dans la trésorerie sans fond de la Rôtisserie.

Il acquiert au nom du restaurant une Citroën Maserati (d'occasion) qu'il conduit lui-même et une Mercedes 450 qu'utilise de Varga.

La participation dans la clinique, pour laquelle le crédit bancaire a également été accordé, est oubliée.

Pour sa garantie, le prince devra se contenter des seules actions de la Rôtisserie de la Reine Pédauque qui doivent lui être remises. Moralement s'entend. Car, dès le mois de mai 1976, ces actions seront déposées au nom de la Rôtisserie, dans les coffres de la banque Demachy, en garantie d'un découvert de cinq cent mille, puis de sept cent mille francs, accepté par cet établissement. Les retraits de fonds sont réalisés par de Varga ou de Ribemont au moyen d'une signature à la griffe.

Au sujet des assurances-vie de Jean de Broglie, au profit de la

BNP, de Ribemont affirme comme de Varga : « Il ne fait aucun doute pour moi que je suis dans l'obligation de poursuivre mes règlements mensuels », ce qui revient à dire, d'une part, que les assurances-vie dont il règle les primes ne sont d'aucune utilité et, d'autre part, qu'il est seul responsable des remboursements.

Cependant, au vu du protocole secret du 3 décembre 1975, il convient que, contrairement aux apparences légales, de Varga n'est pas son employé, mais son « associé à part entière dans le cadre de la Soficop » et que pour la Rôtisserie de la Reine Pédauque, ils ont « partagé équitablement toutes les sommes qui leur sont revenues au cours des tractations » et que « par acte sous seing privé il s'est engagé à remettre 50 % des parts à la demoiselle de Varga qui est mon associée ».

A la fin de 1976, les neuf premières échéances de soixante-douze mille francs du remboursement du prêt de la BNP ont été honorées : à la même date, le découvert auprès de la banque Demachy atteint un million deux cent mille francs.

Faute de réponse du principal intéressé, c'est de Ribemont qui nous indique le premier la raison pour laquelle Jean de Broglie s'est rendu le 24 au matin 2, rue des Dardanelles. « Monsieur de Varga m'a précisé, dit-il, au cours d'un nouvel appel le 24 au matin m'informant de la mort de De Broglie, que ce dernier était venu le voir pour l'aider dans ses démêlés fiscaux. »

Raison convaincante à proportion des redressements dont le prince avait lui-même fait l'objet.

C'est peu dire que les explications que nous avions enregistrées ne nous satisfaisaient pas.

Mais à l'issue de leurs quarante-huit heures de garde à vue, de Varga et de Ribemont devront successivement être remis en liberté, même si bien d'autres questions restent à poser, des confrontations à effectuer.

A ce stade de l'enquête, aucune divergence n'existe entre les enquêteurs et le juge d'instruction. La décision de ce dernier, qui sera regrettée par Michel Poniatowski, ne pouvait pas être différente.

Cependant, nous sommes déçus et perplexes.

Déçus parce que nous sentons bien que la vérité ne doit pas être loin et que les quarante-huit heures qui nous sont imparties pour remplir notre contrat sont achevées. Perplexes, car nous ne voyons pas comment nous allons pouvoir relancer la machine.

Et Raoul de Léon, me direz-vous?

Quand les inspecteurs se présentent à son domicile, avenue Matignon, le 26 à 8 heures 30, de Léon nous attend et sait qu'une perquisition va venir bouleverser le bel ordonnancement de son appartement. Il le sait. Il a tout préparé. Les documents essentiels concernant Jean de Broglie sont là, bien en évidence. Il nous les remet. Ceux que nous trouverons par nous-mêmes n'offriront aucun intérêt, preuve que l'on peut et que l'on doit lui accorder confiance.

N'est-il pas l'ami et le fondé de pouvoir du prince? De Léon connaît son affaire et ses affaires.

Des dossiers, il expose tout. Je dirai que cette documentation placée devant nous et les explications qu'elle entraîne présentent tout de même l'avantage de nous indiquer une fois de plus là où il n'est pas utile de trop perdre son temps. Ils déblaient le terrain. En ce sens, j'apprécie toujours les déclarations spontanées des témoins, voire des suspects. De Varga? Il le connaît peu. Il est demeuré étranger, dit-il, à l'affaire Publi-MG, mais il sait que de Varga a réussi à mettre fin aux difficultés du prince dans les moins mauvaises conditions possibles. De même de Léon n'est intervenu en rien dans les tractations et les accords concernant la Rôtisserie de la Reine Pédauque. Remis en liberté et réentendu plusieurs fois, il ne sera plus jamais inquiété.

Nous sommes à bout de munitions, quand l'indicateur va nous en fournir de nouvelles. En effet, l'inspecteur Roux, que nous pressons, a pu reprendre contact avec lui et le harcèle. Cet indicateur sait à merveille exciter notre curiosité sans que nous puissions le solliciter dans des conditions qui pourraient avoir pour effet de l'éloigner définitivement. Nous devons patienter, si proche du coup qu'il nous apparaisse. Il semble distiller ses informations au goutte à goutte. Mais quelles informations! « Le tueur, fait-il savoir, n'a pas été payé. Il fait courir tout le monde. »

Mais tout le monde... qui?

Pour l'instant, il n'est pas en mesure de le dire.

« Le 26 au soir, ajoute-t-il, Guy Simoné, l'inspecteur du commissariat de la Défense, a fêté la libération de De Varga. » Guy Simoné? Celui-là même qui est soupçonné d'avoir partie liée avec des malfaiteurs et auquel se sont intéressées la 10e brigade territoriale et la brigade antigang. Dans notre procédure son nom est déjà apparu et se trouve associé à celui de De Varga. En effet, au moment de son arrestation, ce dernier était en possession de deux chèques de Simoné qu'il avait oubliés, dit-il, et que Simoné lui avait remis sans désignation de bénéficiaire en garantie de prêts qu'il lui avait fait consentir et avaient été réglés.

De Varga et Simoné sont des mélomanes. Ils avaient fait connaissance, selon de Varga, par hasard dans un magasin d'instruments de musique. Et de Varga formule au sujet de

Simoné, qui lui aurait rendu de menus services, cette appréciation : « C'est un homme bienveillant, auquel j'ai permis, notamment auprès de M. de Broglie, d'obtenir divers prêts, mais toujours ses remboursements ont été d'une remarquable exactitude. »

Nous avons la conviction que l'indicateur qui a été en mesure d'annoncer le projet d'assassinat du prince est en relation avec un ou plusieurs des protagonistes de l'affaire. Nous avons maintenant la confirmation que la panique règne dans le milieu des malfaiteurs intéressés par le paiement du tueur. Chacun sent qu'il ne faut pas plaisanter avec cet homme qui a été capable d'abattre le prince. Il faut payer et vite! Tous ces individus prennent des rendez-vous et se consultent : faute d'argent, il faut apaiser – ou neutraliser – l'homme déchaîné.

J'ai vent de nouvelles rencontres qui doivent avoir lieu ce lundi 27 dans l'après-midi et, en l'absence de son patron, Marcel Leclerc, demande à Robert Broussard d'organiser les surveillances et filatures avec des effectifs jumelés de la brigade criminelle et de l'antigang.

Une fois de plus, je devais me féliciter du renfort de ces derniers. Les allées et venues, rencontres, conciliabules des malfaiteurs que nous devions appréhender dans la soirée défient presque l'imagination. Ils vont, ils viennent, se séparent, se retrouvent dans un désordre échevelé. A des moments et en des lieux différents, six hommes au total sont ainsi vus prendre des contacts entre eux. Nous devons renoncer à les arrêter tous en même temps. Quand trois sont réunis à l'auberge Henri-IV à Marly-le-Roi pour dîner et que parmi eux se trouve Guy Simoné, je demande à Broussard d'intervenir. Avec le policier sont arrêtés Serge Tessèdre et Jacques Mérignac qui sont amenés au 36.

Pendant ce temps, un autre groupe d'inspecteurs patiente devant le restaurant le Méditerranée, dans le 14e arrondissement, où l'un des six hommes qui m'a été désigné comme étant « le petit Gérard » ou « le Boxeur », à cause de son nez légèrement épaté, a été vu entrer peu avant 20 heures. Il n'en sortira que vers 23 heures 30, juste pour donner à Broussard le temps d'arriver et sans doute le plaisir d'être présent au moment de l'arrestation de l'assassin de Jean de Broglie : Gérard Frèche.

Et les interrogatoires commencent. Comme d'habitude, ce n'est pas tout de suite que nous y verrons clair. Suivant l'usage, chacun raconte son histoire en oubliant ce qui le gêne, c'est-à-dire l'essentiel. Dans cet embrouillamini, nous pouvons aujourd'hui nous dispenser d'entrer.

Qu'il soit dit que Jacques Mérignac, considéré comme un

homme de poids du Milieu, pour suspect qu'il nous soit apparu, sera très rapidement éliminé de nos préoccupations dans le cadre de notre affaire. C'est, depuis plusieurs années, une relation de Simoné. Les deux hommes se sont rendu des services (d'argent parfois). Par Simoné, Jacques Mérignac a connu de Varga, mais jamais aucun interrogatoire, aucun témoignage, aucune perquisition ne feront ressortir un lien quelconque entre Jean de Broglie et Jacques Mérignac et donc, une charge quelconque à son égard.

Nous pouvons passer rapidement aussi sur le cas des deux personnages apparus au cours des surveillances du 27 et qui ont échappé au coup de filet. L'un est Jean Masson, qui dirige un petit cabinet d'assurances avenue Félix-Faure, dans le 15e arrondissement; l'autre, Albert Leyris, son employé. Tous deux ont eu maille à partir avec la police et la justice. Seul cependant Albert Leyris, désigné inconsidérément comme étant l'indicateur de l'inspecteur Roux, prendra par la suite une place importante dans les événements qui ont précédé l'assassinat de Jean de Broglie.

Au soir du 27 décembre et dans les jours qui suivent, personne ne le met en cause, de telle sorte qu'avec M. Floch, nous décidons de surseoir à son interpellation. Quand le juge aura recueilli des éléments complémentaires et manifestera le désir de le voir, Albert Leyris sera conduit au cabinet de ce magistrat par le commissaire Dufour et mon adjoint, Cancès. Inculpé de complicité d'assassinat le 26 janvier 1977 et mis en liberté trois semaines plus tard, il fera en définitive l'objet d'un non-lieu, faute de charges suffisantes et malgré la part qu'il avait prise dans certaines phases de la préparation de l'assassinat.

Au niveau de l'enquête de police, il convient de revenir aux arrestations de Serge Tessèdre, de Guy Simoné et de Gérard Frèche. Après une nuit passée pour apprendre, non sans variétés, dans quelles circonstances les uns et les autres ont fait connaissance, au matin du 28, nous sommes peu avancés.

Avec Broussard, nous évoquons le cas de cette écoute « administrative » d'un truand qui fait l'objet de surveillances depuis la fin septembre, André, prénommé Bernard.

Réveillé par le téléphone en ce matin de Noël, par son ami Simon Kolkowicz, Bernard ne comprend pas ce que Simon veut lui dire :

– Tu as écouté la radio?

– Non!

– Tu sais, là, ce que tu devais faire, toi, c'est fait!

– Ce que je devais faire? Moi?

– Oui, ce pourquoi tu es allé au château.

– Au château?

– Oui. Dans l'Eure.

Et ainsi de suite jusqu'à ce que Simon dise à Bernard :

– Réveille-toi. Je te dis qu'il a été tué.

– Oh! putain!

Et les deux hommes se donnent rendez-vous dans une heure.

Simon et Bernard qui déjà avaient été remarqués le 24 novembre dans un restaurant, rue de Maubeuge, en même temps que Simoné et Leyris, ont donc certainement des choses à dire sur la mort du prince.

Nous décidons de leur arrestation.

Simon Kolkowicz et Bernard André, quand ils arrivent quai des Orfèvres, savent pourquoi ils s'y trouvent.

Ils craignent de payer pour un assassinat qu'ils n'ont pas commis et estiment urgent de se tirer de ce mauvais pas.

Kolkowicz relate alors comment vers la mi-juillet, avec son ami Serge Tessèdre, il a été sollicité par le policier, Guy Simoné, dit « le beau Serge ». Ils avaient déjà parlé de « coups » à réaliser, et en étaient arrivés à rechercher un homme capable, pour cinquante mille francs, d'abattre le prince. Il explique que pour extorquer de l'argent au policier (il se fera remettre six mille francs à titre d'avance), il a feint d'avoir trouvé un tueur en la personne de Bernard André. Face aux pressions de Simoné et pour y mettre fin définitivement, Kolkowicz dit lui avoir indiqué que Bernard André avait été arrêté et de ce fait, ne pouvait ni remplir son contrat ni restituer la somme avancée.

Bernard André, de son côté, confirme les déclarations de son ami Simon, mais n'ayant jamais rencontré Guy Simoné, il peut seulement dire que, selon Kolkowicz, « l'affaire était présentée par un policier ». A la suite de ces déclarations recueillies dans le courant de l'après-midi du lundi 28 et en début de soirée, Frèche, Tessèdre et Simoné sont de nouveau interrogés. Simoné passe aux aveux dans la nuit du 28 au 29. Frèche, dans la matinée du 29 et Tessèdre en début d'après-midi. Le temps nous échappe. Bien ou mal, complètes ou non, nos investigations doivent être terminées ce mercredi 29 au soir.

Simoné reconnaît avoir effectué les démarches qui lui sont prêtées par Kolkowicz et, après son premier échec, avoir recruté Frèche avec l'aide de Tessèdre. Recruté Frèche pour « une opération d'euthanasie », à la demande de De Varga qui devait lui faire connaître en temps voulu, dit-il, les rendez-vous du prince. Afin de pouvoir communiquer ensemble sans perte de temps, de

Varga et Simoné avaient loué aux PTT, depuis la fin septembre, un appareil « eurosignal » permettant à l'un de faire savoir à l'autre, à tout moment et en tout lieu, son désir d'entrer en relation avec lui.

C'est maintenant autour de Gérard Frèche, moins homme qu'il ne paraît, plus soutenu par une prostituée de dix ans son aînée que souteneur, sorti de prison il y a un an, de raconter comment après avoir accepté de recevoir un acompte de cinq mille francs, pour exécuter le prince, il n'a pu résister au harcèlement du policier qui l'a contraint à exécuter son contrat.

Simoné, dit-il, lui a donné rendez-vous en cette veille de Noël, à 8 heures, dans un bar de la porte Maillot, sachant que Jean de Broglie serait à 9 heures rue des Dardanelles. Un peu avant l'heure, Simoné lui remet l'arme et le dépose à l'adresse. Le prince arrive. Frèche s'efface pour le laisser entrer dans l'immeuble et, quand il est de retour, sans lui dire un mot, fait feu à trois reprises sur lui. Visiblement, dit-il, Jean de Broglie a été atteint par la deuxième balle. Frèche s'enfuit en courant jusqu'au boulevard de Dixmude où il saute dans la Mercedes de Simoné :

– C'est fait, dit-il.

– Tu es fou! répond Simoné qui semble n'avoir réalisé qu'à ce moment-là dans quelle entreprise criminelle il s'est engagé.

Frèche restitue l'arme, abandonne son blouson, jette le gant dont il disposait et donne rendez-vous à midi au policier pour recevoir son salaire.

Rue des Dardanelles, Simoné et Frèche disent avoir remarqué Tessèdre venu en curieux. Ce dernier nie. Il finit cependant par admettre avoir proposé à Frèche, « super-fauché », une affaire bien rétribuée qui consistait à « éliminer un homme pour cinq millions », mais ne veut pas avoir été témoin de l'assassinat. Cela jamais!

Grâce aux indications fournies par Simoné, nos inspecteurs retrouvent le blouson et l'arme que les experts de la balistique reconnaîtront comme étant celle qui a tiré les balles retrouvées sur place. Il n'y a maintenant plus de doute quant à l'auteur et aux complices directs de l'assassinat de Jean de Broglie.

Reste à connaître les instigateurs et leurs raisons. Simoné vient de mettre en cause de Varga sans être capable, assure-t-il, de fournir ses mobiles. Ce qu'il affirme, c'est que de Varga devenait de plus en plus pressant, qu'il ne pouvait plus attendre. Il fallait en finir, quel que soit le mode d'exécution, même à l'aide d'une bombe et où que l'assassinat ait lieu. Peu lui importait. Devant chez lui? Pourquoi pas! De Varga n'ignore pas que ses relations avec Jean de Broglie sont connues. Il sait ne pouvoir échapper aux explications qu'il devra fournir. Alors, ici ou là, la situation sera la même. Une seule chose a de l'importance : il faut que le prince disparaisse. Ainsi parle Guy Simoné. Il ajoute que de Varga lui a indiqué qu'il agissait pour le compte de tiers sur lesquels aucun renseignement ne lui a été donné. Il en ignore tout.

Mais avant Simoné, Bernard André s'est déjà expliqué sur ce qu'il a appris des mobiles du crime. A la suite de ses premiers aveux, il a apporté au dossier cette révélation stupéfiante : « Il m'a été dit que le flic était chargé par un nommé Miremont, habitant 2, rue des Dardanelles, de recruter le tueur. Ce monsieur Miremont espérait, en supprimant M. de Broglie, devenir le président-directeur général d'une des entreprises commerciales dont celui-ci était propriétaire. C'est du moins la version qui m'a été donnée par mon camarade (Kolkowicz). En définitive, ce meurtre trouve son origine dans une question de gros intérêts. »

Quand je me penche sur cette déclaration, enregistrée par l'un de mes adjoints, le commissaire principal Michel Auguste, grand maître ès aveux que sa totale honnêteté intellectuelle et son métier mettent à l'abri d'une imprudence, il ne peut faire de doute que les explications fournies par Bernard André ne peuvent lui avoir été suggérées. Certes, nous nous posons des questions depuis trois jours sur la portée véritable des accords confus passés entre de Ribemont (et en sous-main par de Varga) et de Broglie.

Certes, nous voyons bien quels avantages résultent pour de Ribemont et de Varga de la mort du prince, mais Bernard André, c'est incontestable, va beaucoup plus loin que nous.

Il nous faut donc revoir de Varga et de Ribemont.

De Varga, qui a quitté son domicile le 27, pour échapper à la presse et se repose, est introuvable.

De Ribemont se présente le premier, le 28 au soir.

Mis au courant des déclarations de Bernard André, il les rejette en une ligne, puis parle de ses relations avec Simoné, de deux prêts qu'il lui a consentis : le premier remboursé et le second, en cours, de soixante mille francs; et, sur nos questions, des appareils Eurosignal loués par la Soficop au prix de deux cent cinquante francs l'un par mois : un pour de Varga, un pour lui-même, le troisième à la demande de De Varga, pour?... Il est incapable de nous renseigner.

Nous en restons là.

Quant à de Varga qui ne tarde pas à savoir que nous le recherchons, il se présente spontanément (sur les conseils de son avocat) le 29, à 17 heures.

Nous l'informons de la mise en cause sans équivoque dont il fait l'objet de la part de Guy Simoné.

Il s'élève contre ces accusations et s'insurge que l'on puisse le soupçonner d'être à l'origine de l'assassinat de son « ami », de son « bienfaiteur », du « plus beau fleuron de (son) cabinet ». Il ne dit plus « la Soficop » ou le cabinet dont il est l'employé, mais « mon » cabinet.

Les choses sont plus nettes ainsi.

Elles le sont beaucoup moins, en revanche, sur le problème des Eurosignal loués par la Soficop à sa demande.

La question l'embarrasse. Pourquoi était-il nécessaire qu'il puisse entrer d'urgence en relation avec l'inspecteur Simoné?

– Au cas où j'aurais eu une contravention, répondra-t-il, ou pour les besoins des échéances des prêts que je lui avais permis d'obtenir...

L'homme, si maître de soi jusqu'alors, est là devant nous, désarçonné. Au sens propre, il ne sait plus ce qu'il dit. Il n'avoue pas, mais il divague. Il est comme un boxeur ivre de coups qui ne tombe pas. Il est K.O. debout.

Et enfin, il répond à la question que nous lui posons depuis le 24 décembre.

– J'avais, dit-il, rendez-vous avec le prince en cette veille de Noël à 9 heures du matin, pour lui remettre la somme de six mille francs représentant les intérêts, venus à échéance à la mi-octobre, du prêt qu'il avait consenti à l'inspecteur et dont ce dernier ne s'était pas acquitté.

Une fois de plus ajoute-t-il, Guy Simoné, pourtant « toujours remarquable d'exactitude », selon ce qu'il avait dit trois jours auparavant, avait fait défaut.

L'insignifiance des raisons du déplacement du prince au regard des sommes manipulées est si manifeste que personne ne croit un mot des nouvelles déclarations de De Varga, alors qu'au surplus il lui suffisait d'un coup de téléphone pour que le prince ne se dérange pas inutilement. C'est le cas type du malfaiteur qui, pris au dépourvu, greffe sur un fond de vérité une explication inconsistante. Car, oui, nous l'apprendrons par ses proches, Jean de Broglie attendait une grosse rentrée d'argent. Depuis quelques jours, il était plus détendu, semblait libéré et parlait de cadeaux qu'il allait faire... Et c'est cette somme d'argent qu'il attendait qui a permis de l'attirer dans le guet-apens de la rue des Dardanelles d'où il ne reviendra pas.

En cette soirée du 29 décembre, l'heure de la fin de la garde à vue de Simoné, Frèche, Tessèdre, Mérignac, puis de Kolkowicz et Bernard André, approche, tandis que de Ribemont et de Varga ont été réentendus libres, mais doivent également être interrogés par la brigade financière.

Il appartient à M. Floch de prendre des décisions en ce qui concerne chacun d'entre eux, alors que la phase policière de l'enquête s'achève.

Elles sont simples pour ce qui est de Frèche qui a reconnu être l'auteur des coups de feu ; pour Simoné, sous les directives duquel Frèche a agi ; pour Tessèdre qui a mis les deux hommes, Simoné et Frèche, en rapport ; et même pour Kolkowicz qui pourrait avoir joué un rôle, si minime soit-il, dans le recrutement de Frèche par Tessèdre et Simoné.

De même, pas de difficultés pour Mérignac et Bernard André contre lesquels n'apparaissent, dans le cadre de notre enquête, les éléments d'aucun crime ou délit.

Le cas de De Varga est en l'état également aisé à trancher. Aux éléments de base qui nous imposent de nous interroger, il est :

– étrange que les plus proches des lieux et les plus personnellement intéressés par le drame n'en aient eu connaissance qu'après que, annoncé par la presse, il fut devenu public ;

– choquant que le témoin principal s'interdise de s'enquérir des circonstances dans lesquelles son bienfaiteur et ami venait de trouver la mort devant sa porte ;

– troublant qu'après quarante-huit heures de garde à vue, il n'ait pas été possible de connaître l'objet du rendez-vous qu'il avait avec la victime ;

– suspect que des réticences, dissimulations, entachent ses dires quant aux relations qui étaient les siennes avec le prince et son voisin de Ribemont ;

– inquiétant qu'il ait masqué mensongèrement les avantages financiers qui résultaient de la mort de son créancier, direct ou indirect.

S'ajoutent :

– ridicules les raisons pour lesquelles de Varga a indiqué avoir eu besoin de communiquer d'urgence avec le policier Simoné ;

– inane, le dérangement du prince, en cette veille de Noël, pour toucher les intérêts d'un prêt de dépannage au regard des sommes considérables qui, par ailleurs, sont en jeu ;

– décisive, l'accusation formelle portée contre de Varga par Simoné.

Le juge d'instruction n'a aucune hésitation et décide de l'inculper et de le placer en détention.

Reste le cas d'Allenet de Ribemont.

Le crime lui profite « autant qu'à son voisin, son ami, son employé », en réalité son associé à part entière. Mais au moment du meurtre, il est dans le Lot et échappe aux invraisemblances dans lesquelles s'enferre son compère, même si, tout comme ce dernier, il tente de ne pas apparaître comme étant l'un des bénéficiaires du crime.

Innocent ou coupable?

Si l'on oublie l'intermède Bernard André, édifiant quant au mobile, mais dont les déclarations sont insuffisantes pour accuser qui que ce soit, en ce soir du 29 décembre, les présomptions qui pèsent sur de Ribemont sont lourdes, mais non déterminantes.

Ni Simoné, ni personne d'autre, ne le mettent en cause en aucune mesure.

Nous devons considérer que les charges à son encontre ne sont pas – en l'état – suffisantes et je partage totalement la décision du juge de ne pas l'inculper de complicité d'assassinat et de le laisser libre.

Cependant, deux pistolets, un revolver, des munitions ont été trouvés au domicile de De Ribemont. Il sera momentanément inculpé et détenu pour cette infraction à la législation sur les armes. Cela me paraît de bonne guerre.

Ce que je ne comprendrai jamais, ce sont les raisons pour lesquelles – sans élément nouveau – le parquet et le juge décident, quelques jours plus tard, par analogie (apparente) de sa situation et de celle de De Varga, de l'inculper à son tour pour l'assassinat de Jean de Broglie et de le placer, pour ce motif, en détention.

Moins de deux mois plus tard, il était libéré et l'incomplète analogie existant toujours, mais jouant en sens inverse, sa libération faillit entraîner celle de De Varga (le juge signa deux ordonnances en ce sens qui demeurèrent sans effet par suite des arrêts rendus par la chambre d'accusation sur appels du parquet).

Il va de soi que je ne relate pas cette enquête pour accabler de Varga. Déjà, en cour d'assises, il s'était écrié que je m'acharnais sur lui. Il a été condamné. Il a purgé sa peine. Lui-même – encore qu'il proclame toujours son innocence – ne peut plus y revenir.

Mais, à la suite de la conférence de presse du 29 décembre donnée par Michel Poniatowski au ministère de l'Intérieur et dont nous reparlerons, l'assassinat de Jean de Broglie est devenu affaire politique et même affaire d'État.

Comme nous venons de le voir, le mobile de la Rôtisserie de la Reine Pédauque ressortait rigoureusement de l'enquête que nous avions conduite, avec le juge d'instruction pour témoin et arbitre.

Au moment où je me trouve en face de M. Sadon, et qu'il me

reproche de lui dissimuler la vérité l'instruction est dans sa troisième année. Rien n'est venu affaiblir notre thèse des premiers jours. Bien au contraire et, sans rentrer dans les détails, retenons que l'information a permis de mettre au jour que, depuis la fin novembre 1976, trois guet-apens avaient déjà été tendus par les mêmes individus pour abattre Jean de Broglie, sur des indications fournies par de Varga qui avait eu connaissance des rendez-vous du prince.

La situation financière de la Rôtisserie de la Reine Pédauque était, on s'en doute, si catastrophique qu'elle devait être judiciairement déclarée en état de cessation de paiement dès le mois de mai 1976.

Comment, dans ces conditions, de Ribemont et de Varga pouvaient-ils poursuivre leurs remboursements mensuels de soixante-douze mille francs à la BNP?

De Varga, qui prétendait être l'employé de De Ribemont à la Soficop et à la Rôtisserie de la Reine Pédauque, était en réalité son associé à part entière et tout le laisse à penser, son maître. Comment interpréter sans cela qu'il ait eu pouvoir non seulement sur les comptes ouverts au nom du restaurant, mais également sur un compte ouvert à la banque Vernes, au nom de l'épouse de De Ribemont elle-même?

Enfin, il est tout aussi significatif de constater qu'à partir du moment où de Ribemont a mis de Varga en relation avec Jean de Broglie, de Ribemont n'apparaît plus sur le carnet de rendez-vous du prince, tandis que le nom de De Varga l'y remplace.

De Ribemont est éliminé.

En outre, si l'on écarte l'hypothèse peu sérieuse de l'assassinat longuement prémédité et perpétré par le seul Simoné (le prix de l'assassinat était égal à sa dette envers de Broglie), force est d'admettre qu'il a été voulu par une personne qui était à la fois en rapport avec Jean de Broglie et qui entretenait des relations si étroites avec Simoné qu'il a pu se permettre de proposer à un policier de recruter un assassin.

Jamais aucune autre personne que de Varga n'est apparue comme ayant pu jouer ce rôle.

Aussi, l'attaque de M. Sadon, en cette mi-septembre 1979, si violente qu'elle soit, ne peut que me laisser indifférent.

C'est la vertu de la vérité que de vous communiquer sa force.

Je sais que je me trouve dans une forteresse inexpugnable, même si des coups peuvent lui être portés. Car il est vrai que je ne tiens pas seul la clef de l'énigme. Mais les autres, les prévenus d'aujourd'hui, les condamnés de demain tentent, eux, de l'enterrer.

Et aux forces liguées dans un intérêt personnel bien compréhensible, s'ajoute le travail de sape de prédateurs politiques professionnels pour qui, sous couvert de justice, il s'agit exclusivement d'atteindre l'adversaire.

De tout cela – c'est ma deuxième force – je n'ai rien à faire. J'ai agi en tant que chef de la brigade criminelle pour tenter d'élucider le problème dont, officier de police judiciaire, j'étais chargé. Que la solution que j'avais pu apporter déplaise à droite ou à gauche ou – le discours du procureur général Sadon pouvait me permettre de le penser – aux deux à la fois, cela m'était indifférent.

Ce n'est pas au moment où elle s'achevait que j'allais commencer une carrière politico-administrative.

M. Sadon a du métier. Après son départ manqué, son coup de force, le voilà à me caresser dans le sens du poil.

C'est une cascade de qualificatifs élogieux. Comment, si intelligent, si subtil, si rusé, si malin, si adroit, vais-je faire croire que je me suis laissé prendre au mobile de la Reine Pédauque?

– Ce mobile est ridicule. Inconsistant. Insignifiant. Vous avez induit Poniatowski en erreur (voilà la faute politique). Quarante-huit heures après sa conférence de presse, tout le monde riait.

De fait, dans une déclaration aux journalistes, la princesse devait dire : « C'est idiot! », puis me téléphonait pour me rassurer et même s'excuser quant à cette appréciation qui lui avait échappé et ne correspondait pas exactement au fond de sa pensée, me dit-elle.

Soit! Le crime était encore tout proche.

Plus singulière était la lettre qu'avant de devenir ministre de la Justice, Robert Badinter, avocat de la partie civile, avait adressée au juge et dont Me Paul Lombard, avocat de la défense, fit état en audience publique pour expliquer qu'il n'y avait pas d'éléments suffisants pour croire au mobile de la Reine Pédauque!

– Il y a autre chose et vous ne voulez pas le dire, criait de son côté Sadon. S'il n'y a rien d'autre, votre enquête est incomplète. Soit dissimulation de la vérité, soit insuffisance, ma conclusion est la même : je vous retire votre habilitation d'officier de police judiciaire.

Tassé au fond de mon fauteuil, je ne pouvais que tenter d'atténuer le choc.

Il reprend :

– Comment imaginer que la dette était éteinte?

– Cela résulte des documents.

– Que les assurances paieraient des assassins?

– Ce n'est pas ce qu'indiquent les contrats. Les contrats disent que les assurances rembourseront la banque.

– Qu'elles ne se retourneront pas contre les assassins?

– A condition qu'ils soient démasqués.

– Que de Varga pouvait faire tuer pour soixante-douze mille francs par mois, encore que ce soit une somme?

– Soixante-douze mille francs par mois durant six ans. Frèche n'a-t-il pas tué pour cinquante mille francs au total?

– Que si de Varga est coupable, de Ribemont l'est également?

J'avais déjà dit et répété et ne puis que reproduire que cette assimilation avait été une erreur du parquet et du juge. Ce n'est pas parce que les deux hommes étaient associés à parts égales dans le restaurant de la Reine Pédauque que leur situation pénale était nécessairement identique. Si deux frères sont héritiers à parts égales de leur père et si l'un d'eux le tue, cela signifie-t-il que le second ait également pris part au meurtre?

Il est des arguments qui ont la vie dure. Je dus expliquer exactement la même chose quelques mois plus tard devant les députés qui m'entendaient lors de l'enquête diligentée par la Commission de l'Assemblée nationale élue pour examiner une proposition de résolution tendant à la mise en accusation devant la Haute Cour de justice de Michel Poniatowski.

Notre entretien dura une heure trente. Convaincu qu'il ne pouvait l'ignorer, je me résolus à indiquer au procureur général qu'avant l'assassinat de Jean de Broglie le directeur de la Police judiciaire avait reçu les deux rapports Roux relatifs à l'affaire.

Qu'il soit ou non au courant, c'était un aveu d'importance.

– Non, non. Ce n'est pas cela que je vous demande. Ce sont les mobiles que vous continuez à me cacher.

Une phrase déchaîne sa colère :

– Vous ne ferez jamais la preuve, dis-je, qu'il existe autre chose dans cette affaire que ce que je vous ai indiqué.

C'était à prendre au pied de la lettre. Le procureur général pensa que je le défiais. Pour le calmer, je dus lui dire que je m'étais mal exprimé.

Cependant, il recula.

– Ou j'ai la vérité dans l'affaire de Broglie, ou vous serez suspendu.

Ce qui ne changeait rien pour moi, car je ne pouvais ajouter quoi que ce soit, mais qui m'indiquait que, déjà, il était revenu sur la décision qu'il m'avait annoncée comme entrée en matière.

La condition qu'il entendait m'imposer, je ne pouvais la remplir, pourtant elle avait le mérite d'ouvrir plus largement la discussion que nous poursuivions toujours sur les mêmes bases, mais dans un climat plus détendu.

L'avais-je convaincu? Et ne voulut-il pas revenir sur-le-champ sur ce qu'il m'avait dit, toujours est-il que je quittai son bureau sur un délai – inutile, mais un délai – de trois jours pour lui révéler... ce qui n'existait pas.

Je rendis compte de mon entrevue à M. Jobard qui, en l'absence de M. Ducret, assurait les fonctions de directeur, puis au directeur central qui, pour éviter le retrait, par mesure disciplinaire, de la qualité d'officier de police judiciaire, proposa que je quitterais la police judiciaire pour l'Inspection générale de la Police nationale.

J'acceptai cette solution.

Le quai des Orfèvres était fini pour moi. Sans regret? Sans regret.

Il y avait plusieurs mois déjà que M. Ducret m'avait indiqué qu'au départ à la retraite – proche – de M. Jobard, il m'appellerait pour lui succéder.

Monter dans la hiérarchie pour occuper des fonctions essentiellement administratives, au sens propre du terme, me terrifiait.

Je n'avais plus rien à faire au 36. Le quitter dans les conditions qui m'étaient imposées était extrêmement déplaisant, mais je souhaitais partir et partirais.

Je revis comme prévu le procureur général.

La conversation reprit. Je subirais l'injustice, mais non sans avoir mis l'accent sur les défaillances flagrantes de certains des services de justice.

Il accepta que, d'accusé, je devienne accusateur. Mais il ne pouvait être question de revenir sur la décision administrative qui allait être prise avec mon accord et à laquelle il était devenu étranger.

– Alors, si tout de même il y avait encore une possibilité de faire mieux? dit-il. L'Inspection générale de la Police nationale n'est pas une sanction. Devant mon bureau attend un magistrat. Il est inspecteur général adjoint au ministère de la Justice. Il ne se considère pas comme sanctionné. Vous voyagerez.

– N'ironisez pas, répondis-je.

Il poursuivit :

– Les hommes sur lesquels vous continuerez à avoir de l'influence, si vous le leur demandez, poursuivront les recherches. M. Leclerc (qui devait me succéder) et vos inspecteurs le feront pour vous. Même absent, vous continuerez à exercer un rôle. Je serai votre premier défenseur à la Chancellerie.

Dont acte.

Mais je n'avais rien à demander à personne. Les éléments que j'avais fournis étaient complets. Je n'avais rien celé.

Pour ne l'avoir pas compris de crainte que l'assassinat de Jean de Broglie n'éclabousse sans cause l'Élysée, le procès ne vint pas avant les élections présidentielles de 1981.

Quand, cinq ans après les faits, les élections de toute façon perdues, l'affaire fut appelée devant la cour d'assises de Paris, l'on revint très exactement à ce qui avait été dit cinq jours après l'exécution du prince. Rien de plus, rien de moins.

Les quatre hommes que nous avions déférés à la justice à l'époque furent condamnés, trois à dix ans de réclusion criminelle, le quatrième à une peine d'emprisonnement, pour les raisons que nous avions indiquées et pour le seul mobile que nous avions retenu tout de suite.

Personne ne cria à l'erreur judiciaire. Même pas le principal accusé, Pierre de Varga, qui avait toujours nié les faits et ne se pourvut en cassation qu'après les délais requis, pour ne pas prendre le risque d'une condamnation plus sévère.

Il m'a été rapporté par plusieurs témoins de la scène qu'au prononcé du verdict, l'un des jeunes avocats de De Varga, qui avait demandé l'acquittement, éclata en sanglots. A la stupéfaction des personnes qui se trouvaient autour du box entourant les condamnés et leurs avocats, l'un de ces condamnés, s'adressant à l'avocat en larmes, lui dit :

– Ne pleurez pas, maître, je ne l'ai jamais dit, mais, moi aussi, je savais que votre client était dans le coup.

Certains auront déjà noté qu'à la mi-septembre 1979 j'avais donc révélé au procureur général l'existence des rapports antérieurs à l'assassinat.

C'était bien avant que *le Canard enchaîné* n'en révélât l'existence et les publiât.

Que j'aie parlé de ces rapports, convaincu que M. Sadon les connaissait, c'est vrai. Comment interpréter sa réponse : « Non, non. Ce n'est pas cela que je vous demande », sinon comme la confirmation de ce que je pressentais?

Mais il y a plus. Il m'a été rapporté que, simple routine administrative, ces rapports dont Jean Ducret avait fait parvenir une photocopie à la Direction générale de la Police nationale furent adressés au Parquet général le même jour. Ce qui signifie que le Parquet général et le parquet n'y attachèrent pas plus d'importance que nous. Je dis : nous, Police judiciaire, saisie de l'enquête alors que l'assassinat était consommé et qu'il n'était plus possible de changer rien à ce qui était.

A la meute déchaînée qui nous reprochait d'avoir conservé par-devers nous ces rapports, quoi de plus facile que de répondre que le Parquet général en avait eu connaissance immédiatement par l'intermédiaire du ministère de l'Intérieur et que c'était au magistrat du parquet que la présidente du tribunal, Mme Rozes, et le juge d'instruction devaient demander des explications.

Quoi de plus facile pour moi, même si elle était intervenue tardivement, que de rapporter ma conversation à ce sujet avec le procureur général?

Mais ce n'était pas l'usage. La police a toujours servi de paravent à la justice et nous continuions à assumer ce rôle, malgré les plus violentes attaques dont nous faisions l'objet.

C'est bien l'indication que tous nous avions le sens de la dignité qui doit être conservée au juge. Nul n'étant parfait, il ne peut être à l'abri de tout. Mais que ces critiques doivent être limitées dans toute la mesure du possible, c'est le devoir que le policier se plaisait à respecter.

Le policier a l'habitude d'entendre les chiens aboyer dans son dos. Il faut au juge plus de tranquillité. Notre préoccupation était qu'il en soit ainsi.

Quelle aurait été la situation si nous avions jeté la torche de la discorde dans le camp de la justice? Provoqué la cassure entre magistrats du parquet et magistrats du siège, entre magistrats debout et magistrats assis?

Nous avons tout subi pour tout vous éviter.

C'était cela aussi le quai des Orfèvres.

Tout naturellement, alors, se pose la question des rapports entre la justice et la police. Cette dernière, dans sa mission judiciaire, est, nous l'avons vu, placée « sous la direction du procureur de la République », « sous la surveillance du procureur général et sous le contrôle de la chambre d'accusation ».

Sous, sous et sous.

Existe-t-il préséance plus complète et subordination plus totale?

Alors, comment Pierre Arpaillange, l'actuel procureur général de la Cour de cassation, qui fut, cela a été dit et écrit, pressenti, sous la présidence de Georges Pompidou, pour devenir garde des Sceaux et ministre de la Justice, a-t-il pu écrire : « Oui, il est grave que la police prenne de plus en plus le pas sur la justice et que les autorités le tolèrent, parce que c'est un danger pour ces deux institutions. »

Ou la police est une force impossible à maîtriser, ou la justice un tuteur impuissant, mais il ne semble pas en tout cas que les textes puissent être incriminés.

Alors, les institutions elles-mêmes? ou les hommes?

Les institutions sans les hommes ne seraient rien. Voyons les hommes.

Nous avons tous l'expérience scolaire des professeurs chahutés et de ceux qui étaient respectés. Leurs pouvoirs étaient rigoureusement identiques. Il était fréquent que les seconds punissent moins souvent que les premiers et parfois même la sanction leur était inutile.

D'où venaient la faiblesse des uns, l'autorité des autres?

Il est inutile de disserter à l'infini. C'était question de volonté. Les mêmes élèves qui s'étaient montrés indisciplinés et insolents au cours d'histoire, l'heure suivante, filaient doux comme des agnelets au cours de mathématiques. Et ainsi de suite.

D'où je me permettrai de répondre à M. Arpaillange que c'est dans la démission des juges et non ailleurs qu'il faut chercher les responsabilités.

Déjà en 1955, Me Maurice Garçon, avocat et académicien français, écrivait : « Le commissaire qui ne devrait être qu'un auxiliaire à ses ordres (ceux du juge) le remplace complètement. C'est de cette délégation de pouvoir que vient tout le mal. Dans la pratique, la police se substitue entièrement à la magistrature par une véritable usurpation de pouvoirs. »

Pour reprendre la haute main sur la police, le procureur général Arpaillange préconise le rattachement pur et simple de la Police judiciaire au ministère de la Justice.

Ainsi, les deux institutions, dont l'une a pris le pas sur l'autre, reviendraient-elles au même niveau. Enchaînée et soumise, mais ayant brisé ses liens, la police serait rattachée. Non pour ne plus se substituer au juge, mais pour le faire sous son autorité directe.

Dans l'état actuel de l'organisation judiciaire, il est hors de question que le juge d'instruction puisse remplir la mission que lui confie le Code.

Comment, seul, pourrait-il dresser les procès-verbaux d'infractions, entendre les témoins, faire arrêter les suspects, les interroger, procéder aux perquisitions, en un mot effectuer ce qui nécessite parfois le concours de plusieurs, voire d'un grand nombre d'officiers de police judiciaire?

Lorsqu'un juge est chargé d'une information, cela veut dire qu'il est chargé de suivre l'enquête que la police effectuera par délégation de ses pouvoirs.

Il ne peut rien de plus.

C'est sur ces données apportées par la police qu'il constitue son propre dossier qui, le plus généralement, n'est que la répétition de celui de la police.

Si donc – noble et légitime préoccupation – son contrôle sur celle-ci était plus total et rigoureux, les droits des citoyens, leurs libertés, leur dignité seraient mieux garantis.

De cela, nous avons tous besoin. Mais, là encore, n'est-ce pas question de personne... voire d'enseignement?

Tel celui-ci que je livre sans commentaire :

« Le souci de la dignité humaine commande au juge d'instruction de toujours traiter l'inculpé en homme libre, de lui faire enlever les menottes dans le cabinet, de ne tutoyer personne. De plus, c'est payant : il faut plumer la poule, sans la faire crier. » (cours donné en 1976 par un magistrat à l'École nationale de la magistrature).

La réforme serait d'importance.

Indépendamment des difficultés d'ordre pratique qu'elle supposerait, la question à laquelle il semble que l'on doive répondre d'abord est celle de savoir si le juge, tel qu'il est, peut devenir le policier tel qu'il devrait être, tout en demeurant le juge?

Quand il est de notoriété publique que la magistrature – c'est elle qui le dit – a le plus grand mal à remplir ses fonctions, ne serait-il pas raisonnable qu'elle recouvrât d'abord sa santé, avant que de vouloir se charger d'autres tâches?

Admettons que le médecin soit guéri. Pour autant est-il souhaitable qu'en continuant à faire son métier il veuille également exercer celui de son patient? Y est-il préparé?

Il faut se demander si les fonctions du policier et du juge, pour complémentaires qu'elles soient, n'en sont pas moins distinctes.

Homme du fait, le policier doit réagir sur le coup. Son domaine, sans oublier le droit, c'est l'action. Elle doit être immédiate, rapide, efficace et secourable.

Homme de droit, le juge doit analyser le fait et l'action de police dans la stricte observance des textes. Son domaine, c'est la critique.

Pour une critique mesurée et scrupuleuse, une certaine lenteur est nécessaire.

A la fougue et à la décision du premier répondent la pondération et l'appréciation du second. Les démarches intellectuelles sont radicalement différentes.

Loin de moi l'idée que les seconds ne soient pas capables de faire ce que font les premiers. Mais nier l'influence du métier sur l'homme ne serait pas réaliste.

Si la foi anime le policier, le doute retient le juge. Le premier engage l'avenir. Le second observe le passé.

Au premier sont reprochés ses imprudences et ses excès de zèle. Au second, ses lenteurs et précautions formelles.

Il est des exemples caractéristiques. Celui-ci date d'octobre 1968.

Après la découverte, dans une décharge publique, enfermé

dans une housse à matelas, du cadavre de Stephan Markovic, factotum d'Alain Delon, François Marcantoni, qui connaissait les deux hommes, fut interpellé.

La décharge publique où le corps avait été retrouvé étant situé en Seine-et-Oise, la première brigade mobile de la Sûreté nationale fut chargée de l'enquête.

La garde à vue de Marcantoni fit apparaître une affaire portant sur un trafic de cinq kilogrammes de fausse héroïne qui se serait déroulée à Paris.

Chargé de la répression du trafic des stupéfiants dans la capitale, je fus saisi du problème.

Les deux affaires étaient étroitement liées, la seconde pouvant constituer le mobile de la première. Une nouvelle garde à vue, sous le prétexte de trafic de stupéfiants – qui constituait une infraction distincte –, pouvait être avantageusement utilisée.

L'avis du parquet était cependant indispensable. Le terme des premières quarante-huit heures arrivait. Je sollicitai, en même temps que les services de la Sûreté nationale, des instructions. Rien n'y fit. Impossible d'obtenir une réponse du procureur ou de ses services.

A quinze minutes de la fin du premier délai, je me rendais rue du Faubourg-Saint-Honoré où était le siège de la première brigade mobile.

Je pris en charge François Marcantoni à sa sortie de l'immeuble au moment où il venait d'être libéré et lui signifiai une nouvelle garde à vue pour trafic de stupéfiants.

Celui-ci n'existait que par les déclarations d'un témoin unique sans confirmation d'aucune autre nature.

J'interrogeai – de nuit, bien entendu – François Marcantoni, à l'encontre de qui aucune preuve ne pouvait être apportée.

Convaincu qu'en l'état présent je ne pouvais aller plus avant dans l'étude de ce trafic verbal de fausse héroïne, je décidai sans attendre la fin du délai de vingt-quatre heures, de remettre le suspect en liberté.

Ayant agi *proprio motu*, je n'en référai bien entendu à personne. C'est de ma propre autorité que je détenais François Marcantoni, c'est de ma propre autorité que je le libérais.

Quelques mois plus tard, l'affaire étant devenue une affaire de gouvernement, je dus expliquer pourquoi je n'avais pas conservé plus longuement le témoin principal [1].

1. Alors qu'il ne pouvait venir à l'esprit de personne que Georges Pompidou, Premier ministre, ait pu avoir la moindre responsabilité dans l'assassinat de Stephan Markovic, il advint que son nom fut avancé par un témoin mythomane. Une partie de l'enquête judiciaire fut alors détournée de son objectif. Il s'agissait

Personne n'insista.

Plus récemment, le dimanche de Pâques 1978, au cours de la séquestration du baron Empain, quand Alain Cayolle, arrêté et hospitalisé à l'Hôtel-Dieu, m'eut demandé de lui permettre de téléphoner pour obtenir la libération de l'otage, il dépendait judiciairement à la fois du parquet pour la fusillade qui venait d'avoir lieu sur l'autoroute et du juge d'instruction qui était chargé de l'information ouverte à la suite de l'enlèvement.

Le retour du baron devait être hâté sans aucun délai. L'obligation de lui porter secours et l'état de nécessité reléguaient au second plan les questions de savoir si juridiquement le coup de téléphone était compatible avec les textes et qui, du juge ou du procureur, devait donner son accord. Pourtant, il fallut plusieurs heures de discussion avant que Cayolle pût enfin composer les numéros libérateurs.

Il est trop évident qu'action et réflexion ne sont pas incompatibles.

Sans doute pourrait-on cependant s'efforcer à réduire les distances existant entre le juge et le policier.

Les professions sont complémentaires. C'est au même niveau universitaire que se situent les concours d'entrée dans la magistrature et d'accès aux fonctions de commissaire de police. Les études sont égales. Sauf exception, les coefficients intellectuels équivalents.

Commune en totalité ou en partie, une formation de base pourrait être envisagée, l'option définitive entre une carrière ou l'autre retardée. Mais les inévitables et salutaires différences devraient être maintenues.

Elles le seraient par l'exercice du métier, le tempérament et les expériences propres à chacun.

S'il est souhaitable de rapprocher, il ne faut pas confondre.

Les deux institutions ne peuvent être placées sous une même autorité.

Le juge et le policier unis dans la même famille ne céderaient-ils pas à la tentation naturelle de laver leur linge sale ensemble?

La transparence y gagnerait-elle? La mansuétude d'hier et d'aujourd'hui ne deviendrait-elle pas la complicité de demain?

Qui oserait répondre par la négative?

Le juge ne peut être partie.

de savoir si le chef du gouvernement et son épouse n'avaient pas des relations suspectes en rapport avec la recherche de plaisirs frelatés. L'intérêt politique de la calomnie savamment entretenue était tel que des photographies obscènes fabriquées pour les besoins de la cause furent distribuées notamment aux arrêts d'autobus à Paris. Nous pûmes établir que ces photos résultaient de montages réalisés à partir d'un cliché falsifié extrait d'une revue pornographique suédoise...

18

L'AVOCAT

L'avocat, défenseur du criminel, serait-il l'ennemi juré du policier? Amenés à se rencontrer et à s'affronter, il est souvent vrai qu'ils ne se portent pas toujours dans leur cœur.

Et pourtant, je puis m'enorgueillir d'avoir eu (me voilà déjà contraint de parler en partie au passé) et d'avoir, parmi mes meilleurs amis, des avocats. Si j'oublie l'amitié, je trouve souvent une grande considération pour beaucoup d'entre eux. Ils exercent une profession libérale. Ils en vivent. Les contingences matérielles les atteignent comme tout un chacun. Mais quand la volonté les anime, ils conservent la faculté entière de dire non et savent le faire souvent avec grandeur et détachement. Ils sont parmi les seuls à pouvoir encore demeurer indépendants. Alors, écoutons leur voix. Elle sera peut-être l'une des dernières à nous permettre de soulever le carcan sous lequel nous tient l'État et de rebâtir demain une société libre.

Comment ne pas évoquer, opinions politiques mises à part, ces victoires considérables sur des jugements de mort acquis d'avance remportées par Me Badinter assurant la défense de Patrick Henri qui, pour obtenir le versement d'une rançon, avait enlevé et assassiné un enfant; ou Me Tixier-Vignancour plaidant pour le général Salan.

Le talent, le travail et la passion leur permirent d'accomplir leur mission – défendre chaque individu cas par cas – au-delà de toute espérance.

– Tous les avocats sont-ils à hauteur de leur tâche? me demandez-vous.

– Quelle corporation groupant quatre mille cinq cents personnes à Paris seulement pourrait prétendre être exempte de toute brebis galeuse? Les cas marginaux, ici, ne nous intéressent pas.

– D'où vient alors l'opposition entre policiers et avocats? Tous deux ne sont-ils pas des auxiliaires de la justice et ne doivent-ils pas concourir à la manifestation de la vérité?

– Certes, oui. Mais ils le font suivant des approches différentes. L'un, en contribution à la défense de tous, l'autre en fonction des seuls intérêts de son client. Le premier part des faits. Le second a pour ambition d'en diminuer ou d'en modifier la portée. Loin de moi l'idée que, dans le subtil dosage de la peine nécessaire et suffisante, toute commisération soit inutile. Mais je suis encore plus loin de croire que cette mesure passe par l'abaissement de l'inspecteur ou du commissaire, venus déposer à la barre des témoins. Faire tomber un policier de son piédestal pour porter atteinte à sa crédibilité, et donc atténuer la force de son rapport ou de ses procès-verbaux, constitue l'une des techniques de prédilection des avocats.

Le policier, accusé de tous les maux, fait apparaître moins noir le malfaiteur jugé. Lorsqu'il entre dans la salle d'audience d'un tribunal correctionnel et, à fortiori, dans une salle de cour d'assises, le policier peut s'attendre à être mis en difficulté et même à un combat. Dans le prétoire, à l'affût des abus réels (c'est son devoir) ou supposés (c'est son droit) commis par le policier, l'avocat s'acharne sur les points faibles du dossier et essaie de tirer argument de tout ce qui va à l'encontre d'une certitude trop établie... ou d'une vérité trop crue.

La rapidité d'une enquête nuit à sa perfection. Les rédactions malheureuses, les vérifications insuffisantes, les questions sans réponse ou dont la réponse ne dépend que du malfaiteur, sont sources d'approximations, d'ambiguïtés et d'obscurités dans lesquelles l'avocat fait son lit. Avec volupté.

Je rappellerai un exemple significatif à propos de l'affaire Suarez, le directeur de la Banque de Bilbao à Paris, enlevé et séquestré pendant vingt jours en mai 1974. Libéré sain et sauf, il n'aspirait évidemment qu'à retrouver sa famille et à se reposer. Pour moi, pour les enquêteurs, pendant une petite heure, il relate son enlèvement, sa détention, sa libération, le tout sans entrer dans les détails qui font la force (parfois aussi la faiblesse) des procès-verbaux. L'heure est au soulagement, pas à la reconstitution minutieuse. En parlant de sa libération, il évoque un escalier en bois qu'il a descendu et ajoute qu'il s'est tout de suite trouvé dans la rue après la dernière marche. Or, la reconstitution montra qu'il fallait, en réalité, parcourir plusieurs mètres depuis la dernière marche pour atteindre le portail de l'immeuble. Les avocats des ravisseurs se jetèrent sur cette contradiction pour établir qu'il ne pouvait donc y avoir identité entre la description de M. Suarez et l'immeuble dans lequel nous avions toutes les raisons de croire qu'il était resté prisonnier...

C'est de bonne guerre, mais tout de même! on pouvait aussi s'interroger – et les avocats n'y faillirent pas – sur l'itinéraire de la voiture où il était séquestré, alors que M. Suarez avait été transporté les yeux bandés, le nez contre le plancher et enfermé dans une malle en osier. Sur ces imprécisions et ces impossibilités, la défense construit souvent ses attaques. Elle y ajoute des suppositions, des hypothèses et pose des questions sur ce qui résulte de son imagination. Là, le combat est totalement inégal. On ne peut atteindre ce qui n'existe pas; bien avant que Bellérophon ne tue la Chimère, elle était inaccessible.

Et le policier qui se laisse prendre à ce jeu est perdu d'avance. C'est à l'avocat qu'il appartient d'établir la vérité de son hypothèse. Dans l'impossibilité de le faire, il engage habilement le policier à démontrer le contraire de ce qu'il a établi, et le témoin vu ou entendu. Parler dans le vide et vous engager à l'imiter fait partie du métier de l'avocat.

Je reconnais qu'il faut au défenseur beaucoup d'abnégation pour se mettre totalement au service d'un homme qui va être jugé. Que cet homme puisse et doive être défendu est un impératif absolu. Par tous les moyens? C'est beaucoup moins sûr.

Les avocats luttent contre l'évidence. L'une de leurs méthodes est classique : elle consiste à tenter de faire admettre qu'il est impossible que leur client ait pu commettre les erreurs qui ont été les siennes, tant elles constituent des charges accablantes.

Exemple : vous prétendez qu'il a tué et conservé l'arme du crime? Qu'il a gardé le portefeuille de sa victime, sa carte de crédit et son chéquier? Qu'il porte la montre volée à son poignet?

– Soyons sérieux, dit l'avocat, un assassin ne conserve pas les traces de son forfait. Son intérêt n'est-il pas de tout faire disparaître?

Les malfaiteurs, sauf rares et habiles calculateurs, sont, dans leur grande majorité, obnubilés par l'appât du gain et n'ont qu'une idée, en jouir. L'inconséquence est dans la nature du délinquant et elle est si confondante qu'elle permet à leurs avocats de la présenter comme incroyable. Et pourtant, ils ont agi ainsi. C'est là, dans la faiblesse évidente de leur caractère et de leur intellect que se trouve la véritable limitation de leur responsabilité et non le plus souvent dans leur innocence. Il est facile – disons qu'il est séduisant – de dire qu'un malfaiteur a été si maladroit qu'il n'a pas pu commettre le fait dont on l'accuse.

Cela reviendrait à soutenir que l'intelligence est le propre de l'homme et donc des délinquants et que la bêtise est une preuve d'innocence...

De l'acte délibéré, réfléchi et conscient à l'acte subit, instantané et presque involontaire, il y a des gradations complexes qui font les différences entre les êtres et entre les crimes. C'est dans cette diversité que l'avocat doit pouvoir faire ressortir le caractère de ses clients. Si l'erreur judiciaire – condamnation d'un innocent au lieu d'un coupable – est, malgré les cris de certains intellectuels, pratiquement inexistante en France aujourd'hui, dans les affaires criminelles graves, en revanche, l'erreur de jugement est très répandue.

Ayant une meilleure connaissance de l'accusé que le policier ou le juge, c'est à mettre en évidence les facteurs de la responsabilité de son client que l'avocat doit s'employer. Il doit éclairer. Il ne devrait pas tromper. Malheureusement, la logique du système entraîne l'avocat à tourner le dos à la vérité. Quelle est son attitude s'il est convaincu du mensonge de son client? La même que s'il est persuadé de son innocence. Résultat oblige. Toutes les prisons résonnent des succès des maîtres du barreau. Et, souvent, ils sont cités en exemple à leurs cadets.

Alors, trompe qui peut! Faux alibi, subornation de témoins, lecture tronquée de textes précis (très fréquent...), truquages de déclarations, tentatives d'intimidation du témoin et même de la victime – quand elle n'a pas succombé – discussions oiseuses sur des détails insignifiants pour occulter l'essentiel, entreprises – délicates mais savantes... – de séduction à l'égard du président, des juges, des jurés auxquels sont reconnues toutes les vertus humaines... le temps d'une plaidoirie. Sans oublier l'opération de charme à l'égard de la presse dont l'influence peut être considérable par son écho dans l'opinion. Avant que les débats ne commencent et durant les suspensions d'audience, du plus jeune à ceux qui le sont moins, avocats et journalistes se tutoient, se congratulent, s'embrassent...

Dans cette comédie humaine – qui est aussi une lutte pour la vie – le policier doit retenir que la vérité seule est insuffisante. Fragile. Menacée. La vérité doit être défendue. Pour ne plus jouer aux gendarmes et aux voleurs, pour tenter de combler ce fossé qui sépare les policiers des avocats, le barreau de Paris avait organisé une grande table ronde en présence du premier président et du procureur général de la cour d'appel de Paris. Cette réunion, qui se déroula le 25 juin 1975, engendra quatre commissions auxquelles participaient également des magistrats. Nous avions examiné de nombreux problèmes communs : garde à vue, intervention de l'avocat dans l'enquête, accès aux fichiers, etc. Une réunion positive et sympathique, suivie d'une autre en décembre 1976.

Depuis, l'initiative a regagné le tiroir des propositions oubliées. Depuis, rien n'a plus été tenté pour concilier nos métiers, nos méthodes, nos buts. C'est très regrettable car nous aurions pu aboutir à une compréhension plus efficace que l'animosité. Le policier sur ses gardes pour ne pas tomber dans des pièges d'éloquence et l'avocat cherchant la petite faille qui va tout démolir ne sont pas les meilleurs compléments d'une justice sereine et digne de ce nom.

19

LA POLICE ET LA PRESSE

Si téméraire que cela me paraisse, il me faut écrire au sujet de ceux dont c'est la profession : les journalistes.

Les circonstances ont voulu que j'aie pu quelquefois alimenter leurs chroniques. Je l'ai dit, moi-même, durant quelques mois, me suis exercé à leur métier.

Au-delà de la sympathie que j'ai pu éprouver à l'égard de certains d'entre eux, au-delà de mon incompréhension pour des idées ou hypothèses émises en méconnaissance ou en dépit de la réalité connue, je suis tenté d'écrire : peu importent les erreurs, les partis pris, les injustices, s'ils ne sont imposés par un pouvoir omnipotent et tyrannique. L'essentiel est dans la liberté de la presse.

Cette pétition de principe, qui ne prétend à aucune originalité, est la plate-forme à partir de laquelle il me sera permis d'exposer, tels que je les ai connus, les rapports du journaliste et du policier.

Il n'y a pas d'opposition endémique entre eux. S'ils se rencontrent fréquemment, c'est que leur intérêt se porte souvent sur la même matière, le même fait.

Cela est si vrai qu'il existe non seulement au cabinet du ministre de l'Intérieur et à celui du préfet de police, mais aussi à la Direction de la Police judiciaire, des journalistes accrédités qui ont leurs petites et grandes entrées dans les services.

Au quai des Orfèvres, l'agence France-Presse est représentée depuis bientôt quarante ans par René Alazard, Bitterois d'origine, qui est le plus chauvin et le plus partial des commentateurs du lundi quand il s'agit de rugby, alors qu'il est l'honnêteté faite homme dans tous les autres compartiments de sa vie.

Il est de loin, au 36, le plus ancien. Il sait tout, mais n'a jamais trahi et bénéficie ainsi de l'estime de tous et de l'amitié du plus grand nombre.

S'il est absent, on le recherche pour qu'il ne soit pas devancé par un confrère.

En plus du réseau de relations qu'il a su créer autour de lui, il connaît si bien tous les mouvements de la police judiciaire qu'il sait instantanément que quelque chose se passe. Toujours en éveil, toujours à l'affût, on l'appelle « la Musaraigne ».

Un bruit différent, des pas précipités et le voilà sur son palier au deuxième étage, épiant, guettant, grappillant et rapidement sachant.

On ne peut (et on ne veut) lui échapper.

Il en est de même au Palais de Justice où il a des confrères accrédités depuis de longues années qui hantent les couloirs du parquet, les cabinets des juges d'instruction et les chambres de jugement, de telle sorte que rien d'important ne leur demeure étranger.

Ainsi la presse tient-elle position à la Cité où tout fait divers de la capitale aboutit.

C'est dire que les relations sont extrêmement fréquentes, plus que quotidiennes, et ne posent en général pas de problème. Avec les accrédités, elles sont empreintes de courtoisie. Si l'un d'entre eux ne joue pas le jeu, c'est arrivé peu souvent mais quelquefois, l'agrément lui est retiré et son remplacement demandé au journal.

Où les choses deviennent plus difficiles, c'est dans les affaires qui connaissent un certain retentissement et où tous les journaux veulent avoir accès à des informations directes.

Pour éviter d'être successivement interrogé par chacun et pour fournir à tous les mêmes informations, le plus expédient est alors de donner rendez-vous au même moment aux reporters intéressés, leur exposer les faits et répondre, dans la mesure du possible, à leurs questions.

Dirai-je que les comptes rendus traduisent souvent plus de diversité que le sujet n'en comporte? Il n'est pas nécessaire de forcer sa plume pour l'écrire. C'est d'expérience banale.

Le plus curieux est le cas de ceux que l'on ne voit jamais et n'en écrivent pas moins. Vrai? Faux? C'est alors souvent le deuxième qualificatif qui convient le mieux.

S'il ne peut considérer être au service de la presse, le policier, quand il est responsable de services sensibles, ne pourrait pour autant vouloir délibérément l'ignorer.

J'imagine même que si telle était sa volonté, il ne saurait se maintenir en place très longtemps. Non que je veuille dire que la presse soit une puissance à laquelle le policier est contraint de se soumettre, mais il s'agit d'une institution dont il ne pourrait venir à l'idée de personne de ne pas tenir compte.

Les relations sont difficiles dans la mesure où elles sont moralement et socialement obligatoires, mais légalement interdites.

Le plus souvent, en effet, elles vont à l'encontre du secret professionnel ou du secret de l'instruction protégés par des peines correctionnelles.

Mais le droit à l'information est si légitime et si profondément entré dans nos mœurs que l'on se trouve devant la nécessité de concilier les contraires.

Quand on me parle du secret derrière lequel se cache constamment le policier, je ne puis m'empêcher de hausser les épaules. La loi et l'usage ne vont pas de pair.

Si les critiques sont faciles, la solution n'est pas aisée. Le choix se situe entre une information retenue et une information débridée, voire anarchique.

C'est entre des récifs que nous naviguons. Tomber de Charybde en Scylla est le danger majeur.

Il serait faux de penser que le policier se complaise dans un univers fermé comme un cloporte. Il n'a jamais hésité à ouvrir ses bureaux quand la demande lui en est faite.

Il est fréquent que des journalistes ou des cinéastes soient autorisés à partager la vie d'un service durant plusieurs jours ou plusieurs semaines et à suivre de bout en bout une ou plusieurs enquêtes avec les fonctionnaires qui en sont chargés.

Il va de soi qu'il ne s'agit pas de damer le pion aux confrères et de profiter de l'occasion pour obtenir la priorité de certaines informations.

Tout au contraire, le reporter ou le metteur en scène s'engagent à oublier – et oublient – les faits précis pour n'en retenir que les substrats ou les détails.

J'ai vu pratiquer cela de tout temps.

Spontanés ou intéressés, les échanges entre la presse et la police sont dans leurs obligations.

C'est ainsi que le policier souhaite parfois voir diffuser des indications propres à attirer l'attention d'éventuels témoins, des portraits-robots ou des photographies de suspects.

L'enquêteur sait que nombre d'affaires réussies l'ont été grâce aux témoignages obtenus à la suite d'informations parues dans la presse. L'exemple le plus simple, et sans doute aussi le plus courant, est celui de l'appel aux chauffeurs de taxi qui ont pu conduire la victime, un témoin ou le criminel d'un point à un autre; ou encore, celui de voisins qui reconnaissent dans le monsieur tranquille du dernier étage celui après lequel toutes les polices courent.

Et n'est-il pas advenu qu'une voix diffusée par la presse parlée et télévisée ne soit reconnue par quelques proches ou relations?

Certains se sont insurgés contre cette contribution journalistique à l'œuvre répressive. Comme si c'était un forfait de participer à la découverte d'un criminel?

La différence essentielle entre le policier et le journaliste résulte du point de vue à partir duquel l'un et l'autre appréhendent le fait.

Le policier n'a pour objectif que la recherche des données nécessaires à la conduite de son enquête, le journaliste celle du sensationnel, de l'invraisemblable, du jamais vu, souvent du scandaleux.

Si le second peut aller plus vite que le premier, c'est le triomphe. Mais, le plus généralement, le journaliste est à la remorque du policier. A lui seul, il ne peut rivaliser avec les équipes d'enquêteurs qui, comme des fourmis, ramènent tout au bénéfice de la communauté. Si nombreux qu'ils soient, les journalistes travaillent individuellement, chacun pour soi, quand ce n'est pas l'un contre l'autre.

Souvent, ils se présentent aux policiers en quémandeurs. Mais en quémandeurs indépendants qui bénéficient du luxe de n'avoir pas l'obligation de dire merci. A la limite, ils utilisent contre le policier ce que ce dernier leur a donné.

Les conflits, bien plus que la paix, intéressent les chroniqueurs. C'est pourquoi ils ont souvent tendance à ajouter quelques condiments à leur copie.

C'était au début de l'hiver 1952, alors que j'étais au commissariat du quartier Saint-Germain-des-Prés.

Deux jeunes garçons, dix-onze ans, attirés par le spectacle de la Seine en crue, avaient fait l'école buissonnière et s'en étaient allés jouer sur les quais.

L'un fut emporté par le fleuve.

Ce qui est un drame pour les proches n'est qu'un fait divers affreux, mais banal, pour les autres.

Que dire de plus?

J'eus une assez vive altercation avec le journaliste qui faisait la tournée des commissariats à la recherche des « chiens crevés », si horrible que soit l'expression à propos de cas semblables à celui de cet enfant.

Après que je lui eus donné l'information, il s'en alla faire son « enquête de voisinage ».

Oui, c'était vrai : les parents de la petite victime ne s'étaient pas toujours montrés très attentifs. Ce n'était pas la première fois que le garçon oubliait d'aller à l'école. Cela leur avait été dit. Une bonne correction aurait mieux valu qu'une fatale noyade.

Mais rappeler publiquement leurs devoirs aux parents au lendemain de la mort de leur enfant me parut mal venu et peu charitable. Longtemps je refusai de revoir ce journaliste... qui, peut-être, sait-on jamais? n'avait eu en vue que la mise en garde de tous.

C'est difficile à expliquer au père et à la mère revenus pour vous demander des comptes.

Je ne devais pas tirer de cet incident de parcours une ligne de conduite définitivement hostile à la presse.

Je me suis toujours efforcé, tout au contraire, à faciliter, dans toute la mesure où je l'ai pu, la tâche du journaliste et je pense pouvoir dire, sans crainte d'être démenti, qu'ils ont pris bien des heures de mon temps, même quand il n'était pas libre.

J'ai toujours considéré que je n'avais aucune raison d'opposer une fin de non-recevoir aux questions qui m'étaient présentées, si je pouvais donner une réponse qui n'avait pas de caractère, de secret absolu, si elle ne portait préjudice à personne et, règle également essentielle, si elle n'était pas de nature à nuire à la suite de l'enquête.

Ces limites, que je considérais comme d'obligation naturelle, m'ont toujours servi, en dépit parfois d'instructions particulières, de guide personnel.

Dirai-je qu'elles m'ont toujours permis de maîtriser la situation? Il est évident que non.

Les journalistes ont leurs propres impératifs. Les leurs et les nôtres ne sont pas toujours conciliables. Souvent, auprès d'eux, je me suis plaint de divulgations intempestives au cours de nos investigations.

Quand il se trouve à la tête d'une information inédite, d'un « scoop », il est difficile d'empêcher le journaliste de la publier. Non par indifférence à l'égard des problèmes de police, mais le plus souvent par crainte d'être « doublé » par un confrère.

Il est arrivé que des communiqués émanant du ministère de l'Intérieur rendent hommage au silence observé par la presse à l'occasion d'enlèvements d'enfants.

Oui, c'est vrai que tous savaient et tous se sont tus. Mais quelle angoisse aussi quand, aux abords du domicile des parents, nuit et jour, des voitures de presse « planquaient » comme nous pour que les journaux ne soient pas distancés dans l'information, ceci en contradiction absolue avec les injonctions des ravisseurs qui prétendaient imposer aux parents un mutisme absolu vis-à-vis de la police.

Mais si la presse est au courant, comment la police ne le serait-elle pas également? Le reporter veut « coller » à l'événement.

Lors de l'enlèvement de Guy Thodoroff, des voitures de presse surveillaient en permanence le domicile du père, Tsatcho. Ils ne pouvaient manquer d'observer nos allées et venues.

Un après-midi, quand le premier rendez-vous pour la remise de la rançon eut lieu, il nous fallut partir de ce domicile.

Immédiatement, nous eûmes à nos trousses plusieurs voitures de presse. Notre cortège manquait de discrétion. Il était impossible d'accepter de continuer ainsi.

Dans une rue assez étroite pour interdire d'être doublé, je demandai à l'équipage, qui pour nous fermait la marche, de stopper et d'attendre que nous ayons disparu pour libérer la circulation.

Cela me semblait de bonne guerre. Le lendemain matin, les journalistes qui avaient été ainsi bloqués publiaient le compte rendu complet de notre dispositif de surveillance et de filatures, avec certains numéros de nos voitures, que nous avons dû changer.

C'était la réponse du berger à la bergère. Mais c'est de cet instant que Tsatcho Thodoroff ne voulut plus collaborer en aucune façon avec nous et réussit ainsi à remettre à notre insu le montant de la rançon demandée, alors que nous étions bien décidés à intervenir.

Au moment du procès, il évoqua avec jubilation les conditions dans lesquelles il avait réussi à déjouer notre surveillance.

Sa joie de vieux père était si grande qu'il était impossible de lui en vouloir, d'autant que s'il témoignait devant la cour d'assises, c'est que les ravisseurs, ou du moins l'essentiel de la bande, avaient été arrêtés et comparaissaient devant leurs juges.

Tant qu'il reste une édition à paraître, la presse a toujours le dernier mot.

C'est encore un exemple tiré d'un enlèvement que je vais citer.

Durant la longue et éprouvante séquestration que fut celle de Lucchino Revelli-Beaumont, les dispositifs mis en place pour tenter de déceler d'où provenaient les nombreux appels dont la famille faisait l'objet au téléphone nous avaient permis, avec l'aide du service des télécommunications des PTT, de constater que tous émanaient d'une cabine téléphonique publique.

Il finit par devenir évident que les malfaiteurs utilisaient régulièrement une cabine des 1er, 8e ou 16e arrondissements. L'interlocuteur, toujours le même, était un homme jeune, manifestement au centre de l'affaire.

A l'époque, juin 1977, cent soixante-quinze cabines étaient implantées sur les arrondissements concernés.

L'émissaire ayant fait savoir qu'il prendrait à nouveau contact avec la famille le 17 juin, après 19 heures, une tentative de repérage fut organisée : on l'appela l'opération Arizona.

Pour accélérer les procédures de détection et d'identification, les PTT mobilisèrent trois cents ingénieurs et techniciens.

De notre côté, nous avions rassemblé six cents fonctionnaires de la Police judiciaire, mais aussi des Renseignements généraux et même de la DST.

Les cent soixante-quinze cabines étaient surveillées, chacune par trois inspecteurs.

Il s'agissait de prendre en filature toutes les personnes se trouvant dans une cabine téléphonique au commencement et à la fin de l'appel.

Chaque groupe étant doté d'appareils émetteurs-récepteurs, le début de la conversation au domicile serait porté à la connaissance de tous par le nom de code Arizona et la fin de l'entretien par celui de Dakota.

D'entrée de jeu étaient éliminés les femmes, les enfants et même les hommes âgés de plus de soixante ans.

Tout se passa comme prévu. Une fois de plus, l'émissaire fit connaître les « nouvelles dernières instructions des ravisseurs ». Un certain nombre d'usagers des cabines furent suivis et même interpellés, jusqu'au moment où les télécommunications furent à même – ce n'était pas instantané – de nous indiquer précisément l'appareil utilisé.

Ce fut ainsi. Il s'agissait du seul poste qui avait été omis sur la liste de la Direction des télécommunications, le seul où nous n'étions pas.

Ce poste, place de la Madeleine, était visible d'une cabine voisine surveillée comme toutes les autres par trois fonctionnaires. Tous les trois se rendirent compte qu'au moment où nous diffusions « Arizona-Arizona » un homme venait d'entrer dans la cabine oubliée. Une complète malchance voulut que, au même moment, un homme ait pénétré dans celle dont ils avaient la charge. Ils ne pouvaient abandonner une proie pour l'autre.

Nous ne sûmes jamais qui avait été le correspondant de la famille.

Et plus jamais, jusqu'au 11 juillet, jour de la libération de l'otage, les ravisseurs n'appelèrent à partir d'une cabine téléphonique.

Pourquoi? Ce fut par la faute de la presse parlée.

Nous savons tous, depuis très longtemps, que nombre de journalistes écoutent les émissions radio de police.

L'expérience la plus facile à réaliser et que nous pouvions observer de nos fenêtres du quai des Orfèvres, est – quand les reporters se pressent devant l'entrée et attendent une de nos voitures dont ils savent qu'elle va arriver – de donner pour instruction, par radio, qu'elle emprunte la porte du quai de l'Horloge ou la grille du boulevard du Palais et non celle du quai des Orfèvres. Aussitôt, c'est l'envolée des voitures et des motos de presse vers le lieu désigné...

Quand il est important de conduire nos investigations hors de la présence des journalistes, il va de soi que les instructions radio sont données dans la forme la plus concise possible et codées.

Au cours de l'opération Arizona, il fut rapidement impossible de correspondre avec cent soixante-quinze groupes d'inspecteurs – de directions et services différents – sans être contraints de parler plus ou moins en clair.

Un radio-reporter à notre écoute eut tôt fait de comprendre ce qui se passait. Dans le même temps que notre action se poursuivait, il en dévoilait la nature à ses auditeurs.

Près de deux mois de travail avaient été anéantis par un « scoop ».

Ces difficultés ne devaient pas être les seules.

A la mi-juin, j'étais informé qu'une somme de deux millions de dollars (un milliard de centimes de l'époque), montant de la rançon exigée pour la libération de Revelli-Beaumont, avait été versée sur un compte ouvert dans une banque à Zurich, en Suisse, au nom d'un avocat de nationalité costaricaine, Vega-Lopez Fernando, de son faux nom.

Nous n'avions rien pu faire pour empêcher ce versement effectué à l'étranger, mais en accord avec le magistrat instructeur, nous allions tenter d'interdire aux ravisseurs d'en bénéficier.

Connaissant les possibilités financières de la famille Revelli-Beaumont, il était évident qu'elle n'avait pu rassembler la somme demandée qu'avec l'aide de la Fiat.

Bien que nous nous trouvions un samedi, c'était le 18 juin, avec l'inspecteur principal Claude Hildebrand, chef du groupe chargé de l'enquête, je me rendis à Zurich.

L'inspecteur de la brigade financière (c'est en Suisse le service de police le plus important) qui nous reçut en début d'après-midi, me dit :

– Nous ne pouvons rien faire, ni aujourd'hui, ni demain. Je ne puis intervenir auprès d'aucun président, aucun dirigeant, aucune banque pour le motif que vous me dites. Il faut attendre lundi.

J'insistai. Je pensais qu'une banque, fût-elle suisse, ne résisterait pas à une intervention éventuelle d'une société de la puissance de la Fiat.

L'inspecteur me répondit :

– Le président de la Confédération helvétique lui-même n'aurait pas le pouvoir de faire ouvrir une banque. Mais lundi, soyez là à 8 heures précises : il est fréquent que des ordres soient donnés dès l'heure d'ouverture des guichets. Nous pourrons ne pas avoir une minute à perdre.

Il fallait s'incliner. Je profitai du dimanche pour aller jusqu'aux Chutes du Rhin, à Schaffhausen, et le lundi matin, les huits coups de l'horloge venaient à peine de sonner que Vega-Lopez donnait ses instructions par téléphone à la banque. Selon les ordres qu'il avait laissés par écrit, trois jours auparavant, les deux millions de dollars devaient être virés sur trois comptes ouverts à des noms différents dans trois autres banques, non à Zurich, mais à Genève.

Allions-nous être battus?

Le premier avion pour Genève partait à 10 heures 30. Nous ne pouvions faire mieux que d'être à pied d'œuvre vers midi.

Il nous fallait filer. Surprise à l'aéroport de Genève. Trois inspecteurs de la brigade financière de la ville nous attendaient. Nous leur expliquâmes ce que nous souhaitions : ils savaient. Le fonctionnaire de Zurich les avait informés et, alors que nous faisions à peine connaissance, nous apprenions que tout un dispositif de surveillance était déjà en place auprès des trois banques, leurs dirigeants avisés, les fonds bloqués.

Les Suisses sont lents, dit-on souvent. Leur célérité nous laissa pantois.

Avec Hildebrand, nous n'eûmes qu'à régulariser la procédure auprès du doyen des juges d'instruction de Genève, sans l'accord duquel rien n'était possible.

Quand il apprit que la somme versée sur le compte de la banque zurichoise constituait le montant d'une rançon obtenue après un enlèvement, il nous donna, par le truchement des policiers suisses, les plus larges pouvoirs et il ne fut personne pour nous opposer le secret bancaire.

Je rentrai à Paris, tandis que mon collaborateur demeurait à Genève.

Avec le concours de ses collègues genevois, il poursuivit l'enquête. Enquête remarquable.

Est-il besoin de le préciser? Tous les noms utilisés par les ravisseurs pour l'ouverture des trois comptes étaient faux...

Mais la Suisse ayant maintenu l'obligation – supprimée en

France par Michel Poniatowski – de faire remplir une fiche de police aux voyageurs qui descendent dans un hôtel, nous pûmes retrouver sous leurs faux noms trace de divers passages des uns et des autres dans les palaces de Genève et d'ailleurs.

Tous avaient donné des états civils de ressortissant d'Amérique du Sud. La consultation des registres d'hôtels permit des recoupements qui amenèrent à la découverte de nouveaux états civils.

L'alarme bancaire (réquisition générale adressée à toutes les banques suisses à partir des noms utilisés) fit apparaître des comptes, des locations de coffres, d'autres noms. Chacun des malfaiteurs utilisait une demi-douzaine d'identités.

Dans l'une des banques, l'employé, intrigué par les questions de l'avocat au moment de l'ouverture d'un compte, avait délicatement photocopié la page voulue de son passeport et ainsi nous disposions de la photo de l'un des suspects.

Quelques numéros de téléphone demandés à partir de leurs chambres d'hôtels en France et en Espagne complétaient nos informations.

Nous commencions à cerner les ravisseurs et, quoi qu'il advienne, ils ne seraient plus en mesure de retirer un franc sans que nous soyons prévenus et qu'ils soient éventuellement interpellés, alors que Lucchino Revelli-Beaumont n'était pas encore libéré. Nous triomphions.

Comment, à nouveau, la presse française et étrangère fut-elle amenée à émettre des hypothèses sur le versement probable de la rançon? D'où venait la fuite? De France, d'Italie ou de Suisse?

Toujours est-il que personne ne se présenta à aucune des trois banques genevoises pour se faire payer.

Tout fut à recommencer à zéro.

Grâce à l'entremise d'un ancien ambassadeur de France à Buenos Aires, des relations de Lucchino Revelli-Beaumont sans que jamais nous ne soyons informés, de nouveaux pourparlers aboutirent à un deuxième versement de la somme réclamée, trois semaines plus tard.

Deux millions de dollars furent remis en espèces par un employé de banque, sur le pont de la Machine à Genève, le 8 juillet à 20 heures, à quatre hommes « qui disposaient d'une voiture jaune ». Mais ils avaient surtout eu le tort, dans l'après-midi, de se faire inscrire dans un hôtel à partir duquel ils avaient vue sur le point de rendez-vous.

Nouvelle alarme bancaire, nouvelles identifications, tous les comptes et tous les coffres furent rapidement rendus indisponibles aux malfaiteurs.

En persistant à placer leurs gains criminels en Suisse, les ravisseurs devaient tout perdre : l'argent et la liberté.

Lucchino Revelli-Beaumont était libéré le 11 juillet.

Grâce aux éléments recueillis à Zurich et Genève, quelques jours plus tard, une partie des ravisseurs était arrêtée à Marbella, luxueuse station balnéaire de la Costa del Sol, dans le sud de l'Espagne. Ils y disposaient d'une somptueuse villa. D'autres le furent à l'aéroport de Madrid.

Notre succès semblait total : Lucchino Revelli-Beaumont libéré, la rançon saisie, les malfaiteurs arrêtés.

Retour à Paris, d'Espagne où j'avais dû me rendre pour assister mes collaborateurs qui m'avaient précédé, je lus la première page du quotidien du soir du jeudi 28 juillet 1977, *France-Soir*. Sur sept colonnes s'étalent les titres : « Revelli-Beaumont : une interpellation à Paris, huit en Espagne dont le chef du gang. Plus des trois quarts des dollars retrouvés en Suisse et en Espagne ». Sur la même page, dont plus de la moitié est consacrée à ces arrestations, dans une chronique intitulée : « Qui paiera la pension? », Philippe Bouvard se demande si les ravisseurs pourront « lors de l'audience civile, présenter la facture des frais engagés durant trois mois pour nourrir et héberger » l'otage et si les soixante francs avancés à Lucchino Revelli-Beaumont, pour qu'il puisse prendre un taxi à destination de Versailles, « seront déduits de l'amende éventuellement décidée par le tribunal? »

Encore Philippe Bouvard ignorait-il que les sommes saisies en Suisse dépassaient très largement le montant de la rançon.

Le cerveau de l'affaire, condamné à Buenos Aires pour avoir participé à un hold-up qui avait fait deux morts, était également un trafiquant de stupéfiants. L'argent ne lui manquait pas. L'enlèvement de Lucchino Revelli-Beaumont était une catastrophe financière. Mais là n'était pas l'important.

L'important était que l'annonce des arrestations dans la presse tombait mal.

Le fait divers écrasait le fait politique.

Au regard de la place accordée à l'affaire, l'article concernant une interview donnée par Raymond Barre, le Premier ministre, la veille à Patrice Duhamel, sur TF1, était, il faut le reconnaître, fort limité.

Réduit, en haut et à droite, le titre : « Barre : la majorité repart dans le bon sens », puis sur une colonne « ... Et après la rentrée, augmentation du pouvoir d'achat ».

Qu'y pouvais-je si la part réservée au chef du gouvernement était médiocre et insuffisante? Comment *France-Soir* avait-il été prématurément informé?

Le nombre de personnes en Espagne et en France au courant ne permit jamais de découvrir d'où provenait l'indiscrétion.

Il en est d'ailleurs toujours ainsi.

Comment en effet envisager d'enquêter auprès des inspecteurs, des commissaires, des magistrats, ou des cabinets du préfet de police, du ministère de l'Intérieur et de la Justice?

Notre problème essentiel demeurait d'aller de l'avant.

Le refus des autorités espagnoles d'accorder l'extradition des ravisseurs – six Argentins et un Italien – en considération des mobiles politiques qu'ils invoquaient, ne permit pas de pousser plus loin les investigations.

Ils furent néanmoins tous condamnés par contumace par la cour d'assises de Paris à la réclusion criminelle à perpétuité.

L'arrêt est toujours exécutoire.

Je crois pouvoir dire que nous avions bien travaillé. Pour le faire reconnaître, il fallut plusieurs mois. Plusieurs mois pour que le préfet de police, Pierre Somveille, nous adresse une lettre nous en donnant acte et pour faire admettre que le chef de groupe, l'inspecteur Hildebrand, qui, au cœur de l'enquête, avait joué le rôle d'un ordinateur, soit proposé au grade de chevalier dans l'ordre national du mérite.

En ce qui me concerne, plusieurs autres mois me furent nécessaires pour obtenir l'avancement qui m'avait été hiérarchiquement promis et ministériellement confirmé.

Non à la suite de l'affaire Revelli-Beaumont, mais l'année suivante, après l'affaire Empain.

Ce dernier, on s'en souvient, fut libéré par ses ravisseurs le dimanche de Pâques 1978. C'était l'allégresse. Nous avions réussi, je ne dirai pas au-delà de toute espérance, mais à la limite de celle-ci. De-ci, de-là, quelques responsabilités m'étaient accordées dans notre succès. En toute modestie, quand Christian Bonnet m'assura que, commissaire divisionnaire, je serais nommé contrôleur général, je pouvais considérer recevoir la juste récompense de quelques efforts.

C'était le lundi de Pâques, au cours de la réception que le ministre avait offerte à tous ceux qui avaient contribué à notre victoire, du plus humble à son *brain-trust*.

L'ambiance était chaleureuse. La fraternisation facile et sans arrière-pensée.

La presse du jour en son ensemble était dithyrambique.

Restait la presse hebdomadaire.

Le magazine *Paris Match* avait décidé de « mettre le paquet » sur l'affaire. L'un de ses rédacteurs en chef qui a fait beaucoup parler de lui, Jean Durieux, harcelait le ministère de l'Intérieur pour obtenir renseignements, photos, ainsi qu'une interview de ma part. De bonnes relations existaient entre le ministère et ce journal. Il semblait ne pas y avoir de difficultés.

C'était mal connaître les journalistes. Ils en voulaient davantage et *Paris Match* désirait faire sa couverture avec ma photo qui, comme les œufs, devait être du jour même.

J'ignorais tout de ces démarches auxquelles le ministère avait répondu par la négative, quand le directeur central de la Police judiciaire me prit à part et me dit :

– *Paris Match* veut publier votre photographie en couverture. Qu'en pensez-vous?

Encore que je ne crois pas avoir particulièrement le goût de paraître, l'idée, en une certaine mesure, me flattait. J'étais tout disposé à me forcer un peu en vue de cette éphémère gloriole personnelle. Je répondis donc que j'obéirais aux directives qui me seraient données, ne voyant pas de raisons propres à refuser.

Le directeur en aurait avalé sa pipe.

Mon éventuelle acceptation ne lui convenait pas du tout.

– Mais, dit-il, vous rendez-vous compte qu'il y a quinze jours, c'était le président de la République qui faisait la une de *Paris Match*?

– Oui, et alors?

Cela ne me gênait pas. Il ne me venait pas à l'esprit que nos deux situations puissent être comparées et je ne voyais pas en quoi une photographie en première page d'un grand magazine pouvait *ipso facto* faire de moi un homme plus grand que je n'étais.

Si je ne refusais pas, le ministère ne pouvait accepter. Je ne ferais pas la une de *Paris Match*.

– Mais, ajouta le directeur, essayez tout de même de leur être agréable.

Je quittai la place Beauvau et revins au quai des Orfèvres en compagnie de mes chefs hiérarchiques directs, Jean Ducret et Roger Poiblanc, dans la voiture du directeur.

En cours de route, j'évoquai ma conversation précédente. Pouvait-on permettre à *Paris Match* de contretyper une photo du baron durant sa séquestration? Nous en avions plusieurs particulièrement évocatrices. Poiblanc se rappelait qu'une de ces photos avait déjà été publiée, dans les tout premiers jours de l'enlèvement. Cela était possible, sans que je le sache, étant alors aux États-Unis. Je dis donc :

– Si une photo a déjà été publiée, il n'y a aucun problème, je peux en donner une à nouveau.

Ducret et Poiblanc acquiescèrent.

Néanmoins, par correction, j'appelai le baron pour l'informer et avoir son accord.

Sur sa réponse affirmative, j'avisai *Paris Match* qui, toutes affaires cessantes, envoya l'un de ses photographes auquel je permis de reproduire deux ou trois des photos que nous avions du baron durant sa détention et que les ravisseurs avaient fait parvenir en son temps à la famille.

C'était le lundi, le jour du bouclage du journal, qui ne devait paraître que le jeudi. En toute hâte, un journaliste vint me poser quelques questions auxquelles je répondis dans la mesure du possible, et je demeurai, avec mes collaborateurs, au bureau pour continuer à travailler.

Vers onze heures du soir ou minuit, c'était la tempête. Comment toute la presse savait-elle déjà que *Paris Match* allait publier une photo inédite du baron couvert de chaînes? Je ne sais.

Je recevais coup de téléphone sur coup de téléphone. Souvent les uns plus désagréables que les autres.

Tous les journalistes savaient que ma fille Dominique travaillait à *Paris Match* et tous pensaient naturellement que c'était la raison pour laquelle l'hebdomadaire avait bénéficié d'un avantage intolérable, inacceptable.

Je verrais de quel bois les journalistes se chauffent. Ils n'en resteraient pas là. Pétitions. Plaintes. Manifestations. Grèves s'il le fallait. Le ciel me tombait sur la tête.

Face à ces furibondes et véhémentes démarches, il n'y avait qu'une seule réponse : donner les photos à tous les journalistes qui le désiraient.

J'eus, et la direction avec moi par la suite, nous n'eûmes qu'un réflexe opposé. Puisque la communication des photos à la presse créait un tel scandale, personne n'aurait rien.

Ainsi fîmes-nous. Mais les cabinets du préfet de police et du ministre de l'Intérieur étaient harcelés de questions et m'interrogeaient.

Il ne leur vint pas davantage à l'idée de remettre les photos à l'ensemble de la presse. *Paris Match* ne devant paraître que deux jours plus tard, il n'en fallait pas tant aux quotidiens pour devancer leur concurrent.

J'avais commis la faute, j'en supporterais seul les conséquences.

Heureusement, la baronne Empain, qui possédait un double des photos, consentit à dire à ma demande que c'était elle qui avait permis à *Paris Match* de les contretyper et ainsi, administrativement, étais-je blanchi. Disons que l'on voulut bien, en haut lieu, faire publiquement comme si ma responsabilité n'était pas engagée. Mais on n'en pensait pas moins et mon grade de contrôleur général fut délibérément oublié – sans, bien sûr, que cela me soit signifié autrement que par les jours qui passaient sans que je voie rien venir.

Il fallut la fusillade de l'ambassade d'Irak, quelques mois plus tard, pour me rendre mes prérogatives.

Je l'avais échappé belle.

Une dernière explication. Ducret et Poiblanc m'avaient parlé d'une photo qui avait été publiée dans les premiers jours de la séquestration du baron. Je l'ai retrouvée. Elle avait été présentée à la télévision et par certains journaux. Il s'agissait d'une ancienne photo du baron qui, sans truquage, ni montage, mais habilement présentée, avait pu induire en erreur nombre de personnes : le baron semblait prisonnier.

On a toujours tort d'être absent.

J'ai appris depuis que, faute d'une photo du baron Empain, *Paris Match* se serait contenté de la mienne. En effet, devant le refus du ministère de me laisser photographier pour la une du jour, l'hebdomadaire avait décidé d'utiliser l'une de ses photos d'archives.

Le ministère ne pouvait que s'incliner. Est-ce la raison pour laquelle il m'a été demandé d'essayer de leur être agréable? Quel sommet, en effet, n'aurais-je pas atteint?

Un sondage ultérieur n'aurait pas manqué de m'amener à me poser la question. Parmi les personnes de l'année, j'étais classé troisième, après Caroline de Monaco – là, j'étais très flatté – et Jacques Mesrine... Comment juger?

Difficultés, suspicions, vaines enquêtes (parfois de la police des polices), irritation des autorités, jalousie de collègues et de la hiérarchie, mais aussi, quelquefois, amitié et confiance – des rapports avec la presse j'ai connu un large éventail. Au fil des ans, quelques mauvais souvenirs aussi. Mais quel argument faire valoir quand le journaliste vous répond :

– Vous savez bien que nous ne sommes pas un journal d'information, mais un journal d'opinion!

Ce serait faire trop d'honneur à certains que citer ici leurs noms en vue de régler quelques comptes personnels.

Qu'au moment où j'écris, je fasse l'objet d'une inculpation pour violation du secret de l'information est plus cocasse.

Cette inculpation repose sur le fameux article 11 du Code de procédure pénale, aux termes duquel « la procédure au cours de l'enquête et de l'instruction est secrète.

« Toute personne qui concourt à cette procédure est tenue au secret professionnel dans les conditions et sous les peines de l'article 378 du Code pénal. »

Ces peines sont d'un mois à six mois d'emprisonnement et d'une amende de cinq cents francs à trois mille francs.

Telles sont les sanctions que j'encours depuis le 10 juin 1982, date à laquelle le doyen des juges d'instruction de Lyon, M. Georgin, me signifia qu'en vertu des réquisitions qui lui avaient été adressées par le procureur de la République de son tribunal (officier de police judiciaire à Paris, je ne peux être jugé dans la ville où j'exerçais), j'étais inculpé de violation du secret de l'information.

De quelle information? Celle ouverte le 24 décembre 1976, à la suite de l'assassinat du prince Jean de Broglie et dont M. Guy Floch, premier juge d'instruction à Paris, avait été saisi.

De quel secret? Pour répondre, il me faut revenir aux faits.

L'enquête effectuée à la suite de l'assassinat du prince avait permis, nous le savons, d'identifier, appréhender et interroger plusieurs personnes, dont quatre (Gérard Frèche, le tueur, Raoul Tessèdre, le recruteur, Georges Simoné, le policier intermédiaire et Pierre de Varga, le commanditaire) devaient être placées tout de suite sous main de justice et y demeurer jusqu'à leur comparution devant la cour d'assises de Paris, cinq ans plus tard, et être enfin condamnées.

A des degrés divers et au fur et à mesure que nous avancions, les journalistes étaient tenus au courant du développement de l'enquête. C'était, en ce qui me concerne, dans les limites que je m'étais toujours fixées.

Quand, le 29 décembre 1976, avec M. Jean Ducret, je me rendis au ministère de l'Intérieur pour assister Michel Poniatowski dans la conférence de presse qu'il devait tenir sur l'évolution de la criminalité durant l'année 1976, je ne pouvais que, publiquement, confirmer ce dont les journalistes s'étaient déjà fait l'écho.

Que les indiscrétions précédentes ne légitiment pas la conférence de presse télévisée, c'est bien évident.

Cependant, il faut se demander pourquoi il ne s'est trouvé aucune voix pour s'élever contre les informations – les mêmes – données en catimini et celles qui ont fait l'objet d'une déclaration publique?

Sans doute serait-il permis de répondre que des accusations portées en la forme anonyme – encore que sous la responsabilité du journaliste – ont une portée moindre que celles directement formulées par les responsables de l'enquête. Soit.

L'hypocrisie est ici totale. La conférence de presse que mon directeur, M. Ducret, et moi devions tenir avait été annoncée, *urbi et orbi*, dès le matin pour devoir avoir lieu chez nous au quai des Orfèvres.

Elle n'avait soulevé aucune objection ni de la part des ministères de la Justice et de l'Intérieur, ni du procureur général, du procureur de la République ou du juge d'instruction.

Elle s'inscrivait dans l'évidente obligation de tenir informée la presse des résultats d'une enquête à l'égard de laquelle l'opinion publique était en éveil.

Nous avions déjà agi de même pour des affaires d'importance et notamment à la suite des enlèvements du banquier Suarez ou du P-DG Louis Hazan, de Phonogram.

Pourquoi une telle levée de boucliers quand il s'est agi de l'affaire de Broglie?

Tout simplement parce que, en sortant du quai des Orfèvres pour être évoquée à la place Beauvau, de policière, l'affaire devint politique.

Michel Poniatowski avait le désir de faire une déclaration sur la sécurité à la suite du Conseil des ministres qui s'était tenu le matin.

La conférence de presse du quai des Orfèvres devait avoir lieu approximativement à la même heure. Il y avait gros à parier que celle-ci serait plus suivie que celle-là. Pourquoi ne pas réunir les deux? Comment mieux illustrer sa déclaration sur les résultats positifs obtenus en cours d'année contre la criminalité que par l'exemple de l'enquête en cours?

Une certaine publicité messied-elle à la politique?

Mais, tandis que jusqu'alors le ministère de la Justice n'avait pas réagi au principe de la communication qui devait être faite à la presse par les enquêteurs, nous étions à peine arrivés dans le bureau du ministre de l'Intérieur qu'un membre du cabinet d'Olivier Guichard, garde des Sceaux, attirait l'attention sur le secret de l'instruction.

La mise en garde fut accueillie par des haussements d'épaules.

Ce fut une erreur. Elle aurait dû nous inciter à prendre garde et examiner plus avant ce que nous pouvions dire ou taire. Son effet fut au contraire de précipiter le mouvement. On ne prit même pas la peine de refaire le point de l'enquête. On ne s'accorda sur rien.

Notre légèreté fut lourde de conséquences, même si elle était et demeure une preuve de bonne foi.

Si regrettable qu'il fût, le meurtre était d'ordre privé. Point ne fut besoin d'études secrètes, de chuchotements et conciliabules, de travestissements ou dissimulations. La vérité pouvait être dite. Elle le fut.

S'il apparaissait que l'ancien secrétaire d'État avait pu se fourvoyer avec des assassins en col blanc, c'était bien dommage, mais irrémédiable.

La faute vint de ce que nous avions eu raison trop vite. Nous ne prîmes pas la précaution, même si elle ne devait être que de pure forme, de considérer que l'enquête n'en était qu'à ses débuts, et que des éléments nouveaux étaient susceptibles de survenir. Tel ne fut pas le cas, mais telle aurait dû être la précaution oratoire qui aurait ménagé la susceptibilité du juge et aurait sans doute évité qu'il ne s'embarquât, dès le lendemain, dans le désir éperdu de démontrer le contraire de ce que nous avions établi.

Affaire « ficelée », avez-vous dit?

L'opposition se déchaîna.

D'abord le ministre fut accusé d'avoir voulu étouffer l'affaire et cacher les mobiles réels de la mort du prince. Puis, quand les rapports Roux furent publiés, il s'est agi de démontrer que Poniatowski avait connu leur existence avant le crime et avait donné des instructions aux services de police pour laisser se commettre l'assassinat.

C'est dans la matinée du 27, deux jours avant la conférence de presse, en présence du préfet de police, Pierre Somveille, du directeur général de la Police nationale Robert Pandraud, de Maurice Bouvier, directeur central de la Police judiciaire, que Jean Ducret avait relaté au ministre les circonstances dans lesquelles il avait été informé du projet ourdi contre Jean de Broglie et, s'estimant insuffisamment renseigné, avait conservé les rapports par-devers lui.

Michel Poniatowski avait compris, n'avait formulé aucun reproche et résigné, avait laissé tomber cette phrase dont j'ai gardé le souvenir précis : « Si vous m'en aviez parlé avant, j'aurais pu vous apprendre des choses. » Trop tard.

Mais ceci me permit de dire, quand je fus appelé à témoigner devant la Commission de l'Assemblée nationale, que j'avais la « conviction absolue » que le ministre ne connaissait pas les rapports avant le meurtre. La vérité est là.

Affaire de droit commun type, l'assassinat de Jean de Broglie était devenu un scandale politique. Il ne prit fin qu'avec l'arrêt de condamnation de la cour d'assises de Paris.

Quant à Ducret et moi, nous demeurons, huit ans après, inculpés de violation du secret de l'information, même si nous n'apprîmes rien à personne et alors que nous avions agi sur instruction de notre ministre (ce qui, judiciairement, n'a aucune valeur), mais aussi et surtout avec l'accord initial de la justice, habilitée à nous délier du secret.

Quand je revins du ministère de l'Intérieur, M. Floch, le juge d'instruction, regarda avec moi dans mon bureau le compte rendu télévisé de la conférence. Il ne fit aucun commentaire.

Comparaîtrons-nous devant le tribunal correctionnel de Lyon? Je l'ignore. Serons-nous condamnés? Interrogation encore.

Quoi qu'il puisse advenir, la loi d'amnistie de 1981 jouera. Bien plus que par leurs conséquences personnelles, l'inculpation et éventuellement la condamnation ne sont intéressantes que sur le plan des principes.

Aucun texte de loi n'est plus habituellement et totalement violé que l'article 11 du Code de procédure pénale.

La question qui se pose est alors celle de savoir si cette règle demeure l'expression d'une nécessité reconnue par tous, ou si elle est, au contraire, en complète contradiction avec les mœurs?

N'atteint-on pas de hauts sommets de bouffonnerie quand, dès le lendemain de leurs dépositions devant le conseiller Chevalier chargé d'un complément d'information pour réétudier l'affaire de Broglie, les personnes entendues pouvaient relire dans certains journaux les procès-verbaux *in extenso* de leurs déclarations?

Ce fut le cas notamment du juge Floch. Lorsqu'il comparut devant la commission de l'Assemblée nationale, il put, sans rire, répondre :

– Je me considère comme lié par le secret de l'instruction. Même devant votre commission, je suis tenu au respect de la loi. Tout ce que je puis vous dire, c'est que j'ai reconnu dans la déclaration publiée dans la presse les termes de la déclaration que j'ai faite devant le président de la chambre d'accusation.

La violation du secret de l'information pouvait-elle être plus éclatante?

Elle fit dire au rapporteur :

– Faut-il donc que nous nous adressions à la presse pour obtenir des réponses à nos questions?

Si la loi a pour but de sauvegarder l'honneur des personnes présumées innocentes jusqu'à ce que la condamnation ne soit intervenue, c'est cependant tous les jours que le journaliste s'interroge sur les probabilités de culpabilité ou d'innocence de telle ou telle personne. Est-ce un bien? Est-ce un mal? La réponse ne peut être unique. Il n'y a que des cas particuliers et sans doute faut-il reconnaître qu'il serait autrement dangereux que nous puissions être détenus et jugés sans que personne ait aucune idée des charges retenues à notre encontre.

La suspicion serait généralisée à l'égard de tous : policiers, juges, procureurs, témoins, accusés.

Il est vrai que l'article 11 n'est pas opposable aux personnes poursuivies. Pas davantage au témoin qui relate ce qu'il sait ni à l'accusation qui a la possibilité (dont elle use peu) de se faire entendre par la voie de communiqués du procureur de la République.

Que reste-t-il du secret de l'instruction dans ces conditions?

N'est-ce pas faire injure permanente à la loi que de la voir constamment et ouvertement bafouée? Ne serait-il pas préférable d'adapter la règle à l'usage?

Au-delà des cas limités de Jean Ducret et du mien, je pense que le procès qui pourra s'ouvrir à Lyon devrait avoir le mérite de poser à nouveau la question devant les juges et devant l'opinion publique.

Je ne doute pas que la presse combattra contre le secret de l'instruction et pour une information complète, ouverte à toutes les parties en cause, c'est-à-dire également aux juges, policiers, experts, avocats. Sauf à ne pas empiéter – trop – sur la liberté d'autrui. Mais là, c'est un autre problème.

C'est celui de la coexistence des libertés de chacun.

20

LA POLICE DES POLICES

Du gardien de la paix en faction à celui qui tombe sous les coups du malfaiteur dont il contrôle l'identité, de l'inspecteur au commissaire qui, semelles à clous ou pas, tente de découvrir le chemin de la vérité et du coupable, nous avons essayé de montrer le policier face aux autres.

Affecté dans les premiers jours de l'automne 1979 à l'Inspection générale de la Police nationale – souvent appelée la « police des polices » par assimilation avec l'Inspection générale des services de la Préfecture de police – j'allais rencontrer les policiers tels qu'en eux-mêmes.

D'abord le patron, Guy Denis qui comme directeur adjoint, fut le premier fonctionnaire de la « maison d'en face », la Sûreté nationale, à entrer dans le saint des saints, le quai des Orfèvres.

C'est là que nous avions fait connaissance et, quand j'arrivai à l'ancien hôpital Beaujon, siège de l'IGPN, rue du faubourg Saint-Honoré, Guy Denis m'ouvrit les portes de sa maison avec chaleur et amitié.

Chargée de l'inspection et du contrôle de tous les services de police de la métropole et des territoires d'outre-mer – sauf, en principe, la capitale qui a son propre service d'inspection –, l'IGPN est placée sous les ordres d'un directeur. Il est assisté d'un directeur adjoint et de quelques contrôleurs généraux et commissaires divisionnaires, nommés, pour le plus grand nombre d'entre eux, à la suite de circonstances interrompant provisoirement ou définitivement le déroulement serein de leur carrière.

Ainsi se trouvent réunis une vingtaine de hauts fonctionnaires, venant d'horizons divers, qui, forts de leurs expériences réciproques, s'en vont parcourir la France pour constater *de visu* comment fonctionnent les services de police.

A ces contrôles, qui donnent lieu à la rédaction de rapports descriptifs et critiques très complets, s'ajoutent des études sur des problèmes spécifiques et des enquêtes à caractère disciplinaire : fonctionnaires faisant l'objet de dénonciations ou de plaintes, à titre collectif ou particulier.

L'administration ne demeure étrangère à rien de ce qui intéresse la vie d'un fonctionnaire. Elle peut intervenir aussi bien pour des loyers impayés, des troubles de voisinage, des pensions alimentaires que des liaisons dangereuses.

En deux ans et quelques mois de fonctions à l'IGPN, j'eus une fois à proposer des sanctions. C'était à l'égard de fonctionnaires qui, dans un bar, s'étaient pris de querelle avec des consommateurs – au demeurant fort honorables, mais très costauds – qui les jetèrent hors de l'établissement.

Ils étaient intervenus dans de mauvaises conditions, ne dirent pas toute la vérité, mais je dus convenir avec mon directeur que la leçon qu'ils avaient reçue était suffisante sans qu'il soit nécessaire de les traduire en conseil de discipline comme j'avais pensé qu'ils l'avaient mérité.

Ils eurent un blâme.

Hors ce cas où la faute des inspecteurs était certaine, il est des situations plus complexes.

Il s'agit d'étudier des comportements à la lisière du devoir et de la compromission, telles les relations de ce fonctionnaire avec une prostituée, ou un patron de bar, des indicateurs, amis, trop amis?

Ou encore ce brigadier, parangon de rigidité, qui établit un rapport d'excès de vitesse à l'encontre de l'inspecteur adjoint de leur commissaire commun, ou une contravention de stationnement sur un passage clouté à l'égard du maire de la ville où il exerce et qu'il connaît, alors que ce dernier remonte en voiture et va s'en aller.

« *Summum jus, summa injuria* », notait déjà Cicéron pour indiquer que l'application totale et rigoureuse de la loi était source de la plus grande iniquité.

Beau sujet de réflexion. Mais revenons aux policiers. L'intérêt de nos contrôles était de rencontrer non seulement les chefs de service, mais également leurs adjoints, ainsi que des représentants du personnel ou des délégués syndicaux et de recueillir leurs observations et leurs avis. Suivant l'importance des villes, nous ne manquions pas également de prendre langue avec les maires, les procureurs de la République, les procureurs généraux, les préfets.

Toutes ces personnes constituaient la source de nos informations.

M. P., vingt-cinq ans, est gardien de la paix dans une grande ville de province. Il est entré dans la police pour faire bouillir la marmite, mais également pour être utile. Or, il a l'impression, dit-il, d'être pris pour quantité négligeable et d'être livré à lui-même.

Il considère que son rôle n'est pas de surveiller les parkings de la préfecture, pas plus que la grande porte du Palais de justice, la nuit. Les ports de plis sont dévalorisants; la chasse aux contrevenants trop systématique. Les tâches routinières trop nombreuses.

Il est de ceux qui pensent que les équipes appartenant à des unités spécialisées (surveillance de la voie publique par exemple) font du bon travail, mais il aimerait que les gardiens n'y soient pas affectés de façon permanente, mais à tour de rôle sans que, selon lui, cela doive nuire à l'efficacité.

Il juge néfaste la diversité des corps qui se méconnaissent l'un l'autre et souhaiterait plus d'unité dans le recrutement, la répartition des tâches, le déroulement des carrières.

M. P., conscient d'avoir les qualités voulues pour faire davantage, est impatient. Manifestement, il voudrait voir éclater le corset administratif. Il veut avancer.

D. R., lui, est sous-brigadier. Il a quarante-deux ans. Il pense aussi que l'on n'a pas assez de considération à l'égard du gardien de la paix qu'on traite comme un « troufion ».

Il se trouve trop éloigné de la population dont l'opinion lui semble favorable, malgré les services de maintien de l'ordre presque quotidiens.

Naturellement, il juge les effectifs insuffisants et, sur le plan matériel, il relate que les fonctionnaires doivent eux-mêmes nettoyer et peindre les locaux et sont souvent contraints de quémander des meubles de bureau auprès d'industriels voisins ou acheter des machines à écrire de leurs propres deniers (je n'hésite pas à le transcrire : c'est exact).

Il est choqué par le manque de souplesse des règlements et s'étonne que, par application stricte d'une circulaire, l'entrée dans la police ait été refusée pour « surcharge pondérale », alors même qu'il courait le cent mètres en douze secondes, à un joueur de rugby – auquel il prêtait toutes les qualités – qui mesurait un mètre quatre-vingts, mais pesait plus de cent kilos.

Pour lui, la formation est mal orientée, l'enseignement général faible, la part faite au droit trop importante, celle donnée à la police insuffisante.

Le sport trop laissé à l'initiative de chacun. L'entraînement au tir tout à fait insuffisant : dix cartouches par an en moyenne par personne.

S. M. a trente ans. Il est officier de paix depuis huit ans et proposable comme officier de paix principal.

Dans une métropole régionale, il a la charge directe de deux cents fonctionnaires. Il se sent bien intégré, apprécie la latitude de commandement qui lui est laissée par son chef de service, mais se dit trop accaparé par les problèmes de gestion.

Officier de police judiciaire en matière de circulation routière, il ne peut assurer ce rôle s'il veut continuer à diriger les effectifs placés sous ses ordres, mission à laquelle il tient essentiellement.

Les rapports avec les jeunes, dit-il, sont parfois difficiles, même si, pour la plupart, ce sont de bons éléments, dynamiques, dévoués; sans doute, note-t-il également, trop livrés à eux-mêmes, faute d'un nombre suffisant de gradés intermédiaires.

Souvent, dit-il, après avoir réussi leurs examens de capacité, bon nombre de gardiens de la paix, une fois mariés et installés, renoncent à tout avancement pour ne pas avoir à changer de résidence.

Le fonctionnaire qui « a fait construire » sacrifie souvent sa carrière à sa famille : le choix, il est vrai, peut être difficile.

Je l'interroge sur les services de maintien de l'ordre.

– Il n'a pas à juger du bien-fondé ou non des manifestations, répond-il, mais il est là pour en éviter les excès. Dans l'anonymat des foules, les violences naissent et se développent avec rapidité. Beaucoup de ses hommes ont alors l'impression d'être les souffre-douleur de situations qui ne les concernent pas. Il n'empêche, il est des débordements auxquels ils sont tenus de s'opposer, des agressions auxquelles ils doivent faire face. La solidarité des gardiens joue alors à fond. Il ne peut plus être question de choix personnels. Il y a les policiers et les autres. Une seule règle : ne jamais être les attaquants.

B. T., inspecteur divisionnaire, quarante-cinq ans, délégué syndical, est chargé de la section judiciaire de la Sûreté urbaine. Les discussions avec son commissaire sont fréquentes. Son problème est celui des permanences, les siennes et celles de ses collègues. Leurs horaires se croisent et s'entrecroisent. Il m'explique qu'il travaille vingt-deux heures pour douze heures de récupération. Il juge cela contraire aux règles énoncées par la Direction générale.

Si S. M. ne dispose d'aucun temps pour exercer ses fonctions d'officier de police judiciaire, B. T. aimerait bien qu'il en soit autrement et être déchargé de tout ce qui concerne les accidents de la route.

Il est donc en faveur également d'une autre répartition des

tâches entre « la tenue » et « les civils ». Aujourd'hui, ajoute-t-il, il est rivé à sa machine à écrire par le nombre des plaintes et des auditions à la demande du parquet ou des juges. Il ne peut plus sortir faire de la police. il revient aux horaires de travail : « je n'y comprends rien. Je n'ai jamais su compter. »

Jeune commissaire de police dans une zone industrielle de 180 000 habitants, H. C., dont c'est la première affectation, dispose d'un effectif de vingt-cinq fonctionnaires en civil au total.

Ils reçoivent toutes les plaintes : une quarantaine par jour rien que pour les vols à la roulotte, dégradations, vols de voitures, vols de cycles. Plus les cambriolages. Il ne peut effectuer aucune enquête, mais avec les inspecteurs, il arrive à réaliser quelques affaires, le soir, la nuit, sans récupération, pour ne pas avoir le sentiment d'être inutile.

Il est scandalisé par la politique du procureur de la République qui exige que soient traitées toutes les affaires de vols à l'étalage, même si les délinquants sont mineurs. Il ne parle pas seulement des mineurs de dix-huit ans, mais aussi de ceux de treize ans. Peu importe également le montant du vol.

Motifs ? Les statistiques annuelles : des chiffres élevés valorisent les parquets. (Il faut dire aussi que les vols à l'étalage contribuent à améliorer les pourcentages des affaires réussies de certains services de police et de gendarmerie.)

– Valorisent les parquets, avez-vous dit ?

– Exactement. D'abord, à l'égard de la Chancellerie, mais aussi dans l'esprit de la population et vis-à-vis des autres administrations. Et, facteur non négligeable, il y a la pression du barreau. Autant d'affaires classées sans suite (petits vols, accidents de circulation bénins, etc.), autant de clients perdus.

Il faut bien que tout le monde vive ! C'est cela la solidarité et la compréhension bourgeoises, dit-il.

Ce commissaire, chef de la sécurité générale, six cents hommes, me parle de l'îlotage, technique ancestrale présentée aujourd'hui comme la panacée des méthodes qu'une police basée sur la prévention doit adopter. Il s'agit d'implanter de jour, dans un secteur donné, des gardiens de la paix, toujours les mêmes de préférence, de façon à ce qu'ils constituent une présence, connaissent et tranquillisent la population.

A la disposition des honnêtes gens, les îlotiers rassurent, dit-il. Ils n'effraient pas et sont sans effet sur les voyous qui savent qu'ils ne sont pas là pour eux et apprennent à les éviter.

Au contraire, le malfaiteur croit toujours que la patrouille, dont le passage est inopiné, arrive pour lui. Il ne craint rien plus que d'être surpris : c'est le fondement d'une politique de dissuasion.

Nous sommes après le mois de mai 1981. Je questionne. Il répond : « La bonne entente demeure. Le personnel ne fait pas de politique. Un sentiment de doute, d'attente, s'instaure. Les gens ne parlent plus. » La méfiance devient la règle : cela, beaucoup me l'ont dit.

De ces fonctionnaires qui appartenaient tous à la Sécurité publique (sécurité générale, en tenue; sûreté urbaine, en civil), qu'ai-je retenu?

Ces caractères essentiels : discipline, solidarité, déception, bonne volonté, défaut d'enthousiasme, méfiance récente.

Curieusement, en ces jours, pas de critique systématique de la hiérarchie – qui est aussi compréhensive que possible, mais ne peut faire face qu'à l'immédiat, le grave, l'urgent.

Il y a comme un sentiment de résignation à partir duquel il s'agit de s'adapter, non – sauf exceptions – pour faire mieux, mais pour étaler, passer, sans heurt, sans vague.

Dans les services régionaux de police judiciaire, le climat est différent. Les fonctionnaires moins nombreux sont plus proches les uns des autres et sont, du moins à la base, d'un niveau de recrutement plus élevé. La discipline, fondée sur les résultats à obtenir, n'est pas faite de préséances strictes, mais d'obligations communes.

Créés pour lutter contre le banditisme et la grande criminalité, à l'échelle régionale, ces services de police judiciaire sont, en réalité, à la dérive.

Pour deux raisons.

La première, parce que le grand banditisme n'est pas le fait des régions, mais des grandes villes et que la compétence à cet égard du SRPJ sur Mende ou Condom, voire Orléans ou Limoges, entre autres exemples, est sans objet.

La deuxième, parce que, dans les grandes villes, les SRPJ se heurtent à des sûretés urbaines omniprésentes, beaucoup plus puissantes et qui tiennent en main toutes les rênes de l'action répressive : sur la voie publique d'abord; dans les bars, les cabarets, les hôtels ensuite. De même, c'est à la sûreté urbaine qu'incombent le contrôle des étrangers et celui de la prostitution.

Le fonctionnaire d'un SRPJ ne peut rien sans en informer ses collègues localement compétents.

Comment ces services subsistent-ils? Essentiellement parce que ce sont eux qui ont la charge des services d'identité judiciaire, des fichiers, des moyens de diffusion, des communications interrégionales et des liaisons avec les services centraux.

Le rôle qu'ils remplissent le mieux, en dehors de quelques affaires importantes réussies, est celui d'archiviste et de postier : il en faut.

Le « cabinet noir » est aussi de leur ressort. Ils écoutent et transmettent les informations ainsi obtenues à leur section de recherche et d'intervention – les antigangs – s'ils en ont une.

Ils ont aussi acquis quelques lettres de noblesse à partir des affaires financières desquelles ils sont devenus pratiquement les seuls spécialistes et grâce à l'exclusivité qui leur est laissée dans les domaines du terrorisme et des stupéfiants notamment.

Qu'en disent les inspecteurs et leurs commissaires?

B. A., inspecteur principal d'un groupe criminel, trente-cinq ans.

« Nous sommes des mendiants. Nous menons un combat d'arrière-garde, placés entre l'enclume (les sûretés urbaines) et le marteau (la gendarmerie). »

Ancien de Paris et même du 36, il est heureux de ses conditions de vie en province, mais regrette les affaires parisiennes, leur nombre, leur variété, la rapidité avec laquelle elles étaient abordées et souvent menées à bien.

Nous sommes à Rennes. Il ne tarit pas d'éloges sur son patron, le commissaire Roger Le Taillanter.

Pour ce commissaire divisionnaire d'expérience qui frôle ses cinquante ans, l'organisation de la police judiciaire dans la région où il se trouve est une caricature. Il traite les affaires dont les procureurs veulent bien le saisir, quand il les sollicite. Le plus fréquemment, il n'est chargé d'une enquête qu'après l'échec des premiers intervenants, sûreté urbaine ou gendarmes. Deux, trois ou six mois se sont écoulés et ses propres chances sont alors pratiquement nulles.

Ces enquêtes tardives sont les « saucissons » que tous les SRPJ connaissent.

Si ces services doivent subsister dans l'organisation générale actuelle, peut-être existe-t-il une solution dans le développement de brigades antigangs agissant sur initiative, à l'égard de malfaiteurs, non à partir de ce qu'ils ont fait, mais en fonction de ce que, vraisemblablement, un jour ou l'autre ils feront.

Pour cet autre commissaire, s'il n'est pas douteux que les SRPJ rendent de grands services dans le domaine des affaires économiques et financières, force est de constater qu'il ne s'agit plus d'identifier et rechercher les auteurs de faits relevant du grand banditisme, mais de démonter les mécanismes à partir desquels des personnes connues et domiciliées se sont enrichies sans cause, pour employer une expression du droit civil.

Il est d'une sévérité – que j'ai rapportée dans l'un de mes rapports – sans complaisance.

« En matière économique et financière, m'a dit-il dit, compte tenu du décalage entre le moment du délit et la poursuite, nous agissons comme des pompiers et le parquet comme des fossoyeurs.

« Il est fréquent que la sanction intervienne quatre ou cinq ans après les faits. Il n'est pas sûr qu'à ce moment-là elle soit toujours souhaitable. »

Dans les directions centrales de la Sécurité publique et de la Police judiciaire, au ministère de l'Intérieur, cette situation est très connue. Elle a fait l'objet de nombreuses études et rapports. Chacun des directeurs centraux sait à quoi s'en tenir. Mais rien ne change jamais.

C'est que tous deux ont des points de vue diamétralement opposés. Chacun voudrait voir adopter une réforme qui accroisse ses moyens et ses pouvoirs et aucun n'est décidé à se laisser amputer d'une partie de ses prérogatives.

L'arbitre, le directeur général de la Police nationale, ignorant les règles du jeu, parce qu'il est toujours choisi dans le corps préfectoral et ne connaît rien ou très peu de choses de la police, ne peut prendre parti qu'en faveur de celui qui a parlé le dernier. Quand les deux directeurs opposés font connaître ensemble leurs points de vue divergents, le directeur général juge toujours qu'il est urgent d'attendre.

Comme ces dix dernières années, dix directeurs généraux se sont succédé, l'urgence n'a pas le temps d'arriver à échéance. C'est toujours le suivant qui sera chargé de dire qui, des sûretés urbaines, très puissantes, ou des SRPJ, déracinés, doit prendre le pas sur l'autre.

Chacune de ces deux solutions a ses avantages et ses inconvénients. Une seule aujourd'hui est totalement inadaptée : celle qui subsiste.

Il me faut maintenant rapporter les propos de cet inspecteur, considéré comme un excellent enquêteur par son patron, qui, clairement, expose son point de vue de délégué syndical.

Droit au but.

Il voudrait, dit-il, aboutir à une cogestion avec la hiérarchie. Participer aux décisions, les contrôler. Il dit œuvrer en accord avec le syndicat de la magistrature qui pense souhaitable de limiter les moyens des procureurs de la République, agents du pouvoir.

Ensemble (c'était avant le 10 mai 1981), ils espèrent « casser la collusion de l'administratif et du judiciaire ».

De même, il se pose, dit-il, des questions sur la légitimité de toutes nos opérations, sur l'utilisation abusive (c'est-à-dire hors des faits pour lesquels elles sont délivrées) des commissions rogatoires des juges [1].

Ce même inspecteur souhaiterait que des médecins interviennent obligatoirement au début et à la fin des gardes à vue pour éviter les accusations mensongères.

Il est direct, clair, et paraît sincère. Mais n'est-il pas animé par des arrière-pensées politiques?

Nous le verrons par la suite.

Pour l'heure, arrêtons-nous un instant avec ces spécialistes des choses politiques, économiques, sociales et syndicales que sont les inspecteurs et commissaires des Renseignements généraux, ces « espions de la République », comme souvent ils se désignent eux-mêmes.

La légitimité pour tout gouvernement d'être renseigné si possible avant et mieux que les citoyens ne peut faire de doute.

Gouverner, c'est prévoir. Avant de prévoir, il faut savoir. C'est question de mesure, de morale. Le malheur est que personne ne peut prétendre en avoir l'apanage.

Et comme chacun sait, il faut se méfier en premier lieu de celui qui prétend, foi d'animal, que la perversion c'est l'autre, la pureté, c'est lui.

Aussi bien, ne peut-il être question de dresser la liste de ce qui peut être admis et de ce qui est intolérable.

La raison d'État se chargera toujours de légitimer l'injustifiable. Je ne crois, dans ce domaine, en l'honnêteté de personne. Pour la gent politique, de longue date, la fin justifie les moyens.

De petites entorses à la légalité jusqu'à l'oubli total des règles, le chemin est court.

Comme nous l'avons déjà observé, ce que les services officiels ne font pas, d'autres s'en chargent.

1. Les pouvoirs d'investigation conférés par la loi au juge et par voie de conséquence aux policiers sont considérables : aucune personne, aucun lieu – sauf immunité parlementaire ou diplomatique – ne peuvent échapper aux recherches jugées nécessaires. Le problème se pose du détournement de ces pouvoirs à des fins autres que celles de la poursuite de la vérité dans le cadre d'une enquête donnée. Il n'est pas interdit de penser que les justifications de base peuvent ne pas découler de données indiscutables, mais de renseignements incertains, voire équivoques ou tendancieux.

Sans honnêteté du magistrat, du policier (et du pouvoir) les textes seuls sont insuffisants pour assurer le respect de la personne et du domicile.

La possibilité d'abus existe, mais, s'il y avait abus, cela se saurait.

Il nous faut donc demeurer dans le cadre de la fonction publique où les Renseignements généraux sont confiés à des fonctionnaires de police. Ils sont au nombre de trois mille environ pour la France.

De ces fonctionnaires, j'en ai rencontré tout au long de ma carrière, soit raison de service, soit incidemment. L'impression essentielle que j'ai conservée est que tous sont profondément pénétrés de l'importance de leurs missions et y prennent un intérêt évident.

Leur but est de précéder la presse dans le renseignement, mais aussi, si possible, leur hiérarchie, directeurs, préfets qui, souvent, puisent aux mêmes sources. Il s'agit de se faire admettre dans tous les milieux politiques ou socioprofessionnels de la majorité ou de l'opposition, ou proches des uns ou des autres et faire en sorte de connaître les projets, les décisions, les propositions.

Être informés avant que la chose ne soit publique, c'est là que précisément est la difficulté.

La carte personnelle est dominante, me dit celui-ci, ancien des Renseignements généraux de Paris où il était membre d'un parti politique et qui aujourd'hui, en province, a dû renoncer à faire de l'entrisme : ici, dans une ville moyenne, tout le monde se connaît. A échéance, me dit-il, il obtient d'ailleurs autant de renseignements à visage découvert que dans la clandestinité.

Il est nécessaire d'être passionné par son métier, s'y donner entièrement. Il ne prend pas en compte le temps qu'il y consacre. La seule façon d'être crédible vis-à-vis de ses interlocuteurs est l'intérêt donné aux choses.

Son problème personnel? Anomalie du déroulement de carrière. A trente-trois ans, il est inspecteur divisionnaire, au maximum de son grade.

Même son de cloche auprès de tous ceux que j'ai rencontrés, fiers pour la plupart de la variété des personnes qu'ils sont amenés à fréquenter et souvent de leur importance.

Les élus avec lesquels les rapports sont les plus fréquents sont les maires – ou les adjoints dans les très grandes villes – avec lesquels « l'échange des services » est constant : ils ont besoin d'autant de renseignements que les inspecteurs. C'est à qui en dira le plus ou le moins.

C'est ce que cet inspecteur appelle « la discrétion active ».

– Le changement?

– A gauche, les relations sont devenues plus faciles. Les syndicats, traditionnellement méfiants à l'égard de la police, demeurent circonspects. Le parti communiste, égal à lui-même. Les « ultra-gauche » peu nombreux, bien structurés, difficiles à pénétrer.

A droite, les renseignements sont aujourd'hui moins aisés à obtenir, mais pour répondre aux demandes incessantes de l'administration, c'est au jour le jour que les mouvements d'extrême droite doivent être suivis, même l'extrême droite classique. Les maximalistes, en nombre insignifiant, ne sont pas considérés comme dangereux.

Et dans la police?

C'était dans la période de l'état de grâce. Un directeur m'a répondu :

– Jamais autant de fonctionnaires ne déclarent avoir eu une sensibilité socialiste. C'est sans doute de tous les temps et de tous les hommes. N'empêche... Que l'on demeure ou que l'on parte, c'est une constatation que le climat a changé. La solidarité dans les services se dilue. Nous sommes entrés dans une période de méfiance. Les gens s'épient. On recherche constamment quelles nouvelles orientations proposer. Nous avons deux à trois réunions par jour, sur les problèmes de la fonction publique et de la fonction policière. Mais pour les décisions à prendre dans nos propres directions, nous ne sommes plus consultés. La hiérarchie est systématiquement mise au rencart. Seule la base est considérée comme susceptible d'être favorable au changement. Au ministère, les syndicats font la loi, c'est à eux d'abord qu'il s'agit de donner satisfaction.

« J'ai d'ailleurs été surpris, ajoute-t-il, par l'attitude dure, hargneuse, des syndicalistes parisiens, alors qu'en province ils sont demeurés respectueux, courtois. »

Un an après ma retraite, j'ai revu ce directeur :

– La police est à genoux. Plus personne ne sait ce qu'il doit faire. Chacun propose sa réforme. Le problème est que ce que vous décidez aujourd'hui pour en tirer bénéfice, demain peut se retourner contre vous. Alors, chacun cherche à savoir, non si la réforme sera utile, mais qui en profitera.

« Où est l'avenir? Dans l'immédiat d'abord. A échéance, ensuite?

« La méfiance demeure. La prudence revient. Je parle bien sûr de la méfiance entre les hommes et de la prudence envers le pouvoir. Le rose s'estompe...

Comme je manifestais une moue dubitative, il ajoute :

– Exactement comme s'éloigne le triomphalisme à la radio et à la télévision.

– Tiens, vous avez remarqué aussi?

21

LES SYNDICATS

– Vous insistez et me demandez de vous parler du syndicalisme dans la police?

Je le ferais bien volontiers si j'avais pu consacrer un peu de mon temps à ce problème, mais voilà, je n'en ai jamais eu le loisir et ai été contraint de laisser à d'autres l'indispensable défense de nos intérêts professionnels, face à un État qui ne se montre généralement compréhensif que lorsqu'il se trouve lui-même dans le besoin.

Le problème est que la politique a compris depuis longtemps la force de l'action syndicale en général et dans la fonction publique en particulier et que, bien entendu, elle a essayé et souvent réussi à s'en emparer et la détourner à son profit.

Alors, de manière plus ou moins flagrante, chaque parti a placé, place ou souhaite placer des hommes à lui à la tête d'un syndicat et chaque syndicat a ses préférences.

De la défense des intérêts professionnels on est passé à l'action politique avec les arrière-pensées qu'elle comporte et la démagogie qui l'accompagne.

Comment ne pas évoquer cet exemple caractéristique de l'exploitation politico-syndicale de la mort d'un policier survenue à l'occasion du guet-apens dont fut victime Jacques Capela devant l'ambassade d'Irak.

Tout a été confondu, brouillé à l'envi. L'immunité diplomatique, déjà reconnue sous la monarchie, ayant aujourd'hui encore pour base un décret de la Convention en date du 13 ventôse an II, définie plus récemment par la Convention de Vienne de 1961, a été présentée comme le prix payé par la France (quelle France? je vous le donne à deviner) pour son approvisionnement en pétrole irakien...

L'insuffisance du nombre de policiers, de leur armement, de leur défense, la mise en cause de la hiérarchie, tout y est passé.

Pour aboutir à ce spectacle inattendu, mais révélateur, d'une poignée de délégués syndicaux, les procureurs d'hier, jouant des coudes quelques mois plus tard, lors de l'inauguration d'une salle Jacques Capela, à l'École de police de Cannes-Écluse, afin de se trouver dans le champ des appareils photographiques braqués sur le président de la République. Au point d'en oublier que le père de leur camarade était présent et pouvait, peut-être, prétendre conserver sa place. Humain. Trop humain.

Le 3 octobre 1980, à 18 heures, une bombe placée sur une motocyclette à proximité de l'entrée de la synagogue de la rue Copernic, dans le 16e arrondissement, éclatait et tuait quatre passants, faisant de nombreux blessés, tandis que trois cents fidèles, dont un grand nombre d'enfants, célébraient une fête juive.

Certes, toutes les folies sont possibles. Mais un attentat, à moins qu'il ne s'agisse d'une vengeance privée, rare, n'est jamais l'œuvre d'un seul. Là, il était manifeste qu'aucune personne n'était plus particulièrement visée. Il pouvait s'agir d'une agression contre la communauté juive prise en tant que telle ou considérée comme ayant partie liée avec la cause israélienne. Envisager qu'elle puisse être l'œuvre de membres d'un mouvement dont l'antisémitisme est avéré était une hypothèse de travail obligatoire. Ne retenir que cette éventualité, alors que l'enquête ne faisait que commencer, était – volontairement ou non – oublier les précédents qui avaient mis en évidence la responsabilité du terrorisme international.

Qu'à sept mois des élections présidentielles, l'opposition de l'époque ait voulu stigmatiser les carences, sinon la complicité, du gouvernement vis-à-vis des mouvements d'extrême droite allait dans le sens de l'exploitation politique des malheurs qui peuvent nous advenir.

Que des responsables syndicaux policiers s'engagent dans la même voie à l'égard de leurs collègues était plus singulier. Qu'ils en arrivent à affirmer qu'un cinquième des membres actifs d'une association raciste récemment dissoute appartenait à la police n'était plus faire œuvre syndicaliste, mais tenait de l'aberration.

C'est, il est heureux, la faiblesse du mensonge et du dénigrement que de se retourner parfois contre ceux qui les utilisent.

Suite à ces accusations, l'enquête conduite par l'Inspection générale de la Police nationale devait établir l'inanité des assertions ainsi lancées sur la place publique.

Le cas de 3400 personnes dont les noms avaient été relevés sur des documents saisis au cours de perquisitions antérieures dans les milieux d'extrême droite fut étudié.

Vingt appartenaient à la police. Aucune n'était adhérente à l'un des mouvements visés, sauf deux. J'allais oublier : parmi les vingt, trois étaient officiellement en mission...

– On s'y intéressait donc?

– En un sens, les accusations syndicales avaient eu pour effet de permettre de faire la démonstration que la police en France était loin, comme d'aucuns le prétendaient, d'être noyautée par l'ultra-droite, même si nous nous trouvions sous l'ancien régime, je veux dire au cours du septennat giscardien.

Cela n'était pas suffisant.

Quand vint le changement, le 2 juillet 1981, le secrétaire général de la Fédération autonome des syndicats de police (FASP) – très largement majoritaire, mais insatisfaite – devait déclarer : « Nous ne voulons pas mener la chasse aux sorcières, mais comment le ministre de l'Intérieur et le gouvernement pourraient-ils mener leur réforme de la police sans changer aux postes dirigeants les hommes promus par l'ancien gouvernement? » et encore : « Si M. Defferre décide de changer les dix personnages clefs de la police, ainsi que nous le lui demandons, ce sera le signe qu'il a perçu la vraie nécessité d'un tel changement. »

A quoi le ministre devait répondre : « Les syndicats m'ont demandé des têtes : je n'en ferai pas tomber.

« Cependant, il est normal de tenir compte de ceux qui en ont trop fait, qui ont dépassé leur rôle, et qui, par leur comportement, ont brimé l'avancement de certains qui ne pensaient pas comme eux. »

Il n'est pas douteux que, quelles qu'aient été les intentions du ministre, l'herbe lui avait été coupée sous les pieds. Il lui était devenu difficile de suivre les suggestions syndicales, ce qui n'aurait pas manqué d'être interprété comme une abdication de la puissance publique, « le gouvernement des subalternes, le renversement de l'autorité ».

« Qui trop embrasse mal étreint. » Ce fut le cas de la FASP, encore que quelques mutations fussent intervenues qu'elle avait souhaitées.

Ainsi celle de mon successeur à la brigade criminelle, le commissaire divisionnaire Marcel Leclerc. Il devait entraîner dans son sillage son patron, François Le Mouel, directeur de la police judiciaire. Indifférent aux conséquences inéluctables qui devaient en résulter pour sa carrière, ce dernier, dans un communiqué fracassant, faisait d'abord connaître son indignation : « Quelques individus sans scrupules, appartenant à un syndicat majoritaire d'inspecteurs et qui se reconnaîtront d'eux-mêmes, ont décidé de soumettre à leur bon vouloir les nominations aux postes de responsabilités à la direction de la police judiciaire de la préfecture de police. Leur entreprise a abouti à écarter le commissaire Leclerc d'un poste pour lequel sa nomination avait été proposée par l'ensemble de la hiérarchie », puis sa décision : « C'est pourquoi, malgré mon attachement à la police judiciaire, que j'ai servie de mon mieux pendant trente ans, j'ai demandé à M. le ministre de l'Intérieur de me relever de mes fonctions. »

Ceci me donne l'occasion de dire pour la deuxième fois que c'était cela aussi le quai des Orfèvres.

Non que les hommes soient ici meilleurs que là, mais ici, quelles que soient leurs opinions, ils avaient appris à les faire taire en se fondant au sein du service public auquel ils appartenaient. La direction de la police parisienne reposait sur un petit nombre de personnes au statut autonome. Les valeurs se hiérarchisaient d'elles-mêmes. Chacun connaissait la place de tous et tous la place de chacun. Je ne dirai pas que, jamais, ne pouvait se produire une interférence, mais elle s'analysait davantage en une appréciation différente des qualités des personnes, plutôt qu'en un passe-droit exorbitant. Il était des carrières dont le déroulement pouvait être prévu de longues années à l'avance sans qu'il soit nécessaire de se poser la question de savoir qui, au moment voulu, serait préfet de police ou ministre de l'Intérieur.

La montée vers le sommet de la hiérarchie se faisait prudemment, à petits pas, les erreurs peu fréquentes.

Si, comme a tenu à le rappeler le ministre, les cimetières sont pleins de personnes indispensables cela ne signifie pas que, sans dommage, la mort administrative puisse atteindre tous les fonctionnaires, d'autant plus vite que leur rang est plus élevé.

En disant non au fait du prince, non à l'injustice, Marcel Leclerc et François Le Mouel ont fait la preuve que le fonctionnaire, s'il doit être un serviteur, n'est pas nécessairement un valet.

Que ce soit à des fonctionnaires de police que l'occasion ait été donnée de le faire publiquement savoir est à inscrire au tableau d'honneur du corps auquel ils appartiennent.

Ils auront montré non seulement qu'il en est qui savent demeurer indépendants de fait, mais aussi que police et basse besogne ne sont pas synonymes, comme trop souvent on voudrait le faire croire. Nous y reviendrons.

Les syndicalistes auront retenu aussi, je l'espère, la leçon. Sans doute, sont-ils aujourd'hui plus convaincus qu'hier que la hiérarchie qu'ils ne cessaient d'attaquer valait mieux que ce qu'ils en disaient.

Le dirigeant syndical, à partir du moment où il s'élève au sein de son organisation professionnelle au niveau national, fédéral ou confédéral, est nécessairement un homme qui s'est imposé par un certain nombre de qualités supérieures à celles de la moyenne de ses mandants... ses égaux. Il occupe lui-même des fonctions d'autorité et de responsabilités.

Il ne saurait être question de ne pas tenir compte de son point de vue, de ses avis. Ils peuvent être différents de ceux de la hiérarchie. Mais cette dernière n'est pas nécessairement incapable de comprendre.

Que le responsable syndical fasse de la hiérarchie le bouc émissaire m'a toujours semblé dérisoire. Je ne me suis jamais senti l'ennemi des personnes avec lesquelles j'ai été appelé à travailler, qu'elles aient été sous mes ordres ou que j'aie été placé sous leur direction.

J'ai toujours pensé, au contraire, faire partie d'une équipe dont la raison d'être était de faire du mieux qu'elle pouvait. Que parfois le coup soit mal joué par tel ou tel et même par le capitaine peut arriver. Mais qu'il y ait intérêts divergents, je ne l'ai jamais cru.

L'erreur du syndicaliste arrivé sur la ligne de faîte est de vouloir y demeurer seul. Il fait de la hiérarchie au niveau de laquelle il s'est hissé l'ennemi et se trompe d'objectif.

C'est au niveau des gouvernements que se situe le problème. Non à celui inférieur de la hiérarchie contrainte de faire du mieux qu'elle peut avec ce qu'elle a.

La réalité est – nous l'avons vu – que des syndicalistes voudraient aboutir à une cogestion avec les commissaires et les directeurs actuels; participer aux décisions, les contrôler.

Ce n'est pas que le syndicaliste ignore les défauts mortels du bicéphalisme dans le domaine du commandement. Il sait très bien qu'une seule tête est indispensable. Le problème est qu'il juge la sienne mieux faite que celle des autres et veut devenir le chef sans partage. N'a-t-on pu lire assez récemment (courant 1980) l'article d'un inspecteur de police, dans un journal syndical, intitulé en toute simplicité : « Si j'étais le grand vizir », c'est-à-dire, le directeur général?

– Alors comment se faire reconnaître?

– Par l'élection, mon cher. La désignation du premier par le plus grand nombre. Plus d'examen. Plus de concours. Plus de choix. Plus de mérite. Plus de commission d'avancement. Des urnes.

Pourquoi ne pas faire élire, sans compétition et sans chronographe, les champions et recordmen du monde du cent mètres de course à pied ou de natation?

Voilà le genre de système où l'on veut en venir.

La révolution et la guerre ne seraient pas loin.

En réalité, il est des syndicats si obnubilés par la question politique qu'ils en oublient ce pour quoi ils sont censés exister, c'est-à-dire la défense des intérêts de la profession en général et de leurs mandants en particulier.

Nous venons d'en avoir des exemples. Il en est d'autres. Le plus significatif à mon sens est celui qui peut être tiré des incidents du 3 juin 1983 qui ont fait suite aux obsèques de deux policiers tués en service avenue Trudaine, dans le 9e arrondissement, à Paris.

Il y a eu d'une part ceux qui ont versé une larme – comment ne l'auraient-ils pas fait? – et ceux qui ont manifesté.

Les premiers se sont abstenus par solidarité avec le pouvoir, les seconds ne sont allés aussi loin que par hostilité. Qu'elle se soit manifestée de façon outrancière sous les fenêtres du ministre de la Justice est fâcheux et regrettable, mais la colère était légitime.

Sur le strict plan syndical, quel semble être le premier devoir?

Il est d'exiger, par tous les moyens légaux, la protection la plus efficace possible de la vie des policiers. Ils sont le rempart derrière lequel chacun doit trouver sa défense. Quand les digues sont fragiles, elles ne peuvent résister longtemps. Si le policier est mal assuré, le citoyen ne peut l'être mieux. La sécurité de tous a pour fondement celle des gardiens auxquels elle est confiée.

C'est pourquoi c'est au rétablissement de la peine de mort qu'il faut d'abord s'atteler.

Voila l'œuvre essentielle. Elle appartient à tous.

A l'heure où l'on interdit aux policiers de se recueillir devant leurs morts, devenus trop nombreux, je vais tenter d'y apporter ma contribution.

22

LA PEINE DE MORT

Très habilement, pendant l'hiver 1981-1982, l'abolition de la peine de mort a été présentée comme une question de conscience, comme si l'idée de donner légalement la mort était aux uns insupportable, tandis que les partisans du maintien du châtiment suprême auraient des vocations d'assassins!

Je comprends que des poètes, des philosophes, des littérateurs, des religieux ou des avocats mettent en avant l'horreur que leur inspire la décapitation sur l'échafaud, fassent assaut de générosité pour s'opposer à la rigueur arriérée des défenseurs de l'ordre et s'indignent du vulgaire instinct de vengeance manifesté par les victimes, si elles en ont réchappé, ou leurs familles.

Mais ce n'est pas question de cœur, c'est question de raison. Le devoir des gouvernements et des parlementaires n'était pas de rivaliser de bonté et de générosité (à l'égard de qui?), mais d'étudier et de mettre en place un système juridique permettant demain, mieux qu'aujourd'hui, de protéger la vie des gens.

Lors du débat à l'Assemblée nationale, le plus étonnant, au milieu des envolées lyriques, fut la légèreté avec laquelle le sujet a été traité. Souvent, défenseurs et abolitionnistes faisaient assaut d'ironie les uns à l'égard des autres comme si ce débat permettait la plaisanterie. Et non la critique.

Tous les arguments avancés s'effacent devant cette interrogation... Je reste atterré par les motifs fallacieux de cet aristocrate du barreau, devenu ministre socialiste de la Justice, M. Robert Badinter. Lors du débat à l'Assemblée nationale, il a déclaré, le 17 septembre 1981 : « Sachez que dans la foule qui, à Troyes, criait " A mort, Buffet! ", se trouvait un jeune homme appelé Patrick Henry! A ma stupéfaction, j'ai alors compris ce que pouvait signifier la valeur dissuasive de la peine de mort. »

Ainsi, M. Badinter le reconnaît, jusqu'à cette apparition, il croyait en cette valeur dissuasive et il a suffi d'un seul exemple pour que son jugement soit totalement inversé.

C'est le type même du faux raisonnement présenté sous la forme d'un syllogisme :

– Patrick Henry jugeait dissuasive la peine de mort;
– cette conviction ne l'a pas empêché de tuer un enfant;
– donc, la peine de mort n'est pas dissuasive.

Cette erreur est identique à celle qui consisterait à affirmer qu'un homme n'ayant pas persisté dans son entreprise criminelle par crainte d'être condamné à mort, aucun homme jamais ne tuera, en raison de la menace que fait peser sur tous l'existence de cette sanction.

En réalité, qui peut affirmer que cette épée de Damoclès n'avait jamais retenu et ne retiendrait jamais personne sur le point de tuer? Il suffit d'un éclair de lucidité et de responsabilité pour que tout comportement humain puisse être modifié. La crainte et l'horreur de la décapitation n'atteindraient-elles que ceux qui n'ont aucune raison de l'encourir et jamais ceux qui sont sur le point de s'y exposer? Le nombre d'innocents ayant ainsi, sans aucun doute, échappé à une fin injuste est inconnu. Se poser la question au fond de soi-même emporte cependant la réponse.

Il est une autre observation qui s'impose. Dans l'esprit de nombre de malfaiteurs – je parle de ceux qui sont accessibles à la peine et non des déments qui ne peuvent entrer dans ce propos – il est constant qu'intervient une évaluation des risques, une réflexion de nature mathématique en fonction de laquelle ils apprécient jusqu'où ne pas aller trop loin. Alors, comment ne pas être persuadé que, franchi un seuil de gravité, si le criminel a conscience d'encourir déjà la peine la plus lourde prévue dans son cas, plus rien ne l'arrêtera?

Celui-ci, par exemple, qui sort d'une banque après avoir blessé un employé ou d'une bijouterie après avoir fait feu sur le commerçant. Devant lui se présentent un courageux passant ou un gardien de la paix qui prétendent l'appréhender. Il peut à nouveau tirer, la peine ne sera pas plus lourde que celle qu'il méritait auparavant. Ainsi s'ouvre pour lui, sans risque complémentaire, la chance d'échapper à la première sanction. Pourquoi hésiter? Pourquoi ne pas se donner les moyens de fuir? C'est gratuit. (A cela, les tenants de l'abolition répliquent que ceux qui poussent au crime sont ceux qui indiquent qu'il est gratuit et non ceux qui ont instauré cette gratuité – Casamayor, magistrat écrivain, *le Monde*, 10 août 1983; Badinter, *Paris-Match*, 2 septembre 1983.)

Pour être compris par les malfaiteurs, il est nécessaire de parler leur langue. Merci pour eux, si vous leur offrez vos bons sentiments.

Cela ne saurait vouloir dire, à l'opposé, qu'il n'existe aucune chance de rachat pour aucun malfaiteur. Et il est exact que le temps peut être un facteur d'amendement non négligeable. Le problème réside dans la sûreté du diagnostic. La simulation de sagesse est en effet la meilleure tactique dont dispose un incarcéré qui désire retrouver sa liberté. Pour être sûr, il faudrait pouvoir sonder scientifiquement les têtes, les cœurs et les reins. Dans le doute, pourquoi faut-il que ce soit l'innocent qui paie, ne fût-ce qu'une fois? C'est tout simple, réplique M. Badinter, « parce qu'aucun homme n'est totalement responsable ». D'autres ont ajouté : « Un crime n'est pas seulement un échec pour son auteur, mais aussi un échec pour la collectivité tout entière. » Autrement dit, nous sommes tous responsables, sauf ceux qui pillent, violent ou tuent. La peine de mort est abolie pour les assassins. Elle est instaurée pour les innocents. Il est toujours facile de faire le généreux avec ce qui ne nous appartient pas, comme, pour entrer dans l'histoire, M. Badinter avec la vie des autres.

Aucune loi, aucun décret ne privera jamais celui qui est attaqué de se défendre. C'est, plaise ou non, individuel ou collectif, au sens historique du terme, un droit naturel et permanent.

Ce droit, qui se manifeste de façon instinctive, correspond tellement au sentiment profond de chacun de nous qu'il a été transcrit dans la loi sous le nom légitime défense (de soi-même ou d'autrui) et que, en dépit parfois du dépassement de la stricte règle juridique, les jurés populaires refusent de condamner un accusé s'ils ont la conscience que, placés dans une situation identique à la sienne, ils auraient agi de même.

Tous les Français qui, en février 1980, lors des *Dossiers de l'écran* consacrés à la sécurité dans les villes, sur Antenne 2, ont entendu un père de famille dire avec une calme détermination : « Je ferai justice moi-même si les assassins de ma fille (violée et décapitée) sont remis en liberté » ont été bouleversés. Tous ont compris sa douleur et partagé son indignation et sa colère. Et si personne ne peut souhaiter qu'il soit conduit à mettre un jour son avertissement en pratique, il ne se trouvera également personne pour le condamner.

Autrement dit, face à l'atrocité, la vengeance devient également naturelle à l'homme.

C'est ainsi.

A l'encontre de ces évidences, les généreux et humains contempteurs de la peine de mort nous répètent à l'envi que les statistiques des meurtres et assassinats n'ont pas varié depuis l'abrogation de cette sanction, preuve irréfutable qu'elle n'était pas nécessaire.

Quand, au nom de la civilisation, des grands sentiments, de la générosité, les donneurs de fausses leçons d'humanité sont contraints d'adopter le langage des apothicaires, il y a lieu de se méfier.

Chacun a appris que les chiffres sont trompeurs. Ils n'ont jamais été employés avec autant d'imprudence – sinon d'impudence – que pour démontrer ce qui ne se compte pas. Ces chiffres qui nous sont proposés cachent, dans le domaine des homicides volontaires au moins, deux choses.

D'abord, il est vrai que certains individus poussés à tuer se sont toujours montrés indifférents aux conséquences pénales de leurs agissements, du moins au moment de l'acte. Ainsi en est-il des crimes passionnels ou de ceux commis par quelques pervers débiles que l'on a vus et verra sans doute s'en prendre encore, souvent pour une misère, à leurs voisins, leurs proches, jusques et y compris leurs père et mère. Ainsi en est-il aussi des crimes commis par des individus en état de démence au moment des faits. J'ai rencontré des uns et des autres. A leur égard, les statistiques sont, peut-on dire, bloquées : la sanction ne les concerne pas, ou si peu, qu'ils sont incapables de ne pas passer outre.

Ensuite, la peine de mort n'était encourue que dans les cas de parricide, d'empoisonnement, ou de meurtres aggravés par l'emploi de tortures ou actes de barbarie, ou commis avec préméditation, ou pour préparer un autre méfait ou encore favoriser la fuite. Ces assassinats entraient pour moins de un sur dix dans les statistiques relatives aux morts violentes. C'est dire que quatre-vingt-dix cas sur cent échappaient déjà à la peine capitale. Alors que les chiffres globaux ne changent guère à partir des dix cas limites, comment s'en étonner? Et, est-ce faire preuve d'honnêteté intellectuelle que de fondre dans un amalgame trompeur des chiffres qui ne s'appliquent pas rigoureusement à des situations identiques?

Qu'aujourd'hui encore les abolitionnistes éprouvent le besoin de se justifier à l'aide de statistiques globales insuffisamment explicitées suffit à mettre en doute le bien-fondé de leur argumentation d'ensemble.

Sans oublier que si la peine de mort n'était encourue que dans un nombre limité – cependant trop large – de cas, elle n'était que rarement prononcée et moins encore exécutée.

Alors, parler d'un taux constant de criminalité, que le châtiment suprême figure ou non dans le Code pénal, est une imposture qui se révèle d'autant plus grande que les chiffres ne prennent jamais en compte, nous le savons, l'essentiel : les voix intérieures.

Si la peine de mort n'était pas dissuasive, l'a-t-on remplacée par une mesure qui le soit davantage? Défend-on mieux la vie des honnêtes gens en retirant aux magistrats, aux jurés, voire au président de la République le pouvoir d'apprécier, si oui ou non, en leur âme et conscience, il était nécessaire d'éliminer définitivement tel ou tel malfaiteur dont le caractère monstrueusement dangereux s'était manifesté de façon indubitable?

Et, si la peine principale, le châtiment suprême, était socialement sans valeur, que penser des peines secondaires?

Ou : faut-il supprimer le Code pénal?

La question peut se poser. Nous avons tous lu qu'au-delà de l'abolition, il fallait, pour certains, aboutir à la suppression de la prison, arriver à la victoire de la persuasion sur la terreur, de l'homme sur lui-même, de la raison sur l'instinct.

Certes, qui ne souhaiterait que ces charitables formules ne soient à la base de tout comportement humain?

Qui n'appelle de ses vœux le triomphe de la santé sur la maladie?

Mais, comme à l'infection il faut opposer une médication appropriée, aux actes horribles ou particulièrement injustes, on ne peut faire face que par des mesures en empêchant le retour.

A certains crimes de sang, la mort semblait la seule réponse. Ceux dont la conscience va résolument vers le progrès rétorquent que « nul n'a le droit d'ôter la vie à autrui », en oubliant ces deux exceptions de taille que sont la légitime défense (qui prétendrait retirer à l'homme le droit de ne pas se laisser tuer?) et l'état de guerre.

– Mort à la guerre, mort au crime.

– Oui, mais ils sont là. Que messieurs les assassins commencent (Alphonse Karr).

Au moins, aurait-on pu, en droit interne, remplacer la peine de mort par une peine de substitution de valeur dissuasive égale.

La terreur qui régnait en France avant mai 1981 et à laquelle il fallait mettre fin d'urgence, a empêché que cette peine nouvelle soit étudiée et édictée...

En réalité, on a feint de l'envisager sachant qu'elle n'existait pas. Sauf à établir une peine de réclusion perpétuelle incompressible, sorte de mise au tombeau du condamné vivant comme l'a voulu Créon pour Antigone. Faute de vouloir choisir, le législateur a supprimé la peine de mort et s'est enfui, laissant par ailleurs les choses et le Code en l'état.

Mais n'ai-je pas lu un jour qu'en vertu de la parabole évangélique de l'ivraie et du bon grain, qu'il faut laisser pousser ensemble jusqu'au jour de la moisson, de peur d'arracher l'un pour l'autre, la justice pénale ne pouvait avoir de fondement assuré?

Quoi qu'il en soit des arguments avancés, il est de jurisprudence constante et admis par tous que le doute doit bénéficier à l'accusé. A plus forte raison, semble-t-il, à la victime totalement innocente.

En ce sens, l'abrogation de la peine de mort ne pouvait se concevoir que s'il se trouvait un abolitionniste capable d'apporter la preuve qu'elle était absolument inutile.

Faute de cette démonstration (affirmer n'est pas démontrer), il y a interrogation, il y a doute.

Ne convenait-il pas alors de s'abstenir de risquer la vie d'authentiques innocents au profit de vrais assassins?

La différence entre la situation légale actuelle et celle qui existait avant l'abolition est que toute responsabilité se trouve dorénavant dans un seul camp, celui des criminels. Le législateur et le gouvernement ont définitivement retiré la leur.

Je n'arrive pas à concevoir que cela soit un progrès. A moins que la doctrine de l'État ne soit d'être présent où il n'est pas nécessaire et absent où il est indispensable.

23

LA RÉFORME DE LA POLICE

Protéger, préserver, assister, défendre, secourir et, quand tous les barrages ont été enfoncés, réprimer, rien des missions de police qui ne soit essentiel, utile, nécessaire. Dans sa finalité, elle emporte l'adhésion de tous les hommes s'ils ne sont des malfaiteurs.

Dans la pratique, elle est l'objet d'attaques incessantes.

La discordance entre les objectifs et les voies et moyens de les atteindre creuse le fossé qui sépare le citoyen, volontiers idéaliste, du policier, obligatoirement pragmatique.

Quand, dans les sociétés libérales, citoyens et administrés ne sont pas contraints d'épouser les sentiments et les idées des hommes qui les gouvernent, tandis que le policier est toujours tenu au devoir d'obéissance, les distances souvent s'accroissent encore.

Si l'enjeu devient électoral, il ne reste qu'à tirer l'échelle : la prévention, dit-on, est de gauche, la répression de droite.

En réalité, les deux tâches sont étroitement liées, parfois indissociables. Deux exemples encore s'il est nécessaire.

Les mêmes gardiens de la paix qui, courant 1980, assuraient la surveillance du domicile de Chapour Bakhtiar, ancien Premier ministre iranien, remplissaient une mission de prévention qui, instantanément, est devenue action (remarquable) de répression, quand ils durent, avant de les arrêter, s'opposer par le feu aux terroristes venus pour abattre leur ancien chef du gouvernement.

A l'inverse les très répressives arrestations en flagrant délit, de ravisseurs au moment de la livraison de la rançon convoitée, ont également valeur préventive dans la mesure où leur effet dissuasif s'est révélé considérable.

Ce sont des évidences que des doctrines angéliques voudraient faire oublier. Elles connaissent une audience d'autant plus vaste que, souvent, l'action de police est une action d'opposition.

Elle est toujours certaine de trouver devant elle un fonds permanent d'antagonistes. Si elle pouvait constituer en elle-même un vaccin contre le crime, elle n'y verrait que des avantages. Ce n'est pas le cas.

Les responsabilités sont largement partagées : famille, éducation, grands ensembles, chômage, société de consommation, à la limite tout ce qui nous entoure peut être facteur de délinquance...

Nous avons l'obligation de prendre les choses comme elles sont et, si elles sont mauvaises, de tenter d'y remédier.

De là à penser que l'on pouvait faire mieux, aussitôt le « changement » survenu, après des décennies, voire des siècles d'expériences renouvelées, il y fallait beaucoup de présomptions.

Une commission fut créée fin 1981 et disposa de quatre mois pour établir un constat et proposer les remèdes propres à venir à bout des errements antérieurs. Elle établit un pré-rapport appelé « pré-rapport Belorgey », du nom de son président, maître des requêtes au Conseil d'État, député socialiste.

Il fut déposé entre les mains du ministre de l'Intérieur et de la Décentralisation, Gaston Defferre, fin janvier 1982. Nous eûmes deux jours pour faire part de nos observations à notre directeur appelé en consultation.

Dès l'intitulé du premier chapitre, il n'était pas difficile de savoir à quoi s'en tenir. Il était libellé ainsi : « Replacer l'action de la police sous le signe du service public », ce qui veut dire qu'elle y avait été, mais en était sortie. Depuis quand? Au profit de qui? Mystère.

Pour des fonctionnaires qui n'avaient eu d'autres préoccupations que le service de l'État et des personnes, cette pétition de principe n'avait pas de sens. D'entrée de jeu elle plaçait l'étude demandée au niveau de la polémique lui ôtant beaucoup de sa crédibilité et, par voie de conséquence, de son intérêt.

Cependant, comme un certain nombre de propositions tenant à la technique policière – je serais tenté d'écrire à l'artisanat policier – étaient formulées, nous y répondîmes. Non dans le détail, c'était impossible dans le délai imparti, mais au moins quant aux lignes de force.

Nous pouvons à nouveau nous en tenir aux suggestions essentielles. Elles sont accablantes pour l'esprit.

Tandis qu'est stigmatisée au sein de certaines unités spécialisées de la police en uniforme la « confusion des genres entre le travail qui relève des fonctionnaires en tenue d'une part et en civil, d'autre part », quelques pages plus loin, il est préconisé que « l'ensemble des personnels du corps unique des gardiens, enquêteurs et gradés doit se voir reconnaître la qualité d'APJ (agent de police judiciaire), les membres du corps unique des inspecteurs et officiers, la qualité d'OPJ (officiers de police judiciaire) ».

Ainsi, la confusion des genres, jugée néfaste dans le cadre de formations réduites, est préconisée à l'échelle générale!

« Prévenir avant de réprimer », dit la commission. Tous nous y souscrivons. Mais, alors que tout doit concourir à assurer cette prévention, comment ne pas remarquer que l'extension de la qualité d'APJ ou d'OPJ à tous les fonctionnaires de police aurait pour effet de les faire tous relever du Code de procédure pénale précisément édifié en vue de l'application des peines?

C'est la voie ouverte pour aboutir au résultat inverse de celui escompté.

On veut différencier, on unifie. On veut prévenir, on forge les armes de la répression.

Tout cela pour assurer la « parité de la police avec la gendarmerie [1] », alors que l'une officie dans les villes et l'autre dans les campagnes; la première doit faire face à plus de quatre-vingt-dix pour cent de la criminalité, la seconde au reste, même si les effectifs en uniforme sont en nombre similaire.

Ce qui signifie que si le gendarme a la chance de disposer de quelque temps pour accomplir sa mission préventive, il n'est nullement besoin d'être prophète pour affirmer que dans les grandes villes le gardien de la paix sera totalement absorbé par les nouvelles tâches répressives pour lesquelles il aura reçu habilitation.

Ajoutez à cela que la commission, en son pré-rapport, se montre favorable à la transmission directe des procès-verbaux à la justice par ceux qui les auront établis sans les soumettre au préalable à leur hiérarchie et nous sommes au royaume d'Ubu.

Je disais à notre chef de service : « Autant imaginer une équipe de rugby participant à une compétition sans directeur et sans capitaine et chaque joueur avec son propre ballon. »

La transmission directe des rapports et procès-verbaux aux magistrats, en confondant la notion d'égalité de la valeur pro-

1. Les gendarmes, souvent éloignés de leurs administrés, sont tous agents de police judiciaire.

bante des actes (non discutée) et celle de l'égalité des personnes, des situations et des responsabilités, introduira l'anarchie dans les procédures judiciaires établies par la police.

Elle oublie pareillement que les services de justice, déjà en difficulté, sont dans l'incapacité absolue de recevoir, classer et redistribuer la masse de documents épars qui leur parviendrait alors.

Il n'est pas exagéré de dire qu'autant vaudrait jeter le courrier d'avion dans les cours des palais de justice.

Tout cela n'est pas sérieux et résulte de ce que les syndicats dits les plus représentatifs ne peuvent accepter que la création d'unités spécialisées au sein du corps des gardiens de la paix (circulation, îlotage, unités mobiles de sécurité, brigades anticriminalité) ait abouti à détacher de leurs organisations professionnelles ceux qui se sont trouvés intéressés par leur travail.

Alors on voit les syndicats lutter contre ces formations, les meilleures, et œuvrer pour le retour du plus grand nombre au service général considéré par tous comme le plus routinier, monotone et contraignant et celui où l'esprit d'initiative a le moins de part.

Pour faire oublier la perte de ces avantages réels on propose de donner à tous les gardiens les mêmes droits juridiques que ceux des effectifs en civil, tandis qu'est souhaité l'abaissement de la hiérarchie.

Que la commission ad hoc ait adopté ces propositions syndicales indique bien qu'il ne s'est agi pour elle que d'enregistrer les revendications démagogiques de ceux censés représenter le plus grand nombre dans la mesure où ils étaient considérés comme les plus proches du pouvoir.

Un certain réalisme judiciaire a conduit à placer ce pré-rapport au fond d'un tiroir où il devrait demeurer. Son incohérence est venue de ce que ses promoteurs ont pensé – fol orgueil – pouvoir faire abstraction des données réelles de l'expérience au profit de théories incertaines, compliquées pour beaucoup, d'arrière-pensées politico-syndicales.

Alors le problème demeure entier.

Comment faire de la police une institution mieux adaptée au service de tous et mieux acceptée par le plus grand nombre?

Répondre à la première proposition est aisé : recrutement, formation, encadrement, locaux plus avenants, matériel adéquat et recours aux technologies nouvelles, les remèdes sont connus et sempiternellement promis.

C'est, pour la deuxième proposition, quand les solutions sont essentiellement intellectuelles et morales que les choses se compliquent. Non du fait de la population en général, mais du fait des conditions dans lesquelles la police est appelée à intervenir et des conflits d'intérêts dont elle devient l'enjeu.

La police est au service de tous et l'appeler est souvent l'ultime recours de beaucoup. Ses missions s'inscrivent si naturellement dans la vie de nos sociétés et correspondent à un besoin si profond que dès qu'il semble y avoir carence des services étatisés, tendent à s'organiser des groupes de défense qui n'ont pas toujours la légalité comme préoccupation dominante.

La police doit faire cesser le trouble et en atténuer les effets. Il lui est demandé de faire preuve de rapidité, d'autorité et d'efficacité. Dans sa grande majorité, la population juge insuffisante la coercition à l'égard des délinquants et n'éprouve pas de commisération particulière pour ceux qui sont pris dans les mailles du filet et connaissent un enfermement le plus souvent considéré comme trop court. Même si le châtiment du plus grand nombre de malfaiteurs passe à mes yeux bien avant la sévérité de la condamnation.

Tous ceux qui attachent du prix à l'ordre et à la sécurité sont d'accord avec les policiers qui contribuent à les leur assurer. La rupture vient de la constante obligation du pouvoir de se servir de la police comme d'un bouclier face aux mécontents et aux opposants.

La légitimité des mouvements de protestation ou de contestation est une chose, leurs débordements en sont une autre. Les gouvernements sont tenus de se prémunir contre les excès qui peuvent survenir. L'histoire et l'actualité fourmillent d'affrontements entre manifestants et forces de l'ordre et accuser ces dernières d'excessive brutalité est un reproche traditionnel.

D'un point de vue égoïste l'alternance au pouvoir sied très bien à la police. Quand les ordres qu'elle reçoit viennent tantôt de droite et tantôt de gauche, les oppositions à son action s'estompent. Mais durant vingt-trois ans, de 1958 à 1981, la police a semblé n'être au service que des mêmes. D'où l'acharnement des autres. Pour atteindre la majorité d'alors, il a paru de bonne stratégie d'accabler « sa » police de coups. Présentée comme la protectrice servile de l'État, l'agent d'exécution de sa volonté, sinon de ses basses œuvres, la police a cristallisé l'hostilité au pouvoir en place.

Au nom des droits de l'homme et du citoyen, au nom de la tolérance, provocations, insultes et diffamations sont devenues le pain quotidien du policier. L'expression « CRS égale SS » en est l'exemple le plus courant.

Il s'est agi de démoraliser, mais aussi d'affaiblir et diviser. D'où cette formidable mobilisation, au moment de la discussion du projet de loi « Sécurité et Liberté », contre la durée de la garde à vue et même les contrôles d'identité, c'est-à-dire contre l'acte de police le plus banal et le plus ordinaire dans tous les pays du monde. La possibilité de demander à un chaland, comme cela s'est toujours fait, une pièce d'identité a été présentée comme une mesure faisant en France planer une suspicion permanente sur cinquante millions d'habitants.

Or, le policier est un fonctionnaire d'autorité. Discuter ses pouvoirs les plus couramment admis, c'est favoriser la contestation, voire la rébellion, et augmenter les difficultés de tous.

Dans le même temps, tout a été mis en œuvre pour éloigner le policier du service de l'État. L'argument utilisé « faites-moi de la bonne politique, je vous ferai de la bonne police » a consisté à supposer les difficultés résolues. Le problème est que le « régime » ayant changé, les conflits subsistent. Et l'on se trouve maintenant bien attrapé d'être contraint de se servir de ce que l'on a contribué hier à démolir. Un peu tard, l'on pense qu'on eût été mieux avisé en laissant les forces de l'ordre hors du champ des rivalités politiques. La logique d'alors voudrait qu'aujourd'hui l'on s'abstienne, face aux manifestations, d'avoir recours aux forces de police. Mais le pouvoir de gauche veut légitimement, comme tout pouvoir, être défendu. Craignant que la police ne fasse montre de peu de zèle à l'égard de ses anciens détracteurs, le gouvernement a été contraint de pousser en avant la gendarmerie de statut militaire. De même, pour tenter de faire oublier les attaques passées, le nouveau pouvoir a cru devoir flatter la base policière au détriment de sa hiérarchie. La division au sein de la police n'a jamais été aussi profonde.

La contradiction existant entre les discours antérieurs et les nécessités actuelles voit le gouvernement tenu de se servir des forces de l'ordre non seulement avec modération – ce qui est de règle permanente – mais encore avec timidité.

Je regardais, début 1984, à la télévision les costumes maculés de peinture ou de boue de CRS rangés au coude à coude, sans broncher, formant barrage face à des manifestants dont la hardiesse était décuplée. Pense-t-on que l'on puisse indéfiniment laisser ainsi humilier des hommes et des formations dont la vocation est précisément d'être respectée?

Il n'est pas toujours suffisant de faire appel à l'esprit d'abnégation de la force publique et il faut prendre garde que le laxisme ne devienne une seconde nature ou ne se transforme en une bombe à retardement. D'autant plus qu'aujourd'hui le policier – qui a besoin lui aussi de protection – peut se demander où se trouvent ses défenseurs.

Continuant à être le « souffre-douleur de situations dont il n'est pas responsable », le policier a le sentiment d'être le destinataire de tous les coups.

J'en parlais récemment avec un syndicaliste engagé. Il admettait que jusqu'ici le policier n'avait pas, s'il respectait les règles du service public, de précautions particulières à prendre vis-à-vis de la hiérarchie ou du pouvoir.

Malgré les assauts subis et les accidents de parcours, chacun faisait son métier et la police demeurait unie. A la Préfecture de police, nous disions tous être de la « grande maison », comme la grande maison appartenait à la famille policière.

J'en ai reçu fréquemment le témoignage : les succès des commissaires et inspecteurs de la PJ réconfortaient les gardiens de la paix et quand ces derniers avaient pu faire front aux difficultés qui les avaient assaillis, les civils applaudissaient. A l'esprit de corps, s'ajoutait un sentiment de solidarité et de confiance.

Il est banal de constater que nous ne pouvons rien et même ne sommes rien, les uns sans les autres. Cela rend obligatoire les égards que nous nous devons.

La difficulté vient de ce que le combat politique permanent auquel nous sommes soumis exclut hauteur de vue et grandeur d'âme. Il conduit à abaisser et mépriser celui qui ne partage pas nos opinions. Que mépriser l'autre soit se mépriser soi-même est perdu de vue.

Alors, où est la solution?

Nous l'avons déjà entr'aperçue. Voilà qui le confirme. Le policier doit demeurer hors de l'arène politique. Et s'il s'y trouve, il faut l'en sortir.

Alors, la police pourra être rendue à ceux qui la font, à ses artisans : ils aiment leur métier.

TABLE

Cet ouvrage a été réalisé sur
Système Cameron
par la SOCIÉTÉ NOUVELLE FIRMIN-DIDOT
Mesnil-sur-l'Estrée
pour le compte des Éditions Grasset
le 26 janvier 1985

Imprimé en France
Dépôt légal : janvier 1985
N° d'édition : 6611 – N° d'impression : 1729
ISBN 2-246-27321-8